新编21世纪档案学系列教材

档案学专业课程思政
主题案例与教学设计

王小云　著

Ideological and Political Education
in Archival Science Courses

中国人民大学出版社
· 北京 ·

湘潭大学研究生精品教材项目资助

内容简介

本书以行业热点为主题、以典型案例为脚本、以教案设计为目标，结合国家档案法规、《"十四五"全国档案事业发展规划》、国家档案局馆文件、领导人讲话以及档案学学科特点，围绕"档案工作的政治定位""档案安全至上""'择一业 终一生'的工匠精神""让历史说话 用史实发言""坚持中国共产党对档案工作的领导""贯彻'以人民为中心'的发展思想""发挥档案优势 服务党史教育""贯彻依法治档""用档案记录新时代伟大奋斗历史""传承弘扬中华优秀传统文化"十大主题，详细论述了档案学专业课程思政的主题案例与教学设计。

本书适合作为高等院校档案学等专业的教学用书，也可作为企事业单位、培训机构的培训用书。

作者简介

王小云 中国人民大学管理学博士，湘潭大学公共管理学院副教授、硕士生导师。主要研究领域包括档案学基础理论、档案学专业高等教育、档案资产价值等。获得省级档案专家、校级青年英才、校级青年骨干教师、校级学术骨干等荣誉称号。出版专著2部，参编教材1部。主持国家社会科学基金一般项目2项、省级项目3项、厅级和校级项目8项。在《档案学研究》《档案学通讯》上发表论文近30篇。

序言

2016 年 12 月，习近平总书记在全国高校思想政治工作会议上要求“把思想政治工作贯穿教育教学全过程，实现全程育人、全方位育人，努力开创我国高等教育事业发展新局面”，这为高等院校开展课程思政建设指明了方向。2022 年 4 月 25 日，习近平总书记来到中国人民大学考察调研，走进思政课智慧教室观摩思政课现场教学并参与讨论，强调“为谁培养人、培养什么人、怎样培养人”始终是教育的根本问题，并对中国人民大学立足自身优势不断推进思政课教学改革创新，打造高精尖水平思政课的做法表示肯定，这对高等院校强化课程思政建设给予了极大的鼓励。

2019 年 8 月中共中央办公厅、国务院办公厅印发《关于深化新时代学校思想政治理论课改革创新的若干意见》以及 2020 年 5 月教育部印发《高等学校课程思政建设指导纲要》之后，各省教育厅以及各大高校陆续出台相关政策文件，为思政课程和课程思政的一体化建设提供更为细化、更加规范化、更具操作性的指导。“大思政”育人格局下，各类专业的课程思政旨在充分挖掘专业课程思政资源、拓宽专业知识传播渠道、发挥教育主题协同作用、优化高等教育育人环境，以及在价值传播中凝聚知识底蕴、在知识传播中强调价值引领，从而真正实现“课程承载思政、思政寓于课程”的目标，课程思政建设逐渐从某个专业、某个学校的自发的个体的行为发展为所有专业、全体高校的自觉的系统的工程。

中国共产党领导的档案事业历来注重“为党管档、为国守史、为民服务”，无论是档案部门的一线从业者，还是高等院校的档案从教者，都用实际行动证明了档案学专业开展课程思政建设具有先天优势且充分可行；中国高等教育档案学专业一直致力于培养社会主义档案事业建设者和接班人，其肩负的育人责任也充分证明了档案学专业开展课程思政建设确实责无旁贷且充分必要。当然，档案学专业课程思政建设还是一个科学性问题，不仅需要档案学专业教师具备建设课程思政的意识，即乐于该事；而且需要档案学专业教师提升建设课程思政的能力，即能够从事；甚至还需要科学的课程规划，教学目标以过程为主并注重实效，教学设计以融合为主并注重适用，教学资源结合行业热点并注重多样，即擅长此事。当前，中国人民大学、武汉大学、湘潭大学、上海大学、山东大学、福建师范大学、北京联合大学、盐城师范学院等在档案学专业课程思政建设投入较大的人力、物力，在课程平台、资源共享、课程共建、师生共建等方面取得了不错的成绩，但总体上档案学专业课程思政仍然存在学理上的认知不足与实践上的融合不够等问题，尤其在以特色资源为基础、以优秀师资为保障、以典型案例为引领等方面尚需进一步提升。笔者与团队尝试编著一本档案学专业课程思政建设的教学用书，以行业热点为主题、以典型案例为脚本、以教案设计为目标，致力于解决资源不够充分、案例不够丰富、热点不够全面等问题。

笔者结合国家档案法规、《“十四五”全国档案事业发展规划》、国家档案局馆文件、领导人讲话以及档案学学科特点，认为有十大主题将成为未来几年档案学专业课程思政建设的热点，详见下表。本书根据表中课程思政主题的顺序，依次阐述与十大主题最相关的课程，通过主题概况、课程思政元素、主题案例库、课程思政教案四大板块，力求将与国家发展、社会发展、档案职业发展、档案学专业发展等紧密相关的思政元素，以科学、有趣、多元、综合的教学方法，运用于高等学校档案学专业及相近专业的课程思政教学之中。

档案学专业课程思政十大主题来源简表

序号	首次提出时间	来源	课程思政主题
1	2012 年 12 月	全国档案局长馆长会议	档案工作的政治定位 ——为党管档、为国守史、为民服务
2	2016 年 4 月	《关于进一步加强档案安全工作的意见》	档案安全至上 ——坚守档案工作安全底线
3	2018 年 5 月	中央政治局委员、中央书记处书记、中央办公厅主任丁薛祥在中央档案馆国家档案局调研时的讲话	“择一业 终一生”的工匠精神 ——档案队伍中的杰出人物和优秀典范
4	2020 年 5 月	中央政治局委员、中央书记处书记、中央办公厅主任丁薛祥出席中央档案馆国家档案局主要负责同志调整宣布会议的讲话	让历史说话 用史实发言 ——拿起档案武器 反击历史虚无主义
5	2020 年 6 月 20 日	《中华人民共和国档案法》通过修订，第一次将党对档案工作的领导写入法律	坚持中国共产党对档案工作的领导 ——新《档案法》的创新与档案体制改革
6	2020 年 6 月 24 日	国家档案局局长陆国强在《人民日报》发表文章《为新时代档案事业高质量发展提供坚强法治保障》	贯彻“以人民为中心”的发展思想 ——坚持档案工作的人民立场

续表

序号	首次提出时间	来源	课程思政主题
7	2020 年 12 月	全国档案局长馆长会议	发挥档案优势 服务党史教育 ——用档案讲好中国共产党人初心使命的故事
8			贯穿依法治档 ——把《档案法》确立的制度优势转化为档案治理效能
9			用档案记录新时代伟大奋斗历史 ——脱贫攻坚与疫情防控档案的管理
10	2021 年 6 月	《“十四五”全国档案事业发展规划》出台	传承弘扬中华优秀传统文化 ——中国的“世界记忆”推广

课程规划合理，是档案学专业课程思政内涵入脑入心的关键。本书一是力求构建全面、多样、科学的教学资源。从国家政策与行业政策两个层面论证对应教材的内容与课程主题的关联以及涵盖的思政元素，给读者呈现不同视角、不同热点、不同区域、不同时间的主题案例库。二是崇尚多元、求真、务实的教学目标。通过知识、能力和价值三个维度，结合对应教材的具体内容，力求通过翔实的教学过程发挥课程思政的实效。三是打造系统化、开放性、兼容性的教案设计。以教学范围、教学重点、教学难点的融合为主，注重多样化教学手段与方法的使用，为读者呈现课堂教学详细安排，并通过问卷调查、课堂实验、学生作业分析等方式反馈教学成效，力求不断提升教学水平。

本书由王小云具体谋划、分工布局、撰写修改以及统稿等，参与本书资料搜集、编写与校对的人员的具体分工如下。

主题 1：王协舟、王小云、吴倩；

主题 2：王小云、王协舟；

主题 3：王小云、丁琬霖、傅晓丹；

主题 4：王协舟、王小云、叶舒淇、姚婷婷；

主题 5：王小云、吴倩、郑紫颖；

主题 6：王小云、郭苇琪、曹志强；

主题 7：陈艳红、王小云、刘烨宁；

主题 8：王小云、杨天酬、楚一泽；

主题 9：王小云、方华、陈佳雨；

主题 10：陈艳红、王小云、唐芝琳。

在本书的选题、撰写、修改以及出版过程中，中国人民大学的王英玮教授、徐拥军教授予以悉心指导，提供了诸多素材，湘潭大学王协舟教授予以鼎力支持，提出了宝贵意见，中国人民大学出版社的谷广阔、盛杰编辑予以严格把关，全程细致认真，在此一并致以衷心的感谢。

由于笔者与团队致力于课程思政研究的时间较短，对书中所选案例进行课堂实践检验的学生人数有限，书中难免存在诸多不足，恳请专家、同人、同学们不吝赐教。

王小云

湘潭大学

目录

主题 1

档案工作的政治定位
——为党管档、为国守史、为民服务

1.1 主题概况

档案工作是维护党和国家历史真实面貌的重要事业，根本属性是政治性，做好档案工作，首要就是把牢正确政治方向。2021 年 7 月 6 日，习近平总书记对档案工作作出重要批示，“把蕴含党的初心使命的红色档案保管好、利用好，把新时代党领导人民推进实现中华民族伟大复兴的奋斗历史记录好、留存好”，同时强调档案工作要“更好地服务党和国家工作大局、服务人民群众”。2020 年 12 月 29 日，全国档案局长馆长会议强调，要提高政治站位，着力把牢正确政治方向，档案工作担负着“为党管档、为国守史、为民服务”的重要职责，是党的事业不可或缺的重要组成部分，政治定位、政治特质、政治功能十分鲜明。

档案工作的内容十分丰富，包括档案管理工作、档案行政工作、档案教育工作、档案宣传工作、档案科学技术研究工作、档案国际合作与交流工作等，任何一个方面都不能偏离“为党管档、为国守史、为民服务”的政治定位。

“档案学概论”通过揭示档案与档案事业的基本规律，讲述档案、档案学、档案工作与档案事业发展中的基础性、总体性知识，作为档案学专业的入门课程，开宗明义，指出档案工作的基本原则是“全国档案工作实行统一领导、分级管理，维护档案的完整与安全，便于社会各方面的利用”，适合引导学生理解档案工作“为党管档、为国守史、为民服务”的政治定位，从而激发学生对档案工作的责任感、认同感与使命感。这也说明，“档案学概论”适合作为档案学专业开展课程思政教育的首选课程。配套教材为《档案学概论》（第 3 版）（冯惠玲，中国人民大学出版社）。

1.2 “档案学概论”课程思政元素

“档案学概论”重在向大一学生讲清楚档案、档案馆、档案工作的内涵与外延。既有教材已对三者的作用、价值以及实现途径等进行完整阐述，但是缺乏站在政治和历史高度的深刻认知。“档案学概论”着眼于三者对于党、对于国家、对于人民的重要性，可将其课程思政元素细分为“为党管档的政治责任”“为国守史的历史责任”“为民服务的社会责任”（详见图 1－1）。

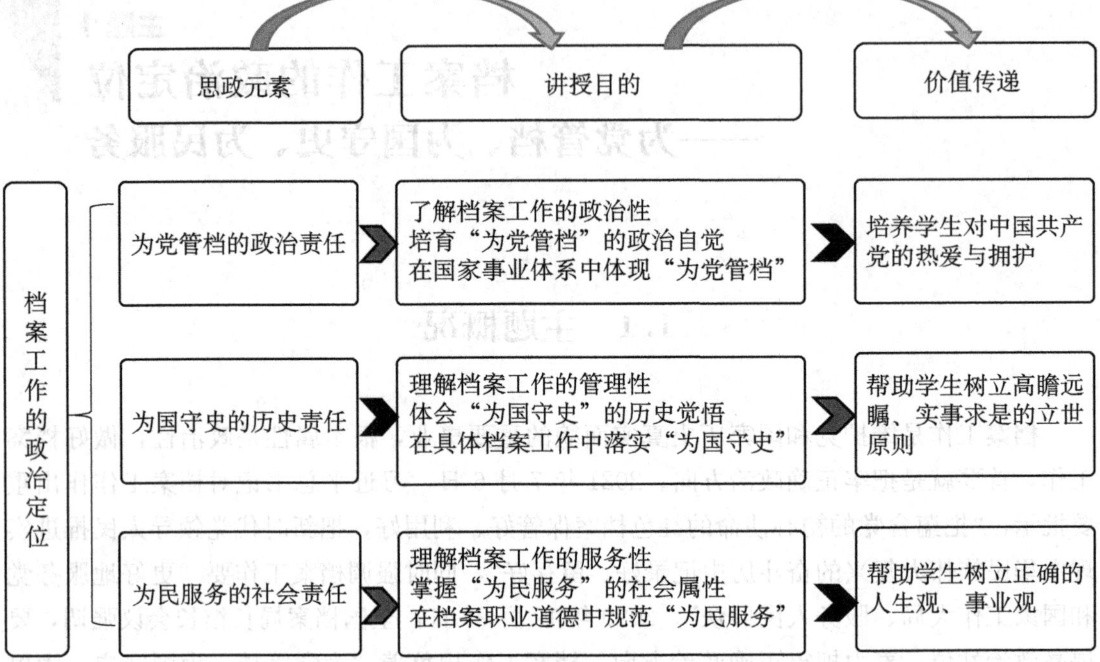

图 1－1　思政元素、讲授目的与价值传递联系图

1.3　主题案例库

1.3.1　为党管档

回顾中国共产党的档案管理历史，毛泽东曾亲自保存 1920—1925 年中共中央 3 700 多份珍贵档案，周恩来曾亲笔批示创办中共中央文库，瞿秋白亲自起草中共第一个档案文件管理制度《文件处置办法》，邓小平曾直接主管和领导档案文书工作，江泽民曾对档案工作作出批示，胡锦涛曾对档案功能作出深刻阐述并对刘义权先进事迹作出重要批示。进入新时代，习近平重申“党史和文献工作是党的事业的重要组成部分”，并对中央档案馆运用档案开展党史教育的做法予以充分肯定。由此可见，党的领导人对于“管理好党的档案、守护好党的历史”是极为重视的。档案是党的历史文献中最为真实的记录，档案馆则是保存党史记忆的宝库，如何保存好、管理好、开发好、利用好档案，“管”是关键，即新时代管理体制机制如何改革创新以服务党和国家中心工作，其中核心在于坚持“档案工作姓党”。包括福建省档案馆与深圳市档案馆在内的国内档案机构改革，全面落实了习近平总书记“加强党对档案工作的领导”的重要指示，是坚持“为党管档”“档案工作姓党”的典型案例。

案例一

构建“办局一体、局馆联动”模式 展现“为党管档”的责任担当

福建省档案局（馆）机构改革历程如下。

第一，探索阶段。2018 年 5 月，中共中央办公厅印发《关于地方机构改革有关问题的指导意见》，明确不再保留承担行政职能的事业单位，这为档案系统机构改革指明了方向和提供了指导。

中共福建省委将档案行政管理职能划转福建省委办公厅，福建省档案馆作为省委直属正厅级事业单位仍予保留。在国家档案局指导下，福建省积极探索构建省委办、省档案局、省档案馆“办局一体、局馆联动”模式，促进档案工作衔接顺畅，充分展现“为党管档”的责任担当。

第二，建设阶段。2018 年 12 月，中共福建省委任命一名同志同时担任省委办、省档案局、省档案馆领导职务，充分发挥党管档案工作体制优势。参照省里做法，全省大部分市、县（区）也采取党委办、档案局、档案馆“办局一体、局馆联动”模式。

福建省委办公厅（省档案局）积极履行档案行政管理职责，与福建省档案馆的具体分工见图 1-2。全省大部分市、县（区）档案局、档案馆在机构设置和职能定位上与省里保持一致。

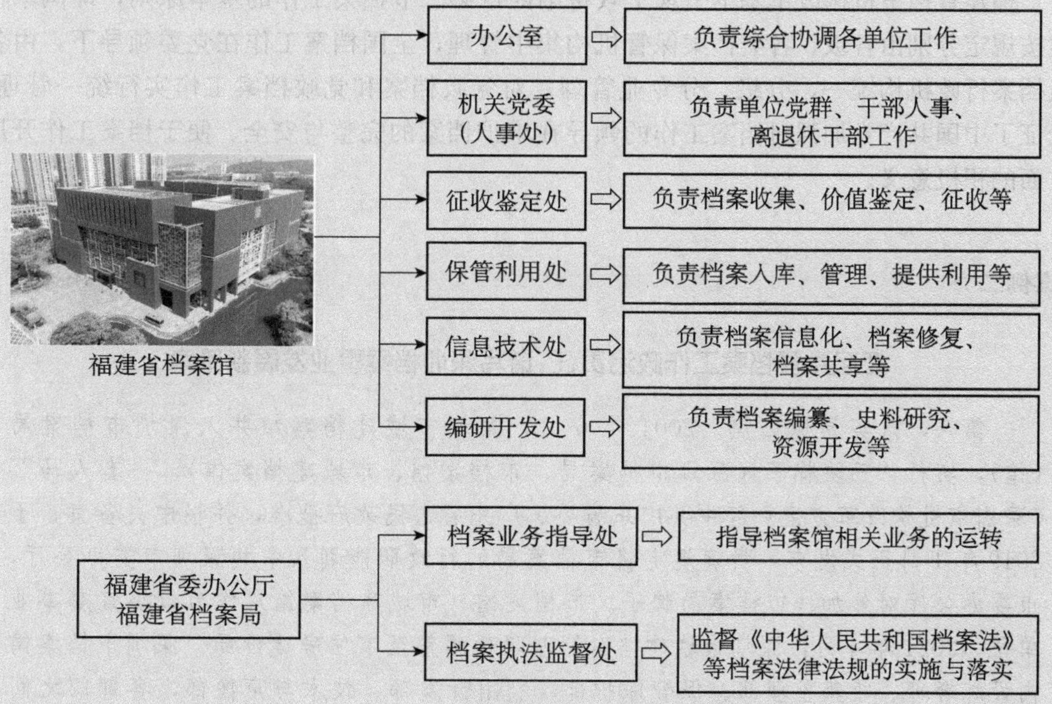

图 1-2　福建省档案机构设置图

第三，成效反馈阶段。一是办局一体成果突出，充分体现了全面落实党管档案工作的政治责任。机构改革后，党委分管领导、党委办都把关心支持档案工作摆在重要位置。例如，将侨批档案抢救保护、研究开发和宣传推广等写入全省“十四五”规划；又如，中共福建省委办公厅高度重视全省档案工作，定期听取全省档案工作汇报，两年累计作出批示117项，较以往数量大幅增加。

二是局馆联动效果明显，福建省档案局、档案馆建立常态化联席会议制度。例如，福建省档案局、档案馆相互配合，从依法征收、自愿捐赠两个方面推进疫情防控档案工作，开展“为英雄建档、让英雄留名”活动，建立抗疫专题档案库；又如，2020年8月24日，由福建省档案局、福建省档案馆、福建省标准化研究院等合作起草的省地方标准《党政机关电子公文归档一体化管理技术规范》（DB35/T 1916—2020）成功发布，并于2020年11月24日起正式实施，该标准规定了党政机关电子公文的处理与归档、电子档案管理的技术规范与管理要求，进一步推动了福建省“文档一体化”建设的发展历程。

福建省以档案机构改革为契机，制定局、馆重要事项对接清单，落实党委责任，理顺体制机制，进一步加强党对档案工作的领导。

资料来源：卓兆水．构建“办局一体、局馆联动”模式 为档案事业转型升级提供坚实保障．中国档案，2021（3）：28-29.

福建省档案机构改革基本呈现了教材第四章第二节档案工作的基本原则，即国家档案按规定分别由各级、各类档案保管机构集中管理；全国档案工作在党委领导下，由各级档案行政机构统一、分级、分专业管理；对党政档案和党政档案工作实行统一管理。论证了中国共产党加强对档案工作的领导在维护档案的完整与安全、便于档案工作开展方面的积极意义。

案例二

扛起党管档案工作政治责任 谱写深圳档案事业发展新篇章

第一，落实局馆归属。2004年6月，深圳市城建档案馆并入深圳市档案局（馆），实行“三块牌子（深圳市档案局、市档案馆、市城建档案馆）、一套人马”。《深圳市机构改革方案》经中共广东省委、广东省人民政府批准，并报中央备案，于2019年1月正式发布，明确规定将市档案局的行政职能划入中共深圳市委办公厅，市委办公厅对外加挂市档案局牌子。市档案馆（市城建档案馆）作为市委直属事业单位。2021年4月，深圳市城建档案管理职责调整至市住房建设局。深圳市档案馆内设综合部、收集整理部、保管保护部、利用开发部、技术与声像部，各部门之间相互协同运转，详见图1-3。

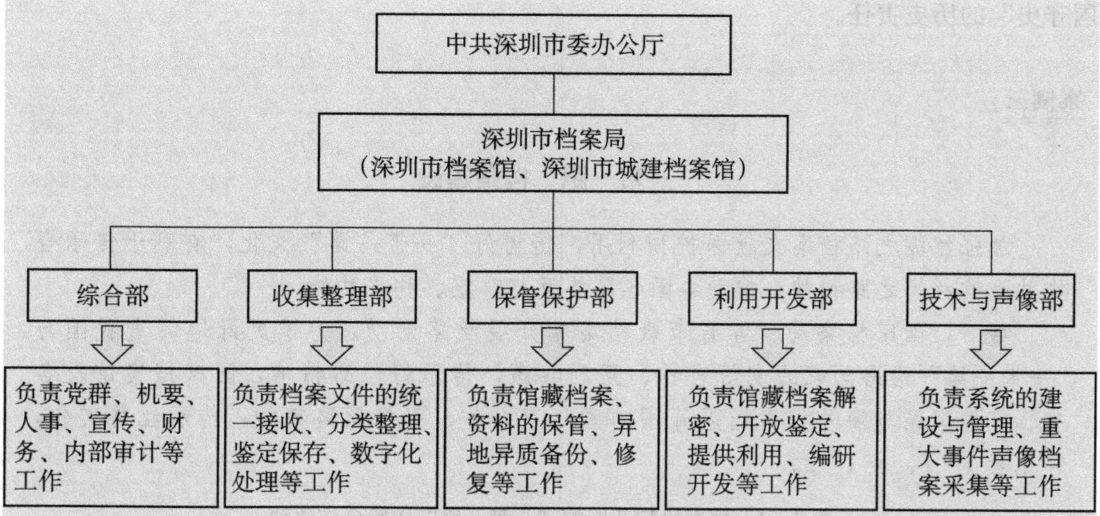

图 1-3 深圳市档案机构设置图

第二，党管档案成效类举。例如，将粤港澳大湾区和深圳先行示范区“双区”建设文件材料归档工作情况列入年度检查工作重点，确保“双区”共振、蝶变腾飞的深圳故事能同步生动记录、完整安全保存。又如，主动对接深圳经济特区建立 40 周年庆祝活动领导小组，推动完善由领导小组内设综合协调组牵头负责、档案部门归口管理、各方共同参与的档案工作机制，要求全市各级档案部门积极参与庆祝活动的各项工作，用好用活档案资源开展改革开放史的宣传教育。再如，印发《关于认真做好新型冠状病毒肺炎疫情防控期间档案工作的通知》，推动将档案工作纳入市区指挥部工作职责，首次实现档案工作在重大突发事件中全程部署推进、全程精准指导、全程深度参与。

资料来源：深圳市档案局．扛起党管档案工作政治责任 谱写深圳档案事业发展新篇章．中国档案，2021（1）：30-31.

深圳市档案机构改革阐述了教材第四章第三节档案事业的管理体制。党管档案的管理成效，如将粤港澳大湾区和深圳先行示范区“双区”建设文件材料归档纳入工作计划、将诸多重要的档案工作如疫情防控纳入市区指挥部工作职责等，充分说明了集中式档案事业管理体制的优势，体现了教材第五章档案机构的职能与作用。

1.3.2 为国守史

2021 年 6 月，中共中央办公厅、国务院办公厅印发《“十四五”全国档案事业发展规划》（以下简称《“十四五”规划》），明确提出要积极促进与共建“一带一路”沿线国家档案领域合作，大力推动以档案为载体的中华文化走出去。档案记载着我国与“一带一路”沿线国家或地区在以丝路为媒介的政治、经济、文化、宗教等交往活动中的社会记忆，档案管理机构理应承担构建丝路记忆的责任与担当。中央档案馆、中国第一历史档案馆、各省市档案馆、政府相关职能部门以及社会文化机构等以“一带一路”档案资源建设为发展契机，充分挖掘馆藏档案资源、讲好丝路故事、传承丝路精神，履行“为国守史”的历史责任。

案例三

“一带一路”档案建设

加强丝绸之路档案文献保护和利用，传播好“一带一路”文化，有利于传承合作共赢的丝绸之路精神，推动各国各民族互相尊重、和平共处。①

第一，国家档案局、各省市级档案馆开展丝路活动。为了更好地促进我国与“一带一路”沿路国家的友好合作、互利共赢，传承好丝路精神，国家档案馆及各省、市档案馆与海外档案馆展开国内国际双合作，弘扬丝路精神，传承丝路文化，详见表1-1、表1-2。

表1-1 档案机构开展的“一带一路”国际合作活动

类型	年份	地点	相关单位	活动主题	内容
专题展览	2015年	北京	中国国家档案局、土耳其总理府国家档案总局联合举办	中土关系档案展	包括双方互派使节、贸易往来、军事合作等档案，深刻再现中土两国的文化、经济、军事交流场景
	2017年	德国、捷克	苏州中国丝绸档案馆主办	中国丝绸档案馆馆藏精品档案展	展出近现代苏州丝绸样本档案及宋锦、苏绣、丝绸样本配套工艺单等23件（组）档案藏品，旨在向海外宣传丝绸文化，提升苏州丝绸文化的国际影响力
	2017年	深圳	中国国家档案局、俄罗斯联邦档案署联合举办，深圳市档案局承办	锦瑟万里 虹贯东西——中俄“丝绸之路”历史档案展	展出来自中俄两国档案馆收藏的140件（组）历史档案珍品，展现了两国在外交、贸易、文化等方面近300年的交往历史
	2017年	埃及	江苏省档案局主办	“中非携手，共创繁荣”档案展览	展示中国与相关国家友好交往、经济文化交流的悠久历史，宣传新时期国际合作交流的广阔前景和美好未来
	2017年	北京	中国国家档案局、印度尼西亚共和国国家档案馆联合主办，福建省档案馆协办	中印尼社会文化关系档案展	分为三大主题：“丝路帆远 异国谋生”“海上批路 汇通天下”“海邦剩馥 记忆永存”，旨在促进中国与印度尼西亚的友好交流，弘扬丝路精神

① 林真．加强“丝路”档案建设 服务“一带一路”发展．中国档案报，2016-10-31（3）.

续表

类型	年份	地点	相关单位	活动主题	内容
专题展览	2017年	北京	中国国家档案局、蒙古国国家档案总局主办，北京市档案局协办	中蒙关系1949—2016档案展	分为“睦邻友好”“战略伙伴关系”“全面战略伙伴关系”3个部分，汇集了110余组珍贵档案资料和照片，反映了1949年中蒙建交以来在政治、经济、文化各方面的友好往来历史
	2019年	成都	中国国家档案局、俄罗斯联邦档案署主办	庆祝中华人民共和国成立70周年——中俄友好关系历史档案文献展	分为17世纪至20世纪初中俄关系、中苏联合抗击法西斯、1949年至1955年中苏关系3个部分，通过展品再现17世纪至20世纪初中俄两国在外交、贸易、文化领域的相互往来
合作成果	2012年	北京	中国国家档案局、印度尼西亚共和国国家档案馆	签署《中华人民共和国国家档案局和印度尼西亚共和国国家档案馆档案合作谅解备忘录》	双方将加强对各自国家历史、遗产和文化联系等方面的宣传力度和资料收集力度
	2016年	北京	中国国家档案局、伊朗伊斯兰共和国国家图书馆和档案馆	签署《中华人民共和国国家档案局和伊朗伊斯兰共和国国家图书馆和档案馆档案合作谅解备忘录》	双方将在档案资料复制件交换、档案数字化、档案保护与修复、档案规范化管理、共同举办展览等方面开展交流与合作
	2016年	北京	中国外交部、中共中央文献研究室、中国国家档案局、俄罗斯外交部历史文献局	签署《关于合作编辑出版1949年至1955年双边关系文献汇编的议定书》、发布《中国与苏联关系文献汇编(1952年—1955年)》	系统反映了两国建交至20世纪50年代中期，双方在各个领域开展交往与合作的情况，重现了这一时期两国交往的重要历史性时刻和具有里程碑意义的重大事件，见证了两国人民深厚的传统友谊
	2020年	线上	印度尼西亚共和国国家档案馆、印度尼西亚共和国教育与文化部	世界文献遗产——“香料之路”档案国际协调会	来自中国、荷兰、马来西亚、印度尼西亚等国的1 000多名文献遗产保护工作者在云端相会，开启对古代香料之路档案的研究与探讨

表 1-2　档案机构开展的“一带一路”国内活动

类型	年份	地点	相关单位	活动主题	内容
专题展览	2014 年	广州	广州市档案馆、广州文仕文化博物档案馆主办	丝路帆影——广州海上丝绸之路和十三行档案史料展	选取 150 多张档案图片、50 多件实物，分“源远流长——海上丝绸之路的形成和路线”“大放异彩——海上丝绸之路的广州迹物”“辉煌登顶——广州十三行”“中西交流——海上丝绸之路的文化影响”4 个部分
	2015 年	广州	广东省政府文史研究馆、广东省档案馆、南方报业传媒集团、广东省社科联、广州市社科联联合举办	海丝映粤——21 世纪海上丝绸之路广东大型图片展览	展出记录广东海上丝绸之路的历史与现状的 1 000 余张照片，回顾了广东通过海上丝绸之路进行对外交往所取得的成果
	2019 年	北京	中国国家档案局、北京大学联合举办	“锦瑟万里 虹贯东西——中外‘丝绸之路’历史档案文献展”开幕式暨图录发布会	展出历史档案文献、文物等 65 件（组），展示《锦瑟万里 虹贯东西——16—20 世纪初“丝绸之路”档案文献集萃》，共收录历史档案文献 120 件（组）
	2022 年	苏州	苏州市档案局、苏州市档案馆、福建省档案馆、泉州市档案馆、苏州市侨办、苏州市侨联主办，苏州中国丝绸档案馆、苏州市工商档案管理中心承办	海丝情忆——丝绸与侨批档案文献遗产展	分“爱国”“拼搏”“诚信”“传承”“乡愁”5 个篇章，共展出侨批档案和丝绸档案 346 件，展览将两种同为海上丝绸之路记忆留存的档案载体巧妙结合，既是档案部门首次举办跨省馆际合作展览，也是档案文献艺术化呈现方式的新尝试
活动成果	2015 年		兰州市档案局监制	专题档案片《丝绸之路经济带黄金段（上）——兰州段》	展现甘肃省兰州市有关丝绸之路的独特自然环境和人文景观
	2016 年		江苏省经信委、江苏省新闻出版广电局、江苏省档案局、江苏省文学艺术界联合会监制	大型 4K 纪录片《探秘·新丝路》	通过重返古代丝绸之路，横跨 6 个国家和地区，行程 2 万公里，带领观众领略沿途国家及地区的风土人情
	2016 年		玉门市档案局监制	专题档案片《丝绸之路黄金段——档案里的玉门》	展现甘肃省玉门市有关丝绸之路的独特自然环境和人文景观

第二，中国第一历史档案馆“一带一路”档案编研出版工程。2016 年，作为主要搜集明清时期档案的中国第一历史档案馆（以下简称“一史馆”）与中国社会科学院历史研究所在北京签署《明清时期“一带一路”档案编研出版工程合作框架协议》，旨在通过系统整理公布明清时期中国与丝路沿线国家历史交往的档案史料，反映其贸易往来和文化交流情况，弘扬丝路和平、合作和共同发展的时代主题，为国家“一带一路”倡议提供历史依据和文献支撑，其主要活动详见表 1-3。

表 1-3　中国第一历史档案馆“一带一路”档案编研活动表

类型	年份	地点	相关单位	活动主题	内容
档案汇编	2018 年	北京	一史馆、中国社会科学院历史研究所、国家图书馆出版社联合举办	合作编纂出版《明清宫藏丝绸之路档案图典》研讨会	签署《明清宫藏丝绸之路档案图典》编纂合作协议书
学术研讨会	2016—2019 年	呼和浩特、榆林、海口、杭州	一史馆、中国社会科学院历史研究所等联合举办	四届“一带一路”文献与历史学术研讨会	根据“一带一路”相关历史资料，反映明清时期中国与丝路沿线国家在外交、贸易等方面的密切联系实况
专题展览	2018 年	福州、苏州	一史馆主办，福建省档案馆、苏州市档案馆分别承办	锦瑟万里 虹贯东西——“丝绸之路”历史档案文献展	展出历史档案珍品，展现丝绸之路千年文化底蕴，旨在配合国家“一带一路”倡议，弘扬合作共赢的丝路精神
	2018 年	巴黎	中国国家档案局、中国联合国教科文组织全国委员会联合主办，一史馆承办	锦瑟万里 虹贯东西——“丝绸之路”历史档案文献展	展出反映 16 世纪至 20 世纪初丝路沿线国家与中国开展经贸和文化交往的档案文献 110 余件组，从多角度展现了丝绸之路的历史
	2019 年	敦煌	一史馆、甘肃省档案局、甘肃省档案馆联合主办，酒泉市档案局、敦煌市档案局协办	锦瑟万里 虹贯东西——“丝绸之路”历史档案文献展	展出记载明清时期中国与丝路沿线国家友好交往史实的 120 余件档案文献资料
	2019 年	北京	中国国家档案局主办、一史馆提供展品	锦瑟万里 虹贯东西——“丝绸之路”历史档案文献展	由一史馆提供 39 件（组）展品，内容丰富、形质多样，有国书、照会、上谕、奏折、题本、舆图、画册等
成果推介	2019 年	北京	一史馆承担	开办“明清丝路”专栏	在《历史档案》学术期刊开办“明清丝路”专栏，在《中国档案报》《中国档案》开设“明清档案里的丝绸之路”专栏

续表

类型	年份	地点	相关单位	活动主题	内容
研究文集	2019 年	北京	一史馆承担	国家社会科学基金重点项目“明清宫藏丝绸之路档案的整理与研究”开题	对明清两朝中央政府所藏丝绸之路档案的系统整理和详细阐述
	2022 年	北京	一史馆、中国社会科学院古代史研究所、国家图书馆出版社共同举行	《明清宫藏丝绸之路档案图典》出版发布	阐释明清时期中国与丝路沿线国家的贸易往来和文化交流实况，弘扬丝路区域和平、合作和共同发展的历史主题，从档案文献角度揭示“一带一路”倡议的历史文化内涵

资料来源：伍媛媛．《明清时期丝绸之路档案图典》编纂工作全面启动．中国档案报，2018－02－08（1）；李国荣．明清国家记忆：15—19 世纪丝绸之路的八条线路．历史档案，2019（1）：45－50；回顾五年来历史性成就 找准新时代服务切入点：对标党的十九大报告看党的十八大以来档案事业发展成就．中国档案报，2017－12－25（2）．

“一带一路”档案资源建设阐述了档案工作具有社会性、文化性、政治性、管理性、科学性、服务性的特点（第六章第一节），档案馆应主动发挥档案的价值与作用（第三章），通过档案工作的国际合作与交流（第四章第一节）、数字环境下档案工作的新发展（第六章第三节），为国家守护好、记录好、传播好“一带一路”历史。

1.3.3 为民服务

习近平同志历来重视档案开放利用工作，担任浙江省委书记时曾强调，档案工作确实要由封闭向开放，由重保管向重服务转变，要及时向领导机关、向社会提供有价值的信息，为经济建设、社会发展服务。这与中国共产党“全心全意为人民服务”的根本宗旨一脉相承，也赋予了中国档案事业全心全意为民服务的宗旨，体现了档案工作人员应有的“民本思想”。从我国档案开放利用的历史发展历程来看，档案资源的开放利用由新中国成立前仅限于特权阶层的小范围利用，扩大到在新中国成立后全体公民的普遍性利用，充分表明只有在中国共产党的领导下，档案工作才能真正实现“为民服务”。

案例四

我国档案开放利用的发展历程

我国档案开放利用按其特点可大致分为三个阶段，详见表 1－4。

表 1－4 我国档案开放利用的发展历程

阶段	特点	主要内容
第一阶段：商朝至清末（档案的专制特权利用）	特权性、阶段性、封闭性	见图 1－4
第二阶段：民国时期（档案的半社会化开放利用）	局限性、片段性、半社会性	见图 1－5
第三阶段：1956—2023 年（档案的逐步开放、扩大利用）	亲民性、长期性、开放性	见图 1－6

第一阶段：商朝至清末（档案的专制特权利用）。封建时期国家高度专权统治与集权，虽然在春秋战国时期，王室衰弱、社会变动，档案流传至民间，使得诸子百家利用档案编纂修史成为可能，但封建社会的档案利用总体上局限于统治者处理政事、稽查官员、统治臣民等，详见图1-4。

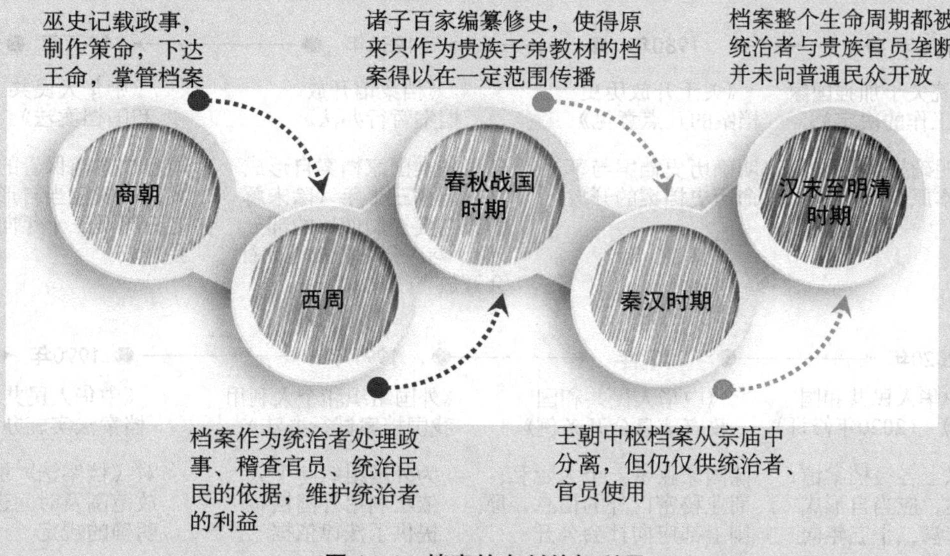

图1-4　档案的专制特权利用

第二阶段：民国时期（档案的半社会化开放利用）。辛亥革命推翻了我国两千多年的封建君主专制制度，我国档案开放利用也迈出了第一步，但当时的档案开放利用在对象、时间、内容等方面都具有一定的局限性。例如，《绥远省政府公文处理办法》规定“调阅案卷者应限于本机关职员确系因公来参考者”①；《福建省政府档案管理规则》规定“调阅案卷之返还期间，至多不得超过五日”②。由于民国时期战乱不断，该阶段的档案开放利用相对较片段化，未能形成系统性的开放利用，详见图1-5。

图1-5　档案的半社会化开放利用

---

①　王芹．民国时期档案法规研究．苏州：苏州大学，2010.

②　福建省政府档案管理规则//中国第二历史档案馆．民国时期文书工作和档案工作资料选编．北京：档案出版社，1987.

第三阶段：1956—2023年（档案的逐步开放、扩大利用）。1956年，《国务院关于加强国家档案工作的决定》首次明确档案工作的基本原则是集中统一管理国家档案，便于国家各项工作的利用，拉开了我国档案面向社会开放利用的序幕，此阶段的大致发展历程见图1-6。

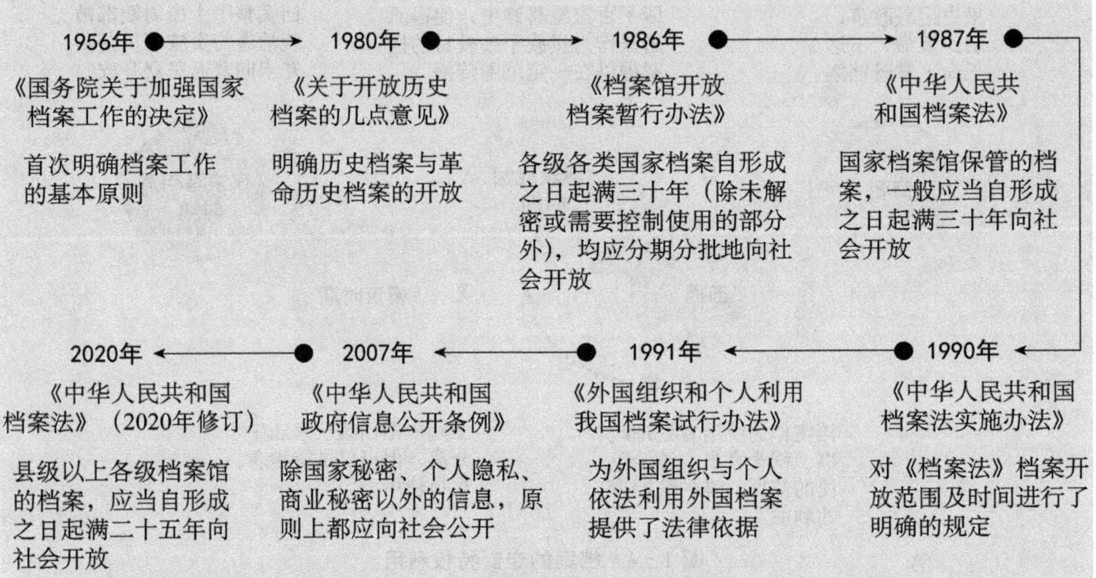

图1-6 档案的逐步开放、扩大利用

资料来源：李敏．我国档案信息资源利用演变历程及特点．档案与建设，2017（9）：11-13，21.

案例五

我国档案开放成就

我国各级综合档案馆馆藏档案开放数量处于上升趋势，《全国档案行政管理部门和档案馆基本情况摘要》统计显示，截至2022年底，我国各级综合档案馆的开放档案共20 976.6万卷、件，其中包括新中国成立前档案4 856.0万卷、件，新中国成立后档案16 120.6万卷、件。2022年，全国各级综合档案馆共接待利用者645.9万人，提供利用档案2 283.0卷、件。档案开放数量的持续增长、开放范围的不断延伸、档案利用人数的日益增加，都是我国档案开放利用发展历程中的丰厚成果。

例如，中国第二历史档案馆（以下简称“二史馆”）共开放民国档案106个全宗及专题，近30万卷。“十三五”期间，共接待查档者4.1万人次，利用处接待科先后获得“巾帼文明岗”和“工人先锋号”的荣誉称号。疫情防控期间，二史馆提供网络、电话和信函等线上查档途径，以微信公众号为载体，开通“预约查档”“个人查证”专栏，切实保障档案服务的有序开展。

《“十四五”规划》明确提出要“着力推动档案工作走向依法治理、走向开放、走向现代化”。可见，档案开放和档案利用工作是我国现今的重要任务，只有在中国共产党的正确领导下，档案工作的“为民服务”才能持续、深入、全面地进行下去。

资料来源：林周佳．按新《档案法》要求大力开展档案资源开放利用工作：以中国第二历史档案馆为例．档案与建设，2021（2）：58-59，89.

我国档案开放利用发展历程以及二史馆档案开放的个案介绍，深刻体现了中国共产党领导下档案工作的丰富内涵，即包括档案管理工作、档案行政管理工作、档案教育工作、档案宣传工作、档案科学技术研究工作、档案国际合作与交流工作等（第四章第一节档案工作的内容），显示了我国国家档案馆的职能，其不仅肩负科学管理档案的重任，而且致力于社会化的服务工作，特别注重为人民提供档案服务（第五章档案机构）。

1.4 “档案学概论”课程思政教案

1.4.1 具体教学目标

从档案工作的具体内容入手，逐渐深入档案工作的特点、原则、布局、体系等，再提升至档案事业“为党管档、为国守史、为民服务”的政治定位，从而初步构建完整的档案学基础知识体系。具体教学目标分为知识目标、能力目标、价值目标，如图 1-7 所示。

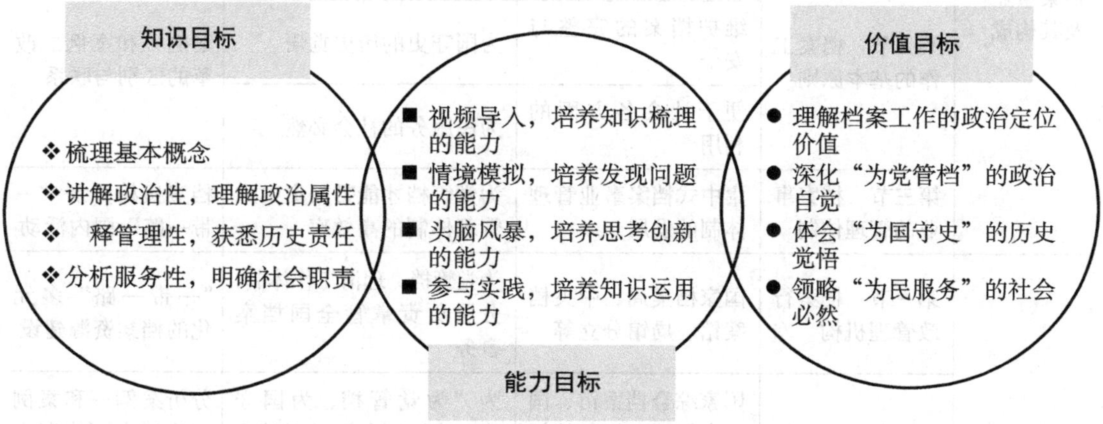

图 1-7　教学目标示意图

1.4.2 教学内容分析

教学范围

本主题所讲课程思政主题主要涉及教材第三章至第七章，以及第十章、第十一章的部分内容，详见表 1-5。

表 1-5　档案工作政治定位与教材内容、思政内容、案例关联表

章名	节名	教材内容	思政内容	案例
第三章 档案的价值与作用	第一节　档案价值与作用概述	价值的抽象性与作用的具体性	现阶段我国在社会主义体制下较好地发挥了档案的价值和作用，并且一直在努力、进步	我国档案开放最新成就
	第二节　档案的价值形态	凭证价值和情报价值、现实价值和长远价值、对形成者/社会的价值	从为专制特权利用到为党管档，从为统治者守史到为国守史，从不为民用到为民服务	我国档案开放利用的发展历程
	第三节　档案的作用	行政作用、业务作用	为党管档的合理性	档案的逐步开放、扩大利用
		文化作用、法律作用、教育作用	为国守史、为民服务的合理性	
	第四节　实现档案价值的特点与条件	扩展性	为国守史的科学性	档案的半社会化开放利用
		时效性	为民服务的科学性	
		条件性	为党管档的科学性	
第四章 档案事业及其构成	第一节　档案工作的内容	档案管理工作、档案行政管理工作、档案教育工作、档案宣传工作、档案科学技术研究工作、档案国际合作与交流工作	为党管档的政治性、为国守史的管理性、为民服务的服务性与档案工作的关联	福建省档案馆、深圳市档案馆体制改革后带来的档案工作的变化
	第二节　档案工作的基本原则	统一领导、分级管理	为党管档的政治自觉	案例一和案例二改革的区别与联系
		维护档案的完整与安全	为国守史的历史觉悟	
		便于社会各方面的利用	为民服务的社会必然	
	第三节　档案事业的管理体制	集中式档案事业管理体制的发展	为党管档才能带来集中式管理体制的高效率	档案机构开展“一带一路”国内活动
第五章 档案机构	第一节　档案行政管理机构	国家档案局、中央档案馆、局馆分立等	为党管档，理清工作体制，分层负责掌管全国档案事务	“一带一路”多元化的档案资源建设
	第二节　档案馆	国家综合档案馆、国家专门档案馆、部门档案馆等	为“为党管档、为国守史、为民服务”做好带头作用	分析案例一和案例二改革中可能存在的不足
	第三节　内部档案机构	档案室	为国守史，制定内部规范	分析福建省档案馆多次被国家档案局表扬的原因
	第四节　其他类型档案机构	文件中心、档案社会化服务机构	为民服务，补齐档案服务短板	分析深圳市档案馆是怎样与新型档案机构密切合作的

续表

章名	节名	教材内容	思政内容	案例
第六章　档案工作的特点、规律与发展	第一节　档案工作的特点与效益	社会性、文化性、政治性、管理性、科学性、服务性	档案工作政治性、管理性、服务性与档案工作“为党管档、为国守史、为民服务”政治定位的一一对应	案例一至案例五如何体现档案工作的政治定位
	第二节　档案工作的发展规律	分化与整合、多元化与开放性、制度化与智能化、与社会环境的互动规律	优化档案工作，彰显为党管档的使命	挖掘福建省与深圳市档案机构改革中体现的档案工作体系优化
	第三节　数字环境下档案工作的新发展	档案资源管理理念的发展：档案资源体系建设理念、内容社会化理念、深度开发理念	维护国家档案，深化为国守史的担当	分析“一带一路”档案建设中如何保存我国历史档案
		数字环境下档案信息化工作的新发展	创新服务形式，体现为民服务的责任	我国档案开放利用发展历程中的丰厚成果
第七章　档案法规标准与职业道德	第一节　档案法律概述	档案法律的直接性、具体性、综合性	档案工作“为民服务”的法律依据	档案法律推动档案开放利用
	第二节　《档案法》	《档案法》的制定、修改、内容、特点、作用、施行	《档案法》作为推动档案工作发展的重要保障，正在不断完善与修订	《档案法》发展历程如何体现档案逐步开放利用
	第三节　档案行政法规与行政规章	全面系统的档案工作规定文件、对某一方面的档案工作规定文件、对某一项档案行政工作较为具体规定的文件	进一步细化《档案法》对档案工作的指导作用	福建省与深圳市制定相关机构改革条例，推动档案事业发展
	第四节　档案工作标准与标准化	标准的含义、种类、作用等	工作标准为档案工作落实政治定位提供规范依据	在档案工作实施前明确档案工作标准规范的重要性
		档案工作基础标准、档案通用管理标准、专业档案管理标准	在档案工作中遵循标准规范，践行“为党管档、为国守史、为民服务”	在实地体验档案工作过程中明确如何落实标准规范
	第五节　档案职业道德	档案职业道德的内容与特点、档案职业道德修养	深悉档案工作政治定位，培养专业认同感、职业责任感以及正确的规则意识与诚信意识	在情境模拟中发现违背“档案工作原则”的行为

续表

章名	节名	教材内容	思政内容	案例
第十章 档案管理基本理论	第一节　来源原则	档案与档案管理活动的认知、档案工作八大内容、档案分类、档案鉴定、档案利用等	为档案工作“为党管档、为国守史、为民服务”提供理论支撑	明确档案工作的八大内容
	第二节　文件生命周期理论			
	第三节　档案鉴定理论			
	第四节　档案利用服务理论			
第十一章 档案学的演进与发展	第三节　档案学的发展趋势	研究对象与研究范围的拓展、研究视角的多维与研究方法的综合、研究范式的转换等	档案学学科发展与档案工作政治定位的关联	引领学生思考如何在学科发展趋势中落实与优化档案工作的政治定位

教学重点

如何在档案机构改革中体现“为党管档”。为党管档，可理解为“为党管档、为党守史”。2018 年全国档案机构改革，绝大多数省、直辖市、自治区将档案局的行政职能划归党委办公厅，党委办公厅加挂档案局的牌子。借势党委办公厅履行好档案行政管理职能，以档案局的名义研究、部署档案行政管理工作，有利于档案行政执法走向常态化[①]，提高“为党管档”的效率。

如何在具体档案业务中落实“为国守史”。为国守史，可理解为“为国管档、为国守史”。档案工作者应该做到“经济社会发展到哪里，档案资源就收集到哪里，档案工作就覆盖到哪里”[②]，本主题正是以“一带一路”建设中档案机构如何征集、管理、挖掘以及讲好档案里的丝路故事为例，加深对于档案工作维护档案的完整、守护历史的真实，档案工作服务国家发展战略等政治责任的理解。

如何在档案收集利用中体现“为民服务”。为民服务，可理解为“为民管档、为民服务”。如果档案与人民工作生活无关，那么人民不会主动利用档案，如果档案与人民紧密关联但不开放，那么人民也难以利用档案。国家档案局发布的《国家基本专业档案目录》囊括人民工作生活的方方面面，以落实建设覆盖人民群众的档案资源体系；同时，档案机构逐步深化开放为利用引流，以传播和开发带动利用，让档案走进社会、走入公众。[③] 本主题正是以档案开放利用历程引领学生深入体会档案工作“为民服务”的政治职责。

---

① 徐拥军．省级档案机构改革的特点、影响与展望．求索，2019 (2)：74－80.

② 章华明．论档案工作者的国家意识：关于“为党管档、为国守史”的解读．档案时空，2014 (6)：5－8.

③ 冯惠玲，周文泓．百年档案正青春：为党管档，为国守史，为民记忆的伟大历程．档案学通讯，2021 (6)：4－12.

教学难点

为党管档，“管”字如何理解。从微观层面理解，“管”包括对党的档案进行收集、保存、整理、开发与利用等业务问题；从宏观层面理解，“管”实则涉及党和国家的档案管理体制机制问题。我国档案管理体制历经三次重大机构改革，如何让学生结合每次机构改革的历史背景来理解改革的目的与意义，尤其是理解 2018 年档案机构改革中档案局馆分设、档案局行政职能划归党委办公厅，“党管档案”重在档案治理，以领悟“为党管档、为国守史、为民服务”的意义所在，是有难度的。

为国守史，“守”字如何理解。从微观层面理解，“守”包括为了真实完整留存我国政治、经济、文化、社会各方面的发展记录，通过收集工作制度化和社会化，建成覆盖全体人民群众的档案资源体系；从宏观层面理解，“守”包括建设集中统一的档案事业管理体制，覆盖全国各地区各专业领域的馆网体系，以及对档案事业发展起导向、调控和保障功能的档案政策法规体系。学生所接触到的专业知识一般是具体而微的，从全国整体性以及治理、资源、安全、信息化等的协调性角度去理解“为国守史”，则是有难度的。

为民所用，“用”字如何理解。从具体层面理解，“用”包括档案开放与提供利用两个方面；从抽象层面理解，2020 年修订的《中华人民共和国档案法》（以下简称新《档案法》）第一次提及公民享有依法利用档案的权利，还包括以权利规范和促进档案提供利用，涉及对“用”的根本的阐述，以档案工作信息化、数字化、智能化服务于系统化、便捷化等隐形的、后台的政府职能运行。简而言之，新时代国家档案“为民所用”的“用”不是档案提供利用方面所能涵盖的，对于学生理解也是有难度的。

1. 4. 3　教学手段与方法

第一，情境教学夯实知识基础。“档案学概论”对具体的档案以及档案工作进行了高度抽象和概括，让学生从档案管理业务入手，先了解具体的业务性知识，再理解抽象的理论性知识，最后概括思政性道理，因此设置融入思政与业务的情境至关重要。本主题严格遵循这一脉络，设计了档案利用、档案法治、档案体制、档案资源、档案开放等多个方面的情境，以夯实学生的理论知识基础。

第二，头脑风暴促进创新思维。“档案学概论”是专业基础理论课，既讲授过往既定的、成熟的档案理论，也鼓励适当的创新。概论性质的课程知识形成时间较为久远，与最新的行业实践差异较大，这就给教师和学生提供了较大的创新空间。本主题引用较新发生的档案体制改革、修订的新《档案法》、新建设的档案资源、新举办的档案交流活动等案例，以激发学生创新思维。

第三，多元教学丰富课堂知识。“档案学概论”涉及领域广、讲授理论多，既涵盖了档案事业的方方面面，又介绍了国内国外的档案理论，若没有足够数量的高品质案例，则难以支撑起课程思政建设。因此，本主题组织学生编纂以“党领导档案工作”为主题的档案故事、参加以“档案见证国家发展”为主题的知识竞赛、以“档案服务”为主题的档案信息检索大赛以及以“档案工作主要步骤”为主题的闯关游戏，以拓宽学生专业视野。

第四，任务布置驱动实践教学。“档案学概论”对档案、档案工作以及档案事业的价值与功能进行了阐述，但对三者的政治价值、政治定位以及政治功能阐述不够充分，尤其是在运用领导人讲话和档案行业顶层设计方面略显不足。因此，本主题带领学生了解档案部门运用档案服务党史教育、运用修复仿真技术抢救历史档案、参与“让百姓少跑腿、让数据多跑路”政务集成服务等，以深化学生政治责任。

1.4.4 教学过程与实施

具体教学设计以本科教学中常见的 90 分钟课堂为例，大致围绕主题导入、内容讲解、价值提炼、小组合作、实践提升五个步骤展开，详见表 1－6。

1.4.5 教学效果与反馈

课程的教学目的在于以案例分析、头脑风暴、情境模拟等多元授课形式，将档案机构改革、档案建设与档案开放历程等思政案例融入档案工作“为党管党、为国守史、为民服务”的政治定位，从而提升档案学专业学生的政治素养。为追踪课程思政的教学实效，笔者以福建师范大学 2019 级、2020 级档案学专业的 95 名学生为调研对象，于 2021 年 12 月通过现场问卷的形式，完成效果反馈。

就课程知识而言，采用矩阵量表对课程内容丰富度、重点突出程度、知识点衔接度三个维度进行“一般、较好、很好”三个层次的评价，三个维度的评价为“很好”的学生分别占 76%、73%、72%，其他学生对三个维度的评价皆为“较好”。可见，课程知识点由浅入深，层层递进，知识建构较为科学合理。

就案例设置而言，对案例分析深度、案例与理论知识的契合度进行分析（总分 3 分）。案例分析深度的平均分为 2.72 分，案例与理论知识的契合度平均分为 2.75 分，得到大部分学生的高度认可。同时，80%的学生表示案例教学帮助其进一步巩固了档案学基础知识，使其深入了解了档案工作岗位职责的实践案例，逐渐提升了对档案工作政治定位的认识与理解。

就授课形式而言，90 名学生对集案例分析、情境模拟、头脑风暴等于一体的多元授课形式作出了肯定，认为这种多元的教学模式不仅新颖，而且能够极大地提高学习积极性与互动热情。同时，约 99%的学生表示较为活跃的师生互动氛围能提升案例分析能力，深入情境模拟能提升团队协作能力，融入任务驱动能提升理论应用能力。

就思政实效而言，约 96%的学生表示在档案诚信价值观的塑造、档案规则意识与职业素养的提升、对档案学专业认同感与责任感的深化、档案工作在党领导下蓬勃发展的信心增值四个方面得到了较大提升，尤其是档案规则意识与职业素养的提升、对档案学专业的认同感与责任感的深化方面覆盖面高达 84%与 82%。

当然，在学生教学氛围与环境的反馈结果中，14 名学生提出课程主题较为严肃，可以在教学趣味性上有所提升。因此，仍需通过丰富教学形式、增添趣味性小游戏等教学环节，从形式与内容两个方面改进课程安排，形成“娱”与“学”相辅相成的教学模式，加深学生对档案工作政治定位的深刻理解。

表 1-6　教学过程具体环节及内容示意

档案工作概述（90 分钟）			
第一学时（45 分钟）			
教学意图	**教学内容**	**教学手段**	**教学时长**
1. 生动形象地引入主题，吸引学生注意力，激发听课兴趣	以档案工作基本流程、文书档案整理操作方法视频引出本课程的主题——档案工作概述（参见档案专业人员培训多媒体教材简要介绍．（2021-07-12）．https：//www. saac. gov. cn/daj/jckc/202107/02da2148d91c40a599e3a76538293d85. shtml.）	视频播放	5 分钟
2. 介绍本课程的主题概念	档案工作的定义：档案室、文件中心、档案馆所从事的档案业务工作，即用科学的原则和方法管理档案，为社会各项事业服务的工作	课堂讲授 知识演绎	2 分钟
3. 了解本次课主要内容	档案工作的内容、特点、原则与政治定位 （1）内容：收集、整理、鉴定、保管、检索、编研、利用、统计 （2）特点：政治性、管理性、服务性 （3）原则：统一领导、分级管理维护档案的完整与安全便于社会各方面的利用 （4）档案工作的政治定位：为党管档、为国守史、为民服务	课堂讲授 图片解读 知识演绎	5 分钟
4. 对档案工作的内容分析	将视频划分阶段，引导学生自主思考，通过师生互动共同完成对档案工作各环节内容的归纳 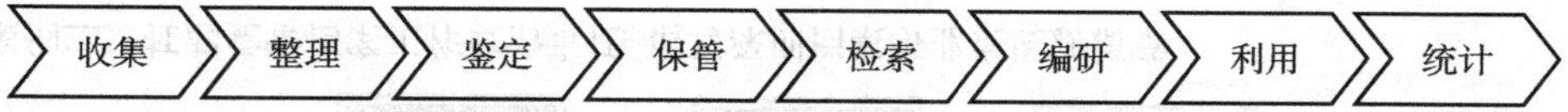	视频播放 师生互动	5 分钟
5. 以问题为导向，引导学生辩证看待档案工作各环节之间的关系	档案工作各环节之间如何进行 档案基础工作：收集、整理、鉴定、保管、检索、统计 开发利用工作：编研、利用	问题导向 师生互动 教师总结	8 分钟

续表

<table>
<tr><th>教学意图</th><th colspan="2">教学内容</th><th>教学手段</th><th>教学时长</th></tr>
<tr><td>6. 通过案例一、案例二，引导学生思考案例中哪些地方体现了档案工作的政治性、管理性、服务性，再由教师总结并讲授其内涵</td><td colspan="2">案例一　构建“办局一体、局馆联动”模式 展现“为党管档”的责任担当
建框架　凝共识　促互动　重执法
定职能　列清单　借外力

案例二　打起党管档案工作政治责任 谱写深圳档案事业发展新篇章
1 强化政治属性，推动党把档案工作真正“管起来”
➢提高政治站位
➢落实主体责任
➢夯实法治基础
2 聚焦中心工作，推动档案工作从后台“站出来”
➢记录“双区”建设的深圳故事
➢做好深圳经济特区建立40周年庆祝活动档案工作
➢做好疫情防控档案工作
➢助力决战决胜脱贫攻坚工作</td><td>案例分析
团队协作
师生互动
教师讲授</td><td>10 分钟</td></tr>
<tr><td rowspan="7">7. 归纳档案工作的政治性、管理性、服务性知识点，并强调档案工作的政治性，为档案工作原则的讲授奠定基础</td><td rowspan="3">政治性（表现）</td><td>档案工作的服务方向</td><td rowspan="7">教师讲授
学生参与</td><td rowspan="7">7 分钟</td></tr>
<tr><td>档案工作的机要性</td></tr>
<tr><td>维护党和国家历史的真实面貌</td></tr>
<tr><td rowspan="3">管理性（表现）</td><td>管理档案的专门业务</td></tr>
<tr><td>信息资源管理重要内容</td></tr>
<tr><td>社会管理活动组成部分</td></tr>
<tr><td>服务性（表现）</td><td>以提供档案信息为社会实践服务的特殊性服务工作</td></tr>
<tr><td>8. 问题引导、承上启下</td><td colspan="2">提出问题：结合档案工作特点，你认为档案工作的运行应遵循哪些原则？</td><td>学生思考
学生互动</td><td>3 分钟</td></tr>
</table>

续表

第二学时（45 分钟）			
教学意图	教学内容	教学手段	教学时长
9. 分析案例一，理解“统一领导、分级管理”的原则	案例一　从“四个层面”凸显“办局一体、局馆联动”模式的成效 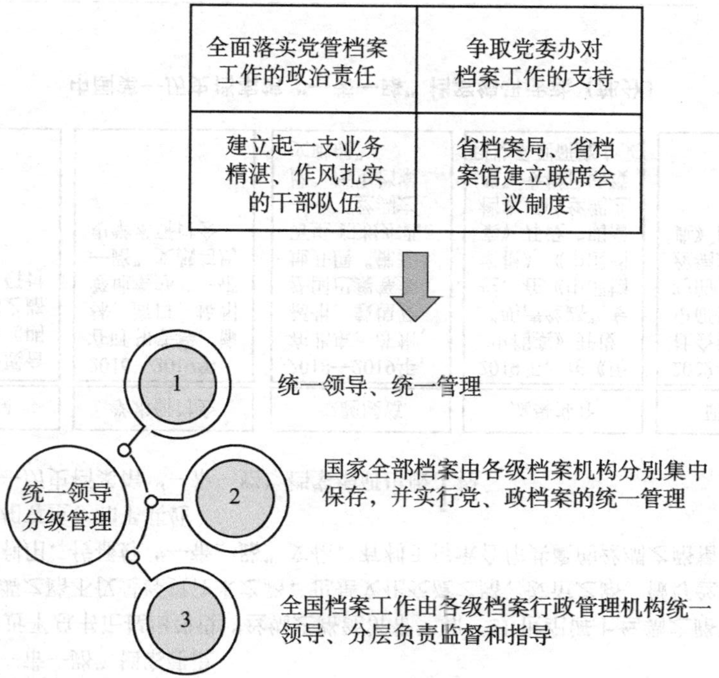 	案例分析 归纳推理 课堂教授 知识综合	5 分钟

续表

教学意图	教学内容	教学手段	教学时长
10. 分析案例三，阐释档案工作“维护国家档案的完整与安全”的含义与意义	维护国家档案的完整与安全的含义：完整是指档案材料收集齐全、整理系统；安全是指档案的实体安全、内容安全 维护国家档案的完整与安全的意义：维护党和国家的历史真实面貌；充分发挥档案的作用 案例三　“一带一路”档案建设 2013 年，习近平总书记提出建设“丝绸之路经济带”和“21 世纪海上丝绸之路”的战略构想，明确丝绸之路不仅是经贸往来之路，也是文化交流之路、友谊之路。做好丝绸之路档案文献保护和利用，传播好“一带一路”文化，有利于传承合作共赢的丝绸之路精神，推动各国各民族互相尊重、和平共处 （1）中国第一历史档案馆“一带一路”档案编研出版工程 档案汇编：2018年，开展合作编纂出版《明清宫藏丝绸之路档案图典》研讨会 学术研讨会：2016—2019年，在呼和浩特、榆林、海口、杭州等地举办“一带一路”文献与历史学术研讨会 专题展览：2018—2019年，在北京、苏州、福州、敦煌及法国巴黎等多地开展“锦瑟万里 虹贯东西——‘丝绸之路’历史档案文献展” 成果推介：2019年，在《历史档案》开设“明清丝路”专栏，在《中国档案报》《中国档案》开设“明清档案里的丝绸之路”专栏，陆续刊发系列研究专文 研究文集：2022年，与中国社会科学院古代史研究所联合编写的《明清宫藏丝绸之路档案图典》出版 **中国第一历史档案馆“一带一路”档案编研活动（部分）**	案例分析 对比分析 归纳演绎 教师讲授	7 分钟

续表

教学意图	教学内容	教学手段	教学时长
	（2）各省市级档案馆开展的丝路活动		

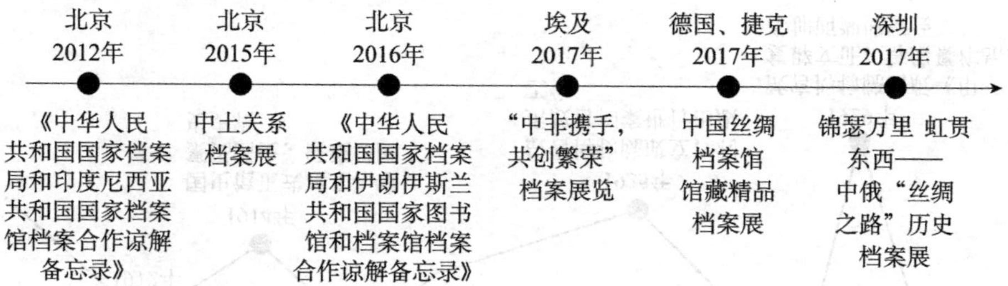

我国档案机构开展的“一带一路”国际合作活动（部分）

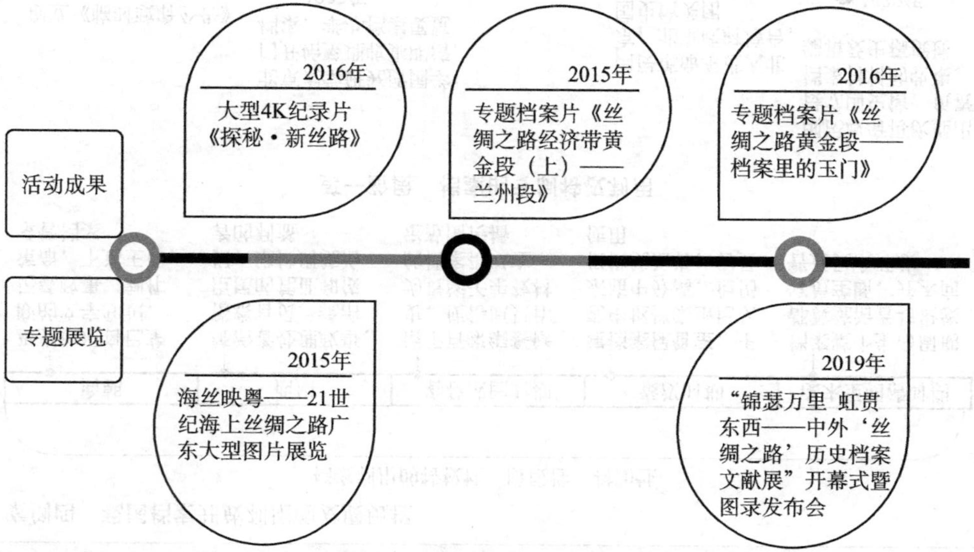

我国档案机构开展的“一带一路”国内活动

续表

<table>
<tr><th>教学意图</th><th>教学内容</th><th>教学手段</th><th>教学时长</th></tr>
<tr>
<td>11. 分析案例四、案例五，理解档案工作便于社会利用的内涵和深刻影响</td>
<td>
案例四　我国档案开放利用的发展历程
档案利用的特权性、阶段性、封闭性
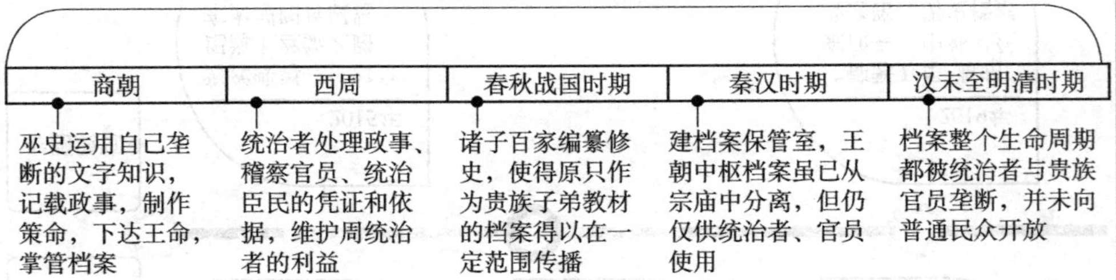

第一阶段　档案的专制特权利用
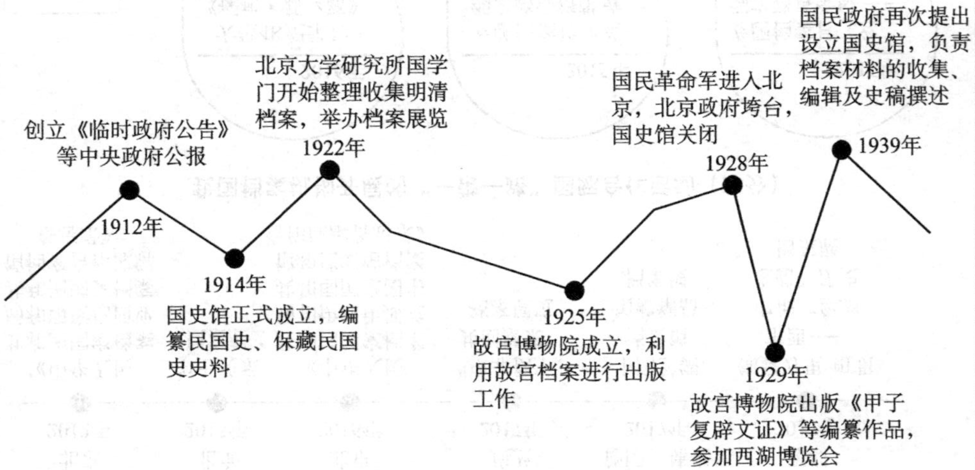

第二阶段　档案的半社会化开放利用
</td>
<td>案例分析
古今对比分析
归纳演绎
教师讲授
师生互动</td>
<td>7 分钟</td>
</tr>
</table>

续表

教学意图	教学内容	教学手段	教学时长
	见下文		

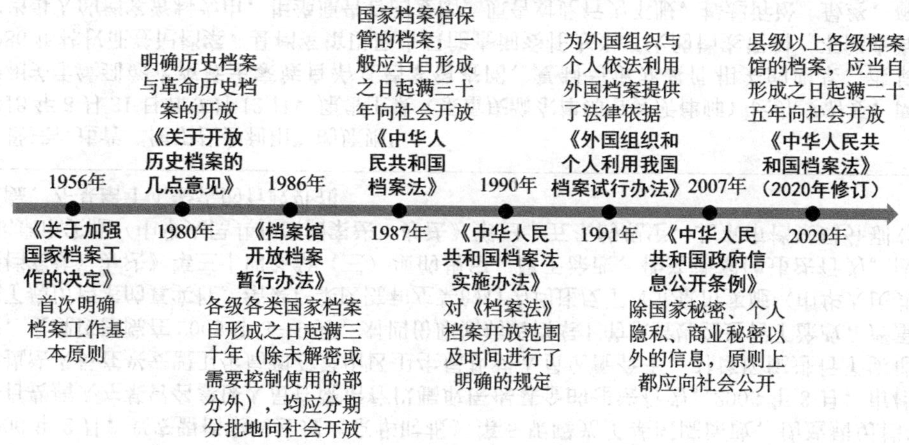

第三阶段　档案的逐步开放、扩大利用

案例五　我国档案开放成就

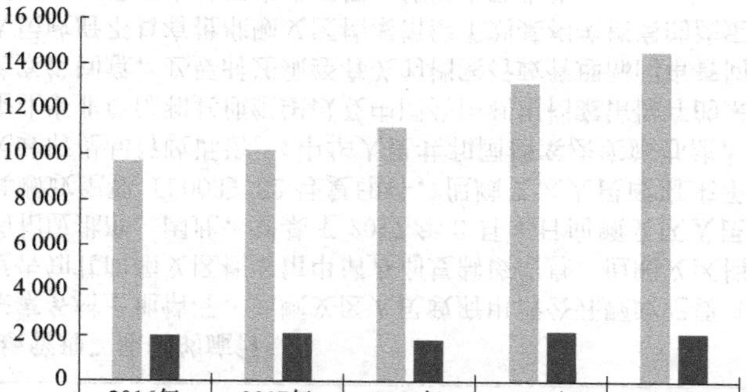

	2016年	2017年	2018年	2019年	2020年
开放档案（万卷、件）	9 707.9	10 151.7	11 222.1	13 171.6	14 584.5
利用档案（万卷、件）	2 033.7	2 078.0	1 819.1	2 140.0	2 064.4

“十三五”期间我国各级综合档案馆开放档案与利用档案数量图

续表

教学意图	教学内容	教学手段	教学时长
12. 深化对档案工作原则的理解	学生以小组为单位，对现实中出现违背档案工作原则的案例进行情境模拟	情境模拟	15分钟
13. 寻找案例中出现的问题，思考和讨论解决措施，总结学生在情境模拟中反映出的问题，强化知识点，再次强调档案工作原则的重要性	情景一：“统一领导、分级管理”原则的施行[1] 刘某因需要了解顺义区张家务村土地情况，向顺义区人民政府申请公开顺政纪要〔2003〕62号。顺义区人民政府答复告知其向顺义区档案馆申请查询复制该信息，但顺义区档案馆要求其获得顺义区人民政府的相应批准。因此，刘某于2017年2月4日向顺义区人民政府申请批准顺义区档案馆给予其顺政纪要〔2003〕62号复印件，但顺义区人民政府未予回复，故刘某对北京市顺义区人民政府提起行政诉讼。《中华人民共和国档案法实施办法》第二十一条规定，机关、团体、企业事业单位和其他组织以及中国公民利用档案馆保存的未开放的档案，须经保存该档案的档案馆同意，必要时还须经有关的档案行政管理部门审查同意。依据上述法律规定，顺义区人民政府不具有批准顺义区档案馆给予刘某相关档案的法定职责，刘某请求顺义区人民政府履行该批准职责并无事实根据，故以失败告终	学生互动 师生互动	
	情景二：违背“维护档案的完整与安全”的原则[2] 2006年2月，兴安盟档案局发现《京华时报》第5版曝光了某医院涂改、伪造病历档案，将自费病人左某冒名参保人员住院治疗以骗取医保基金的违法行为。2006年3月，市档案局执法人员在兴安盟卫生局和石景山区卫生局执法人员的配合下，对该医院进行了实地调查，发现该医院在2005年3—9月，对四份原始病历档案上的患者姓名进行了涂改，严重影响了病历档案的真实性。结果：某医院和左某的行为均违反了《北京市实施〈中华人民共和国档案法〉办法》第三十四条第（三）项的规定，属于涂改、伪造档案的违法行为。依据《北京市实施〈中华人民共和国档案法〉办法》第三十五条的规定，北京市档案局分别对某医院、左某给予了警告的行政处罚	学生互动 师生互动	
	情景三：违背“便于社会利用”的原则[3] 2018年8月31日和9月12日，原告王某（系重庆渝东律师事务所律师）因办案需要，两次持相关手续到彭水苗族土家族自治县档案馆查阅、复制与承办案件相关的谢某、洪某的1986年林权证登记档案，县档案馆以原告只能查询委托方当事人的档案资料，不能查询对方当事人的档案资料为由，拒绝原告查阅复制。原告对此行为不服，提起诉讼。最终，确认被告彭水苗族土家族自治县档案馆拒绝为原告王某查询复制谢某、洪某的1986年林权证登记档案信息的行为违法	学生互动 师生互动	

续表

教学意图	教学内容	教学手段	教学时长
14. 结合案例和档案工作的原则，引导思考档案工作原则所体现的政治定位		问题导向 逻辑推理	2 分钟
15. 学生对“档案机构如何实现档案工作的政治定位”展开头脑风暴，加深对档案工作政治定位的理解	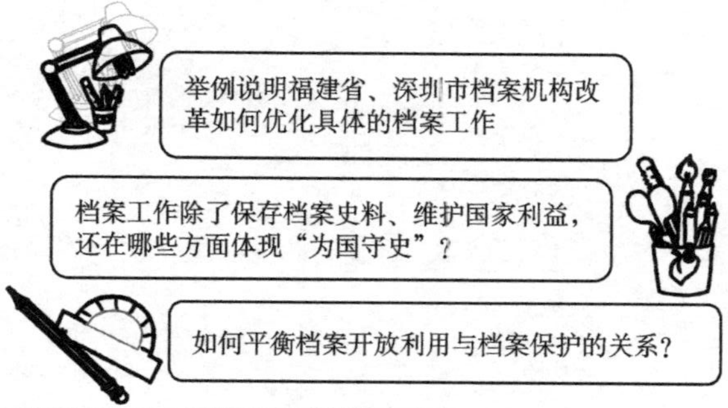	小组合作 头脑风暴 师生交流 学生交流	6 分钟
16. 总结知识点，从四个方面演绎档案工作的政治定位	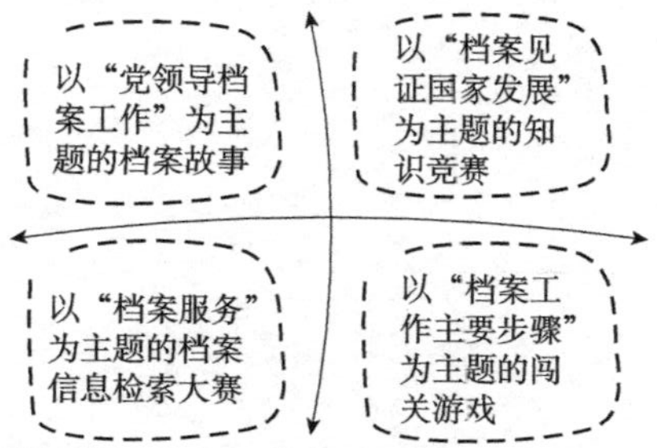	演绎推理 教师讲授 理论运用 实践模拟	2 分钟
17. 鼓励在实践中运用理论及学习效果追踪	鼓励学生通过团日活动、支部活动等方式自行或组织前往各类档案机构实地体验档案工作，鼓励对档案工作人员进行访谈、调研，并制作小视频、电子书等汇报成果	布置作业	1 分钟
结束			

注：1. 刘海霞、北京市顺义区人民政府再审审查与判监督行政裁定书．(2019-08-15)．中国裁判文书网．

2. 兴安盟档案史志馆．http：//www.xam.gov.cn/mdaj/yasf/1377259/index.html.

3. 王子高与彭水苗族土家族自治县档案馆行政行为违法一审行政判决书．(2019-03-20)．中国裁判文书网．

此外，教学案例涉及的行业领域有待扩展。从调研反馈结果来看，新时代大学生对档案人的职业认知不仅仅局限于专业档案机构，对档案人的职业期望也不仅仅局限于守住故纸堆，他们认为档案学专业借助信息技术与其他行业、其他机构产生了深度融合，档案工作的政治责任也应该在更为广泛的社会领域有所体现，故而希望“档案学概论”课程思政建设的案例选取紧跟时事政治、热点事件、焦点新闻等，将“为党管档、为国守史、为民服务”的责任担当融入更广阔、更细微的职业。

主题2

档案安全至上
——坚守档案工作安全底线

2.1 主题概况

底线思维，是以底线为导向的一种思维方法和心态，要求不回避矛盾、不掩盖问题，客观分析可能出现的问题，并妥善解决问题。谋划并推进党和国家各项工作，离不开底线思维，习近平总书记多次谈及底线思维，强调“凡事从坏处准备，努力争取最好的结果，做到有备无患、遇事不慌，牢牢把握主动权”①。

档案安全是档案工作的底线，是档案事业的根基。为深入贯彻党中央、国务院有关部署要求和习近平总书记关于保稳定、护安全、促和谐的重要指示精神，国家档案局多次召开以档案安全为主题的全国档案工作会议，并发布一系列维护档案安全的专指性法律规范性文件，切实保障档案实体安全与信息安全。②

确保档案安全是档案工作的必然要求，从习近平总书记关于总体国家安全论述的指引，到新《档案法》的出台，以及全国档案部门的贯彻施行，实现了对档案安全从意识到行动的全方位保护。全面加强档案安全教育是档案学课程思政的重点内容。“档案保护技术学”（或称“文献保护技术学”“档案保护概论”等）是以档案保护的内容、方法、策略等为论述对象，系统介绍不同档案制成材料的化学成分、物理性能、生产过程或工艺等，在本体意义上注重维护档案实体和档案信息的安全，在衍生意义上强调档案安全服务政治、经济、文化以及国民安全等的课程。配套教材为《档案保护概论》（张美芳，唐跃进，中国人民大学出版社）。

---

① 跟习近平等七常委学底线思维．（2015-08-14）．新华网.

② 国家档案局关于印发李明华同志在全国档案安全工作会议上的讲话的通知．（2017-06-26）．中华人民共和国国家档案局官网.

2.2 “档案保护技术学”课程思政元素

“档案保护技术学”课程思政元素、讲授目的与价值传递联系如图 2-1 所示。

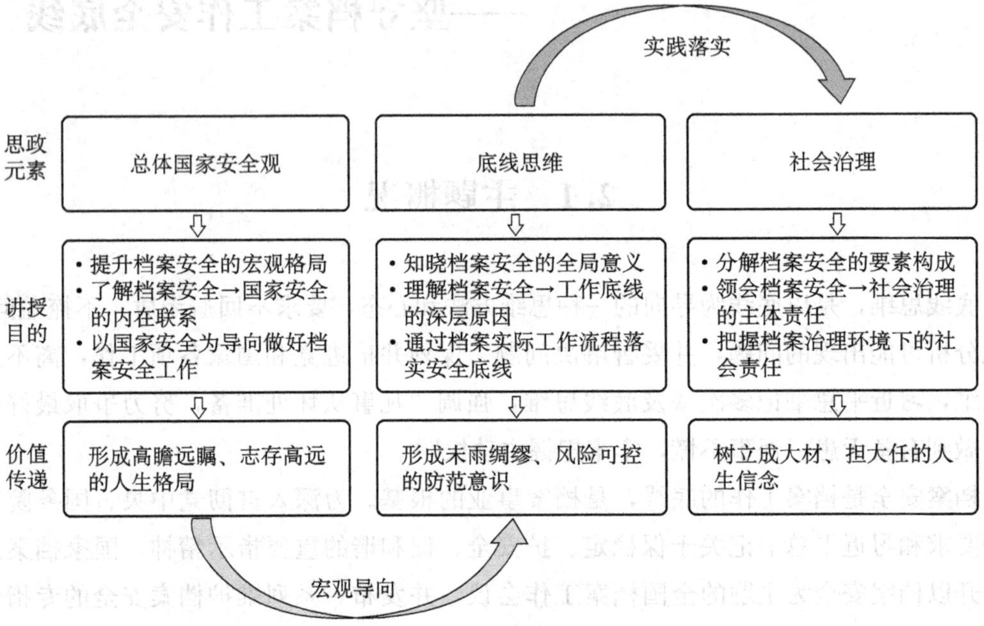

图 2-1　思政元素、讲授目的与价值传递联系图

2.3 主题案例库

档案是国家的基础性信息资源，档案安全在保障国家各领域安全方面具有重要地位，古今中外，档案安全问题始终存在且影响范围超出档案领域，因此，维护档案安全意义重大。应充分认识档案安全的底线意义，总结档案安全工作经验与教训，培养档案安全风险忧患意识，以此推动档案事业稳健发展。

2.3.1 政治层面看档案安全

案例一

美国“棱镜门”聚焦国家档案信息安全

2013 年 6 月，美国中央情报局前职员爱德华·斯诺登（Edward Snowden）将两份绝密资料交给英国《卫报》（*The Guardian*）和美国《华盛顿邮报》（*The Washington*

Post)，并告之何时发表。按照设定的计划，2013年6月5日，英国《卫报》先扔出了第一颗舆论炸弹：美国国家安全局有一项代号为“棱镜”的秘密项目，要求电信巨头威瑞森通信公司（Verizon）每天上交数百万名用户的通话记录。6月6日，美国《华盛顿邮报》披露称，过去6年间，美国国家安全局和美国联邦调查局通过进入微软、谷歌、苹果、雅虎等9大网络巨头的服务器，监控美国公民的电子邮件、聊天记录、视频及照片等秘密资料。该计划于2007年开始实施。消息一出，舆论哗然，影响深远，并持续发酵。

斯诺登在他向美国《华盛顿邮报》提供的机密文件中披露，自2009年以来，美国国家安全局一直从事入侵中国电脑系统的活动。斯诺登说，美国国家安全局的攻击目标包括香港中文大学、政府公务员、企业和学生的电脑。斯诺登认为，美国国家安全局在全球范围内的网络攻击行动超过6.1万项，针对中国的此类行动数以百计。

资料来源：斯诺登文件显示美国安局曾瞄准中国领导人和华为．(2014-03-24)．央广网．

斯诺登事件后，2014年2月27日，习近平总书记在中央网络安全和信息化领导小组第一次会议上表示，“网络安全和信息化对一个国家很多领域都是牵一发而动全身的，要认清我们面临的形势和任务，充分认识做好工作的重要性和紧迫性，因势而谋，应势而动，顺势而为”[①]。档案作为党和国家各项工作的真实记录，包含大量的国家秘密和重要敏感信息，涉及政治、军事、外交、司法、经济、科技等各个方面，总体国家安全观所涵盖领域[②]无不形成档案，且这些档案具有极高的情报价值，直接关系到党和国家的核心利益，一旦发生丢失、损毁、被盗、泄密等事故，必然会对国家安全和利益造成严重损害，甚至危及国家的政权和主权。因此，教材第十四章数字信息的容灾与抢救是新时代档案保护的重要内容，是档案保护基本技能之一。

案例二

意大利华人捐古版中国地图 证明钓鱼岛为中国领土

2017年3月，侨居意大利普拉托市的浙江温州籍侨胞周洪春，将一幅意大利1860年出版的中国地图无偿捐赠给温州市档案局。经有关专家鉴定，该地图把钓鱼岛及其附属岛屿均列入中国版图，为进一步证明钓鱼岛是中国固有领土提供了历史依据。

周洪春年逾50岁，子女均已成家立业，居住在意大利打理自己的生意。周洪春平时喜欢收藏古玩，古玩市场一位意大利退伍老兵偶然得知他是中国人时，说有一张很

① 习近平的网络安全观．(2018-02-02)．中华人民共和国国家互联网信息办公室．

② 具体指构建集政治安全、国土安全、军事安全、经济安全、文化安全、社会安全、科技安全、信息安全、生态安全、资源安全、核安全等于一体的国家安全体系，详见中央国家安全委员会第一次会议召开 习近平发表重要讲话．(2014-04-15)．中国政府网．

有价值的意大利古版军用地图，它可以证明当时中国政府管辖的区域。周洪春找了意大利有关方面的专家鉴定，确认这是一张时间久远的军用地图，具有一定的收藏价值。珍贵的历史价值促使周洪春买下了这幅地图。

周洪春说，钓鱼岛就在这幅古版中国地图之内，他将地图捐献给温州市档案局，希望借此机会表达海外华侨华人对祖国的赤子之情。

温州市档案局副局长接受地图捐赠后说，该地图具有很高的馆藏价值。经过有关专家的鉴定，地图当中明确标示了钓鱼岛及其附属岛屿在中国国界内。

据了解，该地图出版于1860年，为意大利文米兰版古地图。由于年代久远，地图已发黄、脆化。地图上分别用橙色、粉色、绿色、黄色、蓝色五种颜色的标线将中国领土分为几大不同区块，其中钓鱼岛及其附属岛屿均在黄色标线范围内。

资料来源：意大利华人捐古版中国地图 证明钓鱼岛为中领土．(2017-11-28)．中国新闻网．

2015年10月18日，习近平主席在接受路透社关于南海问题采访时指出，“南海诸岛自古以来就是中国领土，这是老祖宗留下的。任何人要侵犯中国的主权和相关权益，中国人民都不会答应”①。当前，我国面临的国际环境更加复杂，领土纠纷问题多发，如中日钓鱼岛争端、南海问题、中印边界问题等，档案能够为解决这些历史遗留问题提供令人信服的、真实有效的历史凭据，为我国领土安全提供档案资源保障。学好并应用好教材第二章纸质档案及纸质档案保护、第三章档案字迹材料耐久性、第十一章档案修复技术与信息恢复技术等内容，是实现档案安全工作“功在当下、利在千秋”的基础。

案例三

浙江省湖州市档案馆实施“三三策略”确保档案安全

2019年12月23—24日，全国档案工作暨表彰先进会议在北京召开。湖州市档案馆荣获国家人力资源社会保障部与国家档案局联合颁发的“全国档案系统先进集体”称号，这是湖州市档案系统首次获此殊荣，也是“十三五”期间全省唯一获此殊荣的市级档案馆。

浙江省湖州市档案馆深入贯彻落实习近平新时代中国特色社会主义思想和习近平总书记对档案工作的重要指示精神，深入实施档案安全“三三策略”②，提升档案安全管理水平。研发的具备实时监测、实时预警、实时保全等功能的湖州市数据安全检测预警及保全平台，获2014年度国家档案局优秀科技成果三等奖。馆内各管理平台上的重要数据全部纳入安全监管平台，对各管理平台和网站上发现的安全漏洞进行及时整改，并不断提高档案信息安全等级保护标准，确保档案信息数据的绝对

① 新华国际时评：美国南海炫耀武力不负责任．(2015-10-27)．中国政府网．

② 湖州市档案馆“三三策略”，即安全防范“三位一体”、安全监管“三维覆盖”、安全保障“三措并举”。

安全。此外，湖州市档案馆开发新的档案登记备份平台，实现市本级进馆单位登记备份全覆盖；实施异地异质备份，“十三五”以来，与省档案馆及异地互备单位完成互备数据80.08TB，确保档案数据安全百分百检测、百分百备份、百分百防护。

资料来源：张楼岩．以“三三策略”助推档案安全体系建设．浙江档案，2016（10）：25-27.

2020年5月22日，习近平总书记参加十三届全国人大三次会议内蒙古代表团审议时，特别提出“高效能治理”概念，强调要“有针对性地部署对高质量发展、高效能治理具有牵引性的重大规划、重大改革、重大政策”[①]。档案管理工作走向档案治理改革，提高安全治理效能是关键。湖州市档案馆的档案安全“三三策略”，全力推进档案安全体系建设，着力补齐档案安全短板，致力于防范和化解档案安全风险，多方位、多层次、多维度提升档案安全管理水平，契合教材第十四章数字信息容灾备份、灾难恢复、灾备系统工程建设等内容。

2.3.2 民族层面看档案安全

案例四

敦煌文物档案的流失

古代敦煌地理位置特殊，是陆上丝绸之路的必经之地，随着中外贸易活动的频繁开展，敦煌逐步成为彼时中国西部地区政治、经济、文化等诸多领域交流发展的重要枢纽。得益于其得天独厚的地理位置，千百年间无数文化、艺术、科技、思想等通过各种形式从世界各地汇聚于此，敦煌历史档案便是它们的集中体现之一。敦煌莫高窟藏经洞经卷档案是20世纪中国档案界“四大发现”[②] 之一，具有极高的学术价值、史料价值和经济价值。

然而，近代历史上敦煌文物档案的流失，是一项无法弥补的缺憾。清光绪二十六年五月二十六日（1900年6月22日），居住在莫高窟三清宫的道士王圆箓，在清理第16窟甬道及其前的积沙时，偶然发现一个封闭的小石室（今统一编号第17窟），即著名的藏经洞。里面出土了五六万件成捆的经卷文书和其他文物，时间跨越六朝、隋、唐、五代、宋，内容涉及宗教、政治、经济、历史、军事等诸多方面。此发现轰动了学术界。而自1900年道士王圆箓发现藏经洞至1925年，因时局动荡、政权更迭，晚清政府和北洋政府对敦煌历史档案安全缺乏应有保护，使其多次遭遇西方国家盗取。直至1944年，国立敦煌艺术研究所（现敦煌研究院）成立，结束

① 习近平在参加内蒙古代表团审议时强调 坚持人民至上 不断造福人民 把以人民为中心的发展思想落实到各项决策部署和实际工作之中．（2020-05-23）．人民网.

② 20世纪中国档案界的“四大发现”：北京故宫内阁大库档案、河南安阳甲骨档案、敦煌莫高窟藏经洞经卷档案和居延汉简.

了敦煌石窟近400年无人管理、任凭损毁、屡遭破坏偷盗的历史。①

在敦煌遗书的保护方面，敦煌文物研究所于1980年设立遗书研究室，1984年扩建为敦煌遗书研究所，1995年更名为敦煌文献研究所。为整合研究力量，2018年敦煌研究院将敦煌文献研究所与2015年设立的民族宗教文化研究所合并，仍名敦煌文献研究所，主要从事敦煌文献的整理与研究、敦煌文献与敦煌石窟的结合研究，并在敦煌少数民族史研究、敦煌吐蕃历史文化研究、敦煌遗书数据库建设方面成果突出。2021年，敦煌文献研究所承担的国家社科基金重大招标项目“敦煌遗书数据库建设”顺利通过结项验收，成为该所学术发展道路上的里程碑。

除此之外，中国国家图书馆为追回遗失海外的敦煌遗书做出努力。2001年，中国国家图书馆参与国际敦煌项目（International DunHuang Project，IDP），该项目旨在使丝绸之路东段考古遗址的所有手稿、绘画、纺织品和艺术品的信息及图像能够在互联网上自由地获取，并通过教育与研究项目鼓励使用者利用这些资源。俄罗斯、英国、印度、日本等10个国家和地区的相关机构已加入合作队伍，截至2022年4月19日，IDP数据库总计已有目录条目142 677条，图片562 400张。② 2015年，法国国家图书馆与中国国家图书馆达成合作意向，法国国家图书馆向中国国家图书馆赠送馆藏全部敦煌遗书高清数字资源。双方共同努力，实现了这批敦煌遗书的数字化回归，并于2018年3月5日正式在线发布。

截至2023年，敦煌莫高窟藏经洞出土文献7万余件。这些珍贵的文献约有70%流失海外，国内现存莫高窟出土文献有18 803件，流落于俄罗斯、法国、印度三国的出土文献量较多，均超过10 000件，其中俄罗斯所藏文献数量最多，甚至较中国多出1 000件③，如图2-2所示。

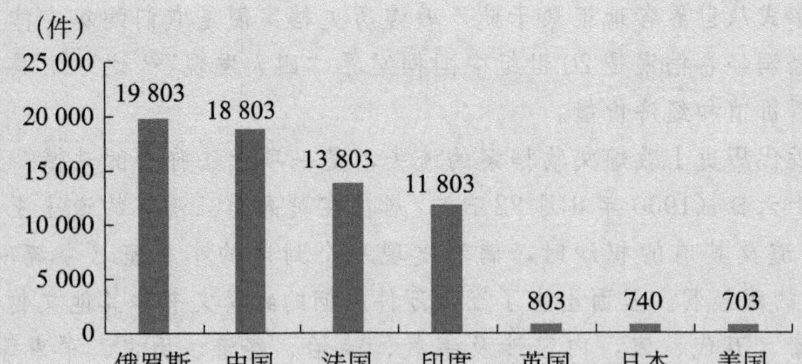

图2-2 各国所藏敦煌莫高窟出土文献统计

资料来源：刘永增．藏经洞的发现与敦煌文物之流失．敦煌研究，2000（2）：10-13，186.

---

① 嘉靖三年（公元1524年），明朝政府下令封闭嘉峪关，放弃了对嘉峪关以西地区的管辖，原关外行政机构及军民撤迁回关内，从此，莫高窟无人看护，大量洞窟坍塌毁坏。

② 国际敦煌项目：丝绸之路在线．http://idp.nlc.cn/.

③ 敦煌研究院．藏经洞文献学术研究成果目录数据库．http://dh.dha.ac.cn/CaveSutra/CRelicResearch.

2019 年 8 月 19 日，习近平总书记在参加敦煌研究院座谈时指出，“把莫高窟保护好，把敦煌文化传承好，是中华民族为世界文明进步应负的责任”[①]，由于受各种社会因素与自然因素的影响，我国包括敦煌文物档案在内的大量珍贵历史档案已经散失或损毁，尤其是从鸦片战争开始到中华人民共和国成立前，帝国主义列强的侵略和掠夺又使幸存下来的一部分珍贵档案散失到国外。在国际档案交流、交往中维护档案的完整与安全，是延续中华民族共同记忆和璀璨文明、继承和弘扬中华优秀传统文化、守护文化安全及维护民族尊严的重要举措，也是深刻领悟教材第一章档案保护的起源与发展。档案保护的对象、任务及原则，档案保护实现目标等内容的生动素材。

案例五

中华民国“八千麻袋事件”

宣统元年（1909 年），内阁大库墙体坍塌，官员在清档工作时将破烂档案装入麻袋准备焚化。大学士张之洞请求取消焚毁档案，要求将档案归学部保管，这些档案得以保存下来。

1912 年，民国政府教育部决定设立历史博物馆筹备处，教育部接管这批档案并交历史博物馆筹备处管理。

1921 年，教育部与国立历史博物馆以经费困难为由，将部分档案装了八千麻袋约 15 万斤，以 4 000 银元售给北京同懋增纸店作重造纸张的原料。

1922 年，罗振玉在市上见到纸店出售的部分档案，以 12 000 元买回，雇人进行检理，发现不少秘稿史册，如满、蒙文的辽、金、元事例，明代有关边务战事的题本稿，清初开国要略、皇帝的硃谕批折及各国的题表等。罗振玉遂择其珍件加以汇刊编印成《史料丛刊初编》10 册。

1924 年，罗振玉将大部分档案以 16 000 元转卖给另一清朝遗老李盛铎。李盛铎挑选了档案中的一些珍异史料，将其中的 6 万余件献给了溥仪，其余部分以 18 000 元转卖给中央研究院历史语言研究所。这时档案只剩 10 万斤，而且十分杂乱，一部分已破烂不堪无法整理，完整者仅 1/5。历史语言研究所对其整理校勘后进行编辑出版。

1936 年，历史语言研究所将大部分档案携至南京，后迁往台湾。留在北京的部分档案后由中国第一历史档案馆接收。

为揭露“八千麻袋事件”真相，鲁迅先生著《谈所谓“大内档案”》一文，痛斥北洋政府大小官僚和清朝遗老对历史档案的恶劣态度与盗窃行为。他愤慨地写道：“中国公共的东西，实在不容易保存。如果当局是外行，他便将东西糟完，倘是内行，他便将东西偷完。”

① 习近平．在敦煌研究院座谈时的讲话．（2019－08－19）．中共中央党校官网．

1948 年 11 月，辽沈战役胜利结束，东北解放后，中国档案的保护工作才迎来了新的转机。1954 年国家档案局成立之后，党中央、国务院下发一系列文件，确立了档案工作的管理体制和基本原则。随着档案事业的发展，在档案保护和修复的工作中，政府还组织了一批满文专家对大内档案中的满文老档进行整理和翻译，以发挥其作用。锡伯文与满文接近，因此还有一些锡伯族学者参加了这项工作，历经乱世、颠沛流离的大内档案终于在新中国档案人的努力下转危为安。①

资料来源：邓衍明．国宝档案钩沉：八千麻袋大内档案的世纪拯救．湖北档案，2014（11）：26-29.

近代中国政府羸弱，对国家文化价值缺少应有认识，相关人员自然忽视档案，甚至出卖国家历史档案为个人谋利。2016 年 11 月 30 日，习近平总书记在中国文联十大、中国作协九大开幕式上的讲话中指出，“文化是一个国家、一个民族的灵魂。历史和现实都表明，一个抛弃了或者背叛了自己历史文化的民族，不仅不可能发展起来，而且很可能上演一幕幕历史悲剧”②。可见，档案学高等教育事业的谋划，应该把档案安全工作放在国家文化安全的大局中来审视和落实。

2.3.3 社会层面看档案安全

案例六

苏州市“单套制”工作取得新突破

2021 年 9 月 14 日，苏州市档案馆承担的“多办公自动化系统电子公文归档和电子档案管理”试点项目成功通过国家档案局验收，标志着苏州市档案馆在多办公自动化系统电子公文归档和电子档案管理工作标准化规范化建设方面取得了新成绩、实现了新跨越、迈上了新台阶。

电子公文接收统一标准。按照“电子档案管理信息系统要与办公自动化系统、业务系统相互衔接”的要求，面对苏州市市级机关部门存在数量众多、不同类型办公自动化系统的实际情况，苏州市档案馆完善原有数字档案室 2.0 系统，开发电子公文接收归档模块，通过统一接口标准，实现各进馆单位自建 OA 系统电子公文统一归档接收。

电子公文全流程管理。苏州市档案馆打通系统间的数据通道，构建“多办公自动化系统—数字档案室系统—数字档案馆系统”全流程归档模式，实现电子公文从

---

① CCTV 国家记忆．15 万斤“大内档案”被当成废纸贱卖，鲁迅为此扼腕长叹．（2021-11-03）．https://mp.weixin.qq.com/s/sA90xp769oggpVUHRG0qMA? scene=25#wechat_redirect.

② 习近平：文化自信是更基本、更深成、更持久的力量．（2019-06-25）．求是网.

接收、归档、移交到利用等环节全流程管理。

数据管理标准化。苏州市档案馆通过对数据体检、数据打包、数据加密、生成原始数据摘要库、数据移交、数据检索、数据提取、数据校验、数据解密等各操作步骤的严格控制，实现对所有数据的标准化管理。

电子档案在线移交。苏州市档案馆依托数字档案室 2.0 系统，网上在线完成各市级机关部门电子档案移交进馆的审批（签章）工作，通过硬件（安全设备）+软件（四性检测、长久保存平台）等必要措施实现电子档案移交进馆，确保馆藏档案信息数据的安全。

电子档案长期保存。苏州市档案馆对所有存放在数据保全系统的电子档案能实现实时监测、实时预警、实时保全、实时修复，同时还可通过密匙对其进行加密，实现软硬件双重加密，确保电子档案的长期稳定性、可用性和安全性。

电子档案安全可靠。苏州市档案馆通过电子签章服务、数字摘要等技术手段，确保电子档案的不可否认性、不可抵赖性和事后可追溯性，建立起责任认定抗抵赖机制，保障各类电子档案的长期法律效力。

促进机关电子公文形成部门与档案管理部门之间的良性互动。通过在电子公文归档功能模块植入电子公文归档范围和电子档案保管期限表，电子公文形成部门可以根据职能变化情况主动调整电子公文的归档类目和电子档案保管期限，档案馆管理人员可在线审批其调整后的归档类目和电子档案保管期限等，机关电子公文形成部门与档案管理部门的互动更加便捷高效。

资料来源：贯彻《档案法》落实新要求 苏州市“单套制”工作取得新突破．（2021－09－17）．苏州档案信息网．

电子公文、电子档案日益成为信息记录、传输、交换、利用与共享的主流方式，成为国家档案资源的重要组成部分。由于电子文件具有可复制、易篡改和依赖设备系统读取等特性，我国长期实行电子档案双套制管理制度。但电子档案的安全可信等一系列问题的解决，意味着以电子形式进行归档和管理的单套制势必取代双套制，以工作效率高、工作成本低、社会资源省的文档系统支持社会治理的“社会化、法治化、智能化、专业化”①。全国多地实施各具特色的电子档案单套制改革，有聚焦于文档协同的、有聚焦于数据标准的、有聚焦于长期保存的，但无一例外都强调电子档案全流程的安全管理，唯有安全的电子档案及其管理系统，方可实现“最多跑一次”“让百姓少跑腿、让数据多跑路”等政府一站式集成服务。该案例涉及教材第十四章数字信息的容灾与抢救相关内容。

① 习近平就加强和创新社会治理作出重要指示强调 完善中国特色社会主义社会治理体系 努力建设更高水平的平安中国．（2016－10－12）．共产党员网．

案例七

5份档案找回25年工龄

2020年，修先生到青岛市即墨区人力资源社会保障局办理养老保险手续时，被告知其人事档案遗失，无法办理保险手续，而修先生曾经工作的单位要么破产要么解体，根本无从查找。修先生心急如焚，咨询相关部门后，抱着试试看的心态，到即墨区档案馆寻求帮助。

修先生把自己的工作经历告诉了即墨区档案馆工作人员。工作人员了解情况后安慰其不要着急，尽管即墨区档案馆不保存职工人事档案，但馆藏文书档案中可能涉及个人信息。工作人员根据多年的查档经验，并结合修先生的工作经历，确定了3个全宗案卷，通过检索，很快查到1份招工分配通知和4份职工行政介绍信，5份完整的档案证明材料串起了修先生25年的工作经历。由于这部分档案已数字化，检索、打印、取证整个过程不到10分钟。拿到档案证明材料后，修先生向工作人员连连表示感谢。

资料来源：青岛市即墨区档案馆：5份档案找回25年工龄．(2021-01-13)．中国档案资讯网．

2015年1月，《国务院关于机关事业单位工作人员养老保险制度改革的决定》出台，按照规定，公民个人人事档案并不与养老金的领取直接相关，但根据规定，当事人退休时，社保部门会对其人事档案进行审核，依据当事人人事档案界定具体的退休年龄、退休时间，并依据本人退休时城镇人口平均预期寿命、本人退休年龄、利息等因素决定公民个人账户养老金月标准。档案伴随公民的一生，档案与公民个人利益息息相关，例如，上学时形成的学籍档案影响升学，工作中形成的人事档案影响求职、就业、工资水平等，日常生活中形成的信用档案影响贷款、购房、交通出行购票等。因此，档案安全底线失守，会直接影响公民个人利益，必须确保公民个人利益与档案安全之间的必要联系，营造档案安全兜底社会治理的良好氛围。该案例涉及教材第一章档案保护的对象、任务、原则、目标等内容。

案例八

汶川地震数万卷档案受灾

(1) 档案灾情的发生。2008年5月12日，中国四川省汶川县发生8.0级大地震，其破坏之严重、人员伤亡之多、救灾难度之大历史罕见，给四川灾区人民群众的生命财产造成重大损失。四川省档案事业也遭受重创。全省203个综合档案馆有118个受到不同程度损坏，4个档案馆坍塌或濒于坍塌，56个档案馆被鉴定为D级危房；375万卷档案处于D级危房之中，302万卷档案处于危险之中，档案保管保护设备设施损毁5 511台（套）；地震灾区机关、团体、企业事业单位的档案也遭受不同程度毁坏。北川羌族自治县档案馆受灾尤为严重。北川羌族自治县是我国唯一的羌族自治县，北川羌族自治县档案馆保存了羌族近现代的各种档案，是羌族文化的历史记录和缩影，具有不可替代性和唯一性。此次地震中，8万余卷北川档案全部被埋，受到国内外档案界关注。

(2) 受灾档案的抢救。快速建立应急响应机制，及时争取国家支持，相关文件详见表2-1。

表2-1 汶川地震受灾档案抢救工作相关文件

机关	时间	文件名称
四川省档案局	2008年5月13日	《关于开展各级国家综合档案馆震情安全普查的紧急通知》
国家档案局	2008年5月14日	《关于加强震区档案安全保护和服务工作的紧急通知》
国家档案局	2008年5月20日	《关于抗震救灾中档案抢救保护工作的指导意见》
四川省档案局	2008年5月23日	《关于加强抗震救灾中档案抢救保护和收集工作的通知》
四川省档案局	2008年5月28日	《关于将档案馆列入“5·12”特大地震灾后恢复重建规划的请示》
国家档案局	2008年5月30日	《关于做好抗震救灾工作文件材料收集归档工作的通知》
国务院	2008年6月8日	《汶川地震灾后恢复重建条例》
四川省档案局	2008年6月9日	《四川省档案系统灾后重建总体规划纲要》
国家档案局	2008年6月10日	《关于开展地震灾区受灾档案抢救与保护指导工作的通知》
国务院办公厅	2008年6月11日	《国务院办公厅关于印发汶川地震灾后恢复重建对口支援方案的通知》
国家档案局	2008年6月17日	《关于做好档案系统灾后恢复重建对口支援工作的通知》
四川省人民政府	2008年6月20日	《北川羌族自治县县城地震灾害现场及同类灾害现场清理保护规定》
四川省政府办公厅	2008年7月14日	《关于做好地震灾区档案抢救收集工作的通知》
国家档案局 中央档案馆	2008年8月27日	《档案工作突发事件应急处置管理办法》
四川省人民政府	2008年9月8日	《四川省人民政府关于做好灾后恢复重建规划实施准备工作的通知》
国务院	2008年9月19日	《国务院关于印发汶川地震灾后恢复重建总体规划的通知》
国家档案局	2008年9月28日	《关于做好汶川地震灾后恢复重建时期档案工作的意见》

资料来源：川档宣．四川省档案系统抗震救灾及恢复重建工作大事记．四川档案，2009（3）：9-12；国家档案局中央档案馆及全国档案系统关心支持地震灾区档案工作纪实．中国档案报，2009-11-06.

(3) 档案抢救技术的突破。北川羌族自治县档案抢救工作之艰巨，除在于档案受损情况严重之外，还在于国际国内无现成技术和经验可供借鉴。为改进我国档案抢救工作，相关单位从以下方面采取措施。

一是资金保障，立项先行，详见表2-2。

表2-2　国家档案局北川羌族自治县档案抢救相关科技立项统计

课题名称	立项时间	项目内容	项目意义
国家重点档案抢救修复科学化管理策略研究	2009年	针对国家重点档案抢救过程中出现的标准规范缺乏、抢救手段单一、专业化人才缺乏、档案保护成果未能充分推广应用等问题进行研究	填补我国关于国家重点档案抢救、修复、科学化管理策略研究方面的空白，为国家重点档案抢救修复工作的实施提供科学依据和指南
北川地震受损档案抢救关键技术研究与应用	2009年	攻克真空干燥、消毒灭菌和抢救修复三大技术难题，研制“多功能档案冷冻干燥灭菌器”，填补国内规模化真空干燥处理档案的空白；选用环氧乙烷混合气体，首次高效安全地完成了极度污染霉变档案的消毒灭菌；对严重受损档案进行等距离抽样分析，利用蒸汽发生器揭启“档案砖”等做法，创新抢救修复技术和方法	丰富我国抢救保护技术理论与实践，填补国内档案保护技术领域对严重受损档案进行规模化抢救修复的关键技术研究方面的空白，为各级档案馆规模化抢救修复因灾受损档案，提供具有操作性、实用性、创新性的方法和技术
北川档案抢救科学化管理研究	2009年	通过调查、分析、试验、比较，研究探讨北川档案抢救的科学化管理模式，指导北川档案抢救工作步入制度化、程序化、规范化轨道，实现北川档案抢救工作的总体目标，即用3年时间完成北川档案抢救工作，使从废墟中挖掘出来的5万余卷北川档案符合国家有关业务规范，建立北川档案全文数据库	为广大档案同人制定同类灾害现场受灾档案抢救保护应急预案和方法提供借鉴，为国家档案行政管理部门制定相关技术标准提供参考，填补了大规模应急处置严重霉变和污损档案的空白，成为新中国成立以来规模最大、难度最大的档案抢救修复工作的成功案例
智能低温冷冻库在档案杀虫灭菌中的应用	2012年	利用缓慢降温调控温度能自动控制压缩机和自动关机，使用多种制冷剂按一定比例制出混合制冷剂，从而真正实现低温杀虫灭菌，且具有操作简单、设备品种繁多易买、价格经济、杀虫成本低、无毒无害、无污染等优点。研究的主要内容包括：智能缓慢降温软件系统、智能缓慢调控箱、制冷机组、干燥过滤器设计	进一步提升四川省档案科研所服务档案事业发展的能力，将为各级机关企事业单位档案虫害防治和档案保管保护工作提供有效服务
移动式档案杀虫灭菌批处理设备研究	2014年	在北川档案抢救工作实践基础上进行深化研究	可减少档案的搬运并可应对突发事件以确保档案安全

续表

课题名称	立项时间	项目内容	项目意义
北川重度受损档案抢救研究	2015年	创新性地提出微米级碳酸氢镁粒子对酸化档案纸张进行脱酸的工艺流程，应用真空负压加湿等方法进行档案揭粘研究，以及纯棉丝网常温加固等方法进行档案加固研究，在继承原北川档案抢救和数字化项目的经验、技术基础上，在受损档案抽样调查、修复用纸适用性、档案脱酸方法研究方面均有一定程度的创新	结合北川重度受损档案抢救工作，提出系统的重度受损档案抢救、保护策略和工作流程，为其抢救与保护工作提供技术保障。研究成果丰富了我国重大自然灾害后受损档案抢救与保护工作的理论，对大规模重度受损档案的抢救工作具有重要的指导意义和示范作用

二是技术创新、广泛运用，详见表2-3。

表2-3 北川档案抢救所运用档案保护技术类举表

技术内容	技术运用的意义	与教材内容的衔接
采用低温冷冻技术防止档案继续霉变水解	将1万余卷霉变和污损特别严重的北川档案紧急转移至雅安，存入－20℃的冷冻库房进行低温冷冻处理，有效遏制档案二次受损	纸张性能及老化（第二章第三节）、档案字迹材料耐久性（第三章）、环境条件对档案的影响及其控制（第七章）
研制开发出多功能档案冷冻干燥灭菌器	在真空条件下使固态水直接升华为气态，达到真空干燥冷冻档案的效果，保证档案被冷冻后固定的张页间的距离不因干燥时的升温而缩小，有效防止“档案砖”的形成	纸质档案及纸质档案保护（第二章）、档案有害微生物病害及其防治（第八章）
采用环氧乙烷混合气体，对极度污染档案进行彻底消毒灭菌	坚持第一要安全、第二要有效的原则，经过多次试验、分析、比较、论证，采用8∶2的环氧乙烷加二氧化碳混合气体，成功地对全部受灾档案进行消毒灭菌，经检测，灭菌效果显著，灭菌率达到97%以上	纸质档案及纸质档案保护（第二章）、档案有害微生物病害及其防治（第八章）、纸质档案去污清洁技术（第十一章第二节）
抽样分析、蒸汽揭粘，攻克严重受损档案修复难题	首次采用等距离抽样分析概算工作量，利用蒸汽发生器进行档案揭粘处理，探索制定重度受损档案修复流程，创新抢救修复管理手段和技术方法	纸质档案及纸质档案保护（第二章）、档案修复技术与信息恢复技术（第十一章）、灾害档案的抢救（第十三章第十二节）

（4）档案灾备系统的建立及发展。汶川地震给四川省档案系统造成严重损失，总结经验应做好档案备份工作，特别是面对地震、泥石流等突发自然灾害的灾难备份、异地备份工作。为确保国家档案安全，档案资源的异地备份在灾后被提上议程。

2009年10月30日，国家档案局局长、中央档案馆馆长杨冬权在全国档案馆工作会议提出，为确保国家档案安全，各级国家档案馆要通过建立异地备份库等形式，对本级重要档案及电子文件实行异地备份，对重要的电子文件还要实行异质备份，确保电子文件的长期可读，确保档案信息资源的绝对安全。国家档案局提倡和支持省级和副省级城市档案馆自愿结对，互为对方建立档案备份库，没有自己异地备份库的省级和副省级城市档案馆，要积极行动起来，并在2012年年底前完成这项工作。[①] 以四川省为例，受到地震重创后，四川省档案局分别于2010年7月与甘肃省档案局、2010年11月与西藏自治区档案馆达成异地备份工作协议。

资料来源：胡金玉．汶川地震中受灾档案的保护与抢救及其启示//2011年海峡两岸档案暨缩微学术交流会论文集，2011：38－45.

2020年8月18日，习近平总书记在安徽考察时指出，“全面建设社会主义现代化国家，我们要提高抗御灾害能力，在抗御自然灾害方面要达到现代化水平”[②]。近年来国家档案部门在灾后反思工作中吸取教训，高度重视档案防灾减灾工作，奉行以防为主、安全第一的原则，迅速推进档案异地备份制度的建设与发展，促成档案馆之间的异地备份合作，档案安全管理水平大为提升。

2.4 “档案保护技术学”课程思政教案

2.4.1 具体教学目标

遵循“概念—意义—措施”的逻辑架构，从纸质、胶片、照片、磁性、光盘等不同载体保护要求出发，从“防”和“治”两个方面及档案实体管理和档案信息管理两种视角具象化档案安全问题，拓展档案安全实践知识和实践能力。教学目标具体逻辑关系如图2－3所示。

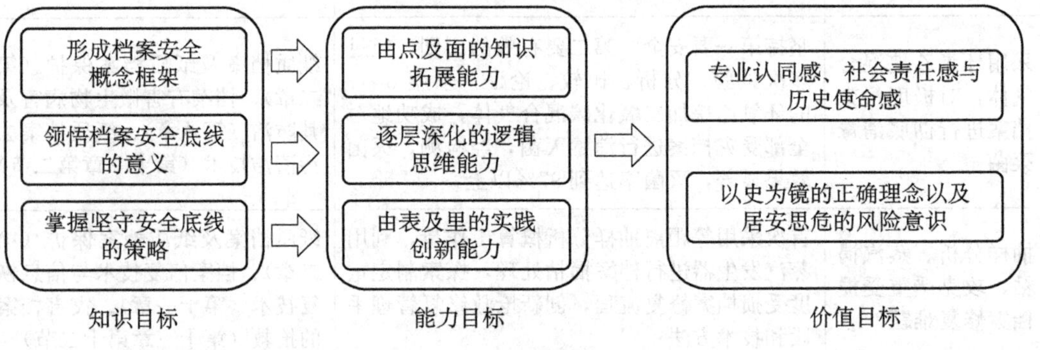

图2－3 教学目标示意图

2.4.2 教学内容分析

教学范围

上述案例涵盖教材大部分内容，以其中四章为例，详见图2－4。

① 我国将重要档案异地异质备份 确保信息资源安全．(2009－10－30)．中国政府网.

② 习近平：抗御自然灾害要达到现代化水平．(2020－08－19)．https://baijiahao.baidu.com/s?id=1675415841427495248&wfr=spider&for=pc.

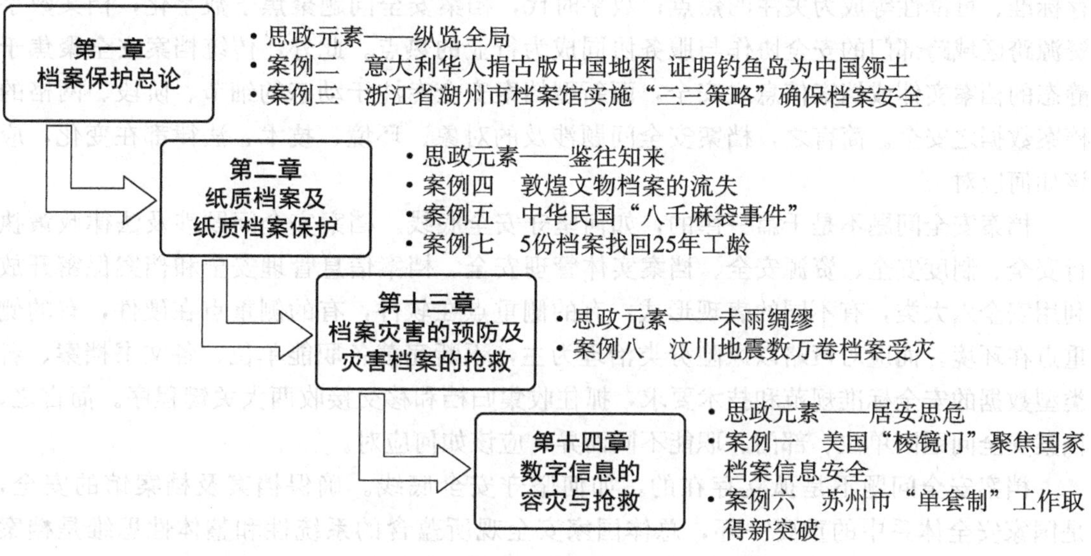

图 2-4　教材内容、思政元素与案例的联系

教学重点

如何全面理解信息时代下的档案安全。一是范围更广，既要强调实体安全，也要强调信息系统、档案数据等方面的安全；二是潜在影响更深，档案安全与政治、文化、经济等联系更加紧密；三是因果关系更加复杂，社会上的不安全、不稳定因素均有可能对档案安全产生溢出效应，档案安全也可能对社会稳定产生溢出效应。需要帮助学生建立档案安全概念分支架构，建立内外环境安全、业务过程安全、档案信息内容安全、档案信息传输安全等相对完整的档案安全概念关系网。

如何深刻感知发展大局下的档案安全。档案承载国家发展历程、见证民族复兴征程、关系群众生活点滴。档案安全，既可以从“国泰”的大格局俯视，梳理既有的办法条例、规范文件，直接体会党和国家对档案安全工作的重视程度；也可以从“民安”的社会化角度发掘，从身边与档案安全相关的大事小情中，感悟档案安全对于国家、民族、社会、公民等层面的意义。要激发学生深刻感知中华民族伟大复兴道路上确保档案安全的责任与意义。

如何时刻预警工作生活中的档案安全。工作生活中均会形成大量的档案。随着移动互联网技术的普遍运用，档案工作得以快速信息化发展，但同时档案信息流失、失密、泄密等风险也日益突出，人防、物防、技防三位一体的档案安全工作格局不仅体现在国家档案馆网体系中，而且体现在文档管理体系等前端，尤其是档案专业的毕业生大多到企事业单位一线就业，并非全部在档案馆室工作，非档案部门的文职或业务人员同样需要具备“八防”的基本能力，以及发现新风险、解决新问题的能力。

教学难点

档案安全问题不是一成不变的，如何坚守安全底线。纸质时代，档案安全问题局限于库房，做好保管员的角色便可胜任；信息时代，档案安全问题拓展到库房外，长期保存标准、可读性等成为关注的焦点；数字时代，档案安全问题聚焦于数字化，档案数字资源跨区域跨部门的安全协作与服务协同成为行业的热点。此外，传统档案安全聚焦于静态的档案实体或档案信息之安全，而新型档案安全专注于动态的细节、阶段、网格的档案数据之安全。简言之，档案安全问题涉及的对象、环境、技术、法律都在变化，应该如何应对。

档案安全问题不是千篇一律的，如何坚守安全底线。档案安全问题涉及法律政策执行安全、制度安全、资源安全、档案实体管理安全、档案信息管理安全和档案保密开放利用安全六大类，有不同的表现形式，有的侧重点在软件，有的侧重点在硬件，有的侧重点在环境。而应对策略以风险分类治理为主，不断完善各职能单位、各文书档案、各类型数据的安全标准规范和技术要求，抓住收集归档和移交接收两大关键程序。简言之，档案安全问题因单位、部门、职能不同而异，应该如何应对。

档案安全问题不是孤立存在的，如何坚守安全底线。确保档案及档案馆的安全，是国家安全体系中的重要一环，总体国家安全观所蕴含的系统性和整体性思维是档案安全的重要行动指南。建构档案（馆）安全协同治理机制，是解决档案安全问题的必然选择。同时，档案安全风险门类日益增多，且与其他领域的各类风险联动效应明显增强，涉及气象、保密、公安、卫生、信息、商业等多个部门，单凭档案部门难以有效应对。简言之，档案安全问题牵涉政府、社会、个人等，需要档案系统内外多方力量参与。

2.4.3 教学手段与方法

第一，通过形象化的问题导入，直接传授档案安全知识，夯实概念体系。通过“档案是否真的安全?”“你经历过档案保护不力导致严重后果的案例吗?”“什么样的保护才能使档案更加安全?”等问题引发学生思考，嵌入档案安全的概念、内容、表现、意义等知识点，强调其主要包括档案实体安全和档案信息安全两种视角，指出档案信息安全可以从逻辑和动态运行两种角度进行理解，从而细化档案安全内涵，绘制档案安全概念知识地图。

第二，通过多样化的新闻报道，引导从实践中发现和解决问题。以“北川档案霉变腐烂”“辅警出售车辆档案”“房地产档案信息泄露”等日常新闻入手，通过列举近代与现代、国内与国外多方面、多维度与档案安全有关的案例，强调档案安全问题具有范围广、时间久、影响大等特点，将档案安全要素、档案安全措施等抽象知识具体化，使学生善于从实际案例中发现和解决档案安全问题。

2.4.4 教学过程与实施

具体教学设计围绕回顾与突出以往重点内容、介绍档案安全新闻事件、绘制档案安全概念知识地图、分析与综合档案安全案例、归纳与演绎档案安全意义、总结保障档案安全的措施六个步骤展开，详见表 2-4。

表 2－4　教学过程具体环节及内容示意表

档案保护与档案安全的内涵、内容、意义及策略（90 分钟）			
第一学时（45 分钟）			
教学意图	**教学内容**	**教学手段**	**教学时长**
1. 回顾档案的价值对于国家、民族、社会、公民的意义	档案的价值 凭证价值　情报价值　现实价值　…… 档案是国家发展、民族进步、社会繁荣、公民权利保障的基本信息，是极具价值的原始记录	知识串联与回顾 课堂引导	1 分钟
2. 简要介绍档案安全新闻事件，说明档案安全事件的多发性、普遍性和急迫性	档案真的安全吗？ ① 北川7万余卷档案无处安放无人管理已霉变腐烂[1] ② 广州：房地产档案馆一科员受贿、泄露房产信息[2] ③ 7名辅警售卖万余条车辆档案信息获刑[3]	案例介绍 知识推理	4 分钟
3. 阐释档案保护与档案安全的关系	● 档案保护的定义：研究与掌握档案材料的变化规律和损毁原因，通过一定的技术手段和方法，改善档案的保管条件，确保其材料的完好与性能的稳定，修复已经损坏的档案材料，从而延长档案的使用期限，使档案能长久地为人类文明和社会发展服务 ● 档案保护的本质：确保档案不受损、不破坏、不丢失 ● 档案保护发展的时代需求：见《“十四五”规划》 “十四五”全国档案事业发展规划 原则→坚持安全底线：坚持安全底线贯彻总体国家安全观，统筹发展和安全，坚持底线思维，强化风险防控，加强应急管理，压实安全责任，确保档案安全 目标→坚定加强档案安全防线的目标：档案安全管理制度和工作机制更加完善，档案库房和设施设备齐全、安全可靠，人防、物防、技防三位一体的安全防范体系更加完备，档案安全风险评估管理、隐患排查治理成效和应急管理能力明显提升 任务→社会效益：加强档案馆库建设与管理 强化档案安全保护工作 提升档案数字资源安全管理能力	概念解读 教师讲授 知识演绎	4 分钟

续表

<table>
<tr><th>教学意图</th><th>教学内容</th><th>教学手段</th><th>教学时长</th></tr>
<tr><td></td><td>● 档案保护发展的社会需求

档案安全相关文件
<table>
<tr><th>文件名称</th><th>时间</th><th>关于档案安全的内容</th><th>重要意义</th></tr>
<tr><td>《档案信息系统安全等级保护定级工作指南》</td><td>2013 年 7 月 10 日</td><td>对档案馆受到损害的可能性进行分析，并确定可能对档案馆安全造成损害的表现、标志</td><td>对档案馆安全风险进行系统的分析评价，确定档案馆可能面临的风险，并根据风险的可能危害程度及防控条件确定风险隐患控制的优先顺序，进而有效降低安全风险发生的概率</td></tr>
<tr><td>《档案数字化外包安全管理规范》</td><td>2014 年 12 月 8 日</td><td>对档案数字化外包过程中档案部门和数字化服务机构的安全管理责任作出明确规定，对数字化加工各环节提出明确的安全管理要求</td><td>加强档案数字化外包安全管理，确保档案数字化过程中档案实体与信息安全</td></tr>
<tr><td>《档案信息系统安全保护基本要求》</td><td>2016 年 1 月 4 日</td><td>从管理和技术两个方面，提出对档案信息系统进行安全保护的要求</td><td>档案部门对档案信息系统进行安全检查，从技术和管理方面提高档案信息系统安全保护水平</td></tr>
<tr><td>《关于进一步加强档案安全工作的意见》</td><td>2016 年 4 月 26 日</td><td>从总体要求、明确责任、风险治理、预防控制四个方面对进一步加强档案安全工作提出要求</td><td>为建立健全人防、物防、技防三位一体的档案安全工作新格局和推动档案事业科学发展提供重要保证</td></tr>
<tr><td>《档案行业网络与信息安全信息通报工作规范》</td><td>2017 年 12 月 15 日</td><td>对需承担的责任和信息通报内容提出明确要求</td><td>增强档案行业网络与信息安全风险防范能力，进一步规范全国档案行业网络与信息安全信息通报工作</td></tr>
</table></td><td></td><td></td></tr>
</table>

续表

教学意图	教学内容	教学手段	教学时长
	续表（见下表）		

续表

文件名称	时间	关于档案安全的内容	重要意义
《关于进一步筑牢安全防线确保档案安全的通知》	2018 年 9 月 21 日	主要包括切实抓好档案安全责任落实、深入开展档案安全风险排查、不断完善档案安全防护措施和建立健全档案安全长效机制四个方面	以巴西国家博物馆火灾为诫，吸取教训、举一反三，进一步筑牢安全防线，杜绝档案安全事故
《档案馆安全风险评估指标体系》	2018 年 12 月 24 日	对档案信息系统安全等级保护定级工作的操作进行规范	加强各级国家综合档案馆的安全管理，提高档案安全风险防范和保障能力，确保档案馆库、档案实体和档案信息安全
《关于深入开展档案安全检查的紧急通知》	2019 年 1 月 30 日	要求各地档案部门深入开展节前档案安全检查，切实采取有效措施防控风险，认真做好值守应急工作，落实重要情况报告制度	确保春节期间档案安全万无一失
《关于档案部门使用政务云平台过程中加强档案信息安全管理的意见》	2020 年 5 月 28 日	要求各级档案部门充分认识使用政务云平台的安全风险，切实加强使用该平台的安全管理，准确划分使用该平台的数据和业务范围	档案部门切实担负起责任，进一步完善措施，加强档案部门在使用政务云平台过程中的档案安全管理，确保档案信息安全
《关于做好汛期档案安全工作的紧急通知》	2020 年 6 月 22 日	对各级档案部门防汛意识、防汛措施提出要求	各级档案馆高度重视汛期档案安全工作，采取必要措施，确保档案绝对安全

续表

教学意图	教学内容	教学手段	教学时长
	● 档案保护与档案安全的具体关系： 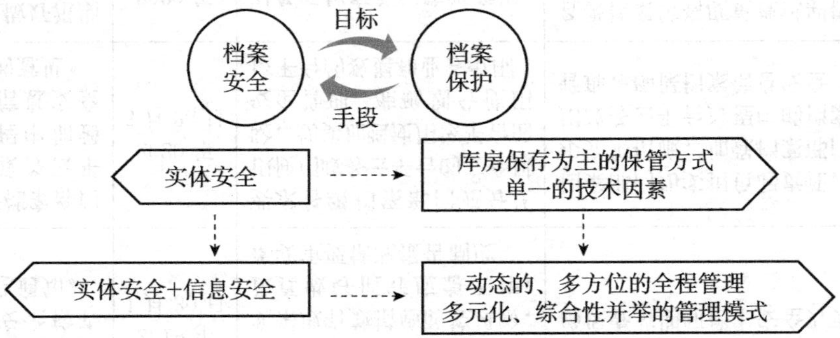 		
4. 阐释档案安全的内容	● 档案实体安全： 管理与技术双管齐下，使档案不受损坏，尽量延长档案的寿命 ● 档案的信息安全 传统档案： 对机密档案和需要控制利用范围的档案施行严格的管理，确保机密档案不丢失、不泄密、不超范围扩散 电子档案： 主要是指档案数据的安全，确保档案信息的真实性、完整性、可用性、安全性，包括逻辑和动态运行两种视角 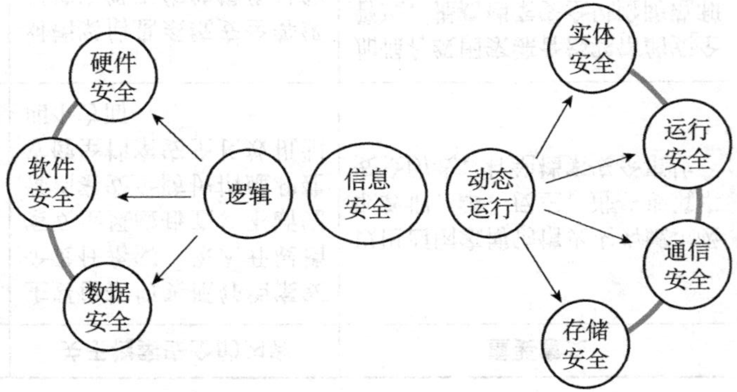 ● 从案例三　浙江省湖州市档案馆实施“三三策略”确保档案安全看档案信息安全体系建设 参见湖州档案信息网：https：//daj. huzhou. gov. cn/	知识讲授 案例分析	4 分钟

续表

<table>
<tr><th>教学意图</th><th>教学内容</th><th>教学手段</th><th>教学时长</th></tr>
<tr>
<td>5. 通过问题引导，对比史学界和医疗行业中的档案安全特性，分析这些差异给档案安全工作带来的影响</td>
<td>
提问：档案安全问题仅存在于档案行业吗？各行各业的档案安全有何特性？
史学界的档案利用[4]
<table>
<tr><th></th><th>引用档案的文献数</th><th>所属类别文献总数</th><th>引用档案的文献/所属类别文献总数</th><th>档案引文数</th><th>偏均档案引文数</th><th>所属档案类别引文数/档案引文总数</th></tr>
<tr><td>世界古代史</td><td>4</td><td>46</td><td>8.7%</td><td>27</td><td>7</td><td>0.5%</td></tr>
<tr><td>世界近代史</td><td>8</td><td>17</td><td>47.1%</td><td>169</td><td>21</td><td>3.0%</td></tr>
<tr><td>世界现代史</td><td>14</td><td>32</td><td>43.8%</td><td>598</td><td>43</td><td>10.6%</td></tr>
<tr><td>中国古代史</td><td>112</td><td>144</td><td>77.8%</td><td>1 973</td><td>18</td><td>35.1%</td></tr>
<tr><td>中国近代史</td><td>85</td><td>88</td><td>96.6%</td><td>3 609</td><td>31</td><td>46.4%</td></tr>
<tr><td>中国现代史</td><td>4</td><td>6</td><td>66.7%</td><td>84</td><td>21</td><td>1.5%</td></tr>
<tr><td>其他</td><td>16</td><td>50</td><td>32.0%</td><td>166</td><td>10</td><td>3.0%</td></tr>
<tr><td>总计</td><td>243</td><td>383</td><td></td><td>5 626</td><td></td><td></td></tr>
</table>
从历史学者利用档案的类型来看，我国档案在线全文获取仍不普遍，大规模数字化项目未对档案的开放利用形成有效支持，利用数字档案开展史学研究尚不普遍，史学研究的档案利用仍旧以纸质档案为主。因此，对于国内史学界而言，安全保障通常以档案载体安全管理为主，载体管理在很大程度上决定了档案的信息安全，坚持安全底线要注重历史档案资源的历史价值和不可再生性，实现其可持续性的长久利用
医疗行业（电子病历）的档案安全相关文件
<table>
<tr><th>时间</th><th>发文机关</th><th>文件</th><th>内容</th></tr>
<tr><td>2019 年 8 月</td><td>国家发展改革委等 21 个部门</td><td>《促进健康产业高质量发展行动纲要（2019—2022 年）》</td><td>加快发展“互联网＋医疗”、积极发展“互联网＋药品流通”、加快医药电商发展等政策目标</td></tr>
<tr><td>2020 年 5 月</td><td>国家卫生健康委办公厅</td><td>《关于进一步完善预约诊疗制度加强智慧医院建设的通知》</td><td>建立提料、服务、管理“三位一体”的智慧医院系统，以“电子病历”为核心，夯实智慧医疗的信息化基础，促进互联网诊疗与互联网医院发展</td></tr>
</table>
</td>
<td>师生互动讨论分析</td>
<td>6 分钟</td>
</tr>
</table>

续表

教学意图	教学内容	教学手段	教学时长
	电子档案和电子病例易于管理、便于检索的特性为医生快速查找病人的档案信息提供了有利条件。但医院人流量大，病历档案更新频率高，且专业档案管理技术人员较少，因此，如何保证医院信息系统高度安全、避免病人个人信息泄露，难度更大、复杂度更高，是医疗行业档案安全工作所要考虑的主要方面		
6. 阐释总体国家安全观的内涵	总体国家安全观： 2014 年 4 月 15 日，习近平在中央国家安全委员会第一次会议上强调："增强忧患意识，做到居安思危，是我们治党治国必须始终坚持的一个重大原则。我们党要巩固执政地位，要团结带领人民坚持和发展中国特色社会主义，保证国家安全是头等大事。" 构建集政治安全、国土安全、军事安全、经济安全、文化安全、社会安全、科技安全、信息安全、生态安全、资源安全、核安全等于一体的国家安全体系	政策介绍与演绎	3 分钟
7. 以文化安全为切入点，联系国家安全观与档案安全观，培养学生大局观	保证档案安全是维护国家安全的必要举措 国家安全 ·《中华人民共和国国家安全法》第二十三条规定，防范和抵御不良文化的影响，掌握意识形态领域主导权，增强文化整体实力和竞争力 文化安全 ·文化安全强调在观念形态上加强对中国特色社会主义的普遍认同，而树立文化自信在意识形态上具有凝心聚力的作用 文化自信 ·一个民族、一个国家及一个政党对自身文化价值的充分肯定和积极践行是对其文化生命力持有坚定信心的表现 档案 ·档案是文化的"母资源"，是文化传承与传播的载体，档案独特的凭证价值则是文化自信的源泉，以档案为真实凭证，让档案讲话是坚持文化自信不可或缺的底气	知识介绍 演绎分析	5 分钟
8. 讲解底线思维的含义	底线思维的含义：一种思维技巧，拥有底线思维的人会认真计算风险，预测可能出现的最坏情况，并且接受这种情况 底线思维蕴含着忧患意识、前瞻意识、防御意识和责任担当意识，体现着马克思主义哲学中量变与质变的原理	知识介绍 归纳分析	2 分钟

续表

教学意图	教学内容	教学手段	教学时长
9. 阐述底线思维与档案工作的关系	底线思维在档案工作中的嵌入：国家档案局印发《关于进一步加强档案安全工作的意见》，确认了档案安全工作的底线地位 在谋划和推进工作时 → 必须首先考虑是否影响档案安全，凡可能影响档案安全的必须慎重考虑，凡无法确保档案安全的必须坚决停止，任何时候都不能以牺牲档案安全为代价 在各项档案管理实际工作中 → 无论是传统的档案收集、保管、利用，还是档案数字化与档案信息系统的建设、运维、使用；无论是制定规章制度、标准规范，还是开展执法检查、业务考核，都要增强安全意识，把确保、维护档案安全的要求贯穿其中 在面临实际困难时 → 必须优先满足档案安全需要，任何时候都不能挪用档案安全经费及挤占档案库房等设施	知识介绍 归纳分析	5 分钟
10. 从档案工作内容层面解读档案安全底线的内涵	如何处理档案安全管理与档案开放利用之间的矛盾关系： 既不能为了安全保密拒不开放利用，也不能忽视安全保密而盲目扩大开放利用 筑牢档案安全底线 → ● 档案安全管理与档案开放利用关系得到妥善处理 解决涉密档案的解密问题 → ●《中华人民共和国保守国家秘密法》 解决档案划控使用的问题 → ●《各级国家档案馆馆藏档案解密和划分控制使用范围的暂行规定》 解决安全政策底线的问题 → ●《关于进一步加强档案安全工作的意见》	政策介绍 内容分析 与归纳	5 分钟

续表

教学意图	教学内容	教学手段	教学时长
11. 从政策层面解读档案安全底线的外延	01 《档案法》 1987年颁布后经两次修正的《档案法》，明确规定要维护档案完整与安全，强调各级各类档案馆和档案机构要配置必要的设施，确保档案的安全 2020年第十三届全国人民代表大会常务委员会第十九次会议审议通过了新修订的《档案法》，要求构建安全管理体系，有利于筑牢档案资源安全新防线 02 规章规范性文件 1956年国务院印发《关于加强国家档案工作的决定》，提出了档案工作的基本原则，其中一项就是“维护档案的完整与安全” 2014年中共中央办公厅、国务院办公厅印发《关于加强和改进新形势下档案工作的意见》，进一步强调要建立健全确保档案安全保密的档案安全体系，把确保档案安全保密作为加强和改进档案工作的一个重要目标 03 纸质档案 GB/T 42468.1—2023《纸质档案抢救与修复规范》第1部分：破损等级的划分 GB/T 42468.2—2023《纸质档案抢救与修复规范》第2部分：档案保存状况的调查 GB/T 42468.3—2023《纸质档案抢救与修复规范》第3部分：修复质量要求 GB/Z 42468.4—2023《纸质档案抢救与修复规范》第4部分：修复操作指南 04 数字档案 DA/T53—2014《数字档案COM和COLD技术规范》 DA/T54—2014《照片类电子档案元数据方案》 DA/T56—2014《档案信息系统运行维护规范》 DA/T57—2014《档案关系型数据库转换为XML文件的技术规范》	政策介绍 内容分析 与归纳	5 分钟
12. 提出“党和国家为何如此重视档案安全”的问题，为档案安全的意义做铺垫	党和国家为何如此重视档案安全？ 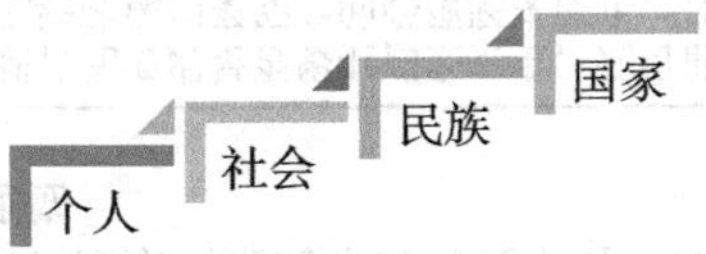 	问题引导	1 分钟

续表

第 2 学时（45 分钟）			
教学意图	**教学内容**	**教学手段**	**教学时长**
13. 档案安全的意义——国家层面	案例一　美国“棱镜门”聚焦国家档案信息安全 “棱镜门”事件概要： 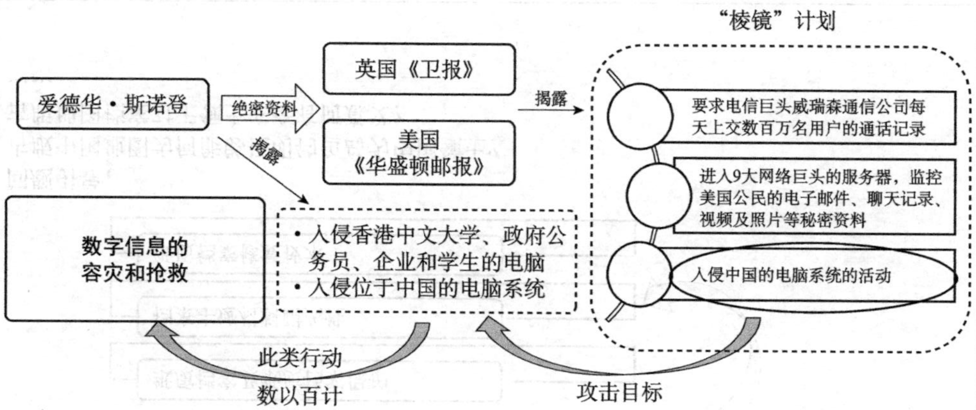 问题引导： 档案信息安全失守会对国家安全造成什么影响？ “棱镜门”会对其他主权国家的国家安全造成何种威胁？ ……	案例分析 视频播放 学生讨论	5 分钟

续表

教学意图	教学内容	教学手段	教学时长
	案例二　意大利华人捐古版中国地图 证明钓鱼岛为中国领土 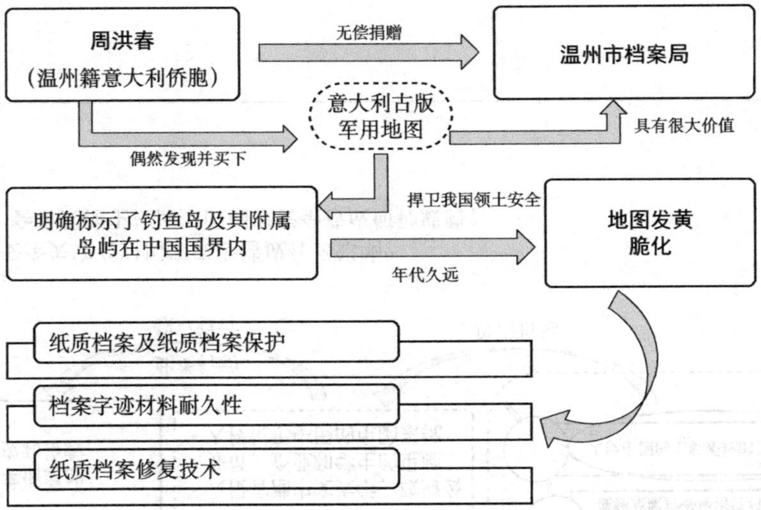 问题引导： 古版中国地图为何能够证明钓鱼岛为中国领土？ 古版地图档案对于领土安全有何意义？ ……		

续表

<table>
<tr><th>教学意图</th><th>教学内容</th><th>教学手段</th><th>教学时长</th></tr>
<tr><td>14. 档案安全的意义——民族层面</td><td>案例四　敦煌文物档案的流失
档案流失过程：
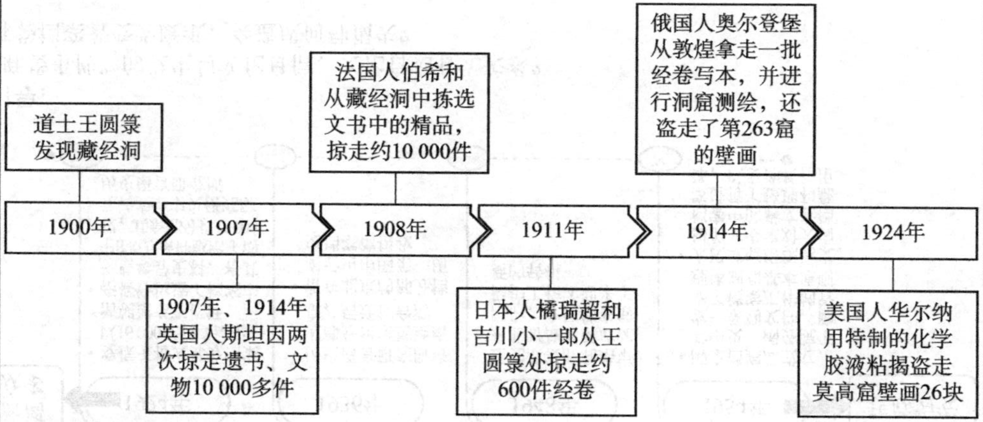

问题引导：
敦煌档案文物流失对我国造成何种损失？
如何追回流失海外的档案文物？难度如何？
……</td><td>案例分析
师生互动讨论</td><td>5 分钟</td></tr>
</table>

续表

<table>
<tr><th>教学意图</th><th>教学内容</th><th>教学手段</th><th>教学时长</th></tr>
<tr><td></td><td>
案例五　中华民国“八千麻袋事件”
“八千麻袋事件”时间流程图：

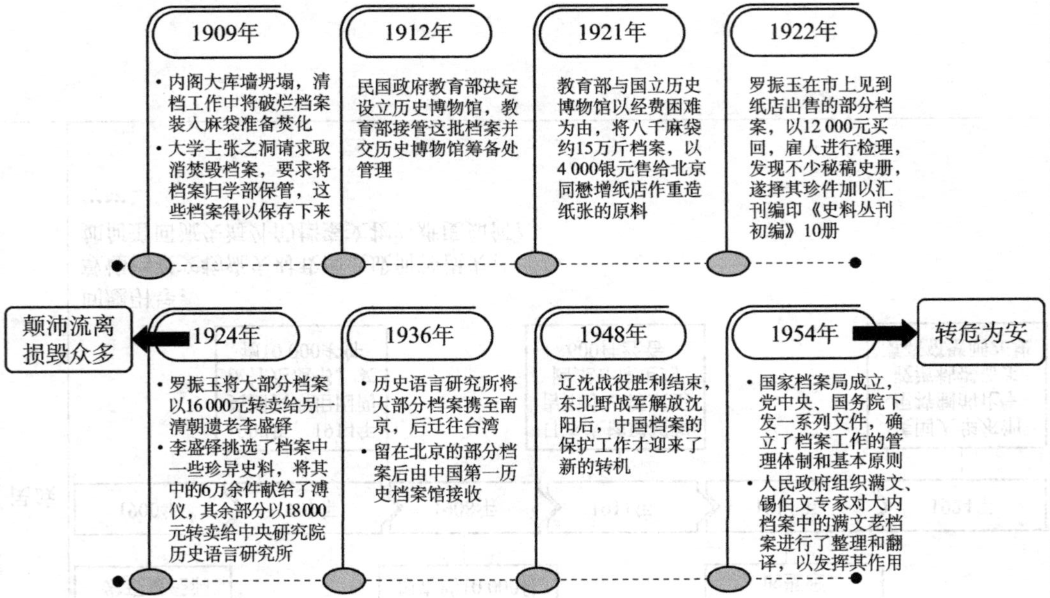

问题引导：
“八千麻袋事件”的发生与文化自信、文化自觉有无关系？
八千麻袋档案若变为废纸，会造成何种损失？
……
</td><td></td><td></td></tr>
</table>

续表

教学意图	教学内容	教学手段	教学时长
15. 档案安全的意义——社会层面	案例六 苏州市“单套制”工作取得新突破 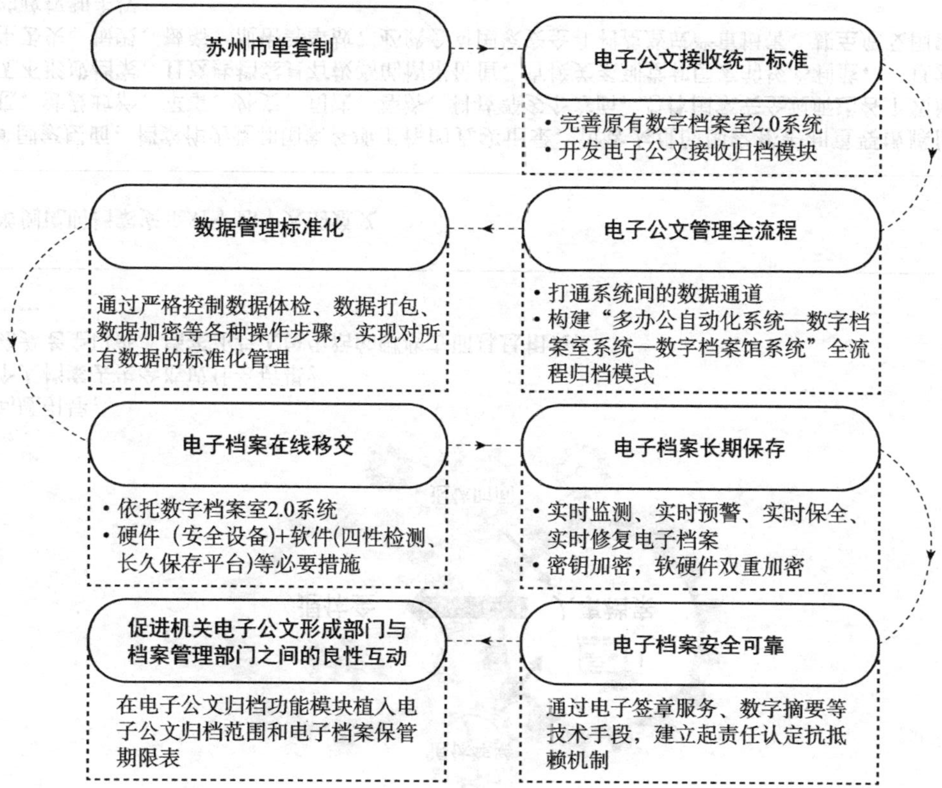 问题引导： 单套制对于档案管理有何意义？ 从双套制转向单套制对档案安全工作有何新的要求？ ……	案例分析 小组互动	5 分钟

续表

教学意图	教学内容	教学手段	教学时长
	案例七　5 份档案找回 25 年工龄 相关文件：《国务院关于机关事业单位工作人员养老保险制度改革的决定》 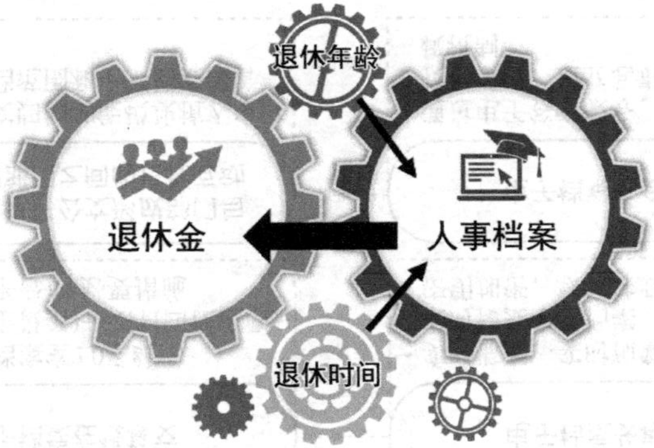 问题引导： 个人档案丢失会造成什么后果？ 除养老金以外，档案还与人民生活的哪些方面息息相关？ ……		
16. 档案安全的意义——个人层面	举例说明档案安全对于你个人的意义	师生互动 案例分析	5 分钟
17. 总结与阐释档案安全的意义	● 国家层面：档案作为党和国家各项工作的真实记录，包含大量的国家秘密和重要敏感信息，涉及政治、军事、外交、司法、经济、科技等多个方面，总体国家安全观所述各个领域无不形成档案，且这些档案具有极高的情报价值，直接关系到党和国家的核心利益，一旦发生丢失、损毁、被盗、泄密等事故，必然会对国家安全和利益造成严重损害，甚至危及国家的政权和主权 ● 民族层面：档案在记录中华民族悠久历史的同时，也延续了中华民族的共同记忆和璀璨文明。维护档案的完整与安全，不仅有利于继承和弘扬中华民族优秀传统文化，而且有利于增强文化自信、维护文化安全，为实现国家长治久安提供重要保障	知识归纳 案例总结	5 分钟

续表

教学意图	教学内容	教学手段	教学时长
	● 社会层面：档案客观记录和反映了各种各样的社会关系，涉及人民群众的切身利益。如果档案安全出现问题，无论丢失、损毁还是被涂改、被滥用，都有可能导致社会关系混乱、群众利益受损，由此引发各种各样的矛盾纠纷甚至群体性事件，直接影响人民团结和社会稳定，最终也会危害国家安全 ● 个人层面：档案能反映公民个人人生经历。档案随着公民个人升学、求职等社会动向进行流转，是教育部门、人事部门等了解公民个人信息的重要资料，是公民捍卫个人权益不可或缺的原始凭证		
18. 介绍档案安全的措施	案例八　汶川地震数万卷档案受灾 观看视频：《汶川抗震救灾十周年纪念》 ● 三个保护课题 ● 档案异地备份制度的建设与发展 ● 四项保护技术	视频播放 案例分析 知识归纳	5 分钟
19. 介绍影响档案实体安全的因素	● 人为因素 偷盗、人为破坏以及在档案搜集、整理、搬迁、包装、存放和调用过程中，由于人为疏忽导致档案损坏或损毁 ● 自然因素 外在因素（重要因素） ——存放档案的室内环境和温度湿度条件 ——自然环境因素：地震灾害、洪水灾害、虫害等 ——管理因素：档案管理人员的专业素质、技术水平、工作态度以及档案管理方面的政策法规、操作准则、故障制度等 内在因素（决定因素） ——档案本身的质量，比如制作档案时字迹的清晰度和纸张质量等，制成材料达不到质量要求，是造成档案材料损坏的本质因素	串联案例 教师讲授	3 分钟
20. 介绍影响档案信息安全的因素	● 外在因素 自然灾害：自然界中的地震灾害、台风、火山爆发等 意外灾害：恐怖活动、火灾等 技术障碍：黑客攻击、计算机病毒、设备故障和失效、计算机操作平台漏洞等 管理漏洞：技术行为安全规范和工作人员行为安全规范等	串联案例 教师讲授	3 分钟

续表

教学意图	教学内容	教学手段	教学时长
	● 内在因素 电子档案的不稳定性 电子档案的系统依赖性		
21. 介绍“实现档案保护目标——档案安全”的策略和方案	● 实现档案保护目标的策略 更新安全理念，强化风险防范意识 完善策略措施，提升档案的保护层次 注重实效，强化保护工作的操作规范 ● 实现档案保护目标的方案 完善档案保护的学科体系 确保档案保管安全、有序 建立和完善档案技术规范和标准，强化信息安全和档案保护技术科学化管理	串联案例 教师讲授	4 分钟
22. 课程内容总结	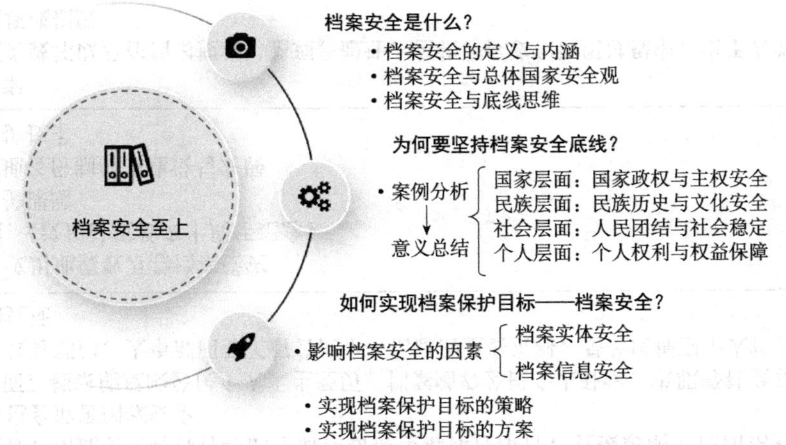	图片阐释 知识归纳 强调重点	5 分钟
结束			

注：1. 北川 7 万余卷档案无处安放无人管理 已霉变腐烂．(2008－07－09)．http：//news. sohu. com/20080709/n258030499. shtml.

2. 广州：房地产档案馆一科员受贿、泄露房产信息等，被判 7 年．(2021－01－20)．https：//baijiahao. baidu. com/s? id=1689397567575792981&wfr=spider&for=pc.

3. 江苏无锡 7 名辅警售卖万余条车辆档案信息获刑．(2021－02－08)．https：//baijiahao. baidu. com/s? id=1691093067978430456&wfr=spider&for=pc.

4. 李海涛，吴雪华．基于引文分析法的我国历史学者档案利用特征研究．档案学研究，2020 (4)：20－28.

2.4.5 教学效果与反馈

以湘潭大学 2019 级档案学专业 30 名本科生（正在学习该课程），以及 7 名 2022 级档案学专业学术研究生（已完成该课程学习）为调研对象，于 2022 年 9 月通过网络问卷的形式，完成教学效果反馈。

在总体教学效果方面，以是否符合学习需求、学习过程投入程度为主要分析对象，并通过矩阵量表对课堂教学质量的影响要素进行初步调查，设置“完全符合/投入、符合/一般投入、不符合/不投入、完全不符合/完全不投入”四个层次的评价。调查结果显示，90％的同学认为课程设置符合或者完全符合其学习需求，在授课过程中能够投入或一般投入，尤其是理论知识讲授达到有内容、有逻辑、有深度的要求，课程总体教学效果良好。

在知识学习方面，97％的同学表示有所收获，尤其是对于档案安全工作底线的内涵与意义、策略和方案有较深刻的体会，说明课程教学基本达到优化学生知识吸收的目的。但是，仍有 54％的同学表示存在知识学习难点，主要集中在对档案安全与底线思维二者关系的理解上。可见，在部分知识的深层化理解教学方面仍有待加强。例如，在教学内容的安排上需新老兼顾，既有历史的深度，如通过案例八，从国家对受灾档案的抢救和反思工作中，认识到挫折与进步的辩证关系；也有专业的梯度，如从不同行业档案安全特性出发看待档案安全发展，对档案安全问题的普遍性、迫切性、长期性等有更为深入的了解；还有时代的广度，如通过案例一，了解信息化社会背景下国际档案信息安全问题，对档案安全形成更为广阔的认识。

在能力提升方面，86％的同学表示有所收获，各方面能力得到明显提升，其中又以知识拓展能力、理论联系实际能力、案例分析能力提升最为明显，说明课程教学基本达到实质培养学生各项能力的目的。但是，仍有 64％的同学表示存在能力提升难点，希望加入档案安全保护技术实操训练的课程内容。可见，课程教学仍需要与档案保护实验课程相配套，让档案安全理论落地。

在思政理念方面，91％的同学表示有所收获，强化了专业认同感、历史使命感、社会责任感，树立起风险防范意识、经验参考意识，说明课程教学基本达到切实提高学生思想政治素养的要求。但是，仍有 51％的同学对档案专业的发展缺乏信心，对如何摆脱档案工作无重大意义的刻板印象还需要从长计议。

在建议对策方面，8％的同学认为应当丰富案例选材，增加案例数量，以更直观的案例分析辅助理论理解；7％的同学认为还可以提高课堂的趣味性。笔者认为可以增加其他学科关于底线思维的案例以及婚姻档案、城市建设档案、基建工程档案等更多领域关于档案安全的案例，扩展知识视野；可以在案例五的讲解中邀请学生组织情境表演，在案例八的档案安全影响因素分析中组织小组竞赛活动，通过简单的评比、竞赛等形式带动学生深入解构档案安全事件要素，鼓励学生灵活运用新知识，加快知识的吸收。

主题 3

“择一业 终一生”的工匠精神
——档案队伍中的杰出人物和优秀典范

3.1 主题概况

2017 年 10 月，习近平总书记在党的十九大报告中指出，“建设知识型、技能型、创新型劳动者大军，弘扬劳模精神和工匠精神，营造劳动光荣的社会风尚和精益求精的敬业风气”①。工匠精神是一种职业精神，内涵包括敬业、精益、专注和创新等内容，是职业道德、职业能力、职业品质的综合体现，是从业者的一种职业价值取向和行为表现。② 2018 年 5 月，中央办公厅主任丁薛祥在中央档案馆国家档案局调研时的讲话提到，“档案工作是需要弘扬工匠精神的工作，也是能够培育专家、造就大师的工作”③。2020 年 12 月，国家档案局局长陆国强在 2020 年全国档案局长馆长会议上的报告中提出，各级档案部门要“弘扬劳模精神、劳动精神、工匠精神，继承和弘扬老一辈档案人优良传统作风，选树甘于平凡、创造非凡的先进人物和典型，激励引导广大档案工作者争当新时代最美奋斗者，建功新时代、奋进新征程，凝聚起推动档案事业发展的磅礴力量”④。2022 年 6 月，国家档案局发布《关于做好国家级档案专家、全国档案工匠型人才和全国青年档案业务骨干选拔工作的通知》。

档案工作者通过档案和档案工作，把党的历史、国家的历史、民族的历史真实地记录下来，更充分地发挥其作用，这是档案工作者的政治和历史责任，也是档案工作者的初心和使命。档案行业的工匠精神，既是在具体的档案工作中，一丝不苟、严谨细致、追求极致；也是在抽象的精神层面，具有投身于档案工作的时代气质、奉献于档案工作的国家品位、忠诚于档案工作的民族担当。将现当代中国档案事业史中的工匠精神提炼

---

① 决胜全面建成小康社会 夺取新时代中国特色社会主义伟大胜利：在中国共产党第十九次全国代表大会上的报告．（2017-10-27）．中国共产党新闻网．

② 刘奕廷．工匠精神与中国精神：多维度分析中国精神与工匠精神的关系．中国设计理论与世界经验学术研究会：第二届中国设计理论暨第二届全国“中国工匠”培育高峰论坛论文集，2018：430-437．

③ 丁薛祥同志在中央档案馆国家档案局调研时的讲话．（2018-05-07）．国家档案局官网．

④ 推动档案事业在高质量发展轨道上迈出坚实步伐：在 2020 年全国档案局长馆长会议上的报告．（2021-01-07）．国家档案局官网．

出来、传承下去，是落细、落实社会主义核心价值观的具体表现，也是解决“中国档案事业史”课程思政泛化虚化问题的有效方式。档案队伍中的杰出人物和优秀典范系列案例对于阐述新时代的国家档案事业、档案职业道德等有典型意义。配套教材为《中国档案事业史》（周雪恒，中国人民大学出版社）。

3.2 “中国档案事业史”课程思政元素

一是感悟不怕牺牲、视死如归的革命家精神。1911—1949 年即中国共产党领导的早期档案事业探索时期，张唯一、陈为人、陈来生等中国共产党第一代档案人，不怕牺牲、忠贞不屈。结合教材第十八章新民主主义革命时期中国共产党领导的档案工作，了解新中国成立前党的文书、档案工作的建立和发展特点，认识战火纷飞时代档案工作的重要性。

二是树立开拓进取、勇于创新的开拓者精神。1949—1976 年即中国共产党领导的新中国档案事业初建时期，曾三、裴桐、吴宝康等人不为名利、开疆拓土。结合教材第十九章中华人民共和国成立后国家档案事业的初步建设以及第二十章开始全面建设社会主义时期的档案工作，从历史档案的接收与整理、机关档案工作以及档案馆事业的建立与发展、档案理论的研究和档案教育、科学技术档案工作的建立等方面，了解我国档案事业初建时期文书档案工作建立和完善的过程以及专修班的设立对档案人才队伍的影响，认识档案工作的缘起与根基。

三是发扬无私奉献、甘坐板凳的老黄牛精神。1976—2009 年即社会主义档案事业发展时期，涌现了不计名利、任劳任怨、爱岗敬业的档案人，如崔新一、刘义权等人。结合教材第二十一章“文化大革命”中的档案工作，以及第二十二章第三节国家档案事业的全面发展，教导学生面对困难艰苦奋斗，面对胜利慎终如始，弘扬档案人为国家民族奉献自己的精神、为实现中华民族伟大复兴而努力奋斗的坚定决心，明确档案工作的责任。

四是传递严谨专注、精益求精的科学家精神。2009 年至今即社会主义档案事业稳步提升时期，涌现了坚持不懈、精益求精的档案保护技术专家李玉虎、刘小敏等人，孜孜不倦、务实创新的档案教育专家冯惠玲等人。结合教材第二十二章社会主义建设新时期的国家档案事业，分析档案职业道德的内涵与特点，总结国家档案事业全面发展的进展以及新时期档案学研究的成就，认识档案工作的独特魅力，从而建立正确的就业观、择业观。

“中国档案事业史”思政元素、讲授目的与价值传递的逻辑关系详见图 3-1。

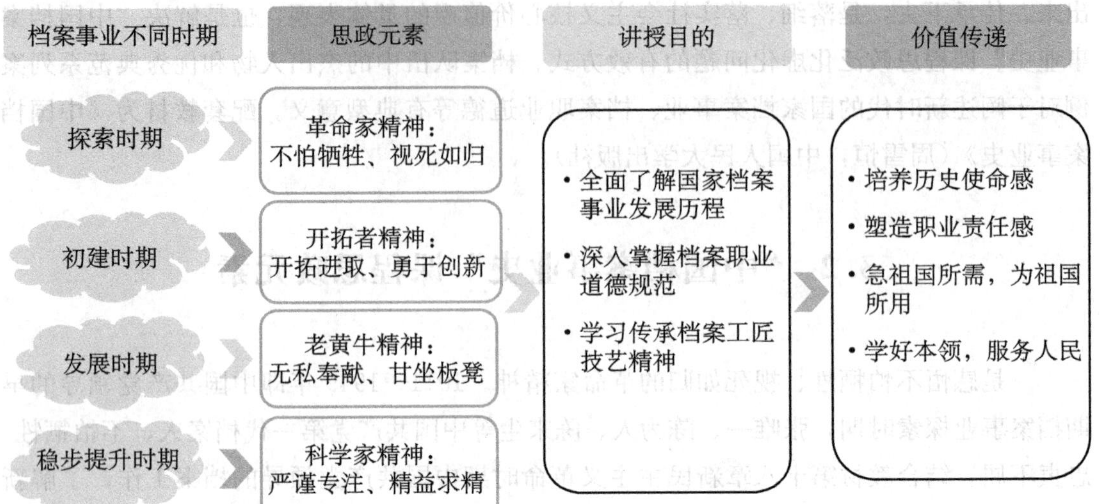

图 3-1　思政元素、讲授目的与价值传递联系图

3.3　主题案例库

3.3.1　新中国成立前档案工作的坚守者

案例一

中央文库与中国共产党第一代档案人

中央文库是中央秘书处下属的中共中央第一个专门保管档案材料的秘密机构，最早成立于1926年（起初名为“中央秘书处文书科”），主要有三项职能：集中管理中共中央及中央领导人需要保留的文件资料、接收中共中央下发的文件和各地上报的文件、接收各部委移交的文件。1927年，在中央秘书处下设文件保管处，文书科专门处理文书，文件保管处专门进行文件档案保管工作，两者将党内文书工作与档案工作进行分离。至1930年底，文件保管处接收、收集文件大约4万件，为安全考虑，将文件重复制作三套、分三处保存，其中最为齐全的一套由张唯一负责，形成以后的中央文库（如无特别说明，下文中“中央秘书处文书科”“中央秘书处文件保管处”均以“中央文库”代指）①，主要包括记录党中央撤离上海期间反映中共早期历史的1万多件档案，中华苏维埃共和国临时政府的法律、会议等文件，以及

① 1933年初，中央领导机关撤离上海以后，中央秘书处文件保管处继续留沪保管中央档案，并为了与中共上海中央执行局秘书处文件保管处相区别而改称“中央文库”。详见周雪恒．中国档案事业史．北京：中国人民大学出版社，1994：493.

工农红军文件、领导人手稿等，几经辗转，数易其手（主要保管人物简介见表3-1），在动荡中保存了下来。保护过程十分艰难危险，保存地点多次变换（见表3-2）。

表3-1 中国共产党第一代档案人简介

姓名	负责时间	人物简介
张唯一 (1892—1955)	1927—1932年 (最开始的负责人)	曾在国民政府湖南省教育厅任教育委员、代理厅长等职，1927年加入中国共产党，1927年蒋介石发动四一二反革命政变后，担任中共中央秘书处文书科主任。中央秘书处文件保管处设立后，周恩来举荐他到该处工作，集中统一管理中央和中央各机关的文书档案。1935年被捕，在狱中受尽折磨，并患骨结核。但他巧妙地与敌周旋，严守党的机密，党中央地下文件库一直未遭敌破坏。1950年任中央人民政府情报总署副署长、政务院副秘书长、周恩来总理办公室主任，1955年任第二届全国政协委员兼副秘书长等职。1955年在北京病逝，终年63岁
陈为人 (1899—1937)	1932—1936年	中共早期党员，地下情报人员，曾与李大钊等一起领导中共北方区委，1927年四一二反革命政变后担任中共满洲省委书记。1932年同妻子韩慧英一起克服重重苦难，把中央文库大量党的机密档案和珍贵历史文献全部完整、安全地交给了党中央，在极端困难的条件下保卫了中央文库的安全。在完成使命后不久因长期劳累过度于1937年在上海病逝，时年38岁
徐强 (1901—1989)	1936—1939年初	1927年加入中国共产党，由于陈为人病重，1936年底，中央文库转移至中央特科上海负责人徐强手中，具体由周天宝管理，周天宝与徐强单线联系。周天宝的姨夫在招商局工作，资产丰厚，周天宝将文件存放在法租界其姨妈家的二楼，十分隐蔽，1939年转移至自己的住处，后又曾暂存在娄志美以及刘钊的家中。1939年徐强奉调延安，中央文库逐步交由缪谷稔保管
缪谷稔 (1905—1944)	1940—1942年	中共地下党员，1927年加入中国共产党，1932年6月因叛徒出卖入狱，后经营救出狱，多次在上海把医药用品运往抗日根据地。1940年秋，负责中央文库工作，上海地下党情报系统的负责人之一吴成方是其领导，其间两人之间的交通员被捕牺牲，中央文库档案几经转移，后因其病重将工作交由陈来生。1944年因病去世，年仅39岁
陈来生 (1919—1997)	1942—1949年	中共地下党员，1938年加入中国共产党，1942年6月被上海党组织选中接手中央文库的管理工作，1949年9月将中央文库移交给中共上海市委组织部，1950年3月《中共中央秘书处关于接收上海陈来生所保存材料的情况报告》中指出这批文件共15 000件左右，至此这批珍贵文件终于完整地移交给了党中央

表 3-2　中央文库可考的保存地点

时间	地点	负责人
1927 年	上海戈登路（现江宁路）恒吉里 1141 号	张唯一
1931 年 4 月	法租界恺自迩路（现金陵中路）一幢独立小楼（张唯一家）	
1932 年	明月坊三层独立小楼（陈为人家）； 迫于环境恶化，屡次搬迁，曾搬往法租界霞飞路（现淮海路）一白俄老妇人的楼上	陈为人
1935 年 2 月	小沙渡路合兴坊（现西康路 560 弄）15 号的二层独立小楼（见图 3-2）	
1936—1937 年	法租界顺昌里 7 号的花园洋房； 辗转于富裕人家的石库门建筑、赤贫学徒工的亭子间，具体地址不详，还曾回到小沙渡路合兴坊 15 号	周天宝
1940 年	英租界康脑脱路（现康定路）一幢独立小楼； 后又搬至新闸路金家巷嘉运坊 1839 号（缪谷稔家）	缪谷稔
1942 年	新闸路庚庆里过街阁楼； 后搬到成都北路 972 弄 3 号西厢房，门面是面坊，阁楼上存放着文件资料	陈来生
1949 年 9 月	移交给上海市委组织部	

图 3-2　陈为人曾经租下保护文件档案的小沙渡路合兴坊 15 号

图片来源：上海档案信息网。

1927年，张唯一接受负责管理中央文库的任务后，主要开展以下五项工作：物色工作人员、收集档案、制定办法整理档案、保存档案、多套制异地保存档案。在当时的艰苦环境下，每项工作的开展都十分困难和危险。例如，为精心保存档案，张唯一等档案人员将中央文库伪装成经营木器的家庭商行，张唯一扮演商行老板，陈为人、韩慧英扮成夫妻协助他工作，将文件档案隐藏在竹木器具中。1932年，张唯一调任上海中央局秘书，仍为中央文库唯一的联络员，陈为人接替他的工作，管理中央文库。

陈为人负责管理中央文库后，协助他工作的有韩慧英（其妻，中央交通员）、李沫英、韩慧如（其妻妹）三人。为了不引起敌人的注意，陈为人和韩慧英扮成富人家庭，白天经商，晚上忙于整理文件，想尽办法减少文件的重量和缩小体积，以便于保管转移。

1935年由于叛徒告密，张唯一被捕，两天后韩慧英去张唯一家里送文件时被捕，陈为人立即转移了中央文库。可是从那时起，陈为人与党组织失去了联系，他的处境愈发艰难，肺病加剧，但他依旧坚定地守护着中央文库。1936年，陈为人终于通过韩慧如与中央特科上海负责人徐强对上了暗号，联系上了党组织。1936年6月，陈为人抱病写下“开箱必读”（见表3-3），详列了查阅须知及全部目录，按文件形成的时间、地区、作者等分类编号，一目了然。1936年底，他亲自将档案送到法租界顺昌里7号的石库门房子，移交完文件回到家后他突然大口吐血，昏倒在地。后党组织几次安排他到上海的大医院治疗肺病，他都怕引起敌人怀疑而自行回家。1937年陈为人因病去世，年仅38岁。

表3-3 陈为人起草的“开箱必读”

装箱记		开箱注解
第一箱	中共中央，共产国际（1921年—1930年12月）	在开箱之前，必取目录审查，尤其是要审查清理的大纲共二件（一切文件都是根据此大纲清理的），然后才按目录次第去检查，万不可乱开乱动。检查之后，仍须按照原有秩序放好
第二箱	直、赣、川、鄂、沈（鄂豫皖）、湘、方（闽浙赣）、永（湘赣）、孔（湘鄂赣）、鄂豫边、滇、桂、东江、闽西、夏、福（闽东、闽东南）、粤（1921—1934年）	
第三箱	江苏、蒙、豫、秦（陕）、晋、鲁、满、贺（湘鄂西）、皖，国外（1921—1935年）	
第四箱	新接收未清理文件	
第五箱	中文俄文书刊	

陈为人离开中央文库后，负责领导中央文库的有徐强、李云、刘少文、吴成方和陈惠瑛；具体负责中央文库工作的有周天宝、刘钊、缪谷稔和陈来生等，其中陈来生负责时间最长。

陈来生，1919年出生于上海闸北一个失业铁路工人家庭，1938年加入中国共产党以后在上海做地下工作，参加过苏北游击队。1942年6月党组织决定由他接管中央文库的工作。

陈来生几经筹划并请示吴成方，将中央文库转移到以弟弟名义租的小阁楼。两兄弟白天摆摊做掩护，夜间睡在阁楼上保护文件。当时，日军在上海疯狂搜查，文件资料转移困难。陈来生采取“小鱼钻网眼”的办法，把文件放在竹篮子、面粉袋里伪装好，几个人轮番搬运，经过半个多月，才把文件安全转移完。之后几经波折，直到上海解放，中央文库都没有暴露，文件档案安全无损。

上海解放后，1949 年 9 月，陈来生把保存的文件移交中共上海市委组织部，由他们转交华东局办公厅，然后转送中共中央秘书处。上海市委组织部在接收到这批档案后，写了证明信：“兹收到陈来生同志自 1942 年 7 月起所负责保管的从我党诞生时起至抗战时止的各种文件、资料，计 104 包，共装 16 箱，这些文件、资料未受到霉烂、虫蛀、鼠咬等半点的损伤，特此证明。”根据中央办公厅的指示，中共上海市委于 1949 年 10 月 4 日发布了《给陈来生的嘉奖信》（如图 3－3 所示）。

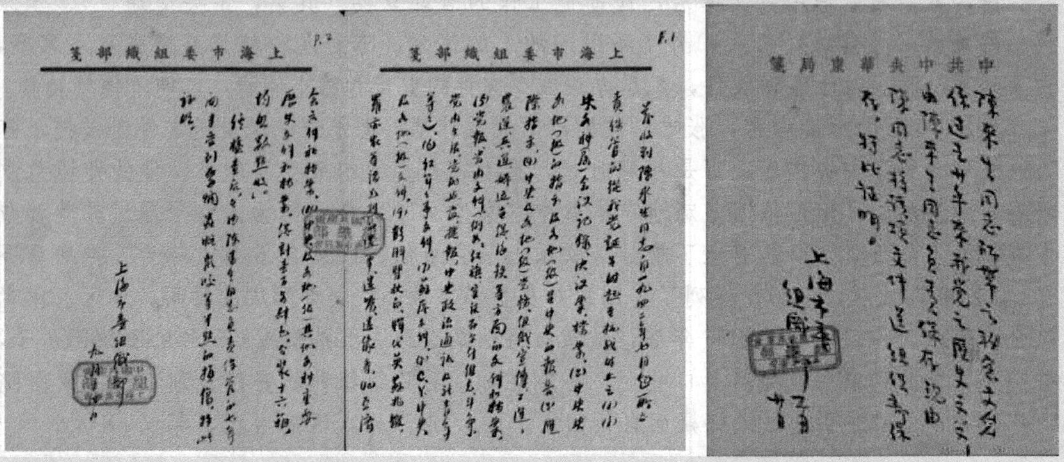

图 3－3　中共上海市委组织部关于接收陈来生保管的中央文库档案的收据及证明

图片来源：上海档案信息网。

资料来源：刘国能．国家档案事业 60 年．档案与建设，2009（5）：4－9；刘国能．中国当代档案事业史．北京：中国文史出版社，2017；陶亦君．中央文库历险记：近两万份机密文件是如何“完璧归党”的？．（2021－03－12）．https://www.thepaper.cn/newsDetail_forward_11672843；王玉波．陈来生与中央文库．山西档案，2009（5）：53－54.

张唯一、陈为人、陈来生等中央文库保管人在生死存亡的险境中用实际行动向我们展示了档案人的崇高职责和光荣使命。中国共产党第一代档案人保守国家机密，始终将国家与人民利益置于首位，我们从这些史料中能够感悟中国共产党领导的档案工作的伟大与不屈。

3.3.2　新中国档案事业的开拓者

案例二

新中国国家档案局首任局长曾三

曾三（1906—1990），原名曾海云，中国共产党优秀党员，无产阶级革命家，党和人民军队无线电通信事业的先驱、新中国档案事业的开拓者和杰出领导人。曾三于 1945 年 10 月任中共中央办公厅秘书处处长，从此开始从事档案工作，曾担任中共中央办公厅秘书局局长、国家档案局首任局长、中央档案馆馆长、中共中央办公厅副主任、中央纪律检查委员会委员、中央顾问委员会委员、中国档案学会名誉理事长等职。1990 年 11 月 28 日曾三同志因病医治无效在北京逝世。

曾三同志在档案事业方面的成就主要表现在五个方面。

一是早期的档案工作实践。曾三同志早在延安工作时期，就非常注重深入业务管理实际来总结、部署和指导档案工作，建立了早期的文书档案工作制度，负责撤离延安时的档案转移工作等。

二是新中国成立后的档案工作创举（见表 3－4）。

表 3－4　曾三同志在新中国成立后的档案工作创举

时间	内容	作用或意义
1951 年	创办《材料工作通讯》（1994 年改名为《中国档案》）	建立宣传档案知识、传播及交流档案工作做法与经验的平台
1951—1952 年	1952 年，中国人民大学创办专修科档案班，后发展成历史档案系、档案系、档案学院	筹办专修科档案班，培养人才
1950—1954 年	以中央秘书处的名义在给周恩来总理的《对整顿全国档案工作的意见》报告中，提出建立国家档案机构的必要性，同时向中央办公厅、国务院办公厅的领导人杨尚昆、习仲勋等建议成立领导全国党、政、军档案工作的机构	筹建国家档案行政管理机构和中央档案管理机构
1954—1959 年	及时研究、处理中央档案馆筹建中的问题，并带领有关人员选择馆址	主持筹建中央档案馆
1954 年 12 月	准备《中国共产党中央和省（市）级机关文书处理工作和档案工作暂行条例》及《关于目前党的档案工作的一般情况和今后任务的报告》	为第一次全国档案工作大会做准备
1956 年 3 月	主持《国务院关于加强国家档案工作的决定》的起草工作	推动档案工作发展
1956 年 4 月	全面推行文书处理部门立卷；整理积存档案；督促、指导国务院各部委和各省、自治区、直辖市政府机关建立机关档案室或档案处；全面规划首都和地方档案馆的建立以及其他档案机构的建设，推动全国档案事业迅速发展	贯彻、执行《国务院关于加强国家档案工作的决定》
1958 年 12 月	参与在国家档案局创立新中国第一个专业的档案科学研究机构——档案学研究室	使我国有了第一个专业的档案学术研究机构
1959 年 12 月	在大连市召开的华北、东北协作区技术档案工作扩大会议上，就十年来的档案工作和技术档案工作作报告，主持制定《技术档案室工作暂行通则》	为技术档案工作的开展提供理论和实践上的指导
1981 年 11 月	通过《中国档案学会章程》，推动成立中国档案学会	我国档案学术研究活动走向新的发展阶段

三是注重业务基础工作和档案的利用，批评“一把锁”。曾三多次谈到，档案工作是一门相当复杂的工作，它的基本内容包括档案资料的收集、整理、保管、鉴定、统计和利用六个部分，如果只把它看成保管文件的“一把锁”，那就错了。他反复强调开展档案利用工作，批判封锁、禁止他人利用档案的行为。

四是注重研究档案工作问题、规律和理论。他在多个会议上讲档案、在多个报刊上论档案、在给有关领导同志写信时谈档案，形成了《曾三档案工作文集》，丰富和发展了档案学术思想。

五是重视人才，培养人才。他提倡“做一个又红又专的档案工作者”，鼓励档案工作者学习司马迁。他多次在全国性档案工作会议上对干部队伍建设提出要求，要求档案人员学习党的路线、方针、政策，学习历史，学习相关的专业知识，做好档案工作，为社会主义事业服务。

资料来源：刘国能．国家档案事业60年．档案与建设，2009（5）：4－9；谢丽荣，冯子直．曾三同志对档案事业的贡献：冯子直访谈录．档案与建设，2006（6）：4－9；谢丽荣．继承父辈的革命传统：访曾三同志的女儿曾晓前．档案与建设，2006（7）：4，54；马婷婷．曾三档案学思想研究．济南：山东大学，2016.

案例三

我党的早期档案官员裴桐

裴桐（1918—2009），中国现代档案学家，中国共产党档案工作和中央档案馆的主要领导人。1938年参加革命，曾任中共中央办公厅秘书处材料科科长、秘书处副处长、秘书局副局长，中央档案馆常务副馆长，中国档案学会副理事长、理事长、名誉理事长等职。2009年1月6日因病医治无效在北京逝世。

1937年7月抗日战争全面爆发后，中央领导同志在总结历史经验、制定方针政策、坚持抗日民族统一战线、实行国共两党合作、指挥作战和边区建设等各项工作活动中形成了许多重要档案资料。为了确保这些档案资料安全和及时为中央领导同志使用，成立了中共中央秘书处材料科，并从延安中山图书馆调裴桐到材料科工作。

裴桐1936年在上海图书馆学校毕业后，考入清华大学练习班。1938年，他奔赴延安，经过组织严格考察后于1940年正式调到中央秘书处材料科工作。他干了40年档案工作，注重实干、立规。他热爱档案事业，不为名利，为档案事业发展作出了许多贡献，见表3－5。

表3－5 裴桐档案工作创举

时间	内容	作用或意义
1941年	制定《党务材料管理法》和附《党务材料分类表》	中共第一个档案管理法，提出分类原则和方法；为之后起草《地方文件工作细则》《中秘材料科发借文件办法》《材料分类编目解说》等奠定基础

续表

时间	内容	作用或意义
1941 年 9 月	参与起草《机要材料之整理抄存及阅览限制办法》	对阅览对象、阅览手续进行明确规定
1942 年	参与编辑出版党的《六大以前》《六大以来》等重要文献汇编的工作	全面系统地揭示了中共六大以来中共中央所采取的方针、政策与路线
1944 年 1 月	创作《一九四三年地方党务材料检查报告》并向中央秘书长任弼时建议建立档案材料点验制	对党中央的档案管理工作提出一系列改进意见
1945 年 10 月	制定《中央秘书处材料科借出条例》	对出借的档案材料和出借时间、数量等进行详细规定
1947 年 4 月	与曾三率领临时材料保管委员会和材料科共计 40 余人，用毛驴等牲口驮着 90 多箱档案文件，在武装部队的保护下撤离延安	为后续转移工作的顺利开展奠定了良好的基础，中央档案第一次转移工作顺利完成
1951 年 5 月	与曾三共同创办并主编《材料工作通讯》	新中国第一个全国性也是唯一一份研究档案工作、交流档案工作经验的刊物
1954 年 12 月	参与起草《中国共产党中央和省（市）级机关文书处理工作和档案工作暂行条例》	给新中国的文书档案工作改革指明了方向
1956 年	主持、参与编纂《中共中央文件汇编》《中共中央文件选集》等大量档案史料以及《毛泽东选集》注释工作	为研究中共党史提供了重要文献资料
1956 年	参与起草《国务院关于加强国家档案工作的决定》	为新中国档案事业体系的建立作出了突出贡献
20 世纪 50 年代中期	编纂《中共组织史讲课提纲（新民主主义时期）》	作为中央党校 1988 届党史专业研究生班的教学参考资料
20 世纪 80 年代中期	主编大型“当代中国丛书”的《当代中国的档案事业》	一部记载新中国成立后全国档案各项工作基本经验和教训的史书性科学著作

资料来源：费云东，刘静一．裴桐：耕耘在档案沃土半个世纪的老人．档案天地，2010（7）：44－46；刘国能．中国当代档案事业史．北京：中国文史出版社，2017；廖倩文．裴桐档案工作思想研究．上海：上海大学，2020.

曾三、裴桐等作为新中国档案事业的开拓者，一心为公、一心为民，既为全面建设新中国档案工作打下基础，建立集中统一的档案管理体制，科学布局档案馆、档案室建设，规范科学技术档案工作等，又使档案工作的法律建设、规范建设等初具规模，还为新中国档案教育发展、档案学术发展、档案期刊建设等作出了谋划，为中央领导同志提供了高效的文件档案服务，为建设新中国作出了档案行业的贡献。

3.3.3 中国档案史研究的先行者

案例四

整理和研究明清档案的单士魁

单士魁（1905—1986），北京人，曾用名单秉彝，明清档案专家、清史专家，研究馆员。于1925年在清室善后委员会工作，同年10月故宫博物院成立，被调往该院总务处工作，后担任该院文献馆任科员、科长等职。1980年以后在中国第一历史档案馆任研究馆员。1986年11月16日因病救治无效在北京逝世。

单士魁是明清档案工作的奠基人之一，也是参与挖掘、整理这些珍贵文化遗产的历史见证人。单士魁着力研究明清档案工作及其文书制度，先后发表了数十篇学术论文，其主要文章收录于《清代档案丛谈》一书，主要分为三大类，详见表3-6。他主持或编辑《文献丛编》《史料旬刊》《清内阁汉文黄册联合目录》《清太祖努尔哈赤实录》《清内阁库储旧档集刊》《清三藩史料》《清代地震档案史料》《戊戌变法档案史料》《义和团档案史料》《关于江宁织造曹家档案史料》《李煦奏折》《慈禧光绪医方选议》《中法战争》《洋务运动》《辛亥革命》《第二次鸦片战争》等史料和资料丛刊，形成了一千多万字的第一手研究资料。

表3-6 《清代档案丛谈》收录文章概况

类别	文章
故宫明清档案总体叙述性的文章	《故宫档案》《故宫档案南迁、西运、北返情况》《清宫档案的价值及其利用》
研究明清各类档案及相关问题的文章	明清档案中的官文书：《清代题本制度考略》《题本批红和发钞》《清代制、诏、诰、敕、题、奏、表、笺说略》《有关奏折程式的一些问题》；其他种类档案及相关问题：《内阁〈满票签部本、通本样式〉介绍》《清内阁汉文黄册联合目录叙录》《清代黄册与赋役问题》
附录性质的文章	《清代军机处沿革、职掌和主要档案》《内阁大库杂档中之明代武职选簿》《清代地方文职官概说》《金匮石室的皇史宬》《中国第一历史档案馆档案历年利用情况》《清代历史档案名称简释》

单士魁一贯重视对人才的培养，对于后辈请教问题十分耐心细致。除此之外，他通过亲自讲课、答疑及现场业务指导，培养和指导了一代又一代的明清档案工作人员。尤其在晚年，他更是为人才的培养倾注了大量的心血。中国第一历史档案馆的许多业务骨干和中层以上管理者都受过单士魁的悉心教导。

资料来源：赵彦昌，王琦．单士魁与明清档案．山东档案，2010（1）：55-58；刘光，勇进．六十年耕耘不倦：访明清档案专家单士魁．档案工作，1984（3）：7-9.

案例五

为中国档案史研究作出杰出贡献的王金玉

王金玉（1938—2002），1964 年毕业于甘肃师范大学（现西北师范大学）历史系，被分配到甘肃省哲学社会科学研究所（现甘肃省社会科学院）工作，1978 年，调至郑州大学历史系教授中国现代史，1986 年升任档案教研室主任，带领学校创办档案学专业。1993—1997 年，王金玉任郑州大学文博学院档案系主任，并兼任中国档案学会基础理论与历史学术委员会委员、河南省档案学会常务理事、河南省档案专业高级职称评审委员、中国老教授协会档案与文秘研究所特聘研究员等职。2002 年 7 月 23 日王金玉因食物中毒抢救无效在郑州逝世。

王金玉是颇有功力的档案史学家，他专心研读古籍，深入挖掘史料，不仅为中国档案史纠偏，还提出了许多新的见解，丰富了中国档案史的研究成果（见表 3-7）。其所著的《宋代档案管理研究》一书，开我国档案史朝代专史研究的先河，其中对“千文架阁法”错讹的纠正以及对古代档案机构、档案官员和档案思想等的详细考证，有力推动了中国档案史研究的发展。

表 3-7 王金玉主要研究成果概要

时间	成果	影响
1990 年 3 月	《浅论政治制度对档案工作的影响》（收于《全国第三次档案学术讨论会论文选辑》）	详细归纳我国政治制度的特点以及对档案工作制度、方法等的影响，被认为是其第一篇有影响力的论文
1992 年 7 月	《“千文架阁法”非“千丈架阁法”》	纠正 800 年来关于宋代档案编排方法的讹传，此文获《档案工作》杂志社 1992 年优秀文章一等奖
1993 年 3 月	《“千文架阁法”再探》	证明千文架阁法适用于路[1]一级机关
1993 年 9 月	《宋代档案管理中的分类编排——“千文架阁法”三探》	进一步说明千文架阁法是宋代档案管理办法之一
1994 年 12 月	《宋代“千文架阁法”辨析》	全面阐述千文架阁法的内容、出现的主客观原因和科学性
1995 年 10 月	《“千文架阁法”在近代的应用》	论证千文架阁法自宋代起到近代一直被应用于档案管理工作的历史事实
1997 年	《宋代档案管理研究》	我国第一部断代研究档案史的专著，是中国档案史研究的突破性成果，为学者进行档案史研究开拓了新思路，对建设和发展中国档案史的学科体系、提高档案学在学术界的地位起到了推动作用

续表

时间	成果	影响
1997年8月、12月	《“档案”名义探源》和《明初已有“文档”一词》	指出明初已有“文档”一词；阐述“文档”一词的含义及其对研究“档案”词源的重要意义
1998年11月	《中国档案史研究的缺憾与出路》	对档案史研究存在的问题及今后的方向提出了全新观点，中国人民大学复印报刊资料全文转载
1999年6月	《宋元明清架阁库纵览》	对近千年的架阁库制度进行系统论述，填补了架阁库史的空白
1999年11月	《古代档案官员新证》	为论证古代档案官员的设置问题提供了有效依据
2000年1月、10月	《喜看南宋〈京城图〉上的“国家档案馆”》和《南宋〈京城图〉标明档案机构的意义》	介绍古代国家档案馆的设置情况，对今天的档案馆选址、建设具有借鉴意义
2001年6月	《中国古代档案两大部类说》	提出“名源于义”的研究思路，将这一研究推向一个全新的境地，开拓新的研究视野
2004年4月	《王金玉档案学论著》	收录王金玉教授的众多研究成果

注：路：宋代的地方司法机关。

资料来源：赵彦昌，李婷婷．王金玉与中国档案史研究：谨以此纪念王金玉老师逝世十周年．档案学研究，2012（4）：92-96.

单士魁、王金玉等优秀学者，长年累月坚持刻苦学习、不断研究，吃得了“冷猪肉”（比喻坚持不懈、反复研究历史文献），坐得住“冷板凳”（比喻甘于寂寞、不急功近利），体现了持续投入精力、高标准严格要求和不达目的不罢休的科学精神。

3.3.4 现代档案事业发展的奉献者

案例六

用生命谱写奉献之歌的崔新一

2000年12月，国家档案局、中央档案馆发布《关于开展向崔新一同志学习活动的决定》，号召全国档案工作者以崔新一为榜样，学习他忠于党、忠于人民、忠于共产主义事业的崇高理想，维护历史面貌的求真求实精神，敬业爱岗、无私奉献的高尚情操，艰苦拼搏、开拓进取的顽强作风，严谨细致、刻苦钻研的工作态度，严于律己、关心同志的高尚品德。[①] 2001年2月18日，人民日报发表《无悔的档案人生——记大连市中级人民法院档案科科长崔新一》，称赞他是“全国百万专职和兼职档案工作者的杰出代表，值得学习和颂扬”。

① 国家档案局中央档案馆关于开展向崔新一同志学习活动的决定．中国档案，2001（1）：15.

崔新一（1949—2000），辽宁省大连市人，1968 年 3 月参加工作，1969 年 5 月加入中国共产党，1982 年由军队转业到大连市中级人民法院从事档案管理工作，后来任档案科副科长、科长。被授予全国档案系统“先进工作者”、大连市劳动模范、辽宁省“人民满意的政法干警”、辽宁省法院“人民满意的工作者”等光荣称号。因长期超负荷工作积劳成疾，他于 2000 年 6 月 19 日在大连市逝世。

1982 年，崔新一从军队转业到法院从事档案工作，可说是“门外汉”。他努力钻研，刻苦学习，逐渐成为大家公认的“档案通”。

1982—1988 年，崔新一带领全科同志梳理分类分散在地下室、麻袋及个人手中的档案 7 万余卷，装订重组 1 898 卷，抢救 3 100 卷，追回散失档案 300 余卷，撰写大事记、沿革史等文字材料 410 万字。

1996 年 5 月，辽宁省档案局决定在大连市进行“省特级”试点。崔新一接受任务后，180 多天“连轴转”，将 8 万多卷诉讼卷宗和 2 000 多卷文书卷宗全部按标准纸质、布料、字体重新制作印刷。1996 年底，在大连市法院召开的“省特级”试点验收现场会上，这些精美的卷宗受到高度称赞。

崔新一向法院党组建议司法卷宗要“先归档，后报结”，他为档案科定下规矩：调必有卷，随调随拿，百调不厌，及时归档。这保证了审判监督环节的正常运行。

崔新一属牛，在部队曾是全师有名的“老黄牛”，先后 11 次立功受奖。在法院档案科，领导也曾征求他的意见，他一再诚恳地表示愿意干一辈子档案工作。

资料来源：杨振武，张书政．无悔的档案人生：记大连市中级人民法院档案科科长崔新一．人民日报，2001-02-18 (1).

崔新一同志是辽宁省新时期档案工作先进群体中的杰出代表，他在平凡岗位上辛勤耕耘了 18 年，体现出他对党忠诚、对人民无私奉献、对工作精益求精、对个人严于律己的崇高精神。他用实际行动彰显了中华民族传统美德、党的优良作风与时代精神风貌，是每一位档案工作者学习的榜样。①

案例七

军队档案收集第一人——刘义权

2009 年 10 月，中共中央总书记、国家主席、中央军委主席胡锦涛就学习刘义权先进事迹作出重要指示，号召全国档案工作者学习刘义权先进事迹。2010 年 1 月，中央军委发出通知，要求全军和武警部队认真贯彻落实胡锦涛主席重要指示精神，广泛深入开展向刘义权同志学习的活动。② 2010 年 2 月，国家档案局中央档案

---

① 艾鸿举．时代风貌 兰台楷模：追忆全国优秀档案工作者崔新一．兰台世界，2001 (2)：1.

② 中央军委通知广泛深入开展向刘义权同志学习活动．(2010-01-30)．中国政府网.

馆决定在全国档案系统开展“学时代楷模刘义权、在本职岗位作贡献”活动，进一步深入全国档案系统学习刘义权同志的活动。① 刘义权不仅是全军先进战士，亦是全国档案系统中的时代楷模。

刘义权（1950—2010），四川德阳人，1968 年 3 月参军，1970 年 7 月加入中国共产党，1981 年 10 月调入中国人民解放军档案馆，2005 年 12 月退休，2006 年 4 月被中国人民解放军档案馆返聘从事志愿军档案鉴定工作，2008 年 7 月担任中国人民解放军档案馆中美军事档案合作办公室专家成员，2008 年 9 月被确诊为直肠癌晚期，但他仍带病工作，2010 年 1 月 28 日在北京病逝。

刘义权在档案职业生涯中完成了四件大事。

一是收集我军档案，构建军队档案资源体系。1986 年，刘义权离开档案库房，开始军队档案的收集工作，在长达 20 多年的时间里征集和接收各类档案 83 万余件，足迹遍及国内 25 个省区市、300 多个市县，主要征集各类机关单位、档案馆、图书馆、纪念馆、博物馆的军队档案，如党领导武装斗争、重大军事决策、军队建设等方面的档案。这些档案时间跨度大，包括我军建设和发展的各个历史时期，对于一些重大军事活动、军事教育研究具有基础性、辅助性作用。

二是制定档案收集工作制度。刘义权在多年的工作实践中意识到档案收集工作的重要性，深入探索档案工作的特点和规律，认为军队档案的征收和整理应该有标准。因此他结合多年的工作经验和我军档案工作实际情况，草拟了《中国人民解放军档案馆接收文书档案细则》，这是军队的档案工作法规性文件之一，加速了军队档案工作规范化制度化建设的历程。

三是注重革命烈士档案的收集，为其正名。战争年代，档案是证明烈士身份的唯一凭证。刘义权致力于收集革命烈士档案来查证革命烈士的英勇事迹、失踪人员的下落等，为其正名。刘义权在安徽、河南等地征集的烈士档案就曾为当地烈士陵园的筹建提供了史料支持。这些档案真实记载了烈士的姓名、年龄、籍贯、职务、牺牲时间和地点等信息，是弘扬革命烈士精神和爱国主义精神的重要载体。

四是心系大局，为中美军事交流作出贡献。2008 年 7 月，中美军事档案合作工作启动，具体概况见表 3-8。志愿军档案众多，时间跨度大，整理鉴定难度大，具有多年档案工作经验的刘义权成了首要人选。于是已经退休的刘义权重新回到工作岗位，为中美军事交流作出了突出的贡献。刘义权确诊直肠癌晚期后，忍受着病痛的折磨，毅然奋斗在工作岗位上，即使是在手术后也坚持高强度的工作，以实际行动展现出军人对使命的忠诚和对责任的坚守。

---

① 开展“学时代楷模刘义权在本职岗位作贡献”活动的通知．中国档案报，2010-02-01（1）.

表3-8 21世纪初期中美军事档案合作大事记

时间	事件
2006年4月	胡锦涛主席访美，与美国总统布什达成扩大两军交流与合作共识
2006年7月	中央军委副主席访美，将刘义权收集、保管在中国人民解放军档案馆的两份档案[1]作为礼物分别送给拉姆斯菲尔德和美国国防大学校长威尔逊中将[2]
2007年11月	美国国防部长访华，与我国军委副主席、国防部长达成“两军正式开展查找朝鲜战争前后美军失踪人员下落的军事档案合作”共识
2008年2月	中美在上海签署《中华人民共和国国防部和美利坚合众国国防部就查找朝鲜战争前后美军失踪人员下落开展军事档案合作事有关安排备忘录》
2008年4月	美国国防部战俘与失踪人员办公室政策主任率美军档案代表团访问解放军档案馆，双方就建立军事档案合作机制、工作计划等进行磋商，并签订备忘录，中美军事档案合作正式拉开帷幕
2008年7月	解放军档案馆抽调多名专家组建中美军事档案合作办公室，刘义权放弃其他单位的高薪聘请，毅然回馆
2009年4月	美国国防部代表团要求与刘义权合影，赠送他纪念章
2009年7月	美国国防部代表团团长、美国助理国防部长专程到中国驻美大使馆，代表美方表达敬意，称赞刘义权发现了许多重要线索，美方深为感动
2009年7月之后	美联社、路透社、法新社、《纽约日报》、《华盛顿邮报》等对刘义权的事迹及中美军事档案合作进行了报道，美国国务院发言人对中方在档案合作上的高度负责精神和真诚合作态度表示高度赞赏

注：1. 两份档案：一份是20世纪60年代美军飞行员迪恩驾驶的间谍飞机坠海身亡的调查记录；另一份是美国“飞虎队”队员驾机在中国上空抗日，被日军击中着火，中国军民救助跳伞飞行员科尔的情况档案。

2. 刘国能. 中国当代档案事业史. 北京：中国文史出版社，2017.

资料来源：王玲，朱雨虹. 生命档案：记“军档收集第一人”刘义权. 兰台世界，2018（S2）：11-12.

2009年10月，中共中央总书记、国家主席、中央军委主席胡锦涛称赞刘义权38年如一日，忠于职守，无私奉献，精益求精，不愧为践行当代革命军人核心价值观的先进战士，不愧为全国档案战线的时代楷模，不愧为优秀的共产党员。胡锦涛号召全军官兵、全国档案工作者和广大共产党员学习刘义权，此后又去观看以刘义权为原型的话剧《生命档案》，充分表达了对刘义权的称赞与尊重。

案例八

档案修复专家刘小敏

刘小敏（1956年至今），中央档案馆副研究馆员、档案修复专家。1975年8月，19岁的刘小敏高中毕业后被分配到故宫博物院明清档案部从事档案修复工作。1980年4月，明清档案部从故宫博物院独立出来，改称中国第一历史档案馆，刘小敏也随之调入该馆。1987年3月，刘小敏被派往拉萨支援西藏自治区历史档案馆（现为西藏自治区档案馆）的档案修复工作。援藏回京后，曾连续三届担任档案保护技术委员会委员。2010年，刘小敏调入中央档案馆技术部。2016年12月，刘小敏退休后被返聘。至今，她依旧坚守在档案修复岗位上，几十年来为档案修复事业作出了突出贡献（见表3-9）。

表3-9　刘小敏档案修复案例举要

修复时间	修复作品	修复工作的难度与价值	刘小敏语录
1978年	《捻军作战图》[1]	作战图展开后面积非常大，工作台难以放下，她便将作战图展放在地面，每天趴在地上一幅幅地除尘、去污、展平、修复……72幅图的修复工作前后持续了一年才最终完成	“好多人都说过‘这活儿我干不了’，但我没说过。”刘小敏说，“人这辈子，有的工作接触过，有的工作没接触过，但只要拥有扎实的基本功，就要敢于应对挑战，不要总想着推脱。”
2016年	制作两套《拉贝日记》[2]仿真复制品	《拉贝日记》的装订方式与国内档案按沓的装订方式不同，其采用按页的西文装订方式，全书每页纸张的大小不一、类型特殊，不易寻找替代品，刘小敏最终以油画画布作为原材料，大胆改用粗线装订等，圆满完成了任务	“工作需要牺牲个人利益时就得牺牲。” “天下事难不倒共产党员。”

注：1.《捻军作战图》是太平天国时期农民起义军的作战图，由图画（作战实况的素描）和奏折（记录战况的文字）组成，共72幅，每幅图约1.5米宽、3米长。

2.《拉贝日记》是由德国人约翰·拉贝（John Rabe）记述的日军发动南京大屠杀的战争日记，其中包括80余张现场拍摄的照片，被公认为研究南京大屠杀事件数量最多、保存最为完整的史料，具有很高的档案价值和文物价值。2016年4月，约翰·拉贝的后人将《拉贝日记》南京卷，即《敌机飞临南京》1～6册捐赠给了中央档案馆。

资料来源：一双“金手”医档案 工匠精神耀兰台．(2019-10-25)．中国档案报，2019-10-24 (1).

档案修复工作者有时是手持手术刀的医生，有时又是木工、力工、画家、化学家，每一个“工种”、每一道工序都要求修复者必须做到严谨细致、精益求精，刘小敏用行动生动展示了不管是在理论学习还是专业研讨抑或是工作实践中，只有精益求精，才能有所作为。

案例九

档案保护技术专家李玉虎

李玉虎（1958年至今），陕西师范大学教授、博士生导师，著名文物保护专家，陕西省档案保护科学研究所所长。1994年他获评第五届“中国十大杰出青年”、国家有突出贡献中青年专家，1995年入选国家百千万人才工程第一、二层次，2005年被中国科学技术协会评为“全国优秀科技工作者”，2006年任陕西师范大学历史文化遗产保护教育部研究中心主任。他从事文化遗产保护研究工作30余年，取得了以恢复与保护历史文化遗产原貌为特色的系列科研成果，获得了80多项专利（见表3-10）。在他的带领下，历史文化遗产保护教育部工程研究中心不断发展壮大，拥有各层次档案保护技术人才。

表3-10　李玉虎档案保护技术主要专利

研究方向	主要工作	科研成果
纸质文献与古旧字画修复	带领团队实施国家重点档案修复保护工程，该工程涉及对党在延安13年光辉历程的革命历史档案、事关国家和民族核心利益的日寇侵华罪证档案、受到海峡两岸同胞乃至全球华人关注的孙中山手书“博爱”“建国方略图”，以及西安事变期间的报纸等多项重点档案的保护	1. 壳聚糖保护剂、微量沉淀加固剂 2. 纯棉丝网常温加固与脱酸创新方法 3. 圆珠笔、复写纸字迹固色剂 4. 强碱性电解水擦拭法
影像档案修复保护	针对照片、底片、电影胶片、缩微胶片等感光影像档案发生褪色模糊、霉变、污染、卷曲、断裂等严重自毁型病害，研究出感光影像档案修复保护关键技术，对辛亥革命、南京大屠杀、长沙会战等重要革命历史信息的感光影像档案与北川县档案馆“5·12”大地震期间损毁黑白照片档案进行修复与保护，抢救修复了大量珍贵的感光影像档案	1. 褪色、污染、模糊淡化黑白照片显现加固加固剂 2. 霉变黑白照相底片片基层霉斑去除工艺 3. 醋酸综合症清洗剂、扭曲变形电影胶片形体恢复工艺、醋酸综合症胶片保护剂、胶片乳剂层表面气泡修复方法等 4. 划伤电影胶片修复保护剂 5. 卷曲长幅照片增韧展平工艺 6. 感光影像档案四防耐久收藏装俱
古代壁画、文物彩绘保护研究	建立加速老化与自然环境对文物考验的评价体系；实施“秦咸阳宵殿壁画修复与保护项目”“西汉彩绘兵马俑抢救保护修复项目”“唐乾陵永泰公主、章怀太子墓壁画、彩绘陶俑抢救保护修复项目”“南唐二陵濒危彩画抢救修复工程”“陕西省考古研究院西安南郊韩家湾唐墓壁画修复保护工程”“江西星子县明代高僧墓壁画修复保护工程”等九项全国重点文物修复保护工程	1. 风化褪色古代文物彩绘的显色保护剂 2. 具有双亲性的去除剂及去除工艺 3. 古代壁画和文物彩绘上钙化土锈去除方法 4. 出土古代壁画、文物彩绘粘结土锈保护性去除 5. 彩绘陶器龟裂、起翘、脱落、酥粉彩绘层回位修复技术 6. 生漆彩绘无动力自然高湿缺氧稳定保存装置

续表

研究方向	主要工作	科研成果
土遗址与砖石文物保护	实施“唐皇城墙含光门土遗址抢救修复工程”“大唐西市土遗址抢救修复工程”“蓝田猿人遗址黄土剖面修复保护工程”三项全国重点文物修复保护工程	1. 黄土遗址防风化加固剂及其制备和加固方法、高含砂量土遗址加固方法 2. 土遗址回位修复保护剂 3. 土遗址加固锚杆及其设计方法、土遗址加固锚杆、用于土遗址的钻孔装置、土遗址钻孔装置、基于水性氟的纤维胶木棒锚固锚杆土遗址灌浆料 4. 石质彩绘加固剂
保存环境与特藏装具研究	实施国家图书馆、新加坡国家档案馆、中国第二历史档案馆、延安革命纪念馆等档案与文献收藏工程 30 余项	环保型防灾耐久收藏装俱（防灾、防火、防虫、防霉、防酸）

资料来源：陕西师范大学历史文化遗产保护教育部工程研究中心网站．http://hchc. snnu. edu. cn/zxgk. htm；一位科研工作者的使命与担当：访档案文物保护专家李玉虎．中国档案报，2019－12－03.

李玉虎教授以及他的团队依靠不怕困难、勇于创新、严谨专注的科学精神，发明了一项又一项技术专利，为档案与文物的保护提供了强有力的技术支撑，为档案领域开辟了新天地，生动演绎了“小专业大作为”，深度拓展了档案行业在图书馆学、文物保护学、文献学、影像学、考古学等领域的影响力。

3.3.5 现当代档案高等教育的领路人

中国人民大学信息资源管理学院是新中国档案学科的开创者、我国档案学高等教育的领头羊，前身是中国人民大学专修科档案班，而后不断发展为历史档案系、档案系、档案学院等。历任院系领导包括我国著名档案学家吴宝康教授、著名档案学者陈兆祦教授、我国档案文献编纂学开创者曹喜琛教授、在国内外电子文件领域颇具影响力的冯惠玲教授等。

案例十

我国档案学高等教育的创建者——吴宝康

吴宝康（1917—2008），浙江湖州南浔人，新中国档案高等教育的创建者和奠基人。1948 年 7 月任华东局秘书长资料室主任，管理档案；1950 年任档案科科长；1951 年提升为秘书处副处长；1952 年 10 月奉调北京，任中共中央办公厅秘书处副处长兼中国人民大学专修科档案班班主任，开始了他的档案高等教育生涯。1955—1966 年任中国人民大学历史档案系主任兼党总支书记；1975 年 5 月档案系接通知停办，于北京师范大学顾问室任职；1979年中国人民大学历史档案系恢复后任系主任，筹备中国档案学会，担任第一届和第二届中国档案学会副理事长、《档案学通讯》总编辑；1983年升为教授，成为硕士生导师，致力于教学研究工作；2008年5月2日在北京因病逝世。

吴宝康曾说：“我做档案工作已经40多年，大部分时间是在学校里度过的……主要做了两件事，一是办学，培养档案专业人才……二是搞科研，搞档案学科理论建设。”在他和中国人民大学档案学专业的影响下，中国档案高等教育从无到有、从弱到强，快速发展，20世纪80年代达到高潮，全国各省、自治区、直辖市几乎都有档案高等教育，为档案事业培养了大批专业人才，仅中国人民大学就培养了5 000多人。现在全国各级档案部门的领导岗位和业务骨干队伍中几乎都有中国人民大学培养出来的人才。

在档案学研究上，吴宝康的贡献主要体现在三部著作中：《论新时期档案学与档案事业》、《当代中国档案学论》以及《档案学理论与历史初探》。他阐述了档案学的产生和发展，论证了档案学是一门独立的学科，总结了新中国成立前后档案学研究的历史经验，提出了档案学未来的发展设想。

资料来源：赵彦昌，苏亚云．吴宝康研究述评：纪念吴宝康先生诞辰100周年．档案学研究，2018（1）：4-9；邵枫，朱丹娜．他是一座山：写在纪念新中国档案教育奠基人吴宝康先生百年诞辰之际．浙江档案，2017（11）：30-31；刘国能．中国当代档案事业史．北京：中国文史出版社，2017.

案例十一

著名档案学家、档案教育家陈兆祦

陈兆祦（1931—2016），上海人，我国著名的档案学家和档案教育家，中国人民大学档案学科的奠基人之一。1949年1月4日加入中国共产党，学生时代加入中共上海地下党，投身学生运动。1952年由中共上海市委调入中共中央办公厅委托中国人民大学创办的专修科档案班学习，次年毕业后留任档案教研室教员兼实验室主任，1961年任历史档案系档案学教研室副主任。1974年于北京师范大学任图书馆采访编目组组长。1978年调回中国人民大学，任档案系副教授，档案管理学教研室主任，档案系副主任、主任，档案学院副院长（主持学院全面工作），兼《档案学通讯》总编辑等职务，撰写、编著多部教材。2016年4月9日因病在北京逝世。

1962年，陈兆祦主编的《档案管理学》出版，是第一部专门讲述我国档案管理学的专著，成为我国社会主义档案管理学建立的主要标志。

1978年《档案学通讯》创刊，陈兆祦担任总编辑，负责全部的日常编辑工作，当时处境十分困难，既缺少资金又缺少人力。他一干就是15年，为《档案学通讯》的创立与发展作出了巨大贡献。

1982年，陈兆祦与和宝荣先生共同编著的《档案工作基本知识》出版，该书简明且具有较强的普及性，对我国一线档案管理工作人员有很强的理论和实践指导价值，深受好评，曾获得中国档案学会1980—1985年档案学优秀成果一等奖。

1986年，陈兆祦与和宝荣先生再次合作，并邀请中国人民大学档案学院、中央档案馆、中国第一历史档案馆、中国第二历史档案馆、中国科学院计算技术研究所的部分专家学者参与，编著《档案管理学基础》教材。该书于1986年发行初版，在我国档案学界影响很大，由于深受好评，1996年又发行该书的修订版，2005年在此基础上不断完善发行第三版，并于1991年荣获中国档案学会1986—1990年档案学优秀成果一等奖。

2001年，陈兆祦与国家档案局副局长沈正乐共同主编《现代档案工作实务》，书中既有档案学的基本知识，又有国家各类行业的档案工作规章制度，实用性很强，对于档案业务工作的指导性也很强。

陈兆祦为我国档案管理学科的建设作出了巨大贡献，在档案管理理论建设、档案管理实践运用、档案工作规章制度建设等方面建树颇多。

资料来源：许亮．陈兆祦对我国档案管理学科建设的贡献：以《档案管理学基础》为中心．兰台世界，2016（24）：29-32；陈原．先父陈兆祦与中国档案学教育．兰台世界，2018（11）：7-15；邢培华．缅怀档案学家、档案教育家陈兆祦老师．机电兵船档案，2016（3）：3-4；杨瑞．陈兆祦档案学思想研究．昆明：云南大学，2012.

案例十二

我国档案文献编纂学的开创者曹喜琛

曹喜琛（1935—2001），黑龙江省五常人，中共党员。1960年毕业于中国人民大学历史档案系，后留校任教，一直从事档案文献编纂的教学与研究工作。曾任中国人民大学档案学院院长、教授、博士生导师。编著出版学术著作、编纂档案史料十余部，发表大量有影响的专业学术论文，主持和参与多项科研项目。其主编的《档案文献编纂学》获国家级教学成果二等奖、北京市高等教育教学成果一等奖。2001年4月26日曹喜琛因病救治无效在北京逝世。

1981年，曹喜琛、丁永奎、韩宝华编著《文献编纂学》（校内用书）；1982年，与丁永奎合著《档案史料编纂学概要》；1987年，与刘耿生合著《档案文献编纂学》；1990年，曹喜琛独撰《档案文献编纂学》，它的出版标志着档案文献编纂学知识体系的基本形成和档案文献编纂学作为档案学分支学科地位的确立。

曹喜琛的档案文献编纂思想是我国档案研究的宝贵财富，是对我国自成一体的古代档案编纂学的继承、延续和发展，为今后档案文献编纂工作提供了较大启示和借鉴。

资料来源：刘倩倩．曹喜琛先生档案文献编纂学思想探论．档案学研究，2014（1）：89-92；张凡．曹喜琛档案文献编纂学思想研究．哈尔滨：黑龙江大学，2018.

案例十三

当代档案学名家冯惠玲

冯惠玲（1953年至今），江苏仪征人。1978年进入中国人民大学档案系学习，1985年硕士研究生毕业后留校任教，1986年晋升为讲师，1991年晋升为副教授并被评为“北京市优秀教师”，1996年晋升为教授，1997年入选北京市“培养跨世纪理论人才百人工程”，1999年入选教育部“跨世纪优秀人才培养计划”并担任博士生导师，2000年获国务院颁发的政府特殊津贴。2001年2月冯惠玲被教育部任命为中国人民大学副校长，2004年再次被评为“北京市优秀教师”，2012年5月任中国人民大学常务副校长，2017年被聘为中国人民大学一级教授。冯惠玲现任第七届国务院学位委员会图书情报与档案管理学科组召集人、教育部社会科学委员会委员、国家电子文件管理专家委员会主任、中国人民大学校务委员会副主任、中国人民大学学术委员会管理学部主任、中国人民大学数字人文研究中心主任、中国人民大学人文北京/人文奥运研究中心主任等职。在国际上，冯惠玲任国际档案理事会教育培训处（ICA/SAE）指导委员会委员，曾赴西班牙、以色列、韩国、波兰等地参与国际档案理事会教育培训处的各项事务及学术研讨会，对外宣传中国的档案工作和档案教育状况，在国际档案界具有较高影响力。

冯惠玲教授的主要研究方向为档案学基础理论、电子文件管理、档案与数字记忆、数字人文等。她主持多项国家和省部级科研项目（见表3-11），编写或参编专著与教材30余部（部分专著见表3-12），撰写学术论文160余篇、各类文章50余篇，多项学术成果获奖（见表3-13）。

表3-11 冯惠玲主持的课题项目

年份	项目类别	项目名称
1996年	国家社科基金项目	电子文件管理研究
1999年	国家自然科学基金项目	机关、企事业单位电子文件管理模式与方法研究
2000年	国家档案局项目	文件档案一体化管理研究
2001年	教育部社科项目	网络环境中文件、档案信息资源的开发与社会服务
2003年	国家社科基金重点项目	电子政务中的文件管理风险研究
	国家档案局项目	北京市电子政务环境下文件、档案管理规划和实施方案研究
2005年	国务院信息化工作办公室项目	信息资源公益性开发利用和服务研究
2006年	国务院信息化工作办公室项目	信息资源开发利用法律体系研究
	国家社科基金重大项目	2008年北京奥运会的人文理念、社会价值与国家文化形象构建
	国家自然科学基金项目	我国电子文件管理国家战略的基础理论与框架体系研究

续表

年份	项目类别	项目名称
2007 年	中国科协重点项目	我国电子文件管理机制研究
2008 年	教育部人文社会科学研究基地重大项目	图书情报、档案学发展与信息资源管理学科建设研究
2009 年	北京市自然科学基金项目	电子文件管理模式——北京市电子文件中心建设
	国家社科基金重大项目	北京奥运会成功举办的重大意义和基本经验
2010 年	国家自然科学基金委主任基金项目	数字环境下国家自然科学基金委文件、档案规范化管理策略
	北京市社科规划办重大招标项目	“人文北京”行动计划研究
	北京市社科联重点项目	从奥运城市到世界城市
2012 年	国家自然科学基金重点项目	我国信息资源产业发展政策及管理研究
2013 年	北京市社科规划办特别委托项目	“北京城市记忆”数字资源库建设研究（一期）
2014 年	中国大百科全书第三版	中国大百科全书（第三版）·档案学
2015 年	北京市社科规划办特别委托项目	“北京城市记忆”数字资源库建设研究（二期）
2016 年	国家社科基金重大项目	历史文化村镇的数字化保护：理论、方法与应用
2016 年	国家档案局项目	“台州古村落”数字记忆建设研究
2017 年	国家社科基金重大项目	中国社会科学词条库（档案学）
2021 年	国家档案局项目	台州古村落数字资源采集、归档与管理系统建设与应用研究
2021 年	北京市社会科学基金重大项目	北京市历史文化资源的数字化传播与创新研究

表 3-12　冯惠玲编写或参编的教材与专著

出版时间	作者	教材与专著
1990 年	冯惠玲	《档案管理概要》
1990 年	冯惠玲、李宪	《档案检索的原理与方法》
1999 年	冯惠玲	《档案文献检索》
2001 年、2006 年、2023 年	冯惠玲、张辑哲	《档案学概论》（第一版至第三版）
2001 年、2017 年	冯惠玲	《电子文件管理教程》（第一版、第二版）
2003 年	冯惠玲、郝立新、张成福	《公共危机启示录：对 SARS 的多维审视》
2004 年	冯惠玲、胡鸿杰	《档案学通讯 1978—2003 创刊 25 周年期刊资料汇编》

续表

出版时间	作者	教材与专著
2004 年	冯惠玲	《政府电子文件管理》
2004 年	冯惠玲、王立清	《信息检索教程》
2006 年	冯惠玲	《政府信息资源管理》
2008 年	冯惠玲、王健、张正强、刘越男、张宁、徐拥军	《电子文件风险管理》
2009 年	冯惠玲、赵国俊	《中国电子文件管理：问题与对策》
2010 年	冯惠玲等	《北京奥运的人文价值》
2011 年	冯惠玲、刘越男	《电子文件管理国家战略》
2011 年	冯惠玲、魏娜	《人文之光 人文奥运理念的深入诠释与伟大实践》
2014 年	冯惠玲	《电子文件管理 100 问》
2017 年	冯惠玲、赵国俊、钱明辉	《中国信息资源产业发展与政策》

表 3-13 冯惠玲学术成果获奖情况

获奖时间	学术成果	获评奖项
2001 年	《电子文件归档与电子档案管理概论》	国家档案局优秀科技成果一等奖
2003 年	《公共危机启示录》	第六届国家图书奖特别奖
2004 年	《电子文件管理教程》	国家档案局优秀科技成果二等奖
	《政府电子文件管理》	北京市高等教育精品教材
	《档案学概论》	中国人民大学优秀教学成果一等奖、北京市高等教育教学成果二等奖、北京市高等教育精品教材
2006 年	《档案学概论》（第二版）	国家级精品课程
2007 年		教育部普通高等教育精品课程
2008 年		北京市高等教育精品教材
2008 年	《北京奥运与中国国家形象战略研究报告》	北京市第十届哲学社会科学优秀成果一等奖
2009 年	《关于加强我国电子文件科学管理的报告》	第五届高等学校科学研究优秀成果二等奖（人文社会科学）
2010 年	《中国电子文件管理：问题与对策》	国家档案局优秀科技成果二等奖
2012 年	《北京奥运的人文价值》（中英文版）	北京市第十二届哲学社会科学优秀成果一等奖

续表

获奖时间	学术成果	获评奖项
2013 年	《电子文件风险管理》	第六届高等学校科学研究优秀成果一等奖（人文社会科学）
	《电子文件管理国家战略》	入选国家新闻出版广电总局第四届“三个一百”原创图书出版工程；国际档案局优秀科技成果一等奖
2019 年	《中国信息资源产业发展与政策》	北京市第十五届哲学社会科学优秀成果一等奖
2020 年		第八届高等学校科学研究优秀成果一等奖（人文社会科学）
2020 年	《电子文件管理教程》（第二版）	中国人民大学优秀教材一等奖

工匠精神并非某一类人特有的精神，而是一种全心投入、追求极致的做事态度。克服无教材、无专业教师、少资金等诸多困难开始创办中国人民大学档案学专业的吴宝康先生，当代档案学名家冯惠玲教授等人，是推动社会主义建设新时期档案学高等教育事业发展的重要力量，为档案机构培养了大批人才，为高校档案学专业建设培养了大批师资。

3.4 “中国档案事业史”课程思政教案

3.4.1 具体教学目标

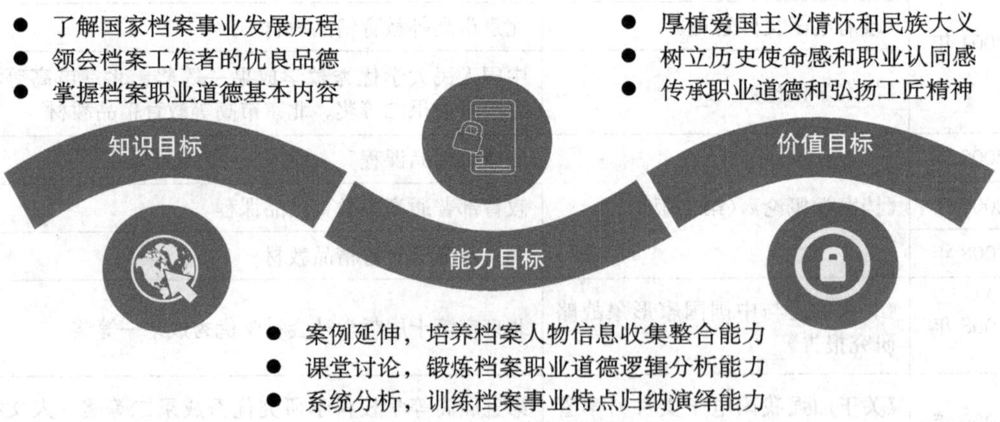

图 3-4 教学目标示意图

3.4.2 教学内容分析

教学范围

上述案例主要涉及教材第十八章新民主主义革命时期中国共产党领导的档案工作至

第二十二章社会主义建设新时期的国家档案事业五个章节的内容，详见表3-14。

表3-14 案例所涉教材知识点对应表

章的名称	节的名称及内容	思政内容	案例内容
第十八章 新民主主义革命时期中国共产党领导的档案工作	第一节 党的文书、档案工作的建立和发展 第二节 党的文书、档案工作的发展	早期档案工作的艰辛历程和档案人员的伟大信仰	案例一 中央文库与中国共产党第一代档案人
第十九章 中华人民共和国成立后国家档案事业的初步建设	第一节 历史档案的接收与整理 第二节 机关档案工作的建立与发展 第三节 档案理论研究和档案教育 第四节 国家档案局的成立	新中国档案工作的开拓进取、档案事业的百废待兴、党对档案工作的重视	曾三、裴桐、单士魁、王金玉、吴宝康等
第二十章 开始全面建设社会主义时期的档案工作	第一节 “大跃进”对档案工作的影响 第二节 各项规章制度的颁发 第三节 档案馆事业的发展	档案工作的挫折与档案工作者及教育者的孜孜不倦、坚持不懈	曾三、裴桐、吴宝康、陈兆祦、曹喜琛等
第二十一章 “文化大革命”中的档案工作	第一节 国家档案事业遭受严重的挫折和破坏		
第二十二章 社会主义建设新时期的国家档案事业	第一节 国家档案事业的恢复整顿	档案事业的飞速发展与档案工作者的成长和贡献	崔新一、刘义权、刘小敏、李玉虎、冯惠玲等

教学重点

从中国档案事业的发展历程来看，档案工匠精神是一脉相承的。本主题通过介绍张唯一等人忠于革命信仰、视档案为生命的牺牲精神，曾三等人开拓档案事业发展新局面，吴宝康等人开辟档案高等教育新格局的开创精神，刘义权等人帮助查询朝鲜战争前后美军人员档案信息的老黄牛精神等，意在引领学生在历程中做梳理，体会到档案工匠精神从未缺席中国的革命事业以及新中国的现代化建设。

从中国档案事业的发展贡献来看，档案工匠精神是影响巨大的。档案工匠精神具有三个层次：第一层次要求业务熟悉、技能精湛，涉及档案人的职业技能；第二层次要求刻苦钻研、心无旁骛，涉及档案人的职业价值；第三层次要求毕生追求、忠诚热爱，涉及档案人的职业使命。本主题意在引领学生在实践中找创新，体会到档案工匠精神在推动中国档案事业的发展中功不可没。

从中国档案事业的发展趋势来看，档案工匠精神是契合时代的。档案工匠精神存在于战火纷飞的革命年代，融合在新中国的建设与发展中，在新时代仍将激励引导广大档案工作者争当新时代最美奋斗者，是国家档案事业数字化和法治化发展所不可或缺的。本主题意在引领学生在继承中找创新，体会到档案工匠精神在新环境、新需求下的新内涵。

教学难点

如何继承档案工匠精神。陈为人为了守护中央文库，耗尽心血，英年早逝；郑文道[①]被捕后，两度自杀，用自己的生命守护党的秘密，他们用实际行动诠释了共产党员随时准备为党和人民牺牲一切的初心和誓言。要想把爱党爱国的慷慨情怀，融入具体的档案工作和专业领域的道德教育，再转化为培养档案人才的不绝动力，让身处和平年代的学生产生情感共鸣，既需要生动具体的案例，也需要真诚细致的引导，更需要实践工作的熏陶。因此，新时代我们要时刻牢记档案工匠精神。

如何发扬档案工匠精神。营造弘扬档案工匠精神的社会氛围，既在全社会广泛宣传档案工匠的伟大事迹，提升档案工作者的社会美誉度；又让档案工匠成为档案工作者追求的标杆，形成争当档案工匠、继承档案工匠精神的良好氛围。让学生从内心深处明白坚守平凡的档案工作对于国家发展的重大意义，既需要从人物案例职业道德的“点”扩展至新中国档案事业发展历程的“面”，也需要延伸出中国共产党领导下不同社会发展阶段档案事业的概况和特点。因此，新时代我们要积极践行档案工匠精神。

如何创新档案工匠精神。档案业务对象正经历从模拟态、数字态到数据态的转型，档案事业发展的科技含量与日俱增，对档案人的科研能力和技术水平提出了更高的要求；面对国内外日益严峻的安全形势，总体国家安全观的形成，对档案人的安全意识和防范能力提出了更高的要求；新《档案法》适时修订和出台，《“十四五”规划》提出坚持在法治轨道上推进档案治理，对档案人的守法意识和执法能力提出了更高的要求。因此，新时代我们要主动创新档案工匠精神。

3.4.3 教学手段与方法

第一，充分利用网络资源（获取途径见表 3-15），宣传档案队伍中的优秀典范。

表 3-15 档案队伍中的优秀典范资源获取途径

资源名称	优秀典范	制作单位	资源获取途径
《“中央文库”背后风云》	张唯一、陈为人、陈来生等	北京卫视	https://v.youku.com/v_show/id_XNTYyMjg4MDQw.html?f=19315522
《党的最高机密“中央文库”的保管者们》	陈为人	江西卫视	http://m.ccdi.gov.cn/content/91/b9/52583.html
《档案背后的秘密：红色文库》	张唯一、陈为人、陈来生等	央视网	https://www.12371.cn/2021/11/04/VIDE1636022521541942.shtml

① 郑文道，1914 年出生于广东香山。抗战时期，日籍中共党员中西功曾冒极大的风险搜集了大量日军情报，大多通过郑文道传送出去。1942 年 7 月，中西功等人被捕，郑文道和另一名秘密情报人员倪之璞也随后被捕。敌人立即对郑文道实施刑讯逼供，企图破获地下情报组织，但郑文道坚决不说，在敌人转移他时跳车自杀，受伤严重，在又一次审讯后，郑文道趁敌人不备跳窗，当场牺牲，年仅 28 岁。

续表

资源名称	优秀典范	制作单位	资源获取途径
《中国人民大学档案学院诞生记》	曾三、吴宝康	北京卫视	https://www.iqiyi.com/v_19rrjs8ftg.html
《档案背后的秘密：全新起步》	曾三、吴宝康、裴桐	央视网	https://www.12371.cn/2021/11/04/VIDE1636022521731955.shtml
《专家名录》	单士魁	中国第一历史档案馆	https://fhac.com.cn/research_institute/expert_forum/detail/1376.html
《陕西最美科技工作者》	李玉虎	陕西省科普宣传教育中心	https://www.bilibili.com/video/av67337471/
《档案背后的秘密：故纸新篇》	刘小敏	央视网	https://www.12371.cn/2021/11/04/VIDE1636022641020976.shtml
《他是一座山——新中国档案教育开拓者吴宝康》	吴宝康	湖州市南浔区档案局、湖州广播电视总台	https://v.youku.com/v_show/id_XMzU4Mjg3MDUxMg==.html
《陈兆祦：档案学者的一生》	陈兆祦	新民晚报	http://www.jiading.gov.cn/xinwen/jdrw/content_209579

第二，问题驱动互动教学，发掘杰出人物职业道德内核。通过“你觉得早期档案保管人的经历堪称电影大片吗?”“立志上前线抗日的裴桐是被精心挑选的档案保管人员”“单士魁、单士元与故宫的故事知多少”“寻找刘义权发现的抗美援朝故事”“吴宝康的档案情结从何而来?”等问题或话题的引导，鼓励学生通过演小情景剧、设计红色文创产品、创作小故事等形式演绎档案职业道德内核，从而将档案职业道德厚植于学生心中。

第三，设计情境教学，感受平凡人物对职业的热爱和坚守。带领学生实地参观综合性档案馆的档案修复工作，或参观学校图书馆的古籍管理及保护。创设“档案修复我能行”环节，模拟破损档案修复场景，使学生亲身体验档案修复过程。

3.4.4 教学过程与实施

教学过程大致围绕档案职业道德内涵、特点的阐释，档案职业道德规范的具体内容、价值的厘清，档案工作者职业道德（忠于职守、爱岗敬业，遵纪守法、严守秘密，博学求进、公正服务）内涵的理解，档案职业道德修养的基本任务（档案职业道德理想和职业道德义务、档案职业道德情感和职业道德行为、档案职业态度与职业良心、档案工作的职业荣誉和职业尊严的实践引导）四个层次展开，详见表 3-16。

表 3-16　教学过程具体环节及内容示意表

国家档案事业的全面发展与档案职业道德（90 分钟）			
第一学时（45 分钟）			
教学意图	**教学内容**	**教学手段**	**教学时长**
1. 引入视频《党的最高机密“中央文库”的保管者们》，激发学生对早期档案工作的思考	江西卫视《党的最高机密“中央文库”的保管者们》 （参见 http：//m. ccdi. gov. cn/content/91/b9/52583. html）	视频播放 教师引导	6 分钟
2. 引入主题：新中国档案事业发展历程	探索时期→初建时期→发展时期→稳步提升时期	教师讲授 知识归纳	6 分钟
3. 介绍本次课程知识和逻辑架构	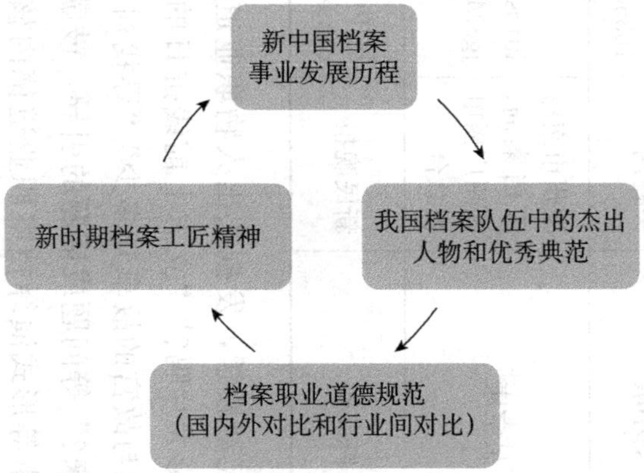	教师讲授 逻辑归纳	4 分钟
4. 概括我国档案队伍发展壮大的举措，为介绍杰出人物做铺垫	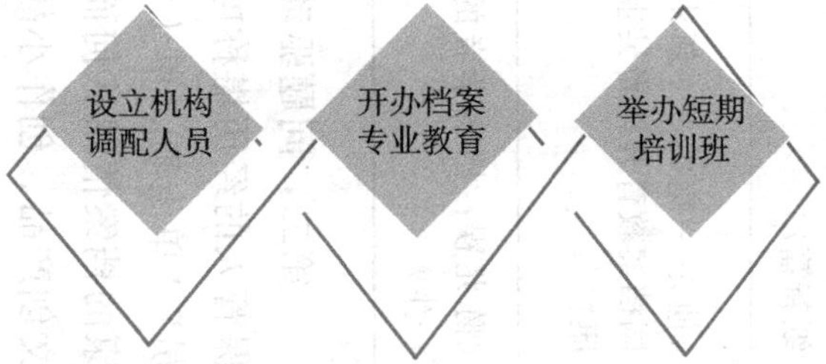	教师讲授 知识演绎	4 分钟

续表

教学意图	教学内容	教学手段	教学时长
5. 概括档案队伍中杰出人物的分类及原因	我国档案队伍中的杰出人物和优秀典范： ● 新中国成立前工作的坚守者 ● 新中国档案事业的开拓者 ● 中国档案史研究的先行者 ● 现代档案事业发展的奉献者 ● 现当代档案高等教育的领路人	综合概述 演绎推理	5 分钟
6. 探索时期：张唯一、陈为人、徐强等人	案例一　中央文库与中国共产党第一代档案人 （参见中央电视台国际频道《国家记忆》栏目之《档案背后的秘密：红色文库》）	案例分析 视频分析 师生互动	5 分钟
7. 课堂小结	张唯一、陈为人等中央文库档案保管人，坚守“为党管档”的初心和使命，即便处于生死关头，依然视档案为生命，不怕牺牲，誓死守卫档案	知识综合	2 分钟
8. 初建时期：曾三	案例二　新中国国家档案局首任局长曾三	案例分析 演绎推理 归纳分析	6 分钟
9. 初建时期：裴桐	案例三　我党的早期档案官员裴桐		
10. 课堂小结	曾三同志一生忠诚于党和人民，勤恳务实、兢兢业业。裴桐同志 1940 年调到中共中央办公厅秘书处材料科，负责管理中央文件档案，淡泊名利、求真务实。他们凭借勇于创新、开拓进取的精神，为我国档案事业的建立和发展作出了巨大贡献	知识综合	1 分钟
11. 发展时期：单士魁	案例四　整理和研究明清档案的单士魁	案例分析 演绎推理 归纳分析	5 分钟
12. 发展时期：王金玉	案例五　为中国档案史研究作出杰出贡献的王金玉		
13. 课堂小结	单士魁身体力行，穷尽毕生心血整理研究明清档案，为后来的学者提供了丰富的研究资料。王金玉一生专心研读古籍，深入挖掘史料，不仅为中国档案史纠偏，提出了许多新见解，而且开创了档案断代史研究的先河。单士魁、王金玉等人大大推动了中国档案史研究的发展	知识综合	1 分钟

续表

第二学时（45 分钟）			
教学意图	教学内容	教学手段	教学时长
14. 稳步提升时期：崔新一	案例六　用生命谱写奉献之歌的崔新一	案例分析 演绎推理 归纳分析	5 分钟
15. 稳步提升时期：刘义权	案例七　军队档案收集第一人——刘义权		
16. 稳步提升时期：刘小敏	案例八　档案修复专家刘小敏	案例分析 演绎推理 归纳分析	3 分钟
17. 稳步提升时期：李玉虎	案例九　档案保护技术专家李玉虎 （参见视频 https：//www. bilibili. com/video/av67337471/）	视频分析 师生互动	3 分钟
18. 课堂小结	● 崔新一在平凡的档案工作岗位上一干就是十几年，充分表现了他对党忠诚，生命不息、工作不止的精神 ● 刘义权长期工作在军队档案管理的第一线，在从事档案工作期间，坚守岗位，充分表现了他为民服务、无私奉献、勤奋耕耘的精神 ● 刘小敏伏案细心检查一张张泛黄的纸张，用棕刷小心翼翼地为档案除尘去污，用喷壶喷洒药液为档案脱酸……看似机械、简单的工作却是刘小敏 44 年如一日的坚守，充分表现了她迎难而上、孜孜不倦的时代精神风貌 ● 李玉虎带领团队悉心钻研声像档案保护、文物保护、纸张保护等技术，充分表现了他严谨细致、持之以恒、团结合作的时代精神风貌	知识综合	3 分钟
19. 体验或模拟档案保护实验	鼓励学生积极参与学校的档案修复实验，或参观综合性档案馆、档案保护实验室、图书馆古籍修复实验室等，实地感受档案工匠精益求精、严谨专注的精神	实验模拟 师生互动	2 分钟
20. 引入档案职业道德内涵	档案职业道德，指档案工作者在从事档案行政、档案保管和利用服务等职能活动中，应当遵守的基本行为准则，是社会主义职业道德的重要组成部分	教师讲授	1 分钟
21. 利用现当代档案高等教育的领路人案例，阐释档案职业道德的特点	● 档案职业道德 ● 鲜明的职业性 ● 形成过程的连续性和继承性 ● 存在方式的具体性	教师讲授 案例分析	2 分钟

续表

教学意图	教学内容	教学手段	教学时长
22. 初建时期：吴宝康	中国人民大学档案学院是新中国档案学科的开创者。历任院系领导中包括我国著名档案学家吴宝康教授、著名档案学者陈兆祦教授、我国档案文献编纂学开创者曹喜琛教授、在国内外电子文件领域颇具影响力的冯惠玲教授等 案例十　我国档案学高等教育的创建者——吴宝康 （参见视频 http://irm.ruc.edu.cn/displaynews.php?id=5678）	教师讲授 视频分析 师生互动	3 分钟
23. 发展时期：陈兆祦	案例十一　著名档案学家、档案教育家陈兆祦	教师讲授 案例分析	2 分钟
24. 发展时期：曹喜琛	案例十二　我国档案文献编纂学的开创者曹喜琛	教师讲授 案例分析	2 分钟
25. 稳步提升时期：冯惠玲	案例十三　当代档案学名家冯惠玲	教师讲授 案例分析	4 分钟
26. 课堂小结	● 在吴宝康和中国人民大学档案学院的影响下，中国档案高等教育专业从无到有，快速发展。全国各省、自治区、直辖市几乎都有档案高等教育，为档案事业培养了大批专业人才 ● 陈兆祦是我国著名的档案学家和档案教育家，是档案学科的奠基人之一，创建了档案管理学学科体系，出版了一系列档案管理学教材 ● 曹喜琛的档案文献编纂思想是我国档案研究的宝贵财富，对我国自成一体的古代档案编纂学的继承、延续和发展作出了巨大贡献，为今后档案文献编纂工作提供了巨大启示和借鉴 ● 冯惠玲以极大的热情与严谨的态度投入教学和科研工作，在档案学理论与实践方面取得了一系列重大成果，在国际上也具有较大的影响力	知识综合	3 分钟

续表

教学意图	教学内容	教学手段	教学时长
27. 阶段小结	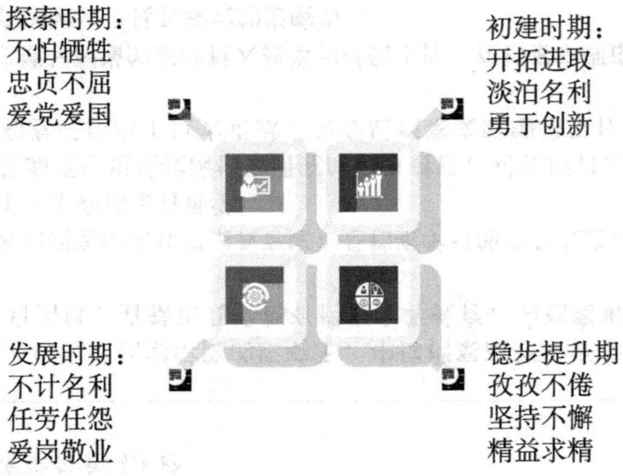	教师讲授 案例分析 知识综合 归纳推理	3 分钟
28. 阐明档案职业道德规范具体内容	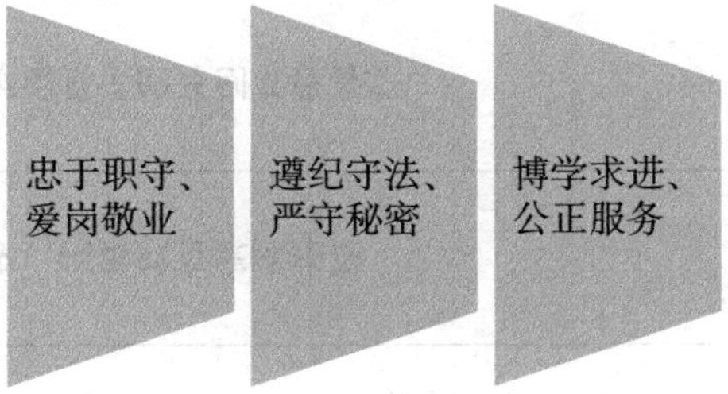	知识概述	2 分钟
29. 知识拓展	通过图书馆、博物馆等相关行业领域的横向对比看档案职业道德的科学性	教师讲授 师生互动	2 分钟
30. 知识拓展	通过中国、美国、加拿大档案职业道德规范的纵向对比看档案职业道德的适用性	教师讲授 案例对比	2 分钟

续表

教学意图	教学内容	教学手段	教学时长
31. 课堂总结	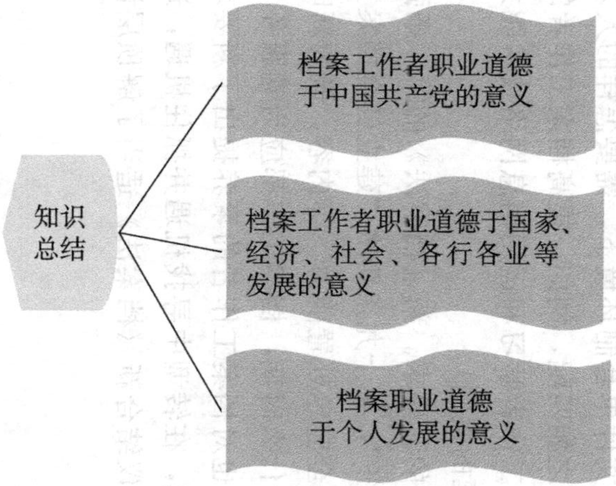	教师总结归纳知识和案例	2 分钟
32. 推荐扩展阅读书目	《他是一座山——新中国档案教育开拓者吴宝康》 《中国当代档案事业史》 《中国档案事业史》		1 分钟
结束			

3.4.5 教学效果与反馈

作者于2021年9月15—30日对中国人民大学、上海大学、湘潭大学2019级档案学本科部分学生进行了采访，发现本主题还需延伸至少三个方面的内容。

增加中国共产党领导下早期档案工作者的案例。笔者根据采访结果，增加了新中国成立前中央文库的案例，力图通过中央文库曾经的保存地点，以及陈为人、陈来生等中国共产党第一代档案人保护中央文库的细节来完整展示中国共产党领导下的档案事业发展历史（此部分内容教材中涉及较少，但学生普遍反映对新中国成立前档案工作者的案例兴趣较大）。

强化新时代档案工作者工匠精神的新内涵新特点。随着物联网、云计算、区块链、人工智能等技术的快速发展，新事物层出不穷，数字人文兴起，电子文件单套制归档成为档案工作发展的潮流与趋势。分析在电子文件单套制环境下，需要怎样的人才队伍作为支撑和保障，需要具备怎样的职业道德与之相匹配，例如，提高档案工作者的责任意识、安全意识和网络服务意识，提高对档案工作者学习和运用信息网络技术能力的要求（学生希望能增加新技术、新环境下档案工匠的案例）。

结合新《档案法》等阐释档案工匠精神的新要求。新《档案法》的第一条强调制定本法的目的是“为中国特色社会主义事业服务”，第十九条新增“建立健全档案安全工作机制、加强档案安全风险管理，提高档案安全应急处置能力”等内容，既为新时代国家档案事业的新发展指明了方向，即不管处于什么时期，档案工作都应为党服务、为国家服务、为人民服务，这是根本，不能动摇；也对档案工作者的素养提出了新要求，即档案工作者应当紧跟国家档案事业发展的步伐，在转型中寻找机遇并抓住机遇，适应国家档案事业发展的同时提升自身素质（学生建议结合新《档案法》适当了解顶层设计层面对档案职业道德和职业素养的新要求）。

主题4

让历史说话 用史实发言

——拿起档案武器 反击历史虚无主义

4.1 主题概况

2013年6月25日，习近平总书记在中共中央政治局第七次集体学习时强调，“历史虚无主义的要害，是从根本上否定马克思主义指导地位和中国走向社会主义的历史必然性，否定中国共产党的领导。要警惕和抵制历史虚无主义的影响，坚决抵制、反对党史问题上存在的错误观点和错误倾向”①。2015年7月30日，习近平总书记在中共中央政治局第二十五次集体学习时强调，“深入开展中国人民抗日战争研究，必须坚持正确历史观、加强规划和力量整合、加强史料收集和整理、加强舆论宣传工作，让历史说话，用史实发言”②。

2020年5月15日，中央政治局委员、中央书记处书记、中央办公厅主任丁薛祥出席中央档案馆国家档案局主要负责同志调整宣布会议时提出要求，“敢于善于拿起档案武器反击历史虚无主义，坚决维护党和国家根本利益，展现档案人的政治担当”③。2021年10月11日，国家档案局局长陆国强发表《新时代档案事业高质量发展的根本遵循》，明确指出“要围绕党和国家中心工作加强资政服务，办好档案参考，善于拿起档案的武器反击披着各种‘外衣’的历史虚无主义，坚决维护党和国家的根本利益，展现档案人的政治担当”④。

用党的文献尤其是党的档案展现中国共产党成立100多年的光辉历史，是最真实可信的。让档案中的历史说话，用档案中的史实发言，是以档案为武器反击历史虚无主义的最好方式。除了档案原件⑤，以二次、三次档案文献为主要体裁的编研成果主题更加集中、原件充分汇集、意义凸显明确，是档案武器的主要形态，全国各级各类档案部门也用实际行动证明了这一点。以2016—2022年国家档案局连续七年印发的《全

① 历史是最好的教科书：学习习近平同志关于党的历史的重要论述．人民日报，2013-07-22（8）.

② 习近平：让历史说话 用史实发言 深入开展中国人民抗日战争研究．（2015-07-31）．央广网.

③ 丁薛祥在中央档案馆国家档案局主要负责同志调整宣布会议上强调牢记政治属性 积极主动作为 努力谱写新时代档案事业发展新篇章．（2020-05-21）．中华人民共和国国家档案局官网.

④ 新时代档案事业高质量发展的根本遵循．（2021-10-11）．中华人民共和国国家档案局官网.

⑤ 档案原件：档案文献编纂的一种体裁，即一次档案文献。

国档案宣传工作要点》为例（详见表4-1），为反击历史虚无主义，档案部门遵循“倡导利用档案、明确利用档案、善于利用档案、加大力度利用档案、主动利用档案”的规律，对如何利用档案反击历史虚无主义、如何发挥档案文献编纂活动的功能，予以详细说明。

表4-1　2016—2022年《全国档案宣传工作要点》反击历史虚无主义内容表

时间	文件	主要内容	意义
2016年3月1日	《2016年全国档案宣传工作要点》	深入挖掘档案资料，以鲜活的实例歌颂中国共产党的领导，反对历史虚无主义，建设中华民族共有精神家园	提倡用档案资料中的鲜活案例反对历史虚无主义
2017年3月2日	《2017年全国档案宣传工作要点》	深入贯彻落实习近平总书记“让历史说话，用史实发言”的重要指示，深入挖掘档案信息资源的时代价值，广泛宣传档案编研和开发利用成果，充分发挥档案在巩固和发展主流意识形态中的独特作用	明确利用档案文献编纂活动发挥档案的独特作用，从而让历史说话
2018年3月2日	《2018年全国档案宣传工作要点》	对歪曲、否定党史国史军史，诋毁、诬蔑领袖人物和英雄烈士的错误言论主动发声、坚决反击	利用档案加强党史国史军史宣传教育，反击错误言论
2019年4月11日	《2019年全国档案宣传工作要点》	发扬斗争精神，提高斗争本领，善于利用档案反对历史虚无主义等各种错误言论	善于利用档案反对各种错误思潮、模糊认识和不良现象
2020年3月5日	《2020年全国档案宣传工作要点》	发扬斗争精神，利用档案有力有效开展舆论斗争，旗帜鲜明地反击意识形态领域各种错误言论	要求利用档案加大力度反击各种错误言论
2021年3月26日	《2021年全国档案宣传工作要点》	对歪曲党的历史、否定党的领导、丑化英雄模范的错误言论，要主动发声、敢于亮剑，利用档案正本清源、固本培元，坚决维护党和国家根本利益	要求主动发声、坚决反击历史虚无主义
2022年3月10日	《2022年全国档案宣传工作要点》	密切关注意识形态领域动向，敢于善于拿起档案的武器，坚决反击历史虚无主义等错误言论	要求严格落实意识形态工作责任制，在档案工作中严把政治关、史实关、舆论导向关

档案文献编纂遵循科学性、政治性和效益性原则，具备政治、文化和经济功能，所形成的档案文献编纂作品是社会大众与档案原件进行沟通、接触历史原貌的重要桥梁，也是档案部门主动抵制、批判、消解历史虚无主义言论的有力手段，能够引导社会公众正确看待历史、传播事实、科学研究、提升修养。

“档案文献编纂学”课程既要传递档案文献编纂一般程序的基础知识，又要讲授鉴别档案真伪、甄别档案价值的方式方法，更要通过对比科学严谨的档案编纂作品与恶意拼接的虚无虚假言论，帮助学生提高识别、反击历史虚无主义的政治素质和专业能力。[①] 正如习近平总书记所言，既“让正确的声音先入为主”，也“要及时反驳，让正确声音盖过它们”[②]，对此，档案、档案部门尤其是档案文献编纂工作者责无旁贷，这也说明“档案文献编纂学”是档案学专业开展课程思政建设的必修课。配套教材为《档案文献编纂学》（刘耿生，梁继红，中国人民大学出版社）。

4.2 “档案文献编纂学”课程思政元素

一是遵循历史唯物主义。只有坚持历史唯物主义，用唯物史观来认识历史，才能不断提高政治敏锐力、政治鉴别力，更好抵御历史虚无主义谬论。[③] 档案文献编纂作品是在忠于档案原文的基础上，遵循历史唯物主义的选材原则，辩证地考察档案文献，用实事求是的观点考察历史发展的客观过程，既要保持档案文献的完整性，又要反对肆意肢解割裂档案文献、断章取义的实用主义手法，防止对档案文献汇编的简单拼凑。[④]

二是维护国家利益和安全。档案是国家的核心信息资源，也是一种特殊的反击利器。面对涉及国家主权和国际争端的重大事件，档案文献编纂活动能够承担重任。世界记忆“元代西藏官方档案”证明了自元代起，中国中央政府就对西藏进行了有效管辖，“藏独”分子的嚣张言论不攻自破；鞠德源先生出版的《日本国窃土源流 钓鱼列屿主权辨》，以档案记载的史实证明了自14世纪起钓鱼列岛就是中国领土。

三是捍卫民族英雄形象和英雄精神。历史虚无主义的突出表现是否定革命，贬损革命，丑化抹黑民族文化、民族历史和民族英雄。[⑤] 编纂选材强调档案的真实性与可靠性，对于伪造、篡改的档案文献，除非专为证实或揭露作伪、篡改之用，否则一概不能选用。中国档案报刊登的《生的伟大 死的光荣——档案中记述的刘胡兰牺牲前后》一文便是以档案原件还原事情真相。以此类编纂工作为案例，有助于培养学生查找档案证据、抓住问题本质、揭露各种假象的能力。

---

① 韩宝华．档案文献编纂学．北京：中国人民大学出版社，2000；刘耿生，梁继红．档案文献编纂学．北京：中国人民大学出版社，2007；胡鸿杰，档案文献编纂学．北京：中国人民大学出版社，2012.

② 习近平．论党的宣传思想工作．北京：中央文献出版社，2020.

③ 旗帜鲜明反对历史虚无主义．求是，2021（8）.

④ 胡鸿杰．档案文献编纂学．北京：中国人民大学出版社，2012.

⑤ 抵御历史虚无主义关键在于坚定文化自信．（2018－09－03）．求是网.

4.3 主题案例库

4.3.1 为国内国际政治斗争提供反击利器

案例一

慰安妇——她们在等日本道歉，日本在等她们死亡

央视新闻于2015年7月26日报道安倍政权篡改日本中学教科书，删除“慰安妇”字眼，称未发现任何能直接证明日军及官员存在强征行为的资料；韩国联合通讯社于2021年3月报道日本政府审定通过的高中历史教材中不乏模糊处理日军征召慰安妇的强迫性和经营过程中侵犯人权的暴力性。以上种种反映出日本政府对性奴隶制度的历史问题态度暧昧，避重就轻。国内部分网友将无知当有趣，将慰安妇纪录片截图做成表情包，体现了对历史的不尊重。但档案确凿地揭露了这一历史悲剧的真相。

相关档案及档案文献编纂作品：

(1) 中国国家档案局自2015年8月15日起在其官方网站连续8天每天发布一集（共八集）专题网络视频《“慰安妇”——日军性奴隶档案选》，内容包括日本侵华时期形成的日方档案和日本在占领区扶植的傀儡政权档案、中国司法机关审讯日本侵华战犯形成的档案、战后接收日占资产档案和调查战争损失档案以及照片等，可以清晰地揭示日本在战时实施军队性奴隶制度，强迫征用“慰安妇”、开设“慰安所”的历史事实，无可辩驳地证明日本右翼势力与日本当局一些人言论的荒谬与无耻。①

(2) 浙江省金华市档案馆藏有日文版《金华鸡林会会则及名簿》，该名簿写于昭和十九年四月，即1944年4月，记载了百余位年龄记录为20～30岁、名字特点明显为女性且没有登记职业的人，名簿中仅有3人的职业写明是“慰安所主”。②

(3) 2017年7月6日，中央电视台新闻频道《新闻1+1》栏目以《战后72年，我们为何仍在寻真相》为题，揭露侵华日军强征“慰安妇”罪行，其中大篇幅报道了金华市档案馆保存的《金华鸡林会会则及名簿》档案。

(4) 2017年12月11日，纪录片《揭秘日军“慰安妇”制度暴行》在中央电视台第4套国际频道播出，这部作品由侵华日军南京大屠杀遇难同胞纪念馆和南京广播电视台联合摄制，是首部深刻揭露第二次世界大战中日本政府及军队建立“慰安妇”

---

① “慰安妇”：日本性奴隶档案选．https://www.saac.gov.cn/waf/waf.html.

② 苏智良，陈丽菲．一份揭露日军慰安所的珍贵文献：《金华鸡林会会则及名簿》解读．史林，2018 (1)：206-217，222.

制度的纪录片。纪录片团队历时 3 年，遍访国内外相关专家，抢救性地拍摄并征集了一批“慰安妇”的影像资料，运用世界各地大量历史文献档案、证人证言和各种物证，内容包含第二次世界大战中日军“慰安妇”制度起源、建立及全面实施，深刻剖析和揭露日军性奴隶制度的罪恶。①

(5) 南京大学的 ARMapper 团队启动“二战期间亚洲女性的青春坟墓：南京地区侵华日军慰安所的 AR 故事地图”② 项目，以南京地区的侵华日军慰安所为落脚点，对慰安妇群体的创伤记忆进行数字化构建。该项目的主要成果有：南京地区侵华日军慰安所的 AR 故事地图、南京地区侵华日军慰安所的 AR 故事地图网站（https://armapper.cn/zh/）和《南京慰安所史料汇编》。

案例一告诉我们，历史虚无主义不仅存在于国外，如日本政府妄图否认、虚化“慰安妇”事实；而且也存在于国内，如国内一些网友不了解历史事实，调侃战争中的受害者，对受害者受到的伤害轻描淡写。为反击此类言行，对档案文献编纂工作中及时有效采集口述档案，以及对档案考订之唯物史观、孤证不立、谦退却疑、端正考风四原则提出了颇高的要求。

案例二

南京大屠杀——中国人心中永远也挥散不去的阴霾

对于南京大屠杀这一事实的态度，日本分为否定派、肯定派和中间派。

随着历史见证者日趋老迈、离世以及日本政治形势变化、日本右翼势力抬头等，否定南京大屠杀的言论沉渣泛起。但历史事实不会因暴行实施者的否认、狡辩而改变，档案会替受害者及史实发声。

南京大屠杀相关档案及档案文献编纂作品如下：

(1)《南京大屠杀档案选萃》是国家档案局将中央档案馆、中国第二历史档案馆、辽宁省档案馆、吉林省档案馆、上海市档案馆、南京市档案馆和侵华日军南京大屠杀遇难同胞纪念馆收藏的南京大屠杀档案选择部分制作而成。选取的内容包括当时日军自己拍摄的照片，日本记者发自南京的报道，日本宪兵队邮政检查信件的摘录，日军和日本特务机构的有关报告，日本军人后来对屠杀罪行的自供，外籍第三方人士当时拍摄的电影、写的日记和后来提供的证词，当时身陷南京的中国人耳闻目睹日军兽行的日记，中国的新闻报道，南京有关方面收埋尸体的记录，中国对日军罪行的各种调查材料和对日本战犯的判决书等。

---

① 《揭秘日军“慰安妇”制度暴行》.（2017-12-11）. https://tv.cctv.com/2017/12/11/VIDE5A6xOaRYSpdfcuKmtb3Q171211.shtml.

② 数字人文研究. 课堂案例分享｜创伤记忆的数字化构建：南京侵华日军慰安所 AR 故事地图.（2021-10-09）. https://mp.weixin.qq.com/s/TKvLvpifCb2p_AivRnqWbw.

（2）侵华日军南京大屠杀遇难同胞纪念馆[①]，主要陈列的档案包括当年日军屠杀现场照片，日军军官和士兵的日记、供词，中外人士当年对这次历史惨案所写的纪实、报道和出版的专著、图书、报刊，南京大屠杀幸存者的名册、证言、证词，救助难民的外籍人士的通行证明，德意志红十字会颁发的证明书，崇善堂、红卍字会、红十字会等慈善团体掩埋尸体的照片、统计表、佩戴的臂章，以及远东国际军事法庭和南京国防部审判战犯军事法庭对南京大屠杀罪犯松井石根、谷寿夫审判的照片、判决书、现场部分证人的证词等。馆内设有南京大屠杀史实展、"三个必胜"[②] 主题展。

（3）中国社会科学院、国家图书馆和国家档案局合作筹建的抗日战争与近代中日关系文献数据平台于2017年10月上线试运行。截至2023年9月7日，平台已上传图书139 886本、报纸1 006种、期刊10 752种、专题数据库24个，资料总计151 702类，是抗日战争研究的重要阵地。[③] 该平台内藏有东京审判远东国际军事法庭庭审记录、横滨审判文献汇编等档案材料。

资料来源：吴艳．日本社会关于"南京大屠杀"论争的发展演变过程．南开学报（哲学社会科学版），2017（5）：25-37.

历史虚无主义也会变换"外形"，例如，假冒"档案原件"误导公众，但是颠倒脱漏、随意剪切、肆意删改、不辨是非的本质是不变的。同样是档案文献加工，编纂作品遵循存真、求实、存疑、标注以及保存原件五大原则，南京大屠杀档案文献编纂作品完全诠释了对待档案原件应有的态度和尊重，极大增加了自身的真实可信度，能够传递正确的历史观和价值观。另外，档案部门独立或合作编纂出版了针对台湾问题（《康熙统一台湾档案史料选辑》《郑成功档案史料选辑》）、西藏问题（《元以来西藏地方与中央政府关系档案史料汇编》《清初五世达赖喇嘛档案史料选编》）、香港回归（《香港历史问题档案图录》）、澳门回归（《明清时期澳门问题档案文献汇编》《澳门历史地图精选》）的一系列成果。作为档案学专业学生，一是要明白这些编纂作品所具备的政治意义，二是要通过实践明白编纂人员应具备的政治素质，三是要通过选题实训体会编纂工作应遵循的政治原则。

4.3.2 为展示历史真实面貌提供有力证据

案例三

中国共产党——历史的选择，人民的选择

"近年来，人们对历史虚无主义的实质看得越来越清晰。它以所谓'重新评价'为名或利用所谓'新资料''新观点'大做'翻案'文章，歪曲近现代中国革命历

① 参见侵华日军南京大屠杀遇难同胞纪念馆网站。

② 参见三个必胜指"正义必胜、和平必胜、人民必胜"。

③ 参见抗日战争与近代中日关系文献数据平台官网。

史、中国共产党历史和中华人民共和国历史。”[①] 档案史料证明中国共产党对新中国的建立和发展起到了中流砥柱的作用，是历史的选择和人民的选择。

相关档案及档案文献编纂作品如下：

(1) 国家档案局选取中央档案馆、中国第二历史档案馆保存的中国抗日战争原始档案，包括电报、新闻稿、照片、行军地图等，影印汇编成《伟大胜利——中国受降档案》（共24集）[②]、《浴血奋战——档案里的中国抗战》（共30集）[③]，分别于2014年8月15日起连续24天、2014年8月25日起连续30天在国家档案局官方网站每天发布一集，深刻重现了当年中国共产党带领中国人民取得抗战胜利的伟大事迹和中国人民可歌可泣、浴血奋战的历史壮举。

(2) 在2021年中国共产党建党百年之际，中央档案馆联合中央广播电视总台新闻新媒体中心，隆重推出百集微纪录片《红色档案——走进中央档案馆》[④]，精选中央档案馆大量馆藏珍贵档案，生动讲述档案背后的人物和故事，从多个角度呈现中国共产党始终秉承的初心和使命。

案例三表明，国内外敌对势力出于分裂、搞乱中国等目的，质疑中国共产党执政的合法性，与此类历史虚无主义言论做斗争，一是要靠证据，红色档案数量大、保存分散，需要编纂人员从浩瀚的馆藏档案中挑选原件；二是要讲方法，红色档案按地域、时间、事件、人物划分的细分主题很多，需要编纂工作把档案原件中的思想、理念和观点有序呈现出来；三是要重时机，错误思想、虚无言论不断更新变换，需要编纂工作者平时熟悉馆藏、展示编纂作品。

4.3.3 为课程思想政治教育提供生动素材

案例四

民族英雄——中国人民将永远铭记他们建立的不朽功勋

一段时间以来，一些人利用各种网络段子、笑话拿英雄人物“开涮”；一些人谩骂攻击革命烈士，无所不用其极；一些人则以所谓的学术研究论证革命英雄是“假典型”，肆意诋毁家喻户晓的革命英雄。“刘胡兰到底是被谁铡死的？”[⑤] 就十分有代表性。

---

① 张树军．掌握强大思想武器 反对历史虚无主义．求是，2017 (8).

② 国家档案局．伟大胜利：中国受降档案．https://www.saac.gov.cn/zt/sxda/index.html.

③ 国家档案局．浴血奋战：档案里的中国抗战．https://www.saac.gov.cn/zt/kzda/index.html.

④ 国家档案局．红色档案：走进中央档案馆．https://www.saac.gov.cn/daj/hongsedangan/hsda.shtml.

⑤ 中央广电总台中国之声．刘胡兰到底是被谁铡死的？．(2015-07-11)．https://mp.weixin.qq.com/s/Ox6OKfwbr-ngegsHlFnkxA.

1946年，刘胡兰参与暗杀山西云周西村村长石佩怀的行动，当时的山西省国民政府主席阎锡山派军一个月后将刘胡兰逮捕，刘胡兰拒绝投降，被铡死在铡刀之下，时年15岁。但一篇名为《在武力胁迫下，乡亲们颤抖着，铡死了刘胡兰》的文章一度被广泛转载，文章中称铡死刘胡兰的不是国民党，而是老乡；甚至有评论称："该文章基本上是一个立足于调查研究的细节叙述，可视作一段待证史实。刘胡兰死于村民之手，反而更加形象深刻地说明了人性的弱点。"这些所谓刘胡兰"死因真相"的言论，使英雄蒙冤，让英雄心寒。

刘胡兰相关档案及档案文献编纂作品如下：

(1) 山西省吕梁市文水县的刘胡兰纪念馆还保留着1947年1月11日国民党阎锡山部72师师长艾子谦给215团1营的指令，上面写道："该营此次开展工作进行松懈，做法太软……今后做法要硬，去掉书生习气，勿存妇人之仁，速将冯德照、刘胡兰等扣获归案法办……"

(2) 中国档案报发表《生的伟大 死的光荣——档案中记述的刘胡兰牺牲前后》一文，并选取部分档案还原真相。如《残害刘胡兰的凶手张匪全宝供词》(1951年6月24日)。档案记载，1947年1月12日，国民党阎锡山军和地主武装"复仇自卫队"包围了云周西村，将群众赶到场地上，刘胡兰因叛徒出卖被捕。在敌人威胁面前，她坚贞不屈，大义凛然。审讯刘胡兰的是阎锡山匪军61军72师215团1营机枪连指导员张全宝，他问群众说："刘胡兰是好人还是坏人?"一个老汉说是好人，张全宝说："你说是好人先铡你。"张全宝又说："你自白[①]。"刘胡兰坚决不说，她说："死了没关系。再过十几年我又是这么大!"匪徒又说："你自白了，给你家里一份地。"刘胡兰轻蔑地说："你给我抬一个金人来，我也不自白。"敌人为了使她屈服，在她面前将同时被捕的6位革命群众用铡刀杀害。但刘胡兰毫无惧色，从容走向铡刀，壮烈牺牲，年仅15岁。[②]

1947年8月1日，中共中央晋绥分局追认刘胡兰同志为正式党员。

案例五

《毛泽东选集》究竟是谁写的?

一篇署名罗冰的《〈毛泽东选集〉真相》文章，称"《毛泽东选集》一至四卷的一百六十余篇文章中，由毛泽东执笔起草的只有十二篇，经毛泽东修改的共有十三篇，其余诸篇全是由中共中央其他领导成员，或中共中央办公厅以及毛泽东秘书等人起草的"。

① 自白，文水县方言，大意为"自己坦白"。
② 晋保．生的伟大 死的光荣：档案中记述的刘胡兰牺牲前后．中国档案报，2021-01-08 (1).

齐得平，1950 年参加中共中央档案管理工作，1961 年起专门负责保管毛泽东手稿，直至退休。齐老还参加了在编辑《毛泽东选集》第四卷时提供文稿档案等服务工作。齐老作为一名曾长期管理毛泽东手稿的老档案工作者，本着对历史负责、对读者负责的精神，以原始档案为据，撰写《罗冰的所谓〈《毛泽东选集》真相〉究竟是“真相”还是捏造的谣言》一文，严厉驳斥了该文中捏造的谣言，澄清了事实真相。[①] 之后，齐老又撰写了《〈沁园春·雪〉的作者究竟是谁?》一文，再度批驳了《〈毛泽东选集〉真相》中的谣言，此文被中央网信办评为“中国互联网辟谣影响力 2018 年度优秀作品”。[②]

案例六

抗美援朝的历史真相

2021 年 10 月 6 日，网名“罗某平”在新浪微博发布侮辱抗美援朝志愿军英烈的违法言论，辱骂“冰雕连”，并试图全盘否定抗美援朝战争[③]，造成恶劣影响。

中央档案馆原馆长杨冬权在《开国领袖的立国之战——再论毛泽东与抗美援朝战争》[④] 一文中，查阅《毛泽东年谱》《建国以来毛泽东文稿》《毛泽东与抗美援朝》《毛泽东外交文选》等大量档案文献编纂资料，真实再现了毛泽东决定抗美援朝的艰难过程及当时的复杂局势，以及“打得一拳开，免得百拳来”的由来。“战后 60 多年来，在北面，有过中苏珍宝岛之战和苏联陈兵百万的威胁；在西面，有过印度的边界严重军事挑衅和中国被迫开展的自卫反击战；在南面，有过越南的军事挑衅及中国的自卫反击战；唯独东面国境上一直安宁。”可见抗美援朝战争对维护我国领土主权的伟大现实作用和历史作用。

铭记和守护英雄的事迹和精神，还原历史事件、历史人物真相，都是档案工作者的责任，而丰富的馆藏档案则是档案工作者履职尽责的武器，选题编纂、档案查找、文献考订、文献加工、辅文撰写、底稿审核以及出版传播就是武器的使用方法。阅读档案编纂作品的信息内容，可以激发社会各界对英雄的崇敬之心。掌握此类编纂作品的生产方法，则是档案专业学生应培养的能力。

① 齐得平．解密：《毛泽东选集》究竟是谁写的？．（2012-11-19）．人民网．
② 《毛选》究竟是谁写的．（2012-04-19）．光明网．
③ 诋毁志愿军英烈，@罗昌平账号被关闭，本人被刑拘．（2021-10-09）．共青团中央公众号．
④ 杨冬权．开国领袖的立国之战：再论毛泽东与抗美援朝战争．军事历史研究，2021（1）：1-20．

4.4 “档案文献编纂学”课程思政教案

4.4.1 具体教学目标

（1）知识目标。从编纂内容阐释档案文献编纂的政治、文化、经济功能，引导学生思考相关档案文献编纂作品在特定情境下所发挥的功能及其带来的社会影响。从编纂过程阐释档案文献编纂工作的科学性、政治性、效益性三大原则，反证历史虚无主义违反编纂原则、随意裁剪档案以及造成的严重后果。从编纂效果阐释档案作为反击历史虚无主义之武器的基本原理，并辅以编纂工作的严谨性、科学性与政治性，作为武器使用说明，具体见图 4-1。

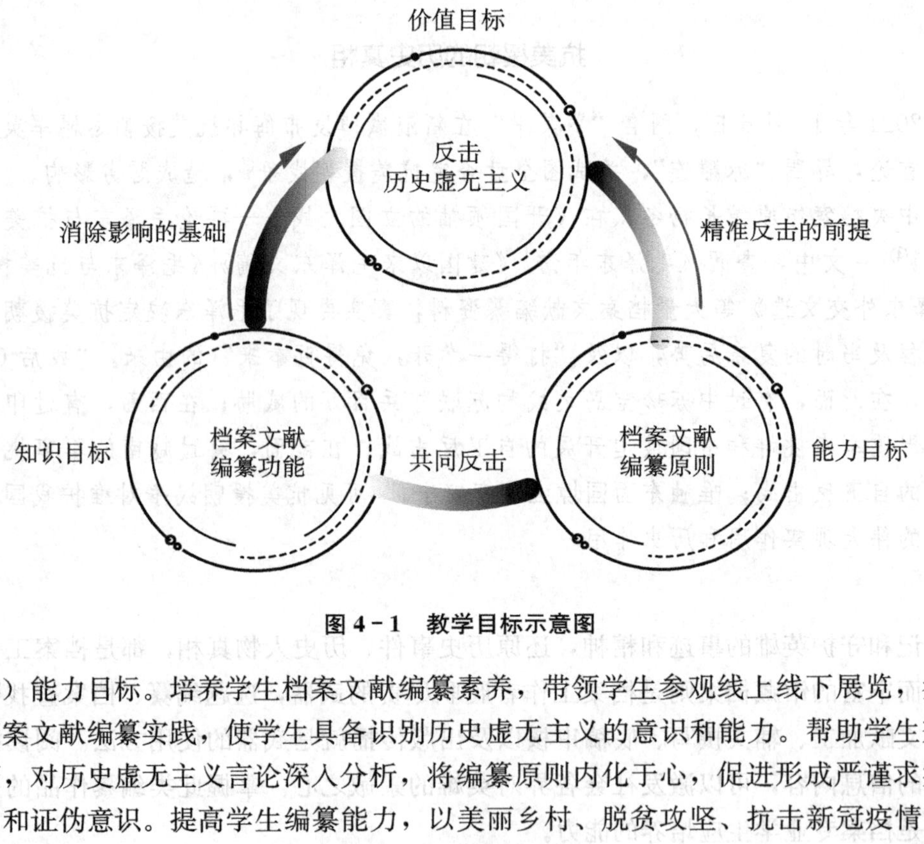

图 4-1 教学目标示意图

（2）能力目标。培养学生档案文献编纂素养，带领学生参观线上线下展览，参与或模拟档案文献编纂实践，使学生具备识别历史虚无主义的意识和能力。帮助学生夯实编纂技巧，对历史虚无主义言论深入分析，将编纂原则内化于心，促进形成严谨求实的编纂能力和证伪意识。提高学生编纂能力，以美丽乡村、脱贫攻坚、抗击新冠疫情、地方发展成就等为主题，带领学生参与档案文献编纂实践。

（3）价值目标。带领学生研读编纂作品，帮助学生树立正确的党史观，深刻认识到中国共产党坚持全面抗战、制定正确的战略策略是中国人民抗日战争胜利的关键。引导学生鉴别历史虚无主义言论，明晰其利用碎片文献重写“历史真相”、利用数据颠覆既有结论、利用恶搞打碎价值根基和媚俗网络潜在追随者等特征，增强学生对虚无言论的免疫力、抵抗力和反击力。

4.4.2　教学内容分析

教学范围

本主题所讲课程思政主题主要涉及教材第四章至第七章，以及第八章、第九章的部分内容。

（1）掌握档案文献编纂工作原则性的知识。编纂工作是对档案内容进行研究的工作，在科学分析档案内容、价值和特点时，要做到实事求是和编研结合，这是科学性原则；编纂出版是用历史的经验服务现实的工作，必须服从党和国家中心工作，必须遵守党和国家相关规定，掌握其中的利害原则、授权原则、审批原则、时限规定、保密原则、侵权规定等，这是政治性原则；编纂出版物是研究、决策与充实精神的消费品，必须讲究质量第一和实效至上的效益性原则。档案文献编纂工作原则与反击历史虚无主义关联的案例详见表 4－2。

表 4－2　档案文献编纂工作原则与反击历史虚无主义关联的案例

原则	案例	对原则的贯彻过程	对历史虚无主义的反击
科学性原则	河北省档案馆编纂出版《河北省档案馆藏抗战档案选编》	河北省档案馆结合抗战档案文献编纂制定了《馆藏抗日战争档案汇编编纂工作方案》，以党领导的敌后抗日根据地档案为主，同时兼顾国民政府抗战档案和日伪档案中抗战的部分[1]，遵循档案选材的全面性和多样性原则，贯彻了档案文献编纂工作的科学性原则	该档案文献编纂作品全面、客观展现了河北地区抗日战争时期的历史面貌，有力反击了肆意贬低中国共产党抗战贡献的言论
政治性原则	山东省德州市档案馆编辑整理《德州战疫》	德州市档案馆征集到照片、视频、实物资料、书法、绘画等多种形式和门类的宝贵抗疫作品 6 000 余件，展现了政府疫情防控的积极态度[2]，以及德州人民战胜疫情的决心，贯彻了档案文献编纂工作的政治性原则	该档案文献编纂作品生动再现了我国人民众志成城抗击疫情的情形，有力反击了外国对中国疫情发展情况传播的虚假信息[3]
效益性原则	中央档案馆公布李大钊同志的《狱中自述》和他为加强《新青年》工作致胡适的信[4]	李大钊同志是中国共产主义运动的先驱，中央档案馆在纪念李大钊同志逝世 90 周年时公开了相关档案，产生了良好的社会效益，体现了档案文献编纂工作的效益性原则	《狱中自述》体现了李大钊同志视死如归、以天下为己任的情怀，展现了中国革命前辈英勇不屈的气概，有力反击了对李大钊同志的诋毁

注：1. 燕赵大地的抗战烽火记忆：《河北省档案馆藏抗战档案选编》. 中国档案报，2021－07－16.

2. 6 000 余件档案资料记录我市抗疫历程《德州战疫》一书首发.（2020－11－16）. 德州新闻网.

3. 2020 年 2 月 3 日，《华尔街日报》发表了一篇题为《中国是亚洲真正的病夫》的文章，利用新冠疫情攻击中国。同年 2 月 6 日，华春莹在答记者问时提出，该文章作者沃尔特·罗素·米德（Walter Russell Mead）应该为自己的言论、傲慢、偏见和无知感到羞愧。详见 2020 年 2 月 6 日外交部发言人华春莹主持网上例行记者会.（2020－02－06）. 外交部网站.

4. 李聪. 铁肩担道义 妙手著文章. 中国档案报，2017－04－27（4）.

（2）提升编纂工作技术性的能力。编纂工作的程序颇多，技术性要求很强，涉及选题、选材、考订、加工、辅文撰写、审核与传播等，每一项都有政治性、思想性、方向性等要求。例如，对于选题，政策法治观念和政治敏锐性是必备前提；对于选材，一定要审查材料的政治性，确保汇编的思想性和合法性；对于考订，唯物史观是总指导原则。结合线下的陈展案例与线上的展览资源，以《红星照耀中国——外国记者眼中的中国共产党人》《福建革命史陈列》等档案文献编纂案例，分析编纂工作应具有的各项能力。

（3）积累编纂工作实践性的经验。编纂工作归根结底是一门操作性很强的程序性工作，教师把历史虚无主义讲得再透彻，都不如学生自己在实践中识别、分析并反击历史虚无主义，亲自获取经验或教训。首先，鼓励学生在自主编纂过程中识别历史虚无主义；其次，帮助学生分析、调整和确定编纂主题后，引导学生查找证伪的材料；再次，引导学生按照编纂程序完成反击的汇编成果；最后，小组汇报展示并交流编纂成果。以现有实践教学为例，详见表 4-3。

表 4-3　学生已经编纂或拟编纂的作品举例

编纂主体	编纂作品名称	课程思政主题	编纂学知识涉及范围
15 档本第 2 小组	《福建省福州大学城图书馆资料汇编》	档案与学校发展、档案/档案学之于学校的价值	在编纂作品中体验档案文献编纂作品选题、查找材料、选材、加工、辅文的撰写、宣传发行等全流程，感悟档案文献编纂作品的功能，体会在作品中落实档案文献编纂原则的重要意义
16 档本第 3 小组	《福建省福州大学城地区风景旅游简介》	档案与地区发展、档案/档案学之于地区的价值	
17 档本第 5 小组	《海西美食汇编》	档案与区域发展、档案/档案学之于区域的价值	
18 档本第 4 小组	《档案见证小康路——福建脱贫案例选编》	档案/档案学之于国家重大经济事件的价值	
19 档本拟编纂的选题	《从档案中看我党一百年成就》	档案/档案学之于建党一百周年、中华民族伟大复兴的价值	
	《档案告诉你抗美援朝英雄埋在哪儿》		
	《中国抗击疫情成就见证中国体制优势》		
	《用档案告诉世界：美国是怎样阻止台湾回归中国的》		
	《抗美援朝英雄——档案中的细节》		

注：表中编纂主体分别来自福建师范大学社会历史学院 2015 级、2016 级、2017 级、2018 级和 2019 级档案学专业本科生。

资料来源：搬仓小叮档．档案见证小康路：福建师大档案学学生的编纂及游戏之旅．（2020-12-28）．https://mp.weixin.qq.com/s/knLsu6Nj6Oo9JxfwNWhU1Q；福师大社历院团委学生会．最好的新年礼物：2018 级档案学专业《档案文献编纂学》优秀作业赏析．（2021-01-08）．https://mp.weixin.qq.com/s/8pkzwdf_4FDmD3gvT99sPw.

教学重点

反击历史虚无主义，要讲科学性原则。“档案是理解历史的基础，没有档案的真实客观、历史记忆就将摇摇欲坠，档案对我们的精力、认知、叙述予以证实，档案就是我们的历史记忆。"①档案文献编纂的科学性原则要求客观准确地表达档案材料原文信息，不得凭主观任意更改。对档案材料加以科学释读、转录、分类编排和注释评注，与对档案材料随意主观臆测、简单拼凑、肆意割裂的历史虚无主义针锋相对。

反击历史虚无主义，要讲政治性原则。档案文献编纂工作，必须遵从党和国家的大政方针，从国家发展大局出发，维护国家安全和利益，尤其是要结合编纂作品，让学生准确把握并深刻理解中国共产党为什么能、马克思主义为什么行、中国特色社会主义为什么好等重大理论问题，破除诋毁中国共产党正当执政、国家领土主权完整、民族英雄伟大牺牲精神的错误言论。

反击历史虚无主义，要讲效益性原则。档案文献编纂工作历经选题立项、形式确定、计划实施等一系列程序，最后以集成信息形态反击历史虚无主义，可视为兼具精神属性和物质属性的文化产品，必须讲究质量、讲求实效。历史虚无主义变幻莫测，要实现编纂工作的高效反击，必须在编纂选题上针锋相对、精准反击，在出版时间点上恰到好处、适时反击。

教学难点

首先，教会学生利用档案反击历史虚无主义要熟悉馆藏。尽管熟悉馆藏并不是档案文献编纂学教学大纲的内容，但它是编纂工作必备的重要前提，因为无论什么规模的档案文献编纂工作，都需要全面查找档案，宁多勿漏，且博约得当。古人有"求书八法"，如今有档案部门内档案查找、档案部门外档案查找、根据各种线索按图索骥等，所以需要教师带领学生一起学会利用各种检索工具熟悉馆藏。

其次，教会学生利用档案反击历史虚无主义要精准识别。历史虚无主义也会声称利用"档案原件"、找到"确凿证据"、进行"有效数据分析"，但其大多是伪造假原件、随意剪切真数据，终究会露出破绽。档案文献编纂学的教学需要教师讲解一个个真实的编纂案例，一步步演示编纂程序，逐个讲解原则，从而达到教会学生精准识别历史虚无主义的目的。

最后，教会学生利用档案反击历史虚无主义要有效反击。档案是党的历程、国家历程的真实再现，是党的宝贵财富②，如何运用这些财富进行有效反击，是个难题。例如，所选用的档案必须是具体、确切、生动、真实、权威、适用的，即原材料能够切中历史虚无主义的要害；转录加工、标点与分段、标题的拟定、文献的编排等编纂方法能够充分展示正确的主张，从而达到有效反击的目的。

4.4.3 教学手段与方法

（1）展示已选典型案例，深入讲解档案文献编纂工作如何破解历史虚无主义。详见表 4-4。

---

① 丁华东，余黎青．论特里·库克的档案记忆思想．档案管理，2014（6）：6-9.

② 徐拥军，熊文景．后现代主义档案观批判：基于唯物史观的视角．思想教育研究，2019（5）：81-85.

表 4-4 档案文献编纂三大功能与历史虚无主义案例的关联

教材知识	案例	历史虚无主义的表现	档案文献编纂功能的具体体现
政治功能：思想政治教育的生动素材	南京大屠杀事件（详见案例二）	日本对南京大屠杀事件任意歪曲，否认该历史事实的存在	公开南京大屠杀相关档案和出版《南京大屠杀档案选萃》，有力证明该言论的错误性，同时也警醒国人勿忘历史、不忘国耻
政治功能：开展国际政治斗争的重要手段	钓鱼岛主权争论[1]	日本政府认为其拥有钓鱼岛主权的依据是《旧金山对日和平条约》和《冲绳返还协定》。实际上签订相关文件时中国被美英法等国排挤在外，因此这些文件是非法的、无效的。日本不顾历史事实的完整性，试图用零星的档案碎片篡改历史，侵犯我国国家领土主权	钓鱼岛相关档案和档案文献编纂作品揭露了日本妄图侵占钓鱼岛的野心，同时也坚决回击了外方的恶劣行为，坚定捍卫了国家领土主权
政治功能：借鉴历史经验、总结现实经验的重要途径	中国共产党的中流砥柱作用（详见案例三）	歪曲近现代中国革命历史，否定中国共产党的伟大成就和重要作用，诋毁中国共产党，试图破坏中国特色社会主义制度	公开出版中国抗战的红色档案和相关档案文献编纂作品，揭示出"没有共产党就没有新中国"，同时加强对中国共产党员的思政教育，激励中国共产党员永葆初心和本色
文化功能：开展历史研究的重要依据	历史虚无主义刻意贬低中国人民的革命史和抗争史，美化帝国主义国家的侵略史，妄想把中国的现代化归结为帝国主义侵华的结果[2]	试图美化西方入侵对中国的影响，而选择性忽视给中国人民带来的痛苦和灾难	中华书局 1995 年出版的《中国海关密档》披露了外国人对中国海关的控制，同时也是历史学家开展中国近代史研究的重要依据
文化功能：满足社会对档案信息的需要，传播科学文化知识	某杂志副主编在新浪微博发布侮辱抗美援朝志愿军英烈的违法言论[3]	该言论无视中国人民志愿军在抗美援朝战争中作出的巨大牺牲，无视中国人民在抗美援朝中所作的历史贡献，歪曲历史事实	纪录片《抗美援朝保家卫国》首次公开了部分历史影像画面；丹东市抗美援朝纪念馆中藏有宋阿毛战士的绝笔信；抗美援朝相关档案和编纂作品展现了中国人民志愿军英勇无畏的事迹，同时增强了民众对抗美援朝的正确认识
经济功能：通过档案文献编纂产生社会效益和经济效益，为稳定经济发展作贡献	2019 年 5 月，美国总统特朗普多次对记者称"中国的经济不太好，中方十分渴望与美方达成协议"[4]	该说法毫无根据，无视我国经济发展取得的成就和发展潜力，以及我国经济保持稳中向好、长期向好的基本面	上海市普陀区档案馆、上海市普陀区地方志办公室于 2018 年举办了"档案见证改革开放 40 周年图片展"，该图片展运用档案资料生动展现了我国改革开放 40 周年来取得的辉煌成就[5]

注：1. 华侨夫妇向福建省档案馆捐地图册 显示钓鱼岛在中国版图上．(2017-05-18)．福建档案公众号.

2. 孙帅．历史虚无主义的表现形式及其逻辑悖论．世界社会主义研究，2019，4（8）：72-78，95.

3. 大V侮辱志愿军英烈，刑拘．（2021-10-08）．人民日报公众号.

4. 2019年5月15日，记者在外交部例行记者会提问谈及"近日美国总统特朗普多次对记者称，中国的经济不太好，中方十分渴望与美方达成经贸协议"，外交部发言人耿爽回答，"美方的说法毫无根据，中国经济一直保持平稳增长，呈现积极向好势头"。

5. 上海市地方志办公室．"档案见证改革开放40年图片展"启动首场巡展．（2022-09-05）．http://www.shtong.gov.cn/node2/node70345/u1ai244265.html.

（2）布置案例拓展规划，让学生掌握并预判未来历史虚无主义的演化方向，以此作为学生自主撰写案例的基础，详见表4-5。

表4-5 课程思政建设案例库规划方向

课程思政目的	编纂学知识讲授重点	编纂学知识绘制目的	案例范围
为大学生学好党史国史奠定基础	如何整理、发现与编纂闽台源远流长的档案	用编纂学知识论证台湾是中国不可分割的领土	海峡两岸出版交流中心、中国第二历史档案馆合编的《台湾光复档案》再现了台湾人民反抗日本殖民统治和中国收复台湾的历史画面
为大学生增强文化自信提供支撑	调研侨批档案，如何编纂侨批档案展览	体会闽侨爱国主义文化在世界文化之林的重要地位	福建省档案馆馆藏的詹廷团家族的战时侨批等展现了抗日战争时期海外华侨的家国情怀[1]
为大学生强化国家认同凝聚共识	分享、传播涉台档案文献编纂成果	提升学生讲清国家历史和凝聚国家共识的意识和能力	《明清宫藏台湾档案汇编》辑录了中国第一历史档案馆所藏明清两朝台湾问题档案总计16 343件，反映了台湾300多年来的历史变迁和重大历史事件
为大学生意识形态教育筑牢屏障	观摩、学习、实操福建乡村振兴档案管理和扶贫攻坚档案整理	用编纂学知识论证中国共产党在现当代取得的伟大成就	1997年亚洲金融危机、2008年国际金融危机爆发后，西方又起了"中国经济崩溃论"[2]。江苏省档案馆从征集到的扶贫档案中选取200余张图片举办了"档案见证小康路"线上展览，用档案展现江苏发展奔小康的奋斗历程[3]
为服务国家发展大局筑牢根基	编纂"中国共产党成立100周年"主题庆祝活动	思考相关部门如何利用编纂学知识梳理建党100年成就	中国档案资讯网开设"档案公布·学党史"专栏，公开中央档案馆馆藏的百件珍档，回顾党章形成和发展历程，展现中国共产党百年征程的伟大事迹，引导公众从百年党史中汲取奋斗力量

注：1. 侨批故事 ｜ "国难当头之时，一切须宜节俭为要"：詹廷团家族的战时侨批．（2020-07-16）．福建档案信息网.

2. 韩宇．"中国崩溃论"的"崩溃"．中国青年报，2019-04-15（2）.

3. "档案见证小康路"展览上线啦．（2020-06-09）．江苏档案公众号.

（3）师生协同合作搜集资源，建立辅助教学的资料库，详见表4-6。

表4-6 档案文献编纂原则可利用的资源

教材知识	具体案例	与历史虚无主义的关系	可利用的资源
科学性原则：实事求是，不歪曲篡改档案的真实内容	刘胡兰到底是被谁铡死的？（详见案例四）	历史虚无主义者打着“揭秘真相”的旗号，自称挖掘了刘胡兰英勇就义的细节，实则否定、诋毁英雄人物的光辉事迹，损毁英雄人物的形象	1. 网站：山西省档案馆网站（山西省档案馆—专题展示—网上展厅党性教育主题教室—馆藏革命烈士档案图片展）；中国军网网站（中国军网—英烈纪念堂—英烈名录） 2. 纪念馆：刘胡兰纪念馆 3. 视频：中央档案馆制作的《红色档案——走进中央档案馆》微纪录片
	《毛泽东选集》究竟是谁写的？（详见案例五）	历史虚无主义者看似研究真相，实则妄图抹黑伟人的形象，进而否定毛泽东的历史地位及思想成果	1. 档案文献编纂作品：中央档案馆于2013年出版的《毛泽东手迹》 2. 网站：中国国家档案局官网（中国国家档案局—专题热点—图片视频—档案天天看—毛泽东档案系列）
政治性原则：必须坚决维护中国共产党的领导和中国特色社会主义制度	作家方方将自己记录、道听途说的武汉疫情下的生活出版为《武汉日记》	该日记描述的所谓“客观事实”十分荒诞，无视疫情期间医护人员的努力，背后是反华势力妄图污名化全体中国人民抗疫努力的野心	1. 数据库：福建省档案馆于2020年6月建成抗疫英雄档案库，保存了福建援鄂英雄的实物档案、纸质档案、照片档案和音视频档案[1] 2. 影像档案：《人民日报》摄影记者团队为驰援湖北的医护人员拍下的42 000多张照片 3. 档案文献编纂作品：浙江省档案局编纂的《战“疫”日记》
效益性原则：出版档案文献编纂作品必须遵守国家的法律法规	《陈寅恪的最后二十年》作者陆键东公开出版了摘录的档案的内容，属擅自公布档案的行为，违反了新《档案法》	法院判决认为：该书中引用的涉及中山大学档案馆及广东省档案馆的部分档案材料为整风运动中“背对背”所提意见，不应作为事实依据加以使用[2]，对于如何看待这段历史、它与历史虚无主义有何关联，还需多维思考	1. 档案相关法律法规：《档案法》、《档案法实施办法》、地方性法规和各个档案馆的规章制度 2. 著作相关法规：《著作权法》

注：1. 本刊编辑部．动态．中国档案，2021（9）：19-21，25.
2. 冯伯群．利用档案引发的一场官司：《陈寅恪的最后二十年》出版以后．北京档案，2003（1）：22-26.

（4）构建任务库、线索库、案例库，一堂档案文献编纂课程思政课并不是终点，而是档案学专业立德树人的开始，以上述成果为基础，激励并深化学生利用编纂知识反击历史虚无主义的积极主动性，才是课程教学的最终目的，详见表 4 - 7。

表 4 - 7 历史虚无主义言论和有力反击的档案证据

历史虚无主义相关言论	有力反击的档案证据
1. 2013 年 8 月广州市一网民散播谣言称狼牙山五壮士实际是“土八路”，欺压当地村民[1] 2. 2013 年 11 月 8 日，洪振快（《炎黄春秋》杂志社前执行主编）在《炎黄春秋》上刊登《“狼牙山五壮士”的细节分歧》，随意对“狼牙山五壮士”事迹中的细节提出质疑[2]	1. 南京市地方志编纂委员会办公室从日本征集到的侵华日军史料《冈山步兵第百十联队史》中有关于狼牙山、棋盘陀附近战斗的记录[3] 2. 中央档案馆制作的《红色档案——走进中央档案馆》微记录中的《为有牺牲多壮志》系列之“悬崖之上”，运用档案重现了狼牙山五壮士的英雄事迹
林则徐销烟得罪了英国人，导致鸦片战争，造成中国的民族危机，因此林则徐不仅不是民族英雄，反而是民族罪人[4]	1. 福州市林则徐纪念馆珍藏的《析产阄书》《清·林则徐戒烟断瘾方》等 2. 中国第一历史档案馆出版的《清宫林则徐档案汇编》
高晓松在节目《晓松奇谈》中声称“台湾是中国的固有领土并不准确”[5]	1. 中国第二历史档案馆和海峡两岸出版交流中心等于 2007 年出版的《馆藏民国台湾档案汇编》 2. 中国第一历史档案馆和海峡两岸出版交流中心于 2009 年出版的《明清宫藏台湾档案汇编》，中国第一历史档案馆 2006—2012 年出版的《中琉历史关系档案》 3. 中国国家博物馆于 2020 年 10 月举办的“金瓯无缺——纪念台湾光复七十五周年主题展”
2021 年 5 月“科学松鼠会”机构成员发文“辟谣”称“把尸体蒸干测量含水量不现实”，宣称“没有必要用谣言为 731 部队增加新的暴行”[6]	1. 侵华日军第七三一部队罪证陈列馆出版的《关东军防疫给水部留守名簿》《甲第一八五五部队留守名簿》《关东军防疫给水部复七名簿》等 3 部 5 册档案文献集[7] 2. 2018 年日本国立公文书馆公开的记载被认为是战时在中国反复进行人体实验的原日军第七三一部队队员等 3 607 人实名的名簿[8] 3. 黑龙江省档案馆保存的日本关东宪兵队为第七三一部队细菌实验输送活人的全部过程的档案[9] 4. 俄罗斯联邦安全局公布的日本在第二次世界大战期间进行人体实验的机密档案[10] 5. 侵华日军第七三一部队罪证陈列馆

续表

历史虚无主义相关言论	有力反击的档案证据
2020年中国联通山东客服在纪念西安事变84周年当天发布的纪念海报上出现了“攘外必先安内”[11]	1. 中国档案出版社于1997年出版的《中国共产党关于西安事变档案史料选编》 2. 中国档案出版社于1986年出版的《西安事变档案史料选编》 3. 陕西省档案馆举办的“西安事变”专题展览，其中用档案史料明确指出“攘外必先安内”的错误决定

注：1. 广州一网民造谣污蔑“狼牙山五壮士”被行拘．（2013-08-30）．人民网.

2. 70年要案纵览：“狼牙山五壮士”名誉权纠纷案．（2019-09-07）．https://baijiahao.baidu.com/s?id=1644013882904290542&wfr=spider&for=pc.

3. 我国发现佐证“狼牙山五壮士”事迹的日方史料．（2016-06-29）．新华网.

4. 北大教授批抹黑林则徐孙中山现象：历史岂能任意颠覆．（2014-11-20）．人民网.

5. 高晓松：“奇谈”谬论，虚无历史，只能被历史埋葬！．（2021-08-28）．https://weibo.com/ttarticle/p/show?id=2309404675085075350028.

6. 科学松鼠会道歉了，但通篇没提731．（2021-06-04）．https://mp.weixin.qq.com/s/5vBM-ZWc8WpSAKRjpe-ruQ.

7. 731部队的魔鬼都有谁？首次公布！．（2021-06-13）．https://mp.weixin.qq.com/s/OzbkDCXdwDw-cKZ-FywQ9Ig.

8. 首次！实名披露！日本档案馆公开731部队3607位成员名簿．（2018-04-16）．https://mp.weixin.qq.com/s?__biz=MjM5NzI1MTY0MQ==&mid=2654620605&idx=3&sn=2f47cac894a9b12541276f144ac0809f&chksm=bd1234eb8a65bdfdd2f7b236f8ce6ff2f75a649c4a1617368af1c48519770d0fbbc1ec8269e4&scene=0.

9. 黑龙江公布细菌战“特别输送”档案 731部队罪行再添铁证．（2015-08-11）．人民网.

10. 中国人民大学档案学院黄霄羽新闻工作室．国外档案新闻集萃．中国档案，2021（9）：78-79.

11. 西安事变84周年，@中国联通山东客服 纪念海报竟有“攘外必先安内”．（2020-12-12）．https://baijiahao.baidu.com/s?id=1685871080854445360&wfr=spider&for=pc.

4.4.4 教学过程与实施

具体教学设计以180分钟课堂为例，分为档案文献编纂的功能与档案文献编纂工作的原则两大主题各90分钟，详见表4-8、表4-9。

4.4.5 教学效果与反馈

“档案文献编纂学”是福建省省级和福建师范大学校级的精品课程，是福建师范大学第一批本科课程思政示范课程，笔者作为“档案文献编纂学”的主讲教师，以福建师范大学社会历史学院2018级档案学专业50名学生为例，从该专业的课程实践作业中了解教学效果。

将50名学生分为6个小组，每组8～9人开展档案文献编纂实践活动。在前期了解历史虚无主义的特征和危害的基础上，各小组自行确定档案文献编纂选题，在深入分析所选档案材料的基础上，力求证伪的精准性，具体成果详见表4-10。

表4-8　"档案文献编纂的功能"教学过程具体环节及内容示意表

档案文献编纂的功能（90分钟）			
第一学时（45分钟）			
教学意图	**教学内容**	**教学手段**	**教学时长**
1. 回顾档案文献编纂的含义	档案文献编纂是指编纂者根据对某一专题的客观需要及档案状况，将有关的档案原件内容转化成档案文献出版物信息的一项事业[1]	教师讲授 重点概括	1分钟
2. 回顾档案文献编纂的内容	● 编纂选题，查找档案 ● 挑选档案，修拟档案标题 ● 编排档案，撰写汇编辅文 ● 回忆录、地方志及谱牒的编纂，电子档案的编纂	教师讲授 强调内容 突出对功能 发挥的影响	3分钟
3. 介绍档案文献编纂作品产生的背景及社会影响，启发学生思考这些作品具有什么功能	《红色档案——走进中央档案馆》 （参见视频 https：//www. saac. gov. cn/daj/hongsedangan/hsda. shtml）	案例介绍与分析 师生互动 案例演绎与归纳	7分钟
4. 根据互动结果，阐述档案文献编纂功能的知识框架	文化功能：科研条件功能、文化缔构功能 经济功能：管理功能、经济效益功能 政治功能：体现统治阶层的意志、借鉴经验的有效途径、政治斗争的重要方式、思想教育的生动教材	教师讲授 强调三者的 逻辑关系	3分钟
5. 介绍政治功能——体现统治阶层的意志	清代统治者将档案史料编纂视为维护其统治的一种工具，形成如下多种类型的档案文献编纂成果[2] ● 典章律令类档案史料汇编：康熙、雍正、乾隆、嘉庆、光绪五朝会典各种则例以及大清律等法律法令类档案史料编纂 ● 编年体档案史料汇编：官方编纂的起居登记、实录和私人编纂的《东华录》 ● 文集：20余种经世文编为代表的总集合、5 000余种个人别集 ● 文书汇抄档册：诏令谕旨汇抄档册、题奏本章汇抄档册、往来文书汇抄档册和专题文书汇抄档册四类 ● 专题档案史料编制：方略、纪略，《筹办夷务始末》、《清季外交史料》和外交报汇编、条约的章程汇编等外交档案史料汇编 ● 诏令奏议类档案史料汇编：圣训、《圣谕广训》、《上谕八旗》、《上谕条例》、《上谕内阁》、《硃批谕旨》等诏令汇编和诏令奏议合编，以及数百种奏书汇	案例解读 教师讲授	6分钟

续表

教学意图	教学内容	教学手段	教学时长
6. 介绍政治功能——借鉴经验的有效途径	《浴血奋战——档案里的中国抗战》（参见视频 https：//www.saac.gov.cn/zt/kzda/index.html） 该专题档案体现了中国共产党建立抗日民族统一战线、广泛发动群众、带领中国人民抗战的伟大事迹；展现了中国共产党以人民为中心，与人民同舟共济的根本立场	案例分析 档案展示	5 分钟
7. 介绍政治功能——政治斗争的重要方式	档案作品《顺风相送》（参见视频 http://www.diaoyudao.org.cn/2014－12/19/content_34359883.htm） 该专题档案是我国对钓鱼岛享有无可争辩主权的证据，有利于我国在国际政治斗争中占据优势，维护我国的国家安全和国家利益	案例分析 档案展示	5 分钟
8. 介绍政治功能——思想教育的生动教材	《南京大屠杀档案选萃》系列视频（参见视频 https：//www.saac.gov.cn/zt/njdts.html） 该专题档案公开了南京大屠杀相关档案资料，披露了日军反人类、反人道的残暴罪行，警醒国人勿忘历史、不忘国耻，增强民族凝聚力	案例分析 视频播放	12 分钟
9. 总结档案文献编纂政治功能的四个具体表现及其关系	政治功能： ● 体现统治阶层的意志 ● 借鉴经验的有效途径 ● 政治斗争的重要方式 ● 思想教育的生动教材	教师讲授 归纳总结 四个功能相辅相成的关系	3 分钟
第二学时（45 分钟）			
10. 介绍文化功能——科研条件和文化缔构	重要功能： 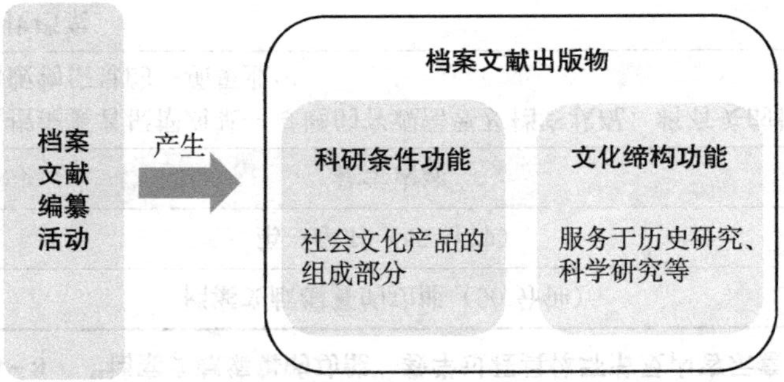	教师讲授 知识演绎	5 分钟

续表

教学意图	教学内容	教学手段	教学时长
11. 介绍经济功能	经济功能： 管理功能 经济效益功能	教师讲授 知识演绎	5 分钟
12. 结合案例总结档案文献编纂作品的三大功能	● 文化功能（重点）： 科研条件功能、文化缔构功能 ● 政治功能（核心）： 体现统治阶级的意志、借鉴经验的有效途径、政治斗争的重要方式、思想教育的生动教材 ● 经济功能（辅助）： 管理功能、经济效益功能	案例归纳 知识总结 教师讲授	3 分钟
13. 嵌入历史虚无主义相关知识	● 历史虚无主义的定义[3] 历史虚无主义是以唯心主义作为哲学根基的唯心史观，在虚无、歪曲自己对立面历史功绩的同时，美化、夸大自身的历史成就，进而达到“和平演变”社会主义制度的政治目的 ● 网络历史虚无主义的手法[4] 发掘旧信息重新炒作 以碎片化历史讲故事 借节日传播错误观点 以学术研究美化史实 为娱乐消费历史人物 用共情语言博得关注 ● 历史虚无主义的危害 习近平总书记 2015 年 12 月 25 日在视察解放军报社时指出，新形势下，意识形态领域斗争复杂尖锐。“历史和现实都警示我们，思想舆论阵地一旦被突破，其他防线就很难守得住。在意识形态领域斗争上，我们没有任何妥协、退让的余地，必须取得全胜。” 因此，我们必须要旗帜鲜明抵制历史虚无主义，用档案批驳各种针对我国无端的质疑和攻击，为营造良好的舆论环境提供有力支持	教师讲授	8 分钟

续表

教学意图	教学内容	教学手段	教学时长
14. 引导学生思考档案和档案文献编纂作品与历史虚无主义的联系	档案与历史虚无主义有何关系？ 档案文献编纂作品为何是反击历史虚无主义的重要武器？ 档案文献编纂作品在反击历史虚无主义中可以发挥怎样的作用？	课堂讨论 师生互动	7 分钟
15. 探讨档案文献编纂的功能与历史虚无主义之间的关系	借助表 4-4，重点讲解、深度运用，关键是把握各个案例是如何体现档案文献编纂功能的 借助表 4-5，适度扩展、适当运用，引导学生将档案文献编纂功能的知识更多运用于反击历史虚无主义的案例中 借助表 4-6，适当扩充档案编纂其他知识，让学生获悉档案文献编纂对反击历史虚无主义的巨大意义 借助表 4-7，适当列举历史虚无主义言论，鼓励学生运用编纂知识予以反击	教师讲授 师生互动 分组讨论	12 分钟
16. 播放共青团中央有关反击历史虚无主义的视频	《易燃易爆炸——祝你抛开虚伪，还祝你敞开心扉》（参见视频 https://www.bilibili.com/video/BV1F4411Z7Sd?from=search&seid=2559087232558659582&spm_id_from=333.337.0.0）	播放视频 启发思维	5 分钟
结束			

注：1. 胡鸿杰．档案文献编纂学．北京：中国人民大学出版社，2012.
2. 夏宏图．清代档案史料编纂研究．档案学通讯，2003 (1)：60-64.
3. 杜玥．中国共产党在批判历史虚无主义中凝聚共识的百年实践与经验．思想教育研究，2021 (1)：71-76.
4. 杨军．网络历史虚无主义的新手法．历史评论，2020 (4)：77-80.

表 4-9　“档案文献编纂工作的原则”教学过程具体环节及内容示意表

档案文献编纂工作的原则（90 分钟）			
第一学时（45 分钟）			
教学意图	教学内容	教学手段	教学时长
1. 展示往届学生优秀档案文献编纂作品，激发学生学习编纂原则和动手实践的热情	《中国重大传染病档案选编》 《抗日战争中的中国少数民族》	作品展示及介绍	6 分钟
2. 介绍档案编纂工作原则的知识梗概	档案编纂工作的原则 ● 政治性原则：公开出版的档案必须在国家规定的开放范围内；公布档案内容必须保障全体人民的根本利益；档案文献编纂的选题必须有利于社会主义事业；享有著作权的档案必须保护原作者的著作权 ● 科学性原则：实事求是，不歪曲篡改档案的真实内容；编研结合，以提高质量为中心开展研究 ● 效益性原则：质量第一，编纂经得起历史检验的精品；讲求实效，考虑客观需要与档案状况	教师讲授 知识解读	6 分钟
3. 阐释科学性原则：实事求是、编研结合	案例四　民族英雄——中国人民将永远铭记他们建立的不朽功勋 （参见《张全宝供述残害刘胡兰经过的供词》（山西省档案馆藏）） 案例五　《毛泽东选集》究竟是谁写的？ （参见《为争取千百万群众进入抗日民族统一战线而斗争》） 上述案例体现了档案及档案文献编纂作品在维护英雄形象、捍卫英雄精神中发挥的有利作用	发放案例四、案例五材料 教师讲授 案例分析 师生互动	15 分钟
4. 阐释政治性原则：出版档案文献编纂作品必须遵守国家的法律法规	由《陈寅恪的最后二十年》引发的官司，案件过程如下： 1995 年 12 月，三联书店出版作家陆键东的《陈寅恪的最后二十年》 1997 年 3 月，龙潜的女儿将三联书店和作者陆键东告上法庭，认为该书丑化龙潜形象 一审判决：该书引用档案的原话并注明出处，属于擅自公布档案的行为，违反了《档案法》 二审判决：本案中所涉部分档案材料为整风运动中所提意见，不应作为事实依据加以使用	教师讲授 案例分析 师生互动	8 分钟

续表

教学意图	教学内容	教学手段	教学时长
5. 阐释政治性原则：坚决维护中国共产党的领导和中国特色社会主义制度	●《战“疫”日记》(2021 年，浙江省档案局编) 该书由浙江省档案馆面向社会各界征集的新冠疫情防控工作档案资料中的日记和手记编纂而成。日记作者均为这场战“疫”的亲历者、见证者和记录者。用档案留存战“疫”记忆，记录了每一位英勇奋战的人民英雄 ●《武汉日记 2020》是武汉网友“蜘蛛猴面包”从 2020 年 1 月 23 日开始记录自己在武汉所见所闻的视频日记[1]，至 2020 年 4 月 8 日共 20 期，截至 2023 年 6 月 10 日累计播放量 5 845.4 万次 官方系统组织编纂形成的档案文献编纂作品与普通人视角下的疫情记忆相辅相成，有利于更全面地展示中国人民众志成城抗击疫情的行动和态度，从而反击了外界诋毁中国的不实言论	教师讲授 案例分析 师生互动	10 分钟
第二学时（45 分钟）			
6. 阐释档案编纂工作的效益性原则	效益性原则 ●质量第一原则：质量是档案文献出版物的生命线。编纂者必须具有较强的质量意识，当条件较好时，甚至应具有较强的精品意识，编出有特色的、经得起历史检验的成果 ●讲求实效原则：编纂题目的立项、编纂形式的确定、编纂计划的实施，都要从客观需要与档案状况的实际出发，考虑适用，注重实效	教师讲授	4 分钟
7. 理顺和演绎档案文献编纂三个原则之间的关系	档案文献编纂工作的科学性、政治性、效益性原则是统一的；科学性原则是基础，政治性原则是方向，效益性原则是客观标准 只有全面、完整地遵循档案文献编纂工作的基本原则，并在各个编纂环节中结合具体情况加以落实，才能保证档案文献编纂工作的顺利开展	教师讲授	4 分钟

续表

教学意图	教学内容	教学手段	教学时长
8. 利用历史虚无主义相关言论的案例，分析三个原则在档案文献编纂作品中的运用	借助表4-6，详细阐述三个原则在资源的编纂过程中的具体表现 借助表4-7，详细阐述案例内容以及历史虚无主义言论的特点，重点论证三个原则在反击历史虚无主义中的重要作用 借助刘胡兰、狼牙山五壮士相关案例（对英雄的诋毁），重点讲解科学性、政治性原则 借助林则徐相关案例（对历史人物的贬损），重点讲解效益性原则 借助《毛泽东选集》、陈寅恪相关案例（对历史事件不了解而出丑），重点讲解科学性、政治性原则 借助《方方日记》《晓松奇谈》相关案例（国外反华势力的推动），重点讲解政治性、效益性原则	弹幕教学 问题教学 师生互动 案例分析与综合	18分钟
9. 课程小结	历史虚无主义言论既涉及对我国抗日英雄的诋毁，又涉及对历史正面人物的刻意贬损，还涉及把对历史事件的无知当幽默以及国外反华势力的反华言论。应充分利用档案文献编纂的科学性、政治性、效益性原则，发挥档案文献编纂作品的客观性、准确性、权威性等作用		4分钟
10. 知识拓展与延伸，利用档案文献编纂知识，主动查找档案及作品，培养学生反击历史虚无主义的能力	为学生介绍可用于反击历史虚无主义言论的工具 全国报刊索引（https：//www.cnbksy.com/home） 中国近代影像资料库（https：//www.lzp360.com）	项目介绍与演示 任务驱动 合作学习	10分钟
11. 运用档案文献编纂作品反击历史虚无主义	利用上面介绍的数据库或其他途径，让学生阐述自己是如何利用档案文献编纂作品反击历史虚无主义的，并论证这与档案文献编纂原则的关联 作业形式：学生分为4组进行课堂汇报，每组15～20分钟	小组作业 知识运用	5分钟
结束			

注：1.《武汉日记2020》：用镜头记录武汉的爱与暖．（2020-02-21）．人民网.

表 4－10　“档案文献编纂学”教学成果展示表

选题	历史虚无主义言论	反击效果	编纂成果	其他展现形式
《中国重大传染病档案选编》	2020 年 5 月 29 日，美国总统特朗普在答记者问时称“中国政府的无能导致全世界受苦受难”[1]	该作品展现了中国人民在面对重大传染病时付出的巨大努力和牺牲	《中国重大传染病档案选编》电子书	展现该书编纂过程的 H5
《海丝记忆与泉州——唐宋元明清》	美国官员称“‘一带一路’建设的最终目的就是为中国谋求全球霸权创造条件”[2]	该作品整理唐宋元明清时期泉州与海上丝绸之路的联系与发展，展现了中国推动“一带一路”的历史渊源和推动构建人类命运共同体的大国风范	《海丝记忆与泉州——唐宋元明清》电子书	无
《抗日战争中的中国少数民族》	境内外部分历史虚无主义者在民族之间制造隔阂、仇怨，进一步挑起事端、图谋分裂中国[3]	该作品搜集整理了回族、朝鲜族、满族等少数民族人士在抗日战争中同侵略者英勇搏斗的相关档案，展现了中华民族团结一致、共御外侮的精神	《抗日战争中的中国少数民族》电子书	无
《档案见证小康路——福建脱贫案例选编》	以时任美国国务卿蓬佩奥为代表的少数美国政客，妖魔化中国共产党，恶毒攻击诋毁中国制度，挑拨中国共产党与中国人民的关系[4]	该作品选取福建省脱贫攻坚档案，介绍脱贫致富历程和先进人物事迹，展现中国共产党带领中国人民实现小康的奋斗历程	《档案见证小康路——福建脱贫案例选编》电子书	该档案文献编纂作品衍生出的《档案见证小康路》游戏
《丝路风情之西域选编》	西方部分历史虚无主义者认为“一带一路”倡议并非“共赢”，而是中国在“掌控”[5]	该作品整理了中国与丝绸之路沿线各国在经济、文化、艺术方面交流沟通的档案，介绍了丝绸之路对沿线各国的发展的促进作用	《丝路风情之西域选编》电子书	《谁泄露了中国丝绸的秘密》视频

续表

选题	历史虚无主义言论	反击效果	编纂成果	其他展现形式
《城乡生态文明建设成果选编》	2020年9月25日美国国务院网站发布“中国破坏环境事实清单”，就温室气体排放、海洋垃圾、非法捕鱼、贩卖野生动物等问题指责中国[6]	该档案文献编纂作品展示我国生态文明建设新成果、新理念，体现出我国坚持贯彻绿色发展理念，为全球环境治理贡献中国智慧	《城乡生态文明建设成果选编》电子书	《生态中国》电子杂志

注：1. 美指责中国应对疫情不力致全世界受难 外交部：谁无能，让数字说话．(2020-06-02)．澎湃新闻.
2. 美官员称“中国借一带一路谋霸权”外交部驳斥．(2018-12-17)．海外网.
3. 民族分裂图谋不会得逞．(2009-07-09)．中国青年网.
4. 求是网评论员：污蔑抹黑中国共产党是枉费心机．(2020-08-15)．求是网.
5. 一带一路倡议是中国在“掌控”？外交部回应．(2017-05-05)．中国新闻网.
6. 外交部回应美指责中方破坏环境：世界人民心里都有一本账．(2020-09-28)．人民网.

为达到编纂效果，各小组坚持全面查找、博约得当的原则，对各级档案馆数据库内的各类型档案进行广泛查找，以实体书、电子书、游戏等多种形式呈现编纂作品，并投放至多平台以提升作品的政治、文化、经济和社会影响力。其中，《档案见证小康路——福建脱贫案例选编》在校级第十二届“挑战杯”大学生课外学术科技作品竞赛红色专项活动中获得三等奖。

此外，表4-11选取历届学生作品中自建的作品平台，从中发现存在以下不足。

表4-11　“档案文献编纂学”学生自建平台及作品

作品类型	作品名称	创作成员	简介、发表平台	与反击历史虚无主义的关联
游戏	《前进吧五缘》	胡雪清、方媛等	简介：以卡牌游戏形式开发闽台藏品档案资源，在游戏中扫描卡牌上的二维码，获取闽台藏品档案知识，以期提高人们关于“两岸一家亲”的意识和促进两地文化交流 发表平台：学院团委微信公众号、教学云平台	将闽台档案的内容知识融入卡牌游戏，展现闽台“五缘”特征，一定程度上打击了“台独”分子的分裂图谋
游戏	《旧档一场梦》	叶舒淇、姚婷婷等	简介：通过拟人形象对话的形式介绍中国档案事业发展史上三个具有代表性的档案库房：石渠阁、甲库、皇史宬 发表平台：学院团委微信公众号、教学云平台	展示我国悠久的档案文化，鼓励新时代学生利用编纂知识更好地发扬档案文化和中华文化，让中华文化走出去
视频	《寓天地于方寸——印章里的大明》	郑智新、龙崇明等	简介：以明朝的起落为主线，通过明朝不同时期的印章和人物故事，展示历史大势下个人与国家的命运兴衰，发掘印章档案的故事性 发表平台：教学云平台	展示我国文化的博大精深和多样性，鼓励档案编纂者发散思维，多方位展现和弘扬中华文化

续表

作品类型	作品名称	创作成员	简介、发表平台	与反击历史虚无主义的关联
互动视频	《档案有声·我们在行动》	杨丹晗、朱青蓉等	简介：以新冠疫情为背景，通过互动视频的方式，以拟人化的视角展现档案人员的行动和担当 发表平台：https://b23.tv/BV1qt4y1Q7mi/p2	回顾抗疫期间档案工作对抗疫胜利发挥的作用，展现档案人的时代责任和使命，增加档案学专业学生的职业认同感，反映中国为全球抗疫作出的重大贡献
微信小程序	《档案十二"食"辰》	陈乐然、叶伊贤等	简介：通过编纂特色饮食档案，推广中国特色饮食文化 发表平台：教学云平台	搜集中国传统节日饮食习俗，展现我国丰富的节日风俗和饮食习惯，对于某些文化盗窃行为和文化抹黑言论给予有力回击

学生对档案文献原件的甄别能力有待提高。学生已掌握全面查找档案文献的能力，但在进一步挑选时易随意扩大选材规模或放宽选材质量。例如，学生对编纂作品主题把握不清，收集部分与编纂题目无关系的人物、事物资料；学生欠缺校勘经验，导致出现繁体字辨认不清、档案原文理解有误、档案之间的联系把握不准等问题。

学生持续改进编纂质量的积极性有待加强。在完成作品进行汇报后，教师提出完善意见，但各小组修改力度不一，大多将已开展的编纂工作当作课程实践教学作业，对该作业的后续改进重视不足，无法达到最佳效果，详见表4-12。

表4-12 "档案文献编纂学"课外推广活动效果（截至2022年10月10日）

自媒体类型	自媒体名称	推送类型	发文数（篇）	关注人数（人）	单篇最高阅读量（次）
官方公众号	2018级档案学班	教学活动	10	26	46
官方微博	2018级档案学班	教学活动	221	29	3 212
个人公众号	搬仓小叮档	业界热点	19	59	429

主题 5

坚持中国共产党对档案工作的领导——新《档案法》的创新与档案体制改革

5.1 主题概况

2018 年 3 月《中华人民共和国宪法修正案》明确“中国共产党领导是中国特色社会主义最本质的特征”，2020 年 6 月新《档案法》修订通过，第三条规定“坚持中国共产党对档案工作的领导”，首次从国家法律层面明确了中国共产党领导档案工作的要求，新《档案法》是将“党的领导”写入法条的法律之一，说明党和国家高度重视档案工作在国家各项工作、事务中的重要作用。①

新《档案法》是我国档案法治建设进程中一个新的里程碑，既是对档案工作适应国家治理体系和治理能力现代化的要求，又为推进档案治理体系和治理能力现代化提供了坚实的政治保障，是中国共产党领导档案工作走向依法治理、走向开放、走向现代化的重要标志，对新时代中国特色社会主义档案事业高质量发展具有重大而深远的影响。

新《档案法》第三条同时规定“各级人民政府应当加强档案工作，把档案事业纳入国民经济和社会发展规划，将档案事业发展经费列入政府预算，确保档案事业发展与国民经济和社会发展水平相适应”。这意味着正式把对档案事业的规划与投入写进法律，党和国家对档案工作的重视程度进一步得到提升。

“档案法学基础”主要讲述档案法治建设的重要意义、我国档案法规的产生与发展、信息立法与档案立法、档案立法与公民权利、档案立法与国家治理、档案工作人员的职责、我国档案工作人员职业道德等内容，是对坚持中国共产党对档案工作的领导、服务于国家治理现代化的有力诠释，是社会主义法治国家档案人才培养的重要课程之一，适合引导档案学学生坚持党的领导和坚持依法治档。这也说明有必要将“档案法学基础”作为档案学专业开展课程思政教育的必修课。配套教材为《档案法学基础》（王玉珏，武汉大学出版社）。

5.2 “档案法学基础”课程思政元素

“档案法学基础”重在向档案专业学生以及今后从事档案工作的其他专业学生讲清楚

① 王岚．从档案事业发展体系看新修订的《档案法》．中国档案，2020（11）：28－29.

《档案法》的立法定位，《档案法》如何统筹和引领微观层面的档案管理、中观层面的档案工作以及宏观层面的档案事业。新《档案法》出台，涉及《档案法》的相关教材以及理论成果从档案事业发展体系、档案治理体系与治理能力等视角对其进行阐释，“坚持中国共产党对档案工作的领导”成为引领档案事业发展最为瞩目且最为重要的工作原则，理应成为“档案法学基础”课程思政建设的主旋律，并由此引出党领导下的档案事业发展蓝图如何绘制、新《档案法》如何创新、档案机构改革如何推进等思政元素（详见图 5-1）。

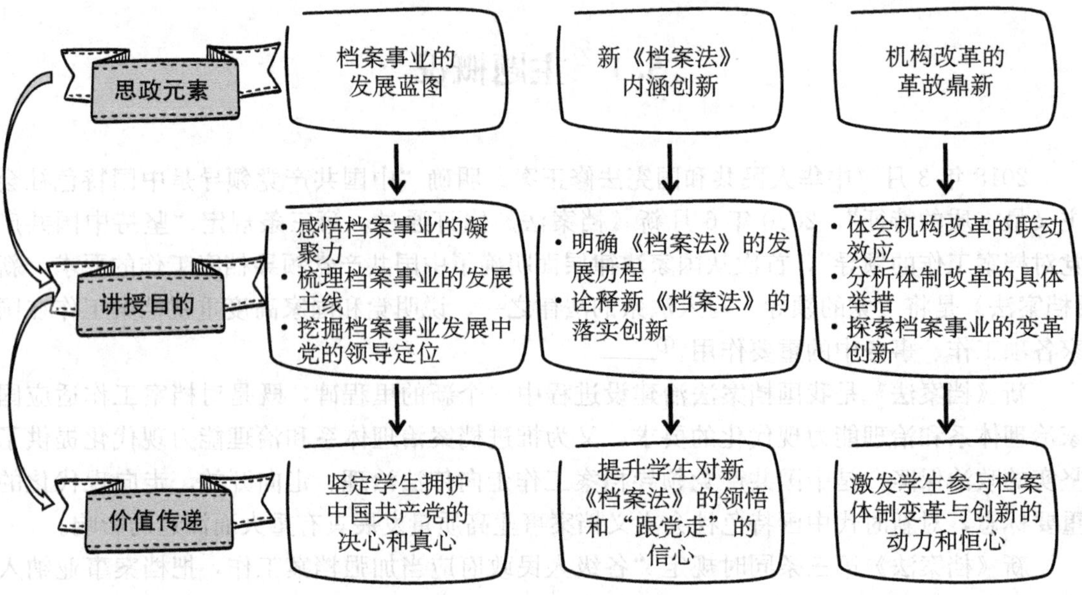

图 5-1 思政元素、讲授目的与价值传递联系图

5.3 主题案例库

5.3.1 坚持党的领导与中国档案事业发展

坚持中国共产党对档案工作的领导是实现档案事业现代化发展的必要条件。从历史来看，档案工作历来为政权提供服务。商周的甲骨档案、金文档案、简牍档案，春秋战国时期的新文书档案，秦朝的文书档案、律法档案、石刻档案，两汉时期的文书档案，魏晋南北朝时期的谱牒档案，唐朝的甲历档案，宋朝的文书档案、服役档案、律法档案，元朝的文书档案，明朝的黄册档案，清朝的黄册、史书、图礼档、金川档等，无一不是为统治阶层提供服务。档案事业发展至今，档案机构的职能已经发生了巨大的转变，从仅服务于政权到现在全方位为人民服务，这与中国档案事业由中国共产党领导有必然联系。

案例一

我国档案工作管理主体的发展历程

自古至今，档案工作的政治属性与作用影响着档案主体的不断演变。古代受中央政权的影响，档案管理主要由中央官员负责，具有中央集权的特点；新中国成立前后档案管理逐步转向由中国共产党负责与领导；随着档案事业的不断发展，新《档案法》第一次将“坚持中国共产党对档案工作的领导”写入法律条文，进一步明确了党对档案工作的领导。

（1）中国古代的档案管理。文字作为记录史实的工具，是档案产生的前提条件。文字之所以产生，是因为国家管理的需要。可以说，在一定程度上档案的产生是直接和国家的产生联系在一起的。因此档案工作在古代服务于国家政权，由中央直接领导，详见表5-1。

表5-1 中国古代档案管理主体汇总

朝代	档案类型	管理部门	管理官员称谓
商周	甲骨档案、金文档案、简牍档案等		史官
春秋战国	刑书（律法档案）、计书（赋税档案）、盟书、玺书等		史官
秦	文书档案、律法档案、石刻档案等	三公九卿	中央：少府下属尚书 地方：郡府下设门下主簿等
两汉	文书档案等	丞相府	御史府
魏晋南北朝	谱牒档案等	门下省	令史
唐	甲历档案等	中书省、门下省、尚书省	甲库令史
宋	文书档案、服役档案、律法档案等	政事堂、三省（即中书省、门下省、尚书省）	文书档案吏员
元	文书档案等	中书省	首领官（经历、都事、主事等）
明	黄册档案等	内阁、通政使司、六科、司礼监	内阁中书、通政使等
清	黄册、史书、图礼档、金川档等	内阁、军机处、六科	幕友、书吏

综上，受宗法制度与专制制度的影响，我国古代的档案集中于中央，为统治阶层服务，档案利用的范围较为集中，真正能够利用档案的除了君主帝王，只有中央的主要官员和负责档案管理的部分官员。

（2）新民主主义革命时期的档案管理。这一时期的档案管理贯穿于建党初期和大革命时期、土地革命战争时期、抗日战争时期与解放战争时期，档案工作逐步由古代的中央集权向中国共产党的领导过渡，详见表5-2。

表5-2　新民主主义革命时期档案管理发展梳理

时间	档案管理
1921年	中共成立之初，档案文件的处理、保存等工作一般由党的领导人直接承担
1923年	中共三大建立秘书制，并决定由毛泽东担任中央局秘书，负责包括“管理本党文件”等档案管理工作在内的机关秘书工作，在党中央初步实现了机关档案文件的集中管理
1926年	中共四届三中全会决定中央执行委员会下设立中共中央秘书处，档案保管、文书处理统属内设的文书科负责
1927年	增设文件保管处，把档案管理从文件处理工作中独立出来，形成党中央第一个档案管理机构，后来在此基础上建立了中共中央档案库（即“中央文库”）
	中央秘书处改由中央组织局领导
1929年	为及时与各根据地和红军进行联系，中央在周恩来的领导下建立无线电台，开展无线电通信业务，形成了大量的电报档案，由中央文件保管处和机要科等部门统一管理
1931年	拟制《文件处置办法》，对档案具体技术工作制定原则性规定
1936年	中共中央以延安为中心，恢复了档案管理工作，档案工作独立性逐渐增强
1941年	为配合整风运动，党中央发布《中共中央关于调查研究的决定》，成立调查研究局，其收集各方文件材料，成为重要的档案文件材料基地
1942—1945年	党中央和毛泽东连续发表系列重要文件及讲话：“我们自己非做搜集材料的工作不可”“我们所搜集的材料还是零碎的，我们的研究工作还是没有系统的”等
1945—1946年	党中央出台一系列有关档案管理的规章制度
1946—1949年	档案管理工作内容大致经历三个阶段：档案清理工作，即梳理战争中遗失、损毁、分散的档案；档案疏散转移，即将档案转移至河北石家庄等地，并安全运到北京；建立新政权的档案管理工作，阻止国民党反动派破坏档案

资料来源：何虎生，雷引杰．中共中央档案管理体系的初步建构（1921—1949年）：沿革、特点与经验．档案学通讯，2021（3）：4-11.

新民主主义革命时期，档案管理强调在中国共产党的领导下为其政治任务服务，但是由于中国共产党长期处在秘密斗争、地下斗争的战争环境下，档案工作为了适应这种复杂背景通常只能分散在不同的部门和系统中。因此，这一时期党的机关、军队、政府三大系统之间在档案管理工作上缺乏协作，尚未建立起一个有机联系的整体，档案管理工作体制始终未形成一种制度化的关系模式，呈现出各自为政、各负其责的局面。[①] 即使是在解放战争后期，这种分散管理的体制也没有根本性改变。

（3）新中国成立后的档案管理。中华人民共和国成立后，档案管理逐渐明确“集中统一管理”的原则，中央档案馆和国家档案局既是党的机构又是政府机构。实践证明，加强中国共产党的领导，坚持党政档案统一管理，有利于发挥党“总揽全局、协调各方”的领导核心作用，有利于全国档案事业的顶层设计、统筹协调、整体推进、督促落实。[②]

坚持中国共产党的集中统一领导，要求在党的领导下实现档案管理部门与档案行政部门的辩证协调。这两类部门及其工作的集中统一管理可以追溯到中共中央秘书处成立材料科。当时的材料科负责收集保管、提供使用文件电报和发行干部读物，是除中央文库外党中央最大的档案库，实现了档案管理与档案工作行政管理的集中统一。在 1993 年 3 月的政府机构改革中，中央档案馆与国家档案局以“一个机构、两块牌子”的方式进行合并，将档案的具体技术工作与档案的行政管理工作两种职能结合起来，这种“局馆合一”、档案行政部门和档案管理部门集中统一管理的档案体制一直沿用至今。

但是，不论是革命时期中共中央秘书处材料科将档案管理与档案工作行政管理相结合的组织方式，还是中华人民共和国成立以来一直实行的“局馆合一”体制，在一定程度上都会影响档案行政管理机构和文化事业机构的职能区分、职责履行和责任追究，不符合政事分开的组织原则和依法行政的内在要求。在此背景下，理顺档案管理与档案工作行政管理的区别和联系，推动“局馆合一”向“局馆分立”转变，成为当下档案管理体系改革的一个方向。

《档案法》的颁布与实施，标志着我国档案工作走上“依法治档”的轨道，其不断完善与创新见证了档案事业的发展，同时也记录了档案管理主体的演变历程。1987 年，我国第一部《档案法》明确“各级人民政府应当加强对档案工作的领导，把档案事业的建设列入国民经济和社会发展计划”，确定人民政府对档案工作的领导。1996 年修订的《档案法》把档案事业的建设列入国民经济和社会发展规划，进一步强化各级人民政府对档案工作的领导。2016 年修订的《档案法》提出各级人民政府应当加强档案工作，把档案事业纳入国民经济和社会发展规划，将档案事业发展经费列入政府预算，确保档案事业发展与国民经济和社会发展水平相适应。2020 年新修订的《档案法》首次将坚持中国共产党对档案工作的领导写入法律条文，这是党对历史负责的具体表现，为档案事业的发展明确了政治定位与前进方向。

资料来源：周雪恒．中国档案事业史．北京：中国人民大学出版社，1994：14－325.

---

① 刘迎红．新民主主义革命时期中共档案机构设置特点探析．档案学通讯，2019（3）：56－60.

② 何虎生，雷引杰．中共中央档案管理体系的初步建构（1921—1949 年）：沿革、特点与经验．档案学通讯，2021（3）：4－11.

纵观档案管理发展历程，我国档案管理由古代的中央集权逐步向由中国共产党领导过渡。通过梳理我国档案工作的管理主体，能够厘清中国共产党对档案事业的领导历程，思考在中国档案体制改革中“变”与“不变”的原因、动力、效果等，领悟中国共产党领导地位对档案工作的意义。

案例二

坚持党对档案工作的领导 中央文库的“传奇人生”

1926 年，党中央在上海成立了中央文库，其是中国共产党、中共中央秘书处文件保管处在新民主主义革命时期设立的地下文书档案库，记录着 1922—1933 年党中央撤离上海期间的历史（中央文库的艰难历程见表 5 - 3）。党中央在 1931 年制定的《文件处置办法》中特别指出，文件须一式二份，其中一份入库保存，先后派张唯一、陈为人、韩慧英、徐强、吴成方、李念慈和陈来生等人负责管理。中央文库的各保管人坚守住的不只是那一方档案寸土，更是我国时代发展的珍贵财富，是坚持中国共产党对档案工作的领导的真实写照。

表 5 - 3　从中央文库的艰难历程洞见中国共产党领导的力量

时间	事件	党领导的体现
1927 年	第一次国共合作破裂后，中央机密文电材料秘密转移到上海公共租界戈登路恒吉里 1141 号一所小洋楼内。中共中央的档案管理根据斗争的需要和环境的特点建立起来，并为中共保存和积蓄革命力量进行地下斗争作出了贡献	中国共产党当时的斗争环境促进中共中央档案管理工作的开展
1930 年	中央发布《关于建立秘密工作的通告》，规定各机关不宜保存文件，“不需要的文件，必须随时送至保管处保存”。1930 年 10 月，文件保管处已集中文件资料 20 余箱，成为党的秘密文件库	因中国共产党工作保密的需要，实行多套制、异地保存
1931 年	中央特科负责人顾顺章被捕叛变，党中央陆续撤往苏区。形势危急，张唯一在得到周恩来紧急通知后，雇用两辆黄包车，连夜将 20 余箱文件分几次运往法租界恺自迩路的自己家里	在中国共产党的领导下，档案工作在危急时刻免受侵害
1939 年	徐强与他的妻子李云先后奉调去延安，上海党组织指派负责情报工作的吴成方领导中央文库，他将保管文库的任务先后交给地下党员周天宝和刘钊	中共党员誓死保护档案的安全
1940 年	党的老地下工作者缪谷稔接任中央文库负责人，中央文库档案被当作“私人衣物”，运往英租界一幢独门小楼暂存。随后，中央文库又被缪谷稔运到自己的家中守护	
1942 年	负责向缪谷稔传递信息的地下交通员郑文道在外出办事时被捕，郑文道自杀牺牲，保住了中央文库的秘密	

续表

时间	事件	党领导的体现
1949 年	上海解放，瞿秋白当年在《文件处置办法》中所称的“将来”变成了现实。陈来生亲自押车，将全部档案送到中共上海市委组织部	在中国共产党的领导下，档案工作逐步走向统一管理
1950 年	在中央领导同志指示下，中央文库档案被安全押送到中共中央秘书处	
1959 年	中央档案馆于北京西郊海淀建成	

资料来源：陆国强．做中央文库的忠实传人．中国纪检监察，2021（13）：61-62.

中国共产党人建立、保管、守护中央文库的过程，体现出独一无二的“中央文库精神”，即无比坚定的理想信念、绝对忠诚的政治品格、党纪如铁的纪律观念、深邃长远的历史眼光。教材中“中国共产党领导下的档案工作人员的职业道德”就是对这一精神的诠释。

案例三

从中外档案管理比较中发现只有中国共产党领导的档案工作符合我国国情

档案管理体制是指一个国家档案和档案工作的方式与组织制度，包括各级档案行政管理、业务机构设置及隶属关系等。①

1949 年以前，我国的档案事业并未形成国家规模的统一管理体系，直至 1949 年中华人民共和国成立之后，我国档案事业管理体制经历五个发展阶段，才逐渐形成“统一领导、分级管理”的体系框架，详见图 5-2。

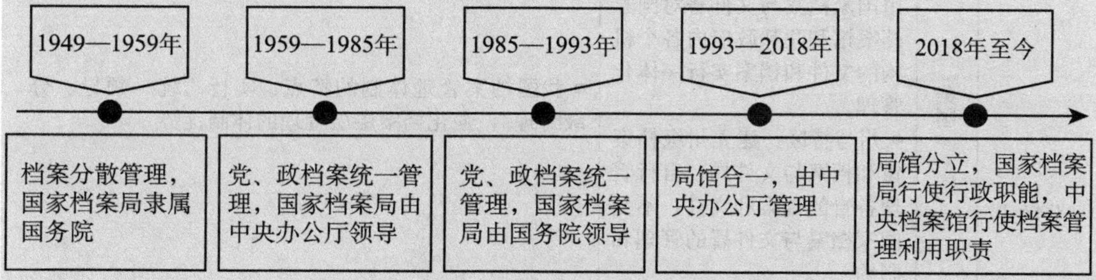

图 5-2　我国档案事业管理体制发展阶段图

从世界范围来看，按照中央与地方的权属关系，档案管理体制可以分为分散式和集中式两种类型。联邦制国家大多采用分散式档案管理体制，在该档案管理体制下，中央与地方之间权力均等，无领导与隶属关系，中央要么不设立档案行政管理机构，

① 丁华东，窦晓光．改革开放以来我国档案管理体制改革发展的实践成就．档案学通讯，2003（1）：13-16.

要么仅设立中央级档案馆，比如美国、英国。集中式档案管理体制的特点与分散式档案管理体制正好相反，即地方档案管理机构接受中央档案管理机构的领导和监督，典型代表是中国、俄罗斯、法国，详见表5-4。

表5-4　中外档案管理体制对比

管理体制	国家	特点	与中国共产党领导下的档案管理体制的对比
集中式	俄罗斯	● 党政工作分开的集中统一管理 ● 各级档案馆对档案文件实行集中管理	● 相同点：中央设立国家档案局，统领全国档案事务，在地方设立档案行政管理机关，对各省、市等进行档案行政管理并受上级档案局的领导 ● 不同点：俄罗斯是党政工作分开管理，我国是党政合一、统一领导 ● 我国档案管理体制的特点：档案管理集中程度更高
	法国	● 中央：设立一个档案事业行政管理中心即档案局，统一管理全国的公共档案，规划国家档案事业建设，领导和监督中央与地方国家档案馆工作 ● 地方：不设立档案行政管理机关	● 相同点：中央设有国家级档案行政管理机关；通过行政手段和法律手段对下设的各级档案部门进行领导和监督 ● 不同点： 集中管理的类型不同：我国属于层次型管理体制，在中央设立国家档案局，在地方设立各级档案行政管理机关；法国属于单一型管理体制，只在首都设立国家档案局，在地方不设立档案行政管理机关 机关隶属不同：中国国家档案局最初隶属国务院，如今列入中共中央直属机关的下属机构序列；法国档案局则隶属于文化部，是部级直属机关 ● 我国档案管理体制的特点：具有更高的地位、更大的行使权限
分散式	美国	● 联邦：美国实行高度集中、统一管理的管理原则，由国家档案与文件署对国家档案馆和联邦政府内各个机构的文件和档案实行一体化管理 ● 州与特区：建立州级档案馆和档案与文件局，自行管理各自的档案和文件，不受国家档案与文件署的管理和制约	● 我国档案管理体制的特点：实行"统一领导、分级管理"，强化档案层层管理的体制优势
	英国	● 不设立任何档案事业行政管理机关 ● 各档案馆间无隶属关系	● 我国档案管理体制的特点 更具权威性：加强档案的集中管理 更具系统性：我国在纵向上设有国家档案局和各个地方档案局，横向上设有各专业档案馆和地方档案馆，形成了一个档案局馆网，使我国的档案管理横纵交织、条块分明

资料来源：徐拥军，张臻，任琼辉．我国档案管理体制的演变：历程、特点与方向．档案学通讯，2019（1）：15-22；刘洋．中外档案事业管理体制比较与研究．兰台世界，2011（21）：25-26.

我国档案管理体制由萌芽状态的中央文库，发展到现今较为成熟的“统一领导、分级管理”体系，是一个长期发展、不断优化的过程，引领着中国档案事业逐步走向统筹规划、协调统一的系统性战略布局，展现了中国共产党的领导核心作用。

案例四

中国共产党领导档案工作的发展简史

通过梳理档案法律规章等可以发现，党对档案工作的领导分为探索期（1921—1949年）、初建期（1949—1965年）、停滞期（1966—1978年）、恢复期（1979—1999年）、发展期（2000—2013年）、繁荣期（2014年至今），各个时期的代表事件见表5-5。

表5-5　中国共产党领导档案工作的发展历程简表

时期	代表事件		事件意义
	时间	内容	
探索期（1921—1949年）	1921年7月	中国共产党第一次全国代表大会召开，中国共产党正式成立	党领导档案工作有了可能
	1926年10月	党中央设立秘密文书档案库中央文库	档案工作在中国共产党成立和发展初期发挥了重要作用
	1931年2月	中共中央军委书记、中央组织部部长，兼管中央秘密工作委员会的周恩来委托瞿秋白制定中国共产党第一个档案文件管理制度《文件处置办法》	
初建期（1949—1965年）	1954年8月	中央政府政务院秘书厅发布《关于大区行政机构撤销后档案集中管理的办法》	突出机关档案的集中统一管理原则，使档案管理工作朝集中统一的方向迈进
	1956年4月	国务院颁布《国务院关于加强国家档案工作的决定》	明确国家档案范围，对档案工作进行多方位指示
	1959年1月	中共中央发布《关于统一管理党政档案工作的通知》	完善党政档案集中统一管理原则，强调党的领导地位推动档案管理体制改革
停滞期（1966—1978年）	1966年6月	“四人帮”盗用中央办公厅名义发布《关于揭发档案工作中反党反社会主义黑线的通知》	打破原有的档案管理体制和管理原则，全面否定档案工作的既定法规，全盘推翻过去档案工作取得的成就
	1967年2月	中共中央和国务院联合发布《关于确保机要文件和档案材料安全的几项规定》	一定程度上缓解当时档案失密的压力

续表

<table>
<tr><th rowspan="2">时期</th><th colspan="2">代表事件</th><th rowspan="2">事件意义</th></tr>
<tr><th>时间</th><th>内容</th></tr>
<tr><td rowspan="6">恢复期（1979—1999年）</td><td rowspan="2">1979年</td><td>全国档案工作会议宣布重新印发《关于加强国家档案工作的决定》、《关于统一管理党政档案工作的通知》以及《国家档案局组织简则》</td><td rowspan="2">重申档案工作的原则与方针，基于经验教训进行总结，对日后的档案工作作出规划及要求</td></tr>
<tr><td>国家档案局发布《关于全国档案工作会议的报告》</td></tr>
<tr><td>1980年2月</td><td>中共中央、国务院对《关于全国档案工作会议的报告》作出重要批示</td><td>明确档案工作的性质和内涵，表明档案工作在社会各项事业发展中的实际意义，提供档案立法工作继续开展的准则</td></tr>
<tr><td>1987年9月</td><td>第六届全国人民代表大会常务委员会第二十二次会议正式通过《中华人民共和国档案法》</td><td>我国档案法制建设工作走向全面发展阶段</td></tr>
<tr><td>1996年7月</td><td>第八届全国人民代表大会常务委员会第二十次会议正式通过《关于修改〈中华人民共和国档案法〉的决定》</td><td>完成对《档案法》的首次修正</td></tr>
<tr><td>发展期（2000—2013年）</td><td>2010年4月</td><td>国务院办公厅印发《关于做好规章清理工作有关问题的通知》</td><td>定期清理不符合社会发展需求的规范性文件，缓解文件之间的冲突，实现对档案工作的科学指导</td></tr>
<tr><td rowspan="4">繁荣期（2014年至今）</td><td>2014年5月</td><td>中共中央办公厅、国务院办公厅联合印发《关于加强和改进新形势下档案工作的意见》</td><td>体现党的领导核心以及中央政治局、党中央、国务院对档案工作的高度重视和支持</td></tr>
<tr><td>2017年10月</td><td>习近平总书记在十九大报告中，明确将“坚持党对一切工作的领导”作为新时代坚持和发展中国特色社会主义的基本方略中的第一条</td><td rowspan="2">坚持党的领导再次成为当代各项事业发展的必备方略</td></tr>
<tr><td>2018年3月</td><td>《中华人民共和国宪法修正案》明确“中国共产党领导是中国特色社会主义最本质的特征”</td></tr>
<tr><td>2020年6月</td><td>新修订的《档案法》首次以法律形式明确“坚持中国共产党对档案工作的领导”</td><td>进一步强化坚持中国共产党对档案工作的领导、档案工作姓党的重要政治属性</td></tr>
</table>

续表

时期	代表事件		事件意义
	时间	内容	
	2021年6月	中共中央办公厅、国务院办公厅联合印发《"十四五"全国档案事业发展规划》，强调档案工作首要原则就是要"坚持党的领导。牢记档案工作的政治属性，提高政治站位，增强政治自觉，把党的领导贯穿工作全过程、各方面，确保档案工作正确方向"	对"坚持中国共产党对档案工作的领导"在法律层面和实践层面进行全面部署
	2021年7月	习近平总书记对档案工作作出重要批示，又一次明确要加强党对档案工作的领导	充分说明加强党对档案工作的领导的必要性、重要性和紧迫性
	2022年12月	中共中央办公厅、国务院办公厅印发《关于加强重特大事件档案工作的通知》	要求各级党委（党组）提高政治站位，加强组织领导和统筹协调，建立党委统一领导、党政齐抓共管、责任分工明确、部门协同联动的重特大事件档案工作机制

由表5-5可知，中国共产党建党以来，正是由于不断加强和规范中国共产党对档案工作的领导，中国档案事业才不断走向繁荣。

案例五

国际政治环境对中国档案事业发展的影响

新中国成立以来，档案事业所取得的可喜成绩，是广大档案工作者在党与政府的正确领导下、在全国人民的支持下所取得的，同时我们也要认识到，国际环境对当代中国的档案事业有着不可忽视的影响。回顾新中国成立以来档案事业的发展历程，国际政治环境在很大程度上影响着我国档案事业的国际往来，并影响着现当代中国档案事业的发展（见表5-6）。

表 5-6　国际政治环境变化与中国档案事业发展的关联

时间	国际政治环境	国内所处阶段	中国档案事业发展情况
1949—1958年	以美国为首的帝国主义阵营同以苏联为首的社会主义阵营严峻对立，针锋相对	中华人民共和国成立初期	1949年9月，苏联档案专家米留申来华，帮助我国建设档案事业
			1958年9月，曾三同志率领中国档案工作者代表团访问苏联，中苏两国档案界的往来达到高潮。在苏联专家的帮助下，我国在学习苏联先进经验的基础上，按照统一集中的社会主义原则创立自己的档案事业并逐步发展
			20世纪50年代，在中苏两国档案界的交往中，苏联有关文书档案的书籍、教材被翻译引进我国
			1956年第三届国际档案大会上苏联档案代表提议接纳中国档案界参加国际档案理事会 党政档案统一管理
1958—1965年	20世纪50年代后半期，中苏两党在国际共产主义运动、社会主义国家相互关系等原则问题上逐渐出现严重分歧，中苏之间控制与反控制的斗争日益激化	“大跃进”和国民经济调整时期	中国档案界与国际档案界的联系锐减以致完全中断，中国档案事业处于停滞、瘫痪状态
	1965年，中苏两党关系彻底破裂，中苏关系全面紧张		
1966—1976年	中国国际地位削弱，中美关系长期对立。1972年尼克松访华，两国关系开始走向正常化	“文化大革命”时期	档案事业的对外交流基本陷入沉寂
1977—1990年	中美正式建交，中国国际地位提升，恢复在联合国的合法席位	党的十一届三中全会后，开始了改革开放和社会主义建设新时期	档案事业恢复发展 批准恢复国家档案局；纠正档案工作战线上全国性冤假错案；恢复各级档案行政管理机构；恢复大批档案馆；重视档案干部队伍建设；开展档案的出版、外事和学术研究等方面工作；开放历史档案 1980年国际档案理事会正式接纳我国为其甲类会员国
1991—2010年	东欧剧变、苏联解体、冷战结束，美国成为唯一的超级大国，中国成为最大的社会主义国家	建设中国特色社会主义事业	档案事业全面发展 档案法制建设不断完善；档案资源建设持续加强；档案利用服务工作成效显著；档案现代化管理水平稳步提高；档案科学教育工作扎实推进；档案宣传出版工作快速发展；档案工作对外交流与合作开创新局面

续表

时间	国际政治环境	国内所处阶段	中国档案事业发展情况
2011 年至今	中美关系发生较大变化，中美在政治制度、意识形态和地缘政治等领域的分歧与对抗长期存在	中国特色社会主义进入新时代	档案事业繁荣发展 档案信息化建设初具规模；档案资源更加丰富；档案队伍建设更加专业化；档案基础设施设备进一步完善；档案宣传与服务作用不断增强；档案安全管理更加严密；档案法制建设逐步健全

资料来源：黄夏基．国际政治环境对当代中国档案事业发展的影响：当代中国档案事业发展政治探源．兰台世界，2007（22）：5－6；周雪恒．中国档案事业史．北京：中国人民大学出版社，1994.

由表 5－6 可知，面对帝国主义的围剿，中国档案事业困难重重却初具规模；在与苏联、美国关系曲折时，中国档案事业实际上脱离了中国共产党的领导而停滞和倒退；中国与美国、前苏联国家、周边国家等关系稳定发展时，中国档案事业恢复和全面发展；2011 年之后中国特色社会主义建设取得较大进步，进入新的发展阶段，国际形势更加复杂，中美关系更加复杂，中国档案事业却繁荣发展。结合教材中“国外部分国家档案立法概览”相关内容，可以深入理解党的领导增强了中国档案事业面对复杂国际政治环境的韧性、调整能力和适应强度，国家档案事业即使在国际环境不断变化的时代背景下，仍然能够在中国共产党的领导下繁荣发展。

5.3.2 坚持党的领导与《档案法》修订

《“十四五”规划》提出要严格档案执法，加强档案法治宣传，增强全社会档案意识，深化依法治档、提高档案治理能力和水平。2021 年 7 月，习近平总书记对档案工作地位作用作出重要批示，强调“加强党对档案工作的领导，贯彻实施好新修订的档案法，推动档案事业创新发展”。由此可见，新《档案法》既是对深化档案治理体系建设提出的实践要求，也是新时代档案事业发展的法制根基。

案例六

深入贯彻落实新《档案法》 奋力谱写浦东档案事业发展新篇章

在我国“统一领导、分级管理”的档案工作原则与布局下，各省市级档案馆形成分级管理的运行模式。浦东新区是上海市的辖区之一，其档案工作在上海市档案局的管理与监督下谱写了档案事业发展的新篇章。

（1）起步：政策规划的制定。为进一步落实新《档案法》，上海市将档案法治纳入浦东新区法治政府建设总体布局，构建运行高效、程序规范、执行有力的档案执法机制，扩大档案监督检查覆盖面。2021 年 8 月，上海市档案局印发《上海市档案事业发展“十四五”规划》，强调实现“十四五”时期上海档案事业发展各项目标任务的基本原则——坚持党的领导，坚持以人民为中心，坚持全面依法治档，坚持服务中心大局，坚持推进数字化转型，坚持守牢安全底线，全面体现新《档案法》中“坚持中国共产党对档案工作的领导”这一重要定位。2021 年 9 月，为进一步落实新《档案法》第五章提出的“档案信息化建设”的重要部署，上海市档案局把档案信息化专章和电子档案单套制管理作为《上海市档案条例》（该条例 2021 年 10 月第四次修正通过，2021 年 12 月 1 日正式施行）修正的重要条款，把数字化转型要求全面渗透到各项任务中。

（2）建设：新《档案法》的落实。2021 年 4 月上海市档案局印发《上海市档案事业数字化转型工作方案》，组织召开全市推进大会，全方位明确档案事业“四个体系”建设数字化转型升级的 27 项重点工作任务①，具体见表 5－7。

表 5－7 上海市档案事业“四个体系”建设数字化转型升级的 27 项重点工作任务表

	任务内容	对新《档案法》的落实
任务一	科学制定本市和各区档案事业发展规划，谋划好“十四五”期间档案信息化发展思路和轨迹路径；结合年度重点工作计划，进一步细化工作项目和工作指标，明确档案事业数字化转型的任务目标	第三十五条（各级人民政府应当将档案信息化纳入信息化发展规划）
任务二	依据《档案法》，顺应信息技术发展现实需要，将数字化转型战略思维融入贯彻落实法律实施的各项工作中，加强执法检查和行政督导，为档案信息化工作提供强有力的法制保障	
任务三	建立“互联网＋档案”思维，提升“掌上服务能力”，将数字化转型工作要求作为提升档案馆业务和“星级档案室”建设等工作的重要内容，积极探索档案事业数字治理新模式	
任务四	加强数字档案（馆）室建设，为档案事业数字化转型奠定坚实的发展基础。未来 5 年内，各区档案馆全部建成数字档案馆；在本市和各区机关、团体、企业、事业单位中培育建设 50 家数字档案室	第四十条（档案馆负责档案数字资源的收集、保存和提供利用。有条件的档案馆应当建设数字档案馆）
任务五	全力推进国家、本市、各区与档案数字化转型相关的各项试点工作，全面打通电子档案全流程管理堵点，形成可复制可推广的电子档案“单套制”管理新经验；在自贸区各片区、临港新片区和长三角生态绿色一体化发展示范区进一步实施更广范围、更深层次的电子档案管理策略	第三十六条（机关、团体、企业事业单位和其他组织应当积极推进电子档案管理信息系统建设）

① 上海档案数字化转型发展成效显著．中国档案报，2021－09－02（1）．

续表

	任务内容	对新《档案法》的落实
任务六	以优先推行“增量电子化”为导向，在政务服务、经济建设、社会管理等领域全面推动电子文件归档工作。本市各级机关团体、企事业单位普遍开展电子档案管理工作，电子档案数量较“十三五”时期翻一番；加强电子印章、数字签名、四性检测、数字水印等技术应用，确保电子档案来源可靠、程序规范、要素合规	第三十七条（电子档案应当来源可靠、程序规范、要素合规）
任务七	加速“存量数字化”进程，在提升工作效率的同时确保数据质量。到 2025 年末，本市各级机关团体、企事业单位永久保管的纸质档案数字化率普遍达到 80%以上，各区档案馆数字化工作基本实现“库存清零”；市档案馆完成 6 000 万幅纸质档案数字化扫描和 450 万条文件级目录的新增著录任务，实现新中国成立后馆藏开放档案文件级目录全覆盖	第三十八条（国家鼓励和支持档案馆和机关、团体、企业事业单位以及其他组织推进传统载体档案数字化）
任务八	加强新型档案资源建设，广泛开展业务数据、公务电子邮件、网页信息、社交媒体等的收集归档工作；各级各类档案馆普遍开展电子档案以及纸质档案数字化副本接收工作，接收电子档案数量较“十三五”翻一番	第三十五条（各级人民政府应当将档案信息化纳入信息化发展规划，保障电子档案、传统载体档案数字化成果等档案数字资源的安全保存和有效利用）
任务九	积极融入全市政务服务“一网通办”、城市运行“一网统管”，进一步增强档案公共数据治理能力，完善档案数据治理规则，拓展数据归集门类，有效提升各区档案馆民生档案及开放档案目录数据归集率和归集质量	第四十一条（国家推进档案信息资源共享服务平台建设，推动档案数字资源跨区域、跨部门共享利用）
任务十	全面推进市、区“一网通办”政务服务单位电子档案规范化、标准化、常态化管理，各相关公共管理和服务机构严格按照《上海市“一网通办”电子档案管理办法》规定，及时有效开展电子文件归档，并于形成次年向同级国家综合档案馆移交电子档案	
任务十一	通过重点档案登记和目录报送等举措，将本市各级各类档案馆、各机关、人民团体和国有企业档案目录资源汇集到政务内网端的“上海档案目录共享平台”	
任务十二	切实加强市区重大活动、重要会议、重点工作的建档指导和监督管理，确保重要档案和数字化副本完整、准确、系统、安全，并依法移交相关档案馆	第三十九条（档案馆应当对接收的电子档案进行检测，确保电子档案的真实性、完整性、可用性和安全性）
任务十三	整合现有系统和资源，将互联网端“数字档案公共查询平台”打造为全国档案查询利用服务平台重要节点，汇聚全市所有开放档案案卷级和文件级目录，形成一批具有上海地方特色的专题档案资料全文数据库	第四十一条（国家推进档案信息资源共享服务平台建设，推动档案数字资源跨区域、跨部门共享利用）

续表

	任务内容	对新《档案法》的落实
任务十四	完善“上海市档案目录共享平台”运行机制，“十四五”期间实现全市国家综合档案馆所有馆藏目录全覆盖，依托平台探索开展档案监管、共享利用等应用；升级开发平台全文挂接功能，使各接入单位具备在政务内网上统计、移交和交互查询利用档案的基本条件	第二十八条（档案馆应当通过其网站或者其他方式定期公布开放档案的目录，不断完善利用规则，创新服务形式，强化服务功能，提高服务水平，积极为档案的利用创造条件，简化手续，提供便利）
任务十五	深化长三角民生档案“异地查档、便民服务”，持续增加“全市通办”档案门类，完善电子签章等技术措施，建立“能跑数据就不跑腿”的服务模式，不断提升市民查档的便捷度和满意度	
任务十六	拓展档案利用服务方式，档案全文检索投入实际应用。探索虚拟现实（VR）、增强现实（AR）等现代科技在档案展览展示中的应用；加快推进“掌上档案馆”建设，全市各级各类档案馆互联网网站和官方新媒体账号具备档案查询、服务预约等公共服务功能	
任务十七	鼓励倡导各级各类档案馆和档案部门利用多种新媒体平台开展档案宣传、文化传播和利用服务；加快档案媒体深度融合发展，实现各类信息内容、媒介资源、技术应用和系统平台有效整合、共融共通；开展各级各类档案馆互联网网站及移动端服务绩效评估工作	第三十四条（国家鼓励档案馆开发利用馆藏档案，通过开展专题展览、公益讲座、媒体宣传等活动，进行爱国主义、集体主义、中国特色社会主义教育，传承发展中华优秀传统文化，继承革命文化，发展社会主义先进文化，增强文化自信，弘扬社会主义核心价值观）
任务十八	全市各综合档案馆充分运用现代化信息技术，建设电子档案库房；安全保管馆藏各类电子载体的档案资料，规范开展全宗卷信息化管理和统计清点、安全检测、备份迁移等工作	第十九条（按照国家有关规定配置适宜档案保存的库房和必要的设施、设备，确保档案的安全；采用先进技术，实现档案管理的现代化）
任务十九	兼顾工作效率和安全防护，利用大数据、人工智能等技术探索和开展格式化档案智能著录、特定敏感信息智能划控系统的开发研制；加强 OCR 识别、图像增强等技术应用，开展档案数字化向数据化转型实践探索	第六条（国家鼓励和支持档案科学研究和技术创新，促进科技成果在档案收集、整理、保护、利用等方面的转化和应用，推动档案科技进步）
任务二十	着眼应用现代科技，提升档案保护水平，积极探索新技术在档案保护领域的应用，研究制定电子档案长期保存的相关策略和技术手段；大力推进馆（室）藏音像档案数字化工作，到 2025 年，基本完成各综合档案馆馆藏照片、录音、录像档案的数字化转存任务	

续表

	任务内容	对新《档案法》的落实
任务二十一	开展上海市“电子档案备份中心”建设，面向全市各级各类档案馆和机关、团体、企事业单位，提供安全、可靠、经济、便捷的电子档案备份服务，为全市乃至全国各级档案部门安全管理电子档案提供坚实的基础保障	第三十九条（档案馆可以对重要电子档案进行异地备份保管）
任务二十二	加强各单位安全管理，强化信息机房、电子档案库房等重点部位和设施设备的安全保卫，及时制定相关应急方案并定期开展演练；结合人工智能、电子巡更等技术应用，加强档案建筑及周边环境的巡查，确保档案安全万无一失	第十九条（档案馆和机关、团体、企业事业单位以及其他组织应当建立健全档案安全工作机制，加强档案安全风险管理，提高档案安全应急处置能力）
任务二十三	对标国家和本市有关规范和标准，结合本市和各单位实际，建立健全数字档案馆（室）各项制度、规范、办法、细则，并按要求严格管理和组织实施；积极争取财政支持，提供数字档案馆（室）运行维护的经费保障	第十二条（按照国家规定应当形成档案的机关、团体、企业事业单位和其他组织，应当建立档案工作责任制，依法健全档案管理制度）
任务二十四	进一步理顺和健全各级各类档案馆数字档案资源接收、进库、整理、保管、保护、利用等一系列管理机制，明确边界权限，压实工作职责，科学建立和完善现代化数字档案馆最优工作模式	
任务二十五	依托政务外网建设“电子公文归档和电子档案管理平台”；按照国家相关规范和标准，合理配置基础设施设备，优化管理流程，完善各项功能，确保各级档案部门信息技术软、硬件运行平稳有序，各类数据管控安全有效	第十九条（按照国家有关规定配置适宜档案保存的库房和必要的设施、设备，确保档案的安全；采用先进技术，实现档案管理的现代化）
任务二十六	加强档案科研宏观管理，围绕大数据、云计算、人工智能等重点内容组织开展课题研究，推进科研成果有效转化，促进科技创新与档案业务工作深度融合；增加档案教育培训科目设置中有关现代化、信息化内容比重，不断强化档案从业人员的数字化转型理念	第六条（国家鼓励和支持档案科学研究和技术创新，促进科技成果在档案收集、整理、保护、利用等方面的转化和应用，推动档案科技进步）
任务二十七	加强队伍建设，培养高素质信息化专业人才。优先考虑数字赋能需要，在教育、培训、管理、考核等各个环节进一步加大力度，让肯干事、敢担当、业务熟、技术精的同志脱颖而出，逐步打造适应档案事业数字化转型需求的人才集群和引领全国档案信息化潮流的专家智库	第十一条（国家加强档案工作人才培养和队伍建设，提高档案工作人员业务素质）

资料来源：上海市档案局关于印发《上海市档案事业数字化转型工作方案》的通知．(2021-04-01)．上海档案信息网.

(3) 成果：新《档案法》的成效。例如，根据新《档案法》第二十八条的规定，要“不断完善利用规则，创新服务方式，强化服务功能，提高服务水平”。浦东新区档案部门在党的领导下，较早建立了民生档案跨省异地利用服务机制，2013 年启动以来，已与全国 75 家档案馆建立了异地利用服务合作机制，长三角地区县级以上城市实现全覆盖，运用先进技术逐步实现"当场办结"，并与民政、疾控中心、房地产管理等部门开展档案资源共享，推出手机 App、"市民云"等移动端预约查档和自助下载服务，让群众享受到便捷高效的档案服务。浦东新区档案部门通过各类在线方式完成的查档服务占比已超过 60%，档案利用服务迈进"互联网+"时代。又如，上海市档案馆将中国（上海）自由贸易试验区管理委员会保税区管理局电子档案单套制管理的成功经验复制推广到相关片区局和临港新片区，进而延伸至浦东新区相关单位，如上海市高级人民法院持续探索和完善电子卷宗单套制管理机制及应用模式，逐步将全市三级法院纳入归档改革试点范围，实现 10 余万件电子卷宗单套流转和归档管理，获得最高人民法院和国家档案局的高度认可。再如，上海市审计局、上海市绿化和市容管理局、上海市住房和城乡建设管理委员会、国泰君安、华建集团、上海电信等单位建成数字档案室，发挥了良好的示范效应。

资料来源：深入贯彻落实新修订的档案法 奋力谱写浦东档案事业发展新篇章．中国档案报，2021－02－25（3）.

为进一步落实新《档案法》，上海市浦东新区档案馆在政策规划、数字化转型等方面的工作有目共睹，向浦东新区人民展现了完美的成果蓝图，升华了教材中"档案法治建设的重要意义"。通过讲解上海市浦东新区档案馆面向用户提供的异地利用服务合作机制、在线查档等多元服务，诠释了教材中"档案立法与公民权利"的关系与意义，促进了学生档案法治认知水平的提升。

5.3.3 坚持党的领导与全国档案机构改革

党领导下的档案工作并非一成不变，一方面，受社会价值观念的影响，档案机构朝着更加开放、更加科学的方向改革，详见案例七；另一方面，受国家治理理念的影响，档案机构沿着现代化、法治化的轨道改革，详见案例八。

案例七

新中国成立以来我国社会价值观念的变迁与档案体制的关联

作为践行党领导档案工作的实施者，档案机构的改革受社会价值观的影响。不同时期有着不同的主流社会价值观，对档案机构影响的侧重点也存在差别。新中国成立以来我国社会价值观念的变迁大致分为四个阶段，详见图 5－3。

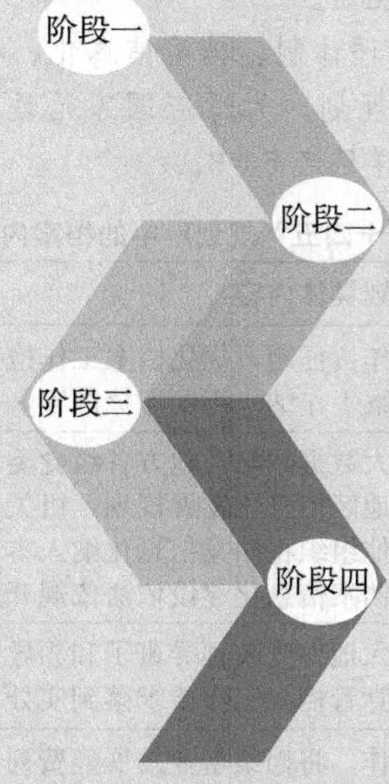

❖ 20世纪50—60年代

新中国成立到“文化大革命”前，社会主流价值观体现为传统的集体主义，全国档案事业管理完全统一起来，党加强对档案工作的领导，实行各级党委直接领导的集中式管理体制，“统一领导、分级管理”的国家档案事业体制得以确立。

❖ “文化大革命”时期

档案事业遭到反革命集团破坏，周恩来总理、老一辈无产阶级革命家和广大档案工作者为保护档案安全作出了许多努力，党政机关的文书档案工作由各机关、单位分散进行。

❖ 20世纪70年代末—90年代初

社会价值呈现多元化，档案工作已大大超出党政机关档案工作的范围，各级档案机构仍然设在党委下，已难以适应档案事业发展的需要。1985年2月，中共中央、国务院发出《批转〈关于调整我国档案工作领导体制的请示〉的通知》，实行党政档案工作统一管理的原则，开创“依法治档”档案工作新局面。

❖ 20世纪90年代初至今

新型集体主义日渐成为社会价值观的主流，《档案法》的修改与施行，进一步确保公民个人利用档案信息资源的合法权利；档案工作体制再次变革，逐渐形成馆局统一、科学高效的管理体制和运行机制。

图 5-3　新中国成立以来我国社会价值观念的变迁阶段

资料来源：黄夏基，周英健．建国以来社会价值观对档案事业的影响：当代中国档案事业发展的文化探源之二．黑龙江史志，2009（20）：58-62，64.

中国共产党在我国社会价值观念不断变迁的历程中所展现的领导力量，对档案法制建设具有深远的影响，这在教材中“我国的档案法律责任”“我国档案行政执法的现状”“我国档案法规体系的布局和价值”等内容中有所体现。

案例八

全面落实档案机构改革　推动档案事业发展新征程

档案机构改革作为档案事业发展的重要一环，需要适应国家治理现代化发展的需求，彰显出党的领导在推进档案事业蓬勃发展过程中的核心地位与重要作用。

（1）地方档案局（馆）划分至地方省委管理。

国家档案局与中央档案馆、国家保密局与中央保密委员会办公室、国家密码管理局与中央密码工作领导小组办公室，一个机构、两块牌子，列入中共中央直属机关的下属机构。我国各省档案馆或者档案局都在地方省委管理下。例如，福建省档案局（馆）履行全省档案事业行政管理和省级各机关、团体及其所属单位的档案保管、利用两种职能，为省委、省政府直属机构，规格为正厅级，属省委序列，由中共福建省委直接管理。再如，2018 年，根据《广东省机构改革方案》，省委办公厅加挂省档案局牌子，不再保留与原省档案馆合并设立的省档案局。省档案馆作为省委直属正厅级事业单位。又如，江西省档案局与江西省档案馆合并，一个机构、两块牌子，为省委、省政府直属厅级事业单位。

（2）档案工作纳入社会发展规划。

《“十四五”规划》将档案管理体制、档案信息化、档案工作考核、档案事业经费等方面的档案工作纳入社会发展规划，为适应国家治理体系和治理能力现代化要求，进一步推动了档案事业的发展，详见表5-8。

表5-8 《“十四五”规划》中的档案内容及意义

规划任务	规划具体内容	意义
健全档案管理体制机制	全面建立和落实档案工作责任制，优化档案工作检查考核机制，各级党委将档案工作纳入年度考核内容	健全档案管理体制机制，落实档案管理责任
完善档案信息化发展保障机制	推动档案全面纳入国家大数据战略；地方各级党委和政府将档案信息化纳入本地区信息化发展规划，机关、团体、企业事业单位和其他组织将档案信息化纳入本单位信息化发展规划，保障档案信息化建设依法依规开展	切实保障档案信息化发展进程，加强档案信息化工作指导、推进和监督力度
加强组织领导	把档案工作开展情况纳入地方党政领导班子和领导干部综合考核评价内容，把党管档案工作要求落到实处	落实规划组织实施领导责任，建立档案工资考核机制
加强经费保障	各级政府要加强档案工作，将档案事业发展经费列入预算，切实加强资金监管，提高使用效益	切实保障档案工作的经费来源

为响应国家机构改革的号召，部分省级档案事业发展规划将档案工作纳入国民经济和社会发展规划，将档案事业发展经费列入政府预算，确保档案事业发展与国民经济和社会发展水平相适应，详见表5-9。

表5-9 部分省级档案事业发展规划中的档案内容

文件	发文时间	规划中的档案内容
《浙江省档案事业发展“十四五”规划》	2021年3月26日	各级党委政府要全面落实规划实施组织领导责任，建立统筹协调的工作机制，将档案事业纳入本地经济社会发展规划和工作计划，纳入目标考核、检查评估、专项督查的内容，及时研究部署和协调解决档案工作的重大问题
《“十四五”湖南省档案事业发展规划》	2021年8月4日	把档案工作开展情况列入党政领导班子和领导干部综合考核评价内容，把党管档案工作要求落到实处。各级政府要将档案事业发展经费列入预算，保障档案部门基本运行费用，加大档案基础设施建设、信息化建设、重点档案保护与开发等项目经费投入，切实加强资金监管，提高使用效益
《“十四五”江西省档案事业发展规划》	2021年9月13日	推动档案工作开展情况纳入各级党政领导班子和领导干部综合考核评价内容，把党管档案工作要求落到实处。各级政府要加强档案工作，将档案事业发展经费列入财政预算；将档案馆建设纳入基础设施建设计划，统筹规划、统一建设
《福建省“十四五”档案事业发展规划》	2021年11月3日	要把档案工作开展情况纳入各地党政领导班子和领导干部综合考核评价内容，把党管档案要求落到实处。各级人民政府要重视和加强档案工作，依法将档案事业所需经费列入预算，建立同当地经济社会发展相匹配、与档案工作相适应的经费保障机制

在中国共产党的领导下，《“十四五”规划》和各地“十四五”规划都将档案工作纳入经济社会发展规划与工作计划以及考核评价体系、将经费纳入相关部门预算，对档案工作进行具体落实，为我国档案机构改革根据新《档案法》不断创新与发展提供了保障，这在教材中“国家治理与档案立法的互动关系——档案治理法治化”的内容中有所体现。

5.4 “档案法学基础”课程思政教案

5.4.1 具体教学目标

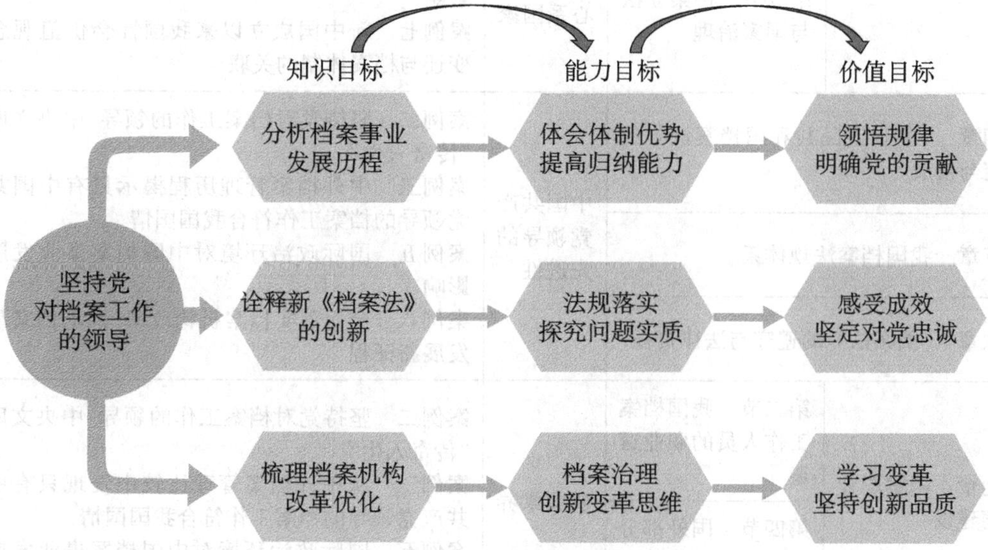

图5-4　教学目标示意图

5.4.2 教学内容分析

教学范围

教材融入了新《档案法》的思想、内容及国外档案立法的最新内容，对档案事业发展发挥着积极的推动作用。上述案例与教材具体内容的关联详见表5-10。

表5-10　教学内容、思政元素与案例关联表

章的名称	节的名称	思政内容	案例
第一章　导论	第一节　档案法治建设的重要意义	坚定依法治档自信	案例六　深入贯彻落实新《档案法》奋力谱写浦东档案事业发展新篇章 案例八　全面落实档案机构改革 推动档案事业发展新征程

续表

章的名称	节的名称	思政内容	案例
第二章　中外档案立法的产生与发展	第一节　外国档案法规的产生与发展	勇于创新 艰苦奋斗	案例一　我国档案工作管理主体的发展历程 案例七　新中国成立以来我国社会价值观念的变迁与档案体制的关联
	第二节　我国档案法规的产生与发展		
第三章　档案立法的多维审视	第一节　信息立法与档案立法	创新思维	案例四　中国共产党领导档案工作的发展简史 案例六　深入贯彻落实新《档案法》 奋力谱写浦东档案事业发展新篇章
	第四节　档案立法与公民权利	为民服务	
	第五节　档案立法与国家治理	心系国家	案例五　国际政治环境对中国档案事业发展的影响 案例七　新中国成立以来我国社会价值观念的变迁与档案体制的关联
第四章　《中华人民共和国档案法》的制定与发展		中国共产党领导的先进性	案例二　坚持党对档案工作的领导 中央文库的“传奇人生” 案例三　中外档案管理历程揭示只有中国共产党领导的档案工作符合我国国情 案例五　国际政治环境对中国档案事业发展的影响 案例八　全面落实档案机构改革 推动档案事业发展新征程
第五章　我国档案法规体系			
第六章　《档案法》的遵守与法律责任			
第七章　档案职业道德建设	第二节　我国档案工作人员的职业道德	职业素养	案例二　坚持党对档案工作的领导 中央文库的“传奇人生” 案例三　从中外档案管理比较中发现只有中国共产党领导的档案工作符合我国国情 案例五　国际政治环境对中国档案事业发展的影响
	第四节　国外部分国家档案工作者职业要求		
第八章　国外部分国家档案立法概览		坚定依法治档自信	案例一　我国档案工作管理主体的发展历程 案例三　从中外档案管理比较中发现只有中国共产党领导的档案工作符合我国国情 案例四　中国共产党领导档案工作的发展简史 案例五　国际政治环境对中国档案事业发展的影响

教学重点

党领导档案工作有何体现，即向学生讲清楚“是什么”的命题。新《档案法》旗帜鲜明地把“坚持中国共产党对档案工作的领导”写入法律，体现了党的领导在国家档案领域的落实，有利于健全党对档案工作的领导。[①]《“十四五”规划》将“坚持党的领导”

① 陆国强．为新时代档案事业高质量发展提供坚强法治保障．人民日报，2020-06-24（10）．

列为工作原则之首，要求“牢记档案工作的政治属性，提高政治站位，增强政治自觉，把党的领导贯穿档案工作全过程、各方面，确保档案工作正确方向”。“尤其是压实各级党委主体责任，强化各级政府职责，完善与新修订档案法实施相适应的管理体制和工作机制”，促进档案治理效能得到提升。

党领导档案工作为何重要，即向学生讲清楚“为什么”的命题。从古代统治阶层控制档案到新民主主义革命时期党的文书、档案工作的建立与发展，再到如今中国共产党领导档案工作的新局面，中国档案事业从古至今的发展历程清晰表明，只有在中国共产党的领导下，国家档案事业才能依靠人民和服务人民。中外各国选择的分散式或集中式档案管理体制，都是继承各国历史、适应各国国情和服务档案事业发展的必然产物。我国档案事业管理体制历经几次变化，但始终坚持党的领导，这是中国特色社会主义档案事业高质量发展的根本保障。

党领导档案工作如何落实，即向学生讲清楚“怎么办”的命题。新《档案法》规定“各级人民政府应当加强档案工作，把档案事业纳入国民经济和社会发展规划，将档案事业发展经费列入政府预算，确保档案事业发展与国民经济和社会发展水平相适应”。《“十四五”规划》在主要任务中明确要求“各级党委将档案工作纳入年度考核内容”，在保障措施中明确要求“把档案工作开展情况纳入地方党政领导班子和领导干部综合考核评价内容”，具体而言，要求落实主要负责人、分管领导、档案部门及其工作人员、文秘部门及其工作人员的领导责任、管理责任、执行责任等。

教学难点

如何在推进档案治理体系建设中贯彻落实党领导档案工作。从档案管理体制机制来看，需要增强党委领导下各级档案主管部门的统筹谋划和指导协调能力；从档案法律法规标准来看，需要补齐新《档案法》配套法的立改废释和政策制度供给短板；从档案执法档案普法来看，加强各级领导干部的档案法治教育被列入《“十四五”规划》。换言之，“档案法学基础”课程思政要让学生领悟党领导档案法治工作如何有效推进档案治理。

如何在推进档案资源体系建设中贯彻落实党领导档案工作。“全心全意为人民服务”是中国共产党的根本宗旨，“为中国人民谋幸福，为中华民族谋复兴”是中国共产党的初心和使命，唯有坚持党的领导，才能在档案工作中贯彻落实根本宗旨及初心和使命，才能坚持以人民为中心的档案事业发展思想，建设好全面覆盖人民群众、全面记录经济社会发展进程的档案资源体系。换言之，“档案法学基础”课程思政要让学生领悟党领导档案资源建设如何在档案法治下展开。

如何在推进档案利用体系建设中贯彻落实党领导档案工作。党为加快推进档案开放、提升档案服务、加大档案开发设计了制度、目标和保障措施。对中国档案事业发展所秉持的“坚持档案工作为了人民”思想，以及所取得的“档为民建、档为民管、档为民用”成就而言，党领导档案工作既是保障压舱石，又是发展推进剂。换言之，“档案法学基础”课程思政要让学生领悟党领导档案利用工作如何确保为了人民。

如何在推进档案安全体系建设中贯彻落实党领导档案工作。在总体国家安全观指引下，新《档案法》、《“十四五”规划》对档案安全体系建设作出了全面规范和行动部署。

当前，省级档案机构改革已逐步完成，大部分省级档案行政职能划入省委办公厅或省委办公厅，这有利于党委对档案安全工作进行部署和执行。换言之，“档案法学基础”课程思政要让学生领悟党领导档案法治工作如何为档案安全保驾护航。

5.4.3 教学手段和方法

档案学是一门应用型社会科学，课堂讲授固然重要，但亲身实践更为有效。档案法学是课程体系中理论与实践兼顾、传统与创新并行的一门课程，其课程思政理应让学生感受到《档案法》不是一部束之高阁的法律文本，而是引领国家档案事业发展、践行党领导档案工作的“四梁八柱”。《档案法》的制定、颁布、施行与修订既高屋建瓴地服务于国家中心工作，又脚踏实地服务于人民切身利益。因此，“档案法学基础”课程思政要培养学生在当下学习好宣传好《档案法》、未来贯彻好执行好《档案法》，树立起人人有责的观念。

第一，以档案普法教育实践调动学生学习“档案法学基础”的兴趣。我国档案机构已开展多种多样的“档案普法进校园”活动，以展板宣传、知识问答、讲座等方式进一步丰富学生对新《档案法》的认知，以知识有奖问答、《档案法》小红漫画与口袋手册、有奖猜谜等游戏活动和趣味性的文创产品等，推动对新《档案法》的宣传与落实。让学生参与《全国档案“八五”法治宣传教育规划》中力所能及的活动，让其体会到“档案普法、人人有责”。

第二，以档案法治建设案例增强学习“档案法学基础”的效果。档案法学教学质量的好坏，不仅取决于教材编写、教师讲授的质量，而且取决于学生基于《档案法》相关案例进行自学研究的效果。新《档案法》首次明确了党领导档案工作的要求，将“档案行政管理部门”统一表述为“档案主管部门”，并强化其职责任务，首次对档案信息化作出全面规定。带领学生搜集整理和研究案例，让其体会到“档案法治、人人有责”。

第三，以档案体制改革新闻拓展学习“档案法学基础”的视野。《档案法》的颁布、施行、修订等，在涵盖档案体制改革的国家档案治理体系中起到发端性作用。[①] 档案体制改革也是近年来国家档案事业发展的热点和焦点，国家层面、省级档案主管部门的改革成效捷报频传。新《档案法》要求明确档案主管部门、档案服务企业、档案馆室等的责任、任务，要带领学生集中整理研究这些内容，让其体会到“档案改革、人人有责”。

5.4.4 教学过程与实施

教学围绕借誓词与歌曲唤起以档案工作为己任的情感共鸣、引档案事业发展主线嵌入档案体制改革的基础知识、以案例体现中国共产党领导档案事业的先进性三个方面展开，详见表 5-11。

① 郑金月．从档案治理体系视角看新修订档案法．浙江档案，2020（7）：14-17．

表 5-11　教学过程具体环节及内容示意表

中国共产党对档案工作的领导——兼论我国档案事业的发展（90 分钟）			
第一学时（45 分钟）			
教学意图	**教学内容**	**教学手段**	**教学时长**
1. 宣读中国档案工作者誓词，引出课程主题——坚持中国共产党对档案工作的领导	中国档案工作者誓词：忠诚档案事业，热爱档案工作，严守档案法规，加强档案管理，精通档案业务，维护档案安全。为充分发挥档案工作记载历史、传承文明、服务未来的作用而不懈努力；为国家的繁荣昌盛贡献全部力量	课堂朗读 教师讲授	2 分钟
2. 介绍现阶段我国档案机构概况	中央档案馆与国家档案局一个机构、两块牌子，履行档案保管、利用和全国档案事业行政管理职能，为副部级，列入中共中央直属机关的下属机构序列 ● 档案机构设置概况 局馆机关→办公室、政策法规司、档案馆（室）业务指导司、经济科技档案业务指导司、科技信息化司、档案资料保管部、档案资料利用部、档案资料保护部、交流合作司、行政财务司、机关党委 事业单位→中国第一历史档案馆、中国第二历史档案馆、中国档案报社、档案科学技术研究所、档案干部教育中心、中国档案杂志社、中国档案学会	教师讲授 演绎推理	5 分钟
3. 介绍我国档案事业体系发展阶段	档案阶段→档案工作阶段→档案事业阶段→档案事业体系阶段	教师讲授 逻辑推理	6 分钟

续表

教学意图	教学内容	教学手段	教学时长
4. 阐述我国档案事业体系发展各阶段的变化	档案阶段：文字出现 档案工作阶段：档案工作形成的环境、条件；有意识的档案工作 档案事业阶段：社会重大变革；变革带来的变化；变化呼唤档案事业 档案事业体系阶段：基本成分；必要成分；八个方面	教师讲授 图片分析 逻辑推理	7 分钟
5. 阐述国家档案事业体系的构成	国家档案事业体系的基本成分：档案行政管理、档案外事、机关单位档案工作或档案室、各级各类档案馆 国家档案事业体系的必要成分：档案专业教育、档案理论学术研究（档案学会）、档案科研、档案宣传与出版	教师讲授 图片分析 逻辑推理	8 分钟
6. 介绍中国档案工作管理主体的发展历程	详见表 5－1	教师讲授 图片分析 古今对比分析	6 分钟
7. 中外档案管理体制对比	中外档案管理特点对比 （1）我国档案事业管理体制发展阶段 1949—1959 年：分散管理，国家档案局隶属国务院 1959—1985 年：统一管理，国家档案局由中央办公厅领导 1985—1993 年：统一管理，国家档案局由国务院领导 1993—2018 年：局馆合一，由中央办公厅管理 2018 年至今：局馆分立 （2）国外档案管理体制 俄罗斯：党政工作分开的集中统一管理；各级档案馆对档案文件实行集中管理 法国：中央设立一个档案事业行政管理中心，统一管理全国的公共档案；地方不设立档案行政管理机关 美国：高度集中、统一管理；建立州级档案馆和档案与文件局，自行管理各自的档案和文件 英国：不设立任何档案事业行政管理机关；各档案馆间无隶属关系 问题：我国档案事业的特色体现在哪里？	教师讲授 中外对比分析 教师分析和回答问题	5 分钟

续表

教学意图	教学内容	教学手段	教学时长
8. 理论知识总结，阐明我国档案事业体系的特色	中国档案事业特色：完整性、系统性、协调性	教师讲授	4 分钟
9. 以提问的形式做课堂小结，引出下节课重点	为什么中国档案事业必须由中国共产党领导才能取得伟大成就？	提问思考 铺垫重点	2 分钟
第二学时（45 分钟）			
10. 承接上节课，阐述中国共产党领导档案工作的必然性	案例四　中国共产党领导档案工作的发展简史 知行合一，走向依法管理 服务共享，走向开放 信息建设，走向现代化	教师讲授 案例分析 知识归纳	4 分钟
11. 分析新《档案法》对档案事业发展的影响	案例六　深入贯彻落实新《档案法》　奋力谱写浦东档案事业发展新篇章 起步：政策规划的制定 建设：新《档案法》的落实 成果：新《档案法》的成效	教师讲授 案例分析 课堂提问 师生互动	8 分钟
12. 介绍各阶段国家档案事业体制的特点，阐述各阶段的国内外环境	详见表 5-6	教师讲授 演绎分析	4 分钟
13. 现阶段国家档案事业体制的优势一：局馆协同联动机制能优化组织结构和运行效率，增强档案局和档案馆在实际工作中的互动	教学案例　天津市档案局馆协同联动机制及专业人才联通机制 ● 天津市档案局和档案馆在局长、馆长层面及处室层面分别建立通报协调制度和日常业务工作协同制度 ● 每年召开 1～2 次由市委办公厅负责并主持的联席会议，讨论年内档案工作的重大议题及决策部署 ● 原天津市档案馆（局）29 名行政职能人员转隶至区委办	案例介绍与分析	5 分钟

续表

教学意图	教学内容	教学手段	教学时长
14. 现阶段国家档案事业体制的优势二：通过档案公共文化服务活动联办，保证其公共性、均等性和共享性，拓展档案公共服务的社会功能和历史作用	教学案例　浙江省局馆联动实现公共服务联办 ● 浙江省档案馆依托档案局政务信息资源优势，开设档案便民利用系统（www. zjdafw. gov. cn） ●“一网查档，百馆联动”（参见浙江全省综合档案馆小程序）	案例介绍与分析	5 分钟
15. 现阶段国家档案事业体制的优势三：将市档案局行政职能划入市委办公厅，强化党对档案工作的领导，优化局馆职能	教学案例　北京市档案局 北京市档案局与市档案馆建立局馆三级沟通协商机制，有利于实现档案业务工作的充分融合，将对统筹档案事业发展、确保机构改革局馆分设后档案事业健康有序发展产生积极的作用 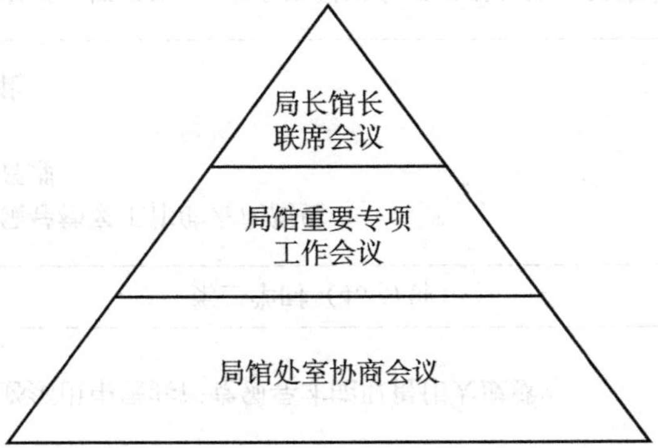	案例介绍与分析	5 分钟

续表

教学意图	教学内容	教学手段	教学时长
16. 现阶段国家档案事业体制的优势四：推行“办局一体、局馆联动”模式，为档案事业转型升级提供坚实保障	教学案例　福建省推行“办局一体、局馆联动”模式，强化党管档案工作 ● 机构改革后，各级党委分管领导及党委办把关心、支持档案工作摆在重要位置。省委领导多次对档案工作作出批示肯定，并在全省大会上予以表扬 ●“做好侨批档案抢救保护、研究开发和宣传推广工作，推进侨批档案文献整理研究和侨批文化活化利用”“扩大教育、科技、卫生、体育、司法、档案等各领域交流交往”“开展‘迁台记忆’档案文献整理与研究”“进一步规范电子文件归档和电子档案管理，推动数字档案室、档案馆建设”四项档案工作重点任务写入《福建省国民经济和社会发展第十四个五年规划和二〇三五年远景目标纲要》	案例介绍与分析	5 分钟
17. 现阶段国家档案事业体制的优势五：行政执法联查提升档案行政管理的科学性，强化档案行政监管的整体效果	教学案例　黑龙江省“局馆联动”实现行政执法联查机制 黑龙江省档案局吸纳省档案馆内具备丰富管理经验的干部人员，组建档案行政复议委员会，保证“阳光行政”，担当普法大任	案例介绍与分析	2 分钟
18. 深化知识，检测学习效果	“办局一体、局馆联动”有哪些优势及待改进之处？	师生互动 知识运用及延伸	5 分钟
19. 以“档案工作者之歌”收尾，感悟作为档案工作者的自豪感和荣誉感	国家档案局推出的“中国档案工作者之歌”——《流动的星河》	音频播放	2 分钟
结束			

5.4.5 教学效果与反馈

通过古今中外的横向纵向比较，诠释党领导档案工作成绩斐然且未来可期，学生也充分感受到党领导档案工作不是一蹴而就的，也不是固定不变的，同时感悟到自己作为档案人，未来加强、改善档案事业是有充分的施展空间的。例如，通过引导学生梳理我国档案工作管理主体的发展演变，探索我国档案事业如何逐步转向中国共产党领导；从上海市浦东新区档案馆、浙江省档案馆等对落实新《档案法》的探索中，获知中国共产党领导档案事业的发展根基；分析在如今复杂多变的国际环境下，中国档案事业如何在中国共产党的创新领导下不断地繁荣发展。我国档案事业的发展历程是课程的教学主线。

通过整理档案事业改革的鲜活案例，诠释档案治理现代化成绩喜人且更待完善，学生也深切体会到提升档案治理效能不可能一劳永逸，必须与时俱进，更感悟到自己作为档案人，当前应该充分深入学习了解档案法治化，未来才能跟得上时代步伐。浦东新区档案馆、浙江省档案馆的改革等案例，可以活化学生对我国档案法治建设的新认识，增加落实新《档案法》的信心与期待。新《档案法》对于档案事业发展具有重要引领作用，理应成为档案人才培养的重要素材，但《档案法》具有严谨庄重的法律属性，将其融入档案教学存在一定的难度，将案例融入教材中“信息立法与档案立法”等内容，使得原本严肃而抽象的知识通俗易懂。

当然，党领导档案工作、档案法治建设等主题严肃，需提升教学课堂的趣味性、教学空间的拓展性，以及实践教学的延伸性。部分学生反映课堂教学能够充分借助案例进一步诠释新《档案法》与中国共产党领导档案工作的优越性，已然具备一定的实践性与时事性。但由于课堂理论教学空间较为单一，在培养学生的实践能力上仍有待加强。因此，可以通过增设多样化的趣味教学环节来丰富思政案例；带领学生到各类档案馆参观、见习等，实地了解档案馆的工作布局，亲眼见证档案机构改革成效等，拓展教学空间。

主题 6

贯彻“以人民为中心”的发展思想

——坚持档案工作的人民立场

6.1 主题概况

2021 年 7 月 1 日，习近平总书记在庆祝中国共产党成立 100 周年大会上发表了重要讲话，指出“中国共产党根基在人民、血脉在人民、力量在人民”，深刻揭示了“人民立场”是中国共产党的根本政治立场。2021 年 7 月 6 日，习近平总书记对档案工作作出重要批示，指出“档案工作是一项利国利民、惠及千秋万代的崇高事业”，强调要“把蕴含党的初心使命的红色档案保管好、利用好，把新时代党领导人民推进实现中华民族伟大复兴的奋斗历史记录好、留存好，更好地服务党和国家工作大局、服务人民群众”。以人民为中心，是践行党的根本宗旨对档案工作的必然要求，既体现了以人民为中心的发展思想必须在档案领域落地落实，也体现了档案工作为人民服务的根本价值导向。[①]《“十四五”规划》中强调“十四五”时期档案工作的原则之一就是“坚持人民立场。贯彻以人民为中心的发展思想，坚持档案工作为了人民、依靠人民，建设好覆盖人民群众的档案资源体系和方便人民群众的档案利用体系，提高人民群众满意度”。

坚持档案工作的人民立场的前提之一，是档案资源体系建设和档案利用体系建设。“档案管理学”作为研究、解读、完善两者的档案学专业核心课程，从阐明档案工作的一般原则和基本方法入手，讲授从事档案管理工作的基本理论和操作技能。在“以人民为中心”的发展思想指导下，在“档案管理学”课程思政的目标引导下，课程讲授观念展现出三点变化。一是收集观念的变化，教材第二章档案的收集关注家庭档案、名人档案以及口述史档案的征集，这是新时代档案收集工作贯彻“以人民为中心”的发展思想、建设覆盖人民群众的档案资源体系的直接体现。二是利用观念的变化，教材第七章档案资源开发与利用概述多次强调档案工作要积极应对开发利用难题，主动高效为公众服务，这是中国特色社会主义制度“对民负责”思想在档案管理领域的具体实施。三是建设观念的变化，教材第十四章档案信息化概述丰富了数字档案馆服务、网上档案信息服务、档案网站服务等档案表述，彰显了信息时代档案资源建设工作与提供利用工作为人民服

① 郑金月．习近平 7・6 重要批示的核心要义和实践要求．档案与建设，2021 (8)：11-15.

务的与时俱进和不断创新。配套教材为《档案管理学》（第 5 版）（王英玮，陈智为，刘越男，中国人民大学出版社）。

6.2 “档案管理学”课程思政元素

新时代的档案收集与提供利用工作应该要有人民思维，即把“为人民服务”落实到档案工作的每一个谋划、每一项工作、每一个行动中①，做到档为民建、档为民管、档为民用。

档为民建，重点在于档案收集工作是否全面，关系到档案工作保障人民群众各项合法权益以及政府基础性数据服务的能力。档为民管，重点在于档案数字化水平和质量，衔接档案资源工作与档案利用工作，保障政府职能部门服务百姓的能力。档为民用，重点在于档案信息化服务的能力，体现档案资源建设的覆盖面、档案信息建设的导向性以及服务方式的创新性。

6.3 主题案例库

6.3.1 档为民建：建立覆盖人民群众生产生活的档案资源体系

新时代档案收集工作要紧贴人民群众最关心、最直接、最现实的利益问题。各级各类档案馆不仅要将教育、劳动就业培训、收入分配、医疗卫生等与人民群众生活息息相关的民生档案纳入收集工作，也要及时调整档案接收范围，力争把能反映人民群众生活具象的家庭档案、名人档案、口述史料等纳入进馆范围，充实馆藏档案资源，体现档案收集工作为民所想、档为民建的前瞻性。

案例一

中央与地方政府顶层设计助力民生档案体系建设

2007 年 9 月，中共中央政治局候补委员、中央办公厅主任的王刚同志在批示如何做好民生档案工作时指出：“近年来，各级档案部门积极指导建立民生档案，大力推动档案工作为人民群众服务，取得了良好的社会效益。希望国家档案局进一步总结经验，加强业务指导，把服务人民群众的档案工作做得更加富有成效，为积极构建社会主义和谐社会作出应有的贡献。”2007 年 12 月，国家档案局印发《关于加强

① 杨冬权．新时代档案工作的新思维（上）．中国档案报，2018－01－18（3）．

民生档案工作的意见》，旨在推动民生档案工作深入开展，推动建立覆盖人民群众的档案资源体系和服务人民群众的档案利用体系。从此民生档案收集工作成为我国中央以及各地方档案馆工作的重点关注对象。

2021年起，各省级行政区将民生档案收集工作纳入地方“十四五”档案事业发展规划（详见表6-1）。

表6-1　各省级行政区“十四五”档案事业发展规划中民生档案收集相关表述

省级行政区	规划文件	民生档案收集相关表述
北京市	《北京市“十四五”时期档案事业发展规划》	落实以人民为中心的发展思想，与民政、卫生健康、人力资源社会保障、教育、住房城乡建设等部门共同制修订民生类专业档案管理制度，努力实现专业档案资源体系全覆盖
浙江省	《浙江省档案事业发展“十四五”规划》	构建多元化民生档案资源体系。加强教育、就业、卫生、社保、住房等民生领域档案的收集工作，建立进馆民生档案推荐种类清单，规范民生档案归属与流向
江苏省	《江苏省“十四五”档案事业发展规划》	加大民生档案收集力度，建立民生档案进馆推荐清单，实现教育、就业、卫生、社保及农业农村等领域档案依法有序进馆
上海市	《上海市档案事业发展“十四五”规划》	强化档案服务民生；健全重要民生档案接收进馆机制；建设统一规范的民生档案数据标准体系；每年增加通办档案1～2种
湖南省	《“十四五”湖南省档案事业发展规划》	加强人身权益类、产权证明类、社保优抚安置类等民生档案以及本地名人民俗、历史文化、城市变迁等地方特色档案的接收，各级综合档案馆馆藏民生档案及特色档案数量占比达到40%
云南省	《“十四五”云南省档案事业发展规划》	重点推动重要职能部门所形成和管理的对国家和社会具有重要保存价值、与民生关联度高的专业档案的依法接收
陕西省	《陕西省档案事业发展“十四五”规划（2021—2025）》	积极探索征集反映我省历史发展的重要档案；民生类档案占比达到40%
新疆维吾尔自治区	《“十四五”新疆维吾尔自治区档案事业发展规划》	做好涉及群众切身利益的不动产、土地、林改、社保、医疗、教育、就业等档案的收集；做好涉及群众合法权益、基层党建、人居环境整治、历史文化建筑、家风家训族谱等档案的收集

续表

省级行政区	规划文件	民生档案收集相关表述
安徽省	《“十四五”安徽省档案事业发展规划》	加大民生档案资源收集力度，实现教育、民政、就业、卫生、社保、住房等领域档案依法有序进馆
江西省	《“十四五”江西省档案事业发展规划》	加强学籍、婚姻、收养、就业及社会保障、土地承包、林权改革、人口普查等涉及人民群众切身利益的民生档案收集工作，到“十四五”末，省市县三级综合档案馆民生档案占比分别不低于30%、40%、50%
甘肃省	《“十四五”甘肃省档案事业发展规划》	加强对……社会稳定、民生保障、公共服务等社会事业档案……的收集工作
宁夏回族自治区	《宁夏回族自治区档案事业发展“十四五”规划》	各级综合档案馆重点加强对民生、实物、声像等档案的收集归档力度，每年进馆比重不应低于接收数量的10%

中央与地方政府对民生档案收集工作十分重视，收集范围总体涵盖教育、婚姻、就业、医疗、社保、不动产、城乡建设等与人民群众切实利益相关的方方面面，部分省份还对省内综合档案馆“十四五”期间民生档案资源馆藏占比、年进馆量提出了明确要求。“十四五”时期全国及各地档案事业发展规划中有关民生档案收集工作的要求，充分体现了中国特色社会主义制度下档案工作的“为民情怀”。

案例二

辽宁省沈阳市档案馆多措并举大力开展家庭档案收集工作

2015年，沈阳市文明委制发的《关于印发〈沈阳市以家庭为重点落细落小落实社会主义核心价值观工作方案〉的通知》中指出，要把家庭作为培育和践行社会主义核心价值观的基本单元和有效载体，通过开展培育家风、续写家史、征集家训，建立家庭档案等活动，把优秀传统文化融入家庭实践。[①] 2015年11月，沈阳市档案馆开展“广泛建立家庭档案展示优良家教家风 落细落小落实社会主义核心价值观”主题活动，要求广泛收集记录勤俭持家、爱岗敬业、家史溯源、家谱寻宗、家训传承、邻里友善、亲情家书等的优秀家庭档案范例及其背后的故事，见表6-2。

① 马鹰．家庭档案要成为培育和践行社会主义核心价值观的重要载体．中国档案报，2015-10-15（2）.

表6-2　沈阳市档案馆面向社会征集家庭档案类目表

类别	征集成果
勤俭持家	征集到沈阳市大东区部分居民春节花销的记录、20世纪六七十年代购买“四大件”的购物发票，以及沈河区部分居民退休前几十年的工资单等
爱岗敬业	征集到著名军旅作家胡世宗的近200件家庭档案（电子版），包括当时解放军文艺出版社总编辑李瑛写给他的127封书信、赠予他的45本书籍的封面和亲笔赠言等
家史溯源	征集到区直机关单位及各街道退休老领导、教师和社会工作人员的家史19部，家风、家训50余篇 征集到沈阳市实验学校六年级学生创作的反映家庭故事、承载家庭文化的家庭世系表若干
家谱寻宗	
家训传承	
邻里友善	征集到大量反映和平区优美的社区庭院、和谐的邻里关系和居民群众幸福家庭生活的照片档案
亲情家书	征集到沈河区部分居民给父母过生日时的祝寿词、沈阳铁路局干部给远在黑龙江的父母寄的几十份汇款单等

2018年3月12日—8月30日，沈阳市档案馆开展“家庭档案中的家国记忆”档案资料及家庭故事征集活动，征集1978—2018年家庭或家庭成员形成、保存的能够反映改革开放40年来家庭生活变化，家庭成员学习、工作、创业、奋斗等方面的家庭档案资料。沈阳市档案馆将征集来的家庭档案汇编成《家庭档案中的家国记忆》一书，于2018年12月13日举行“庆祝改革开放40周年《家庭档案中的家国记忆》新书首发式暨‘档案见证时代变迁’展览启动仪式”。档案征集主要内容及成果见表6-3。

表6-3　“家庭档案中的家国记忆”档案活动内容及成果一览表

征集内容	成果展示	
	出版《家国档案中的家国记忆》	举办“档案见证时代变迁”展览
与家庭住房和居住环境有关的房屋、装修、园区环境、房产证等记录及照片	房屋变迁	春潮涌动改革起 百舸争流奋者先 家庭档案证巨变
与家庭收支有关的工资条、记账本、日常用品、教育投入等记录、实物及照片	收支明细	
有代表性的家书、日记及照片等	家用电器	
有关婚房、婚俗、结婚物件、礼单等的记录及照片	家庭影像	
与家庭出行有关的自行车、公交车、私家车、地铁、火车、车票等的记录及照片	交通出行	
与家庭通信工具有关的固定电话、寻呼机、手机等记录及照片	通信工具	
与家庭成员学业、事业进步相关的毕业证、工作证、代表证、获奖证书等	票据证件	
与春节等节庆有关的年货购置、年夜饭、节日旅行等的记录及照片	时代缩影	
其他能够反映家庭生活变迁的档案资料等		

家庭档案既承载了人民日常生活的点点滴滴，又见证了社会发展的巨大变迁，是从人民的视角自下而上地还原地区历史文化面貌的真实历史记录。辽宁省沈阳市档案馆编纂的《家庭档案中的家国记忆》中的所有照片都来自沈阳市的普通家庭，从房屋变迁、家庭影像、交通出行等8个方面反映了改革开放以来该市人民生活的真实变化，从人民视角记录了一段有血有肉的真实历史。“档案见证时代变迁”展览通过家庭档案的小视角，挖掘家庭记忆、城市记忆和国家记忆，见证沈阳市在政治、经济、文化、生态等大视角方面所取得的成就。家庭档案资料征集活动以书籍、展览的方式展示成果，是全国各档案部门大力开展家庭档案收集工作的一个缩影，深刻展示了档案收集工作“立本为民”服务理念的核心要义，也生动演绎了教材第二章第五节家庭档案“集中存放、统一管理”的管理原则、家庭档案所有权人捐赠档案享有的优先利用权益、档案馆对捐赠的家庭档案开发利用的权利，以及家庭档案收集的具体范围等内容。

案例三

扬州市档案馆广泛开展名人档案征集工作

扬州市档案馆致力于名人档案征集工作，在“吴氏家族”档案、扬州籍院士档案、扬州籍名人档案、名家书画作品档案、国家级及部分重点省级非物质文化遗产代表性传承人档案、副厅级以上离退休干部档案、省级以上劳模档案征集方面取得了一定成绩。图6-1展示了部分成果。

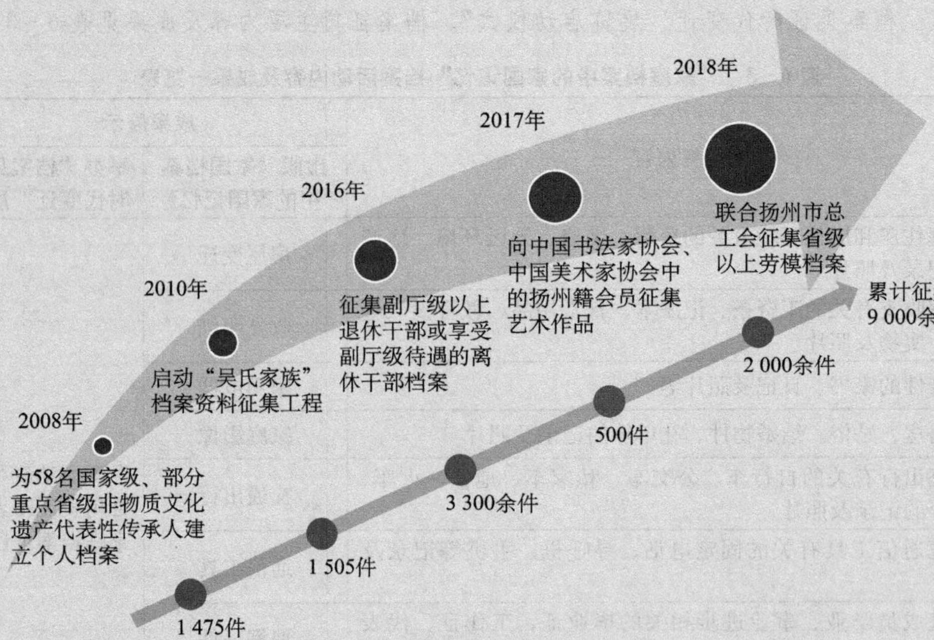

图6-1 扬州市档案馆名人档案征集

图片来源：徐国磊，彭伟．建立名人档案 服务名城建设：扬州名人档案构建的实践与思考．档案与建设，2020 (9)：58-59，57.

名人名家是人民群众在各行各业的杰出代表，名人档案是指国际或国内著名的人物在其个人、家庭和社会活动中直接形成的历史记录。名人档案既是地区文化的重要见证，也是城市记忆的重要组成部分。介绍扬州市档案馆向市内非物质文化遗产代表性传承人、“吴氏家族”成员、副厅级以上离退休干部、书法家及美术家、省级以上劳模等征集个人档案的案例，有助于学生理解教材第二章第五节名人档案的概念、社会著名人物范围、名人档案收集内容与收集方法以及档案馆常见的名人档案收集方式、名人档案管理流程等知识。

案例四

内蒙古包头市档案部门开展“三千孤儿入内蒙”口述历史采集

20世纪60年代初，刚成立不久的新中国接连遭遇严重自然灾害侵袭，江苏、上海、安徽等地区由国家收养的几千名孤儿因粮食不足而面临营养不良的困境。为此内蒙古自治区党委、政府主动成立专门的接受安置机构，于1960—1963年以“接一个，活一个，壮一个”的原则号召牧民们收养了3 000余名孤儿。从此“三千孤儿入内蒙”这段历史佳话成了党史上浓墨重彩的一笔。

2021年3月，习近平总书记在参加十三届全国人大四次会议内蒙古代表团的审议时强调，在党史学习教育中要用好新中国成立后内蒙古创造的“三千孤儿入内蒙”的红色资源。2021年4月，包头市档案馆与达茂联合旗档案馆联合召开“三千孤儿入内蒙”口述历史专题征集活动协调会，具体过程见图6-2。

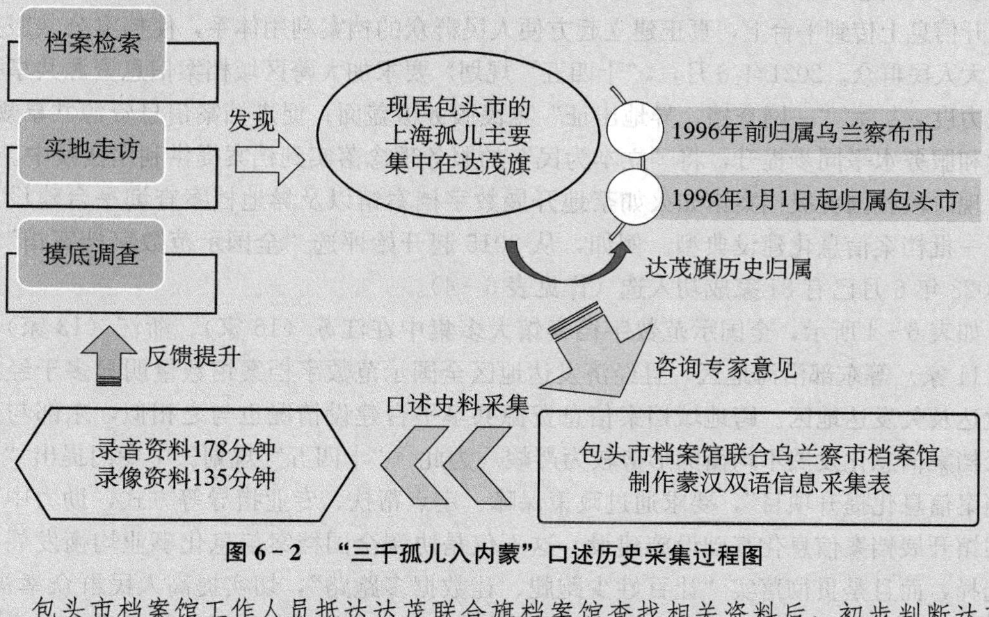

图6-2　“三千孤儿入内蒙”口述历史采集过程图

包头市档案馆工作人员抵达达茂联合旗档案馆查找相关资料后，初步判断达茂旗当地首批移入儿童是在1963年到达并交由当地牧民抚养的。已取得联系的达茂旗相关亲历者和知情人有22人。截至2021年7月，内蒙古包头市档案馆征集到“国家的孩子”及相关知情人口述历史录音资料178分钟、录像资料135分钟。

资料来源：马广惠．记录民族交融历史 传承民族团结精神：内蒙古包头市档案部门开展“三千孤儿入内蒙”口述历史采集．中国档案报，2021-05-13（2）；包头市档案馆征集“三千孤儿入内蒙”口述历史声像资料入馆．(2021-07-09)．中国档案网；许星杰．“三千孤儿入内蒙”的历史影响及当代启示．实践（思想理论版），2021(7)：30-31；周芳．三千孤儿入内蒙：一段流淌着民族大爱的共和国往事．中国民族报，2021-07-20（5）．

中国特色社会主义进入新时代，要不断推进档案资源体系建设，不断提高档案服务人民的能力和水平，才能实现“人民之所想就是档案工作之所想、人民之所需就是档案工作之所趋”①。“三千孤儿入内蒙”深刻印证了中国共产党执政为民、造福于民，全心全意为人民服务是党的根本宗旨，阐释了教材第二章第六节国家档案馆精选口述史料采集主题、明确采集范围，以及确定口述史料采集方案、艰辛寻找口述者、充分做好采集准备和采集实施的整个流程；体现了口述史料以事件、人物为单位的整理原则；诠释了档案馆在口述史料收集工作中还原人民群众生产生活记忆、满足人民精神文化需求、急群众之所需的历史担当。

6.3.2 档为民管：利用信息技术加速数字档案馆（室）建设

2014年5月，中共中央办公厅、国务院办公厅印发的《关于加强和改进新形势下档案工作的意见》中提出，各地区各部门各单位要把数字档案馆（室）建设列入信息化建设整体规划，从人力、财力、物力上统筹安排，切实推进档案存储数字化和利用网络化；充分利用已有的信息传输网络和平台；逐步把各级国家综合档案馆已开放的档案以及各级政府的公开信息上传到平台上，真正建立起方便人民群众的档案利用体系，使档案公共服务惠及广大人民群众。2021年6月，《“十四五”规划》要求加大跨区域档案信息资源共享平台建设力度，扩大“一网查档、异地出证”惠民服务覆盖面；促进档案信息资源共享规模、质量和服务水平同步提升，将“立本为民”的服务理念落实到档案提供利用实践中。

现阶段我国各级档案馆如火如荼地开展数字档案馆以及异地档案查询平台建设，涌现了一批档案信息化建设典型。例如，从2015起开始评选“全国示范数字档案馆”，截至2023年6月已有81家成功入选（详见表6-4）。

如表6-4所示，全国示范数字档案馆大多集中在江苏（16家）、浙江（13家）、山东（11家）等东部沿海地区，且经济发达地区全国示范数字档案馆数量明显多于经济中等发达及欠发达地区。跨地域档案信息资源共享平台建设情况也与之相似，东部与西部地区档案信息化发展不均衡的形势较为严峻。为此《“十四五”规划》中专门提出“中西部档案信息化提升项目”，要求通过政策保障、定点帮扶、专业指导等方式，助力中西部档案馆开展档案信息化基础设施建设。这不仅是协调全国档案信息化事业均衡发展的必然选择，而且是贯彻落实“让百姓少跑腿、让数据多跑路”，切实提高人民群众幸福感、获得感的有力举措。在教学中应激励学生学好教材第四编档案信息化相关内容，为人民群众做好档案信息服务工作打好基础。

① 朱璧．坚持以人民为中心 使档案工作更好服务群众．中国档案报，2020-07-27（3）．

表 6-4 2015—2023 年全国示范数字档案馆一览表

序号	示范数字档案馆		序号	示范数字档案馆		序号	示范数字档案馆	
1	北京	北京市海关总署数字档案室	28	山东	山东省青岛市城阳区档案馆	55	江苏	江苏省南京市建邺区档案馆
2		北京市自然资源部数字档案室	29		山东省日照市档案馆	56		江苏省南京建邺区数字档案室
3		北京市中华人民共和国审计署档案室	30		山东省潍坊市档案馆	57		江苏省南京市审计局数字档案室
4		北京市应急管理局数字档案室	31		山东省档案馆	58		江苏省苏州工业园区档案管理中心
5	上海	上海市徐汇区档案馆	32		山东省东营市档案馆	59		江苏省南京市浦口区档案馆
6		上海市青浦区档案馆	33		山东省济南市档案馆	60		江苏省太仓市档案馆
7		上海市浦东新区档案馆	34		山东省青岛市市档案馆	61		江苏省宿迁市档案馆
8	浙江	浙江省档案馆	35		山东省档案馆机关数字档案馆（室）	62		江苏省昆山市档案馆
9		浙江省杭州市城市建设档案馆	36		山东省威海市档案馆	63		江苏省张家港市档案馆
10		浙江省绍兴市档案馆	37		山东省临沂市河东区档案馆	64		江苏省沭阳县档案馆
11		浙江省金华市档案馆	38		山东省青岛市市南区档案馆	65		江苏省常州市档案馆
12		浙江省嘉善县档案馆	39	湖北	湖北省十堰市档案馆	66		江苏省连云港市档案馆
13		浙江省杭州市档案馆	40		湖北省水利厅档案室	67		江苏省连云港海事局数字档案室
14		浙江省宁波市数字档案馆	41		湖北省武汉市自然资源和规划局数字档案室	68		江苏省宜兴市档案史志馆
15		浙江省湖州市档案馆	42	广东	广东省珠海市档案馆	69		江苏省扬州市数字档案馆
16		浙江省公安厅数字档案室	43		广东省中山市档案馆	70		江苏省南京市档案馆
17		浙江省宁波市鄞州区档案馆	44		广东省自然资源厅档案馆	71	安徽	安徽省太和县档案馆
18		浙江省新昌县档案馆	45		广东省深圳市档案馆	72		安徽省合肥市档案馆
19		浙江省杭州市档案馆数字档案室	46		广东省广州市越秀区国家档案馆	73		安徽省黄山市档案馆
20		浙江省德清县档案馆	47		广东省广州市从化区国家档案馆	74		安徽省蚌埠市档案馆
21	福建	福建省漳州市档案馆	48	四川	四川省成都市档案馆	75		安徽省芜湖市档案馆
22		福建省公安厅数字档案室	49		四川省成都市双流区档案馆	76	河南	河南省郑州轻工业大学数字档案室
23	江西	江西省档案馆	50	云南	云南省档案馆	77		河南省鹤壁市档案馆
24	广西	南宁市自然资源局数字档案室	51		云南省楚雄州档案馆	78		河南省档案馆
25	贵州	贵州省贵阳市数字档案馆	52	陕西	陕西省西安市档案馆	79		河南省济源市档案馆
26	宁夏	宁夏回族自治区档案馆	53	天津	天津市滨海新区档案馆	80	湖南	湖南省林业局数字档案室
27	重庆	重庆市国土资源和房屋档案馆	54		中新天津生态城图书档案馆	81		湖南省长沙市档案馆

资料来源：此表系笔者通过网络搜索相关新闻报道及整理“兰台之家”公众号推文所得，检索时间为 2023 年 6 月 10 日。

案例五

浙江省档案馆坚持为民导向 用数字技术赋能查档服务

2017年11月，浙江省档案馆启用“浙江档案服务网”，全省100家综合档案馆共同组成网上联合查档大厅，覆盖所有乡镇（街道），率先通过联通长三角政务服务“一网通办”平台，实现公共服务事项网上可办率、掌上可办率、跑零次率达100%。浙江省档案馆用数字技术赋能查档服务，取得了一系列显著成绩，具体表现在五个方面。

一是实现查档服务“跑零次”，用户体验感好。全省100家综合档案馆共同组成网上联合查档大厅，提供查档指引、网上查档等服务，档案利用者只要在“浙江政务服务网”通过高级实名认证，就可以在线向全省任何一家档案馆提交查档申请，查阅出生医学证明、婚姻、劳模、职称等民生档案和已开放档案，并可以选择邮件、快递、到馆自取等方式获取所需档案。根据网上查档办理工作规则，被申请档案馆必须在2小时内向利用者短信回复申请受理情况，24小时内回复查档结果。群众查阅档案动动手指就能搞定，真正实现查档服务“跑零次”。

二是查档服务向移动端延伸，查档量增速明显。浙江省档案馆于2018年底将浙江档案服务网搬到移动互联网，将“一网查档、百馆联动”从PC端延伸到移动端。档案利用者只要通过微信小程序和浙江政务服务网移动端“浙里办”App就可以开通全省“掌上查档”服务功能，借助手机就可轻松方便地查到所需档案。开通服务一年多来，移动端查档量增速远远超过PC端查档量增速，截至2020年3月，已办理移动端查档申请1.18万件。

三是查档服务向长三角地区拓展，服务区域扩展迅速。2018年，长三角地区一体化发展上升为国家战略，浙江省与上海市、江苏省、安徽省档案部门签署长三角民生档案“异地查档、便民服务”合作协议，并列入“推动长三角地区一体化发展的三年行动计划”，浙江省档案馆率先通过浙江档案服务网联通长三角政务服务“一网通办”平台，档案查询服务成为第一批长三角一网通办事项。2020年10月，“长三角民生档案跨区域一体化在线查档平台”正式启用，江浙沪皖地区的居民若想查阅自己的婚姻登记、独生子女、知青等民生档案，只需实名注册任一省市的政务服务网便可通过长三角“一网通办”平台中的“档案查询”服务发起查档申请。

四是查档服务向基层覆盖，使基层群众、老年用户等享受平等的档案服务。为了解决基层群众中多数老年人不会上网或使用智能手机的问题，2019年浙江省开展查档代办试点工作，在部分乡镇（街道）和村（社区）便民服务窗口设置查档代办点，建立乡镇（街道）、村（社区）查档代办员制度，赋予查档代办员与档案馆查档接待人员同等的权限。查档代办员可以通过浙江档案服务网为基层群众代办查档事项，使基层群众在家门口就可以享受到便利的查档服务，打通查档“最后一公里”。

五是查档服务与政府数字化转型融合，主动融入政府数据共享。浙江省积极推动部门专业档案数字化和部门间数据共享，助力政府数字化转型。如省档案馆联合省民政厅推进婚姻登记档案数据共享，将网上查档服务嵌入补办结婚证（离婚证）业务流程，构建业务协同新方式，婚姻登记工作人员通过浙江档案服务网提交婚姻档案查阅申请，省档案馆受理2小时内及时回复查档结果，核实后在窗口就能直接为群众补办结婚证（离婚证），群众补办证件无须再辗转于档案馆和婚姻登记部门之间。

2016—2019年，通过浙江省档案馆数字档案馆查档利用人次为年均5 900余人次。浙江省档案馆政务网档案利用和馆际共享服务平台近3个月的月均访问量为2 900余人次。浙江档案服务网的月均访问量为3 200余人次。门户网浙江档案网月均访问量为7.6万人次。根据网上评价和窗口评价情况，数字档案馆用户总体满意度达99%以上。

资料来源：郑金月．坚持为民导向 用数字技术赋能查档服务：浙江省档案馆创建全国示范数字档案馆掠影．中国档案报，2020-06-08（1）；胡正秋．沪苏浙皖签署民生档案“异地查档、便民服务”工作合作协议．中国档案，2018（4）：11；张柳琪．长三角地区民生档案跨省服务研究．郑州：郑州航空工业管理学院，2020.

浙江省与江苏省、安徽省、上海市同处我国东部长三角地带，经济较为发达，浙江省档案馆利用信息技术改善档案提供利用服务所取得的成就，既反映了我国数字档案馆、跨地域档案资源共享平台建设的前沿水平，彰显了综合性档案馆查档服务的高效率，又体现了长三角地区的档案部门积极主动地响应国家档案局档案信息化建设战略的号召，将为民服务落到实处（一网通办）、落到深处（向基层覆盖）、落到细处（政府部门间数据共享）。

案例六

山东省威海市档案馆打造示范数字档案馆 助力“数字威海”建设

筑牢档案资源建设和档案利用服务建设基础。威海市档案馆通过数字档案馆系统整合各单位电子文件资源，形成统一的电子文件利用平台，使用智能检索和数据挖掘技术为单位和个人提供强大的档案查询和利用服务。

建设一流的档案信息一体化管理平台。为实现市域档案信息一体化管理，威海市档案馆依托局域网、政务网、互联网，整合党政机关档案信息资源，打造覆盖“收、管、存、用”全过程的“威海档案信息一体化管理平台”，实现数字档案全流程管理和实体档案辅助管理。

打造服务功能强大的馆际共享平台。依托政务网建设“威海市域档案信息馆际共享平台”系统，实现辖区内馆际的数字档案信息资源共享。威海市档案馆、环翠区档案馆、文登区档案馆、荣成市档案馆、乳山市档案馆、高技术产业开发区档案馆、经济技术开发区档案馆7家综合档案馆全部接入馆际共享平台，共享文书、图书、婚姻、职称、照片、房产6大门类档案8.9万余件。2021年，威海市档案馆引入电子签章系统，实现“跨馆查档、异地出证”。

资料来源：于宁．山东威海市档案馆打造示范数字档案馆 助力“数字威海”建设．中国档案报，2021-05-20（2）．

山东省作为全国范围内较早一批开展档案信息化建设的省份，其数字档案馆、电子政务系统以及档案信息资源共享平台建设水平一直处于全国领先水平。山东省威海市档案馆优化数字档案馆功能、打造“威海档案信息一体化管理平台”的实践，有助于学生了解档案资源建设、档案利用服务是档案管理系统建设的基础，档案管理系统建设的最终目的是实现档案信息的馆际共享，“跨馆查档、异地出证”是馆际共享的具体表现，也是扩大档案提供利用为民服务范围、提升档案提供利用服务民生质量的重要举措。

6.3.3 档为民用：用档案资源共享平台提供高质量档案信息服务

案例七

成都市档案馆建共享平台为群众带来更好档案服务

（1）成都市范围内的民生档案信息共享。2019年，成都市档案馆依托政务网接入全市范围内20个区（市）县的民国档案和婚姻档案。截至2020年10月，全市档案信息资源共享平台已实现200多万条婚姻、社保、知青、退役军人等重点民生档案信息数据共享。

（2）成渝地区双城经济圈的民生档案信息共享。2020年，除了接入全市20个区（市）县的民生档案资源，成都市档案馆不断在四川省内探索档案工作合作的深度，与成渝地区双城经济圈中的资阳市档案馆、眉山市档案馆、德阳市档案馆签订资源共享合作协议，充分发挥主干带动作用。

（3）省际范围的民生档案信息共享。2020年至今，成都市档案馆与国内主要城市建立档案远程查询机制。与沈阳市、广州市、深圳市等19个城市的档案馆签订跨馆查档协议，实现全国副省级城市档案馆民生档案跨馆查询全覆盖。

资料来源：郝蕾，纪婉玉，李蓉．成都市档案馆建共享平台为群众带来更好档案服务．中国档案报，2020-11-02（2）．

成都市位于我国西南部，属于中等发达地区，虽然档案信息化建设起步较晚，但成都市档案馆仍始终将便民利民作为档案提供利用工作的着力点，不断加快档案信息化建设，实现全市、四川省内和跨省三级民生档案资源的共享，为群众带来实实在在的便利。

案例八

广西壮族自治区档案馆积极探索档案查询“一网通办”建设

广西壮族自治区档案馆自2021年开始努力推动自治区档案信息资源共享平台建设，《广西档案事业发展“十四五”规划》中也提出，加强广西档案信息资源共享服务平台建设，推动共享服务平台向民政、社保、医保等部门单位延伸，实现档案信息资源共享利用“一网通办”。为此广西壮族自治区档案馆扎实推进区市县三级综合档案馆档案查询“一网通办”建设，还专门实施“婚姻登记档案数据共建共享”项目，将自治区128个婚姻登记点接入档案信息资源共享平台。

资料来源：广西综合档案馆档案查询逐步实现“一网通办”．(2022-01-27)．中国档案资讯网．

可见，不管是经济发达地区、中等发达地区，还是欠发达地区，各级各类档案馆都在努力将信息技术应用到档案提供利用民生服务的工作之中，尽其所能为民提供档案服务。这既是响应习总书记利用信息技术做好档案信息服务号召的写照，又是贯彻国家档案局“为民服务”政治定位的体现，也是国家档案部门坚守档案工作重点、积极为人民办实事提供高质量档案信息的具体展现。

6.4　“档案管理学”课程思政教案

6.4.1　具体教学目标

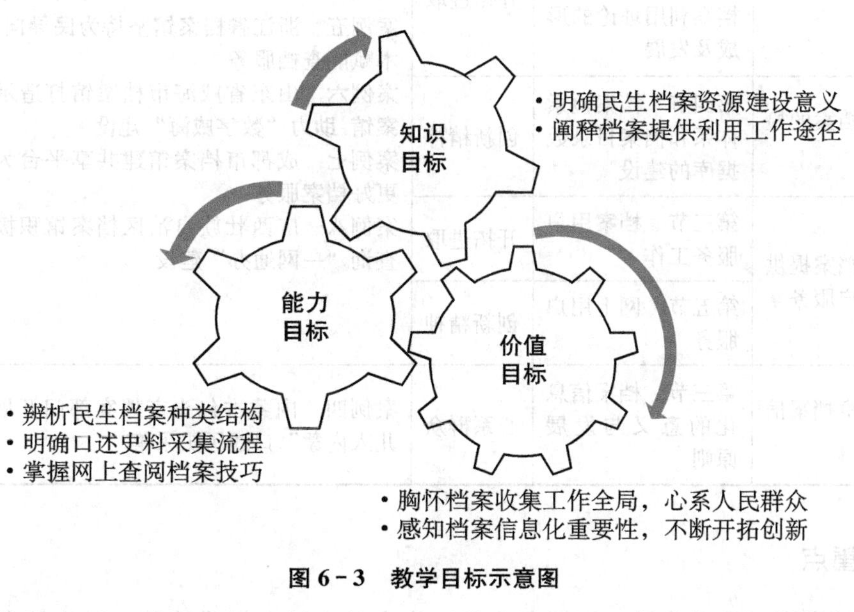

图6-3　教学目标示意图

6.4.2 教学内容分析

教学范围

上述案例主要涉略教材第二章、第七章、第八章、第十章、第十四章等内容，如表 6－5 所示。

表 6－5 案例教学范围一览表

章的名称	节的名称	思政元素	使用案例
第二章 档案的收集	第一节 档案收集的意义和要求	胸怀全局	案例一 中央与地方政府顶层设计助力民生档案体系建设
	第五节 档案馆对家庭档案、名人档案的收集	心系群众	案例二 辽宁省沈阳市档案馆多措并举大力开展家庭档案收集工作 案例三 扬州市档案馆广泛开展名人档案征集工作
	第六节 国家档案馆对口述史料的采集和征集		案例四 内蒙古包头市档案部门开展“三千孤儿入内蒙”口述历史采集
第七章 档案资源开发与利用概述	第一节 档案资源开发的意义和原则	胸怀全局	案例一 中央与地方政府顶层设计助力民生档案体系建设 案例二 辽宁省沈阳市档案馆多措并举大力开展家庭档案收集工作
	第三节 档案提供利用的含义与我国档案利用理论的形成及发展	开拓进取	案例五 浙江省档案馆坚持为民导向 用数字技术赋能查档服务 案例六 山东省威海市档案馆打造示范数字档案馆 助力“数字威海”建设 案例七 成都市档案馆建共享平台为群众带来更好档案服务 案例八 广西壮族自治区档案馆积极探索档案查询“一网通办”建设
第八章 档案的检索	第四节 档案检索体系和档案目录数据库的建设	创新精神	
第十章 档案提供利用与用户服务	第三节 档案用户服务工作	开拓进取	
	第五节 网上用户服务	创新精神	
第十四 章档案信息化概述	第三节 档案信息化的意义与发展原则	心系群众	案例四 内蒙古包头市档案部门开展“三千孤儿入内蒙”口述历史采集

教学重点

结合档案资源体系建设，把档案收集工作中的人民立场讲清楚。民生档案形成的来源以及收集工作面临诸多选择，或面临不同类型的切入点，如基于家族记忆的建档、基于名人名家的征集、基于家庭管理的管档；或面临不同行业领域的切入点，如教育、婚姻、人事、医疗等领域的档案资源建设模式差异较大、特点各异。能覆盖各个领域各个行业的档案资源体系，才是真正以人民为中心的档案资源体系。

结合档案利用体系建设，把数字档案服务中的人民立场讲透彻。数字时代档案工作在给人们的建档查档用档带来优势或便捷的同时，还存在一些问题，如东部与中西部之间的数字差异问题、地区之间的数字鸿沟问题、老年人以及弱势群体面临的数字歧视问题。档案馆在利用数字技术时，唯有坚持“为民导向”、赋能档案利用服务，才能做到数字档案利用服务真正以人民为中心。

教学中可结合就业、教育、乡村振兴等不同领域的纪录片资源（如表 6－6 所示），帮助学生理解中国共产党领导的档案工作“以人民为中心”的发展思想。

表 6－6　中国共产党领导的档案工作“以人民为中心”的发展思想的纪录片举例

涉及领域	代表纪录片	首播时间	制作单位	资源获取途径
乡村振兴	《我的美丽乡村》	2019 年 9 月	中央广播电视总台	https://tv. cctv. com/lm/wdmlxc/index. shtml
	《乡村振兴中国行》	2022 年 9 月	中央广播电视总台	https://tv. cctv. com/2022/09/30/VIDAxVyUftDyaSq2yLzaLIXS 220930. shtml
	《村庄十年》	2022 年 10 月	中央广播电视总台	https://tv. cctv. cn/2022/09/22/VIDAsdwNNFqyRalggf7ftbNR220922. shtml
医疗	《为了人民健康》	2019 年 10 月	中央广播电视总台、国家卫生健康委员会	https://tv. cctv. com/2019/10/28/VIDA6ML21mvVSkyYO3Ilezg 2191028. shtml
住房	《安居中国》	2019 年 10 月	中央广播电视总台、住房城乡建设部	https://tv. cctv. com/2019/10/08/VIDE72xIDhSOeYm5hi9xR D8u191008. shtml
教育	《教育强国》	2019 年 11 月	中央广播电视总台、教育部	http://tv. cctv. com/2019/11/05/VIDAGAWWk1mMKAC40Dcrct1F 191105. shtml
	《百年求索》	2021 年 7 月	中华人民共和国国史学会、中央新闻纪录电影制片厂（集团）、人民日报数字传播有限公司、中国图片社等	http://dangshi. people. com. cn/GB/437145/437909/index. html

续表

涉及领域	代表纪录片	首播时间	制作单位	资源获取途径
反腐	《正风反腐就在身边》	2021年1月	中央纪委国家监委宣传部、中央广播电视总台	https://tv.cctv.com/2021/01/21/VIDA9QxFuBL7wEBJ4gCQcjWp210121.shtml
	《零容忍》	2022年1月	中央纪委国家监委宣传部、中央广播电视总台	https://tv.cctv.com/2022/01/11/VIDArRQlT6Qqw58HjNIsMZOg220111.shtml
	《永远吹冲锋号》	2023年1月	中央广播电视总台	https://tv.cctv.com/2023/01/06/VIDACgY0m0ZlUA0tlpWMxdLt230106.shtml
就业	《追寻党的光辉足迹 讲传人社惠民故事》	2021年7月	人力资源社会保障部宣传中心	http://www.xinhuanet.com/politics/2021-07/17/c_1211245153.htm
	《乐业中国》	2021年10月	人民日报数字传播、BOSS直聘	https://v.qq.com/x/cover/mzc00200kq6sn89/j3302zbndr0.html
	《乐业中国2022》	2022年12月	人民日报数字传播、BOSS直聘、SMG纪录片中心	https://v.qq.com/x/cover/mzc002009hi54yp/x00451domx3.html
	《在奋斗》	2022年12月	湖南省总工会、湖南广播影视集团有限公司	https://www.mgtv.com/h/512677.html?fpa=se&lastp=so_result

教学难点

借助最新的档案收集案例，让学生分析“档为民建”的提升空间在哪里。档案收集既有常规性的社会组织内文件的归档、立档单位对档案的收集以及档案馆的收集等途径，又有对家庭档案、名人档案、社会各级档案还有口述史料的采集等非常规性的途径。而与人民息息相关的民生档案的收集途径既有常规性的也有非常规性的，前者有规范、规章、条例等约束，收集时有规范可依；后者随机、分散，外在影响因素较多。教师可以指导学生就民间收藏的侨批档案的征集问题，探讨如何在“档为民建”思想指导下既兼顾国家档案资源体系的完整性，又兼顾各方的合法权益。

比较最新的档案整理理论，让学生分析“档为民管”的运用空间在哪里。从全宗理论/来源原则到文件生命周期理论再到文件连续体理论，分类与整理理论历来是档案学领域最为核心的议题之一，但真正提出“档为民管”则是“以人民为中心”在中国档案领域的创新性成果。当然，分析“档为民管”的实际运用难度也很大，例如，脱贫攻坚和抗疫斗争是人民在党领导下完成的伟大实践，可以指导学生回到家乡就所经历所见闻的人物事迹进行调研，并探讨如何从人民视角、以事迹为导向，全面细致地做好档案管理。

观摩最新的档案服务平台，让学生分析“档为民用”的完善空间在哪里。全国性的、区域性的、行业性的档案服务平台并不少见，而且人们在生活中使用的通常是后端界面，即档案服务的最后一步。档案学专业学生要试图通过这最后一步来分析和整理出“档为民用”仍然存在哪些问题，如分析基于档案信息资源深度开发的利用工作、基于档案数据库检索技术的利用工作、基于历史档案文献编研的利用工作等。教师可以指导学生了解身边人（各类型用户）的档案利用需求，梳理出他们所能接触到的档案服务工作/平台尚存在哪些不足并思考如何改进。

6.4.3 教学手段与方法

第一，引导学生剖析案例，为档案收集找不足，补齐“档为民建”短板。无论是面向脱贫攻坚和疫情防控档案的收集案例，还是面向家庭、社区、乡村等民生档案的收集案例，都应向学生重点阐明档案收集从纸质时代的选择性收集向数字时代的全部性收集转型。“应收尽收”既是宏观策略，又是细微措施，所以“档为民建”仍然存在收集对象、机构、事件不足等问题，教师可以通过教学与研究和学生一起找不足，为补短板建言献策。

第二，帮助学生设置场景，为档案整理找不足，补齐“档为民管”短板。已有教材大多只讲解档案整理的标准程序、基础理论、基本方法，可以指导学生了解国家档案局针对乡村振兴档案、脱贫攻坚档案等的分类、样板、案例的新情况所出台的新文件，或引导学生亲身参与涉及家庭、个人各种事项档案整理的实践活动，以更深入地理解档案整理。通过设置不同身份、不同环境等情境，师生共同讨论“档为民管”尚存在哪些提升空间。

第三，安排学生实践实习，为档案利用找不足，补齐“档为民用”短板。课程设计虽然包括安排学生到档案部门实地观摩体验档案提供利用工作，但不可避免地会将师生局限于利用者这一身份。课程所选取的多个案例既有从利用者角度出发的，也有从职能部门角度出发的，还有从档案部门角度出发的，教师要指导学生在实践实习时用多重身份思考档案利用工作在数据、平台、界面、手续等多个方面的改进措施。

6.4.4 教学过程与实施

教学设计通过切入档案工作的人民立场的主题、分析档案收集工作为民服务的内涵、阐释档案利用工作的民生之道三个部分展开，详见表6-7。

表 6-7　教学过程具体环节及内容示意图

档案工作的人民立场（90 分钟）			
第一学时（45 分钟）			
教学意图	**教学内容**	**教学手段**	**教学时长**
1. 介绍课程主题：档案利用工作的“人民立场”	**档案工作的人民立场** **档案收集**：民生档案资源定义、家庭档案征集、名人档案征集、口述档案征集 **档案提供利用**：档案提供利用概述、档案用户服务、网上用户服务	教师讲授 强调课程重点	2 分钟
2. 案例介绍、政策介绍	案例一　中央与地方政府顶层设计助力民生档案资源体系建设 《“十四五”规划》： 建设覆盖人民群众的档案资源体系 ⬇ “十四五”时期各地方档案事业发展规划： 加大民生档案资源收集力度　　做好涉及人民利益档案的收集	案例分析 教师讲授	3 分钟
3. 设问引发思考，吸引注意力	民生档案为何会成为我国档案收集工作的重心？ “十四五”时期各级档案馆应重点收集哪些方面的民生档案？	教师自问自答	1 分钟
4. 引入教学主线：家庭档案、名人档案、口述史料的收集工作	家庭档案收集 名人档案收集 口述史料收集	课堂讲解	3 分钟

续表

教学意图	教学内容	教学手段	教学时长
5. 阐述家庭档案收集管理的要求与范围	明确家庭档案收集管理要求 → 划定家庭档案收集范围 · 自愿捐赠 · 优先利用 · 依法公布 · 依法买卖 · 婴幼儿记录 · 恋爱婚姻记录 · 家庭理财记录 · 家庭历史记录 · 学生时代记录 · 取得成果记录 · 医疗保健记录 · 综合性记录	教师讲授	3 分钟
6. 案例导入	案例二　辽宁省沈阳市档案馆多措并举大力开展家庭档案收集工作 辽宁省沈阳市档案馆坚持“以民为本”的档案收集工作思想，不仅出台《沈阳市以家庭为重点落细落小落实社会主义核心价值观工作方案》，还不断开展家庭档案征集活动，并将征集到的家庭档案资源汇集成册及出版发行，成果如沈阳市档案馆编制的《家庭档案中的家国记忆》等	案例分析与综合 教师讲授	3 分钟
7. 设问引发思考，吸引注意力	各级档案馆接收家庭档案如何体现档案收集工作的人民立场？	教师自问自答	2 分钟
8. 解析名人档案概念、收集范围及方法		教师讲授	5 分钟
9. 案例导入	案例三　扬州市档案馆广泛开展名人档案征集工作 扬州市档案馆坚持建设覆盖人民群众的档案资源体系，不断开展名人档案征集工作，形成了具有浓厚扬州地域特色的名人档案馆藏资源	案例分析与演绎	4 分钟

续表

教学意图	教学内容	教学手段	教学时长
10. 设问引发思考，吸引注意力	各级档案馆在接收名人档案过程中需要注意哪些事项？	教师自问自答	2 分钟
11. 解析口述史料采集的概念、范围、流程、方式	**采集概述** · 何为口述史料 · 采集范围与主题 **采集组织** · 编制采集方案 · 确定采集流程 · 后期整理加工 **采集方式** · 档案馆直接采集 · 有计划接收进馆 · 对外征集	教师讲授 知识分析与归纳	6 分钟
12. 案例导入	案例四　内蒙古包头市档案部门开展“三千孤儿入内蒙”口述历史采集 内蒙古包头市档案部门为贯彻落实习近平总书记关于用好“三千孤儿入内蒙”红色资源，积极探索构建与民生以及老百姓关心事项相关的档案资源体系，自 2021 年 4 月开始大力开展“三千孤儿入内蒙”口述历史专题征集活动	案例分析 教师讲授	3 分钟
13. 提问引发思考	口述史料的采集对丰富档案馆馆藏资源体系有什么作用？	师生互动	3 分钟
14. 设置情境模拟	安排学生 A 扮演档案馆负责口述史料征集的工作人员，学生 B 扮演口述史料征集对象，以“最难忘的一次档案馆实地探访经历”为主题，设置情境模拟环节。要求学生结合教材知识点，制订相应征集方案并利用教师提供的录音设备采集口述史料	强调情境模拟注意事项，下次课展示	2 分钟
15. 课堂小结	总结案例一至案例四中不同类型档案收集工作的差异与共性，分析档案收集工作如何更好地为民服务 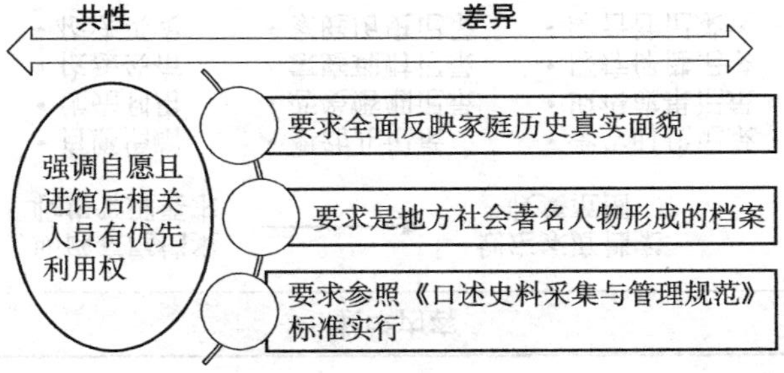	教师讲授 知识归纳 案例总结	2 分钟

续表

第二学时（45分钟）			
教学意图	教学内容	教学手段	教学时长
16. 主题引入，设问引发思考	“十四五”时期提供优质档案服务面临哪些困难？ 信息技术的发展给档案服务提供了哪些机遇？	教师自问自答	3分钟
17. 阐述“十四五”时期信息技术对档案提供利用工作的影响	“十四五时期”档案提供利用新途径 ● 档案网站 ● 数字档案馆 ● 查档平台	教师讲授 知识介绍	5分钟
18. 案例导入实践教学	案例五　浙江省档案馆坚持为民导向 用数字技术赋能查档服务 利用计算机网络访问浙江档案服务网以及长三角民生档案跨区域一体化在线查档平台，鼓励学生下载体验手机App“浙里办”的“掌上查档”功能，体验“我要查档”“个人档案”“查档进度”“网上咨询”等功能	教师介绍 师生互动	6分钟
19. 案例导入实践教学	案例六　山东省威海市档案馆打造示范数字档案馆 助力“数字威海”建设 进入山东省威海市档案馆官网威海档案信息网，带领学生使用其数字档案馆，体验“兰台经纬”“查阅利用”“网上展厅”“征集出版”等功能	教师介绍 师生互动	6分钟
20. 提问引发思考	浙江省档案馆与山东省威海市档案馆的网上档案服务具有哪些特点？	师生互动	4分钟
21. 案例导入实践教学	案例七　成都市档案馆建共享平台为群众带来更好档案服务 进入成都市档案馆官网，利用“成都市档案馆档案信息查询平台”，体验“民国档案”与“建国后档案”两大类型档案检索	教师介绍 师生互动	6分钟
22. 案例导入实践教学	案例八　广西壮族自治区档案馆积极探索档案查询“一网通办”建设 进入广西壮族自治区档案馆官网广西档案信息网，了解其档案信息化建设进展情况，体验“档案文化”“服务大厅”等功能	教师介绍 师生互动	6分钟
23. 提问引发思考	与浙江省档案馆和山东省威海市档案馆提供的网上档案服务相比，成都市档案馆、广西壮族自治区档案馆有哪些方面可以提高？	师生互动	6分钟
24. 课堂总结	加强民生档案收集是基础 做好档案提供利用是关键 加快档案信息化建设是重点	教师讲授	3分钟
结束			

6.4.5 教学效果与反馈

让学生感悟到“以人民为中心”的发展思想，既是习近平新时代中国特色社会主义思想的重要内容，又是中国共产党领导下的档案工作的重要内容。本主题以民生档案为例，讲述档案收集工作如何面向百姓、如何覆盖百姓、如何惠及百姓，让学生明白民生档案工作扎根人民、扎根基层、扎根前台的技巧、方法、原则与理论。

让学生感悟到“以人民为中心”的发展思想，既是档案事业发展的宏观指导方针，又是数字化档案服务等重点领域发展的微观实践法则。本主题以数字档案馆为例，讲述档案信息化建设平台如何对各类档案资源进行全面覆盖、如何对各类档案需求进行全面满足，让学生明白数字技术的运用离不开为民服务的导向。

与此同时，课程案例教学仍需从以下两方面加以完善。

一是民生档案收集工作的实践参与度有待加强。课程案例教学在讲解民生档案收集工作过程中主要阐述了三家档案馆民生档案收集过程与相关成果，在案例四教学结束后安排了情境模拟环节，但学生仍反映缺乏参与感，希望深入了解档案收集工作的细节和实践中遇到的困难。课程下一步计划与档案部门合作，将档案收集工作的场景与后续访谈拍摄成微电影，或让学生自行对档案馆负责档案收集的工作人员进行访谈。

二是线上档案提供利用的实践参与度有待加强。虽然在档案提供利用教学板块中带领学生访问使用浙江省档案馆、成都市档案馆建设的数字档案馆、档案网站、网上档案展览等档案信息化成果，但受时间限制体验不足，未来可以带领学生参观档案馆，接触数字档案馆，了解跨地域查档平台建设与服务提供工作。

主题 7

发挥档案优势 服务党史教育
——用档案讲好中国共产党人初心使命的故事

7.1 主题概况

2021 年是中国共产党建党 100 周年，中共中央印发《关于在全党开展党史学习教育的通知》，就党史学习教育作出部署安排。2021 年 2 月 20 日，习近平总书记在党史学习教育动员大会上指出，党的历史是最生动、最有说服力的教科书。在全党开展党史学习教育，是牢记初心使命、推进中华民族伟大复兴历史伟业的必然要求。

习近平同志在浙江工作时就曾指出，档案工作是一项非常重要的工作，经验得以总结，规律得以认识，历史得以延续，各项事业得以发展，都离不开档案。2021 年 3 月 11 日，中央档案馆国家档案局召开党史学习教育动员部署会，陆国强提到，档案是历史的真实记录、是历史的可信材料，历史是系统化理论化的档案；要体现馆局特色，将档案作为开展党史学习教育的生动素材，利用档案讲好党的历史，在感动感悟中传承红色基因、汲取精神营养。① 在此背景下，全国各级各类档案部门发挥自身的资源优势和场域优势，通过策划展览、编辑书籍等多种方式，在全国党史学习教育活动中发挥了重要作用。全国档案学术界也从档案价值、红色档案、思政教育等多个方向对档案服务党史学习教育进行了积极深入的研讨。例如，徐拥军教授建议“开展党史学习教育，必须运用好档案这把‘利器’，从中总结历史经验、认识历史规律、‘掌握历史前进的主动权’、读懂百年大党的成功之道”②。

真正实现档案在党史学习教育中的价值，需要对档案所记录的党史等进行挖掘、编研、升华，从而将碎片化的事件、人物、情境以更具生命力的方式，如文本叙事、音视频叙事、可视化叙事展示出来，编纂是其中一项必不可少的重要环节。“档案文献编纂学”以编纂选题、档案查找、档案挑选、档案编辑、辅文撰写、出版宣传以及编纂成品等为研究对象，讲述各种编纂方法，将原件以合适的方式或体裁公布出版，便于档案信息的传播，适合引导学生理解“发挥档案优势、服务党史教育”的深刻道理，帮助学生掌握运用档案编纂方式方法、参与红色档案资源开发、服务党史学习教育的专业本领。

---

① 学史明理 学史增信 学史崇德 学史力行 中央档案馆国家档案局召开党史学习教育动员会．中国档案报，2021 - 03 - 15.

② 徐拥军，熊文景．档案是党史学习教育最为生动的教科书．中国档案报，2021 - 03 - 18 (3).

因此，以“档案文献编纂学”作为档案学专业课程思政建设的必修课非常必要。配套教材为《档案文献编纂学教程》（韩宝华，中国人民大学出版社）、《档案文献编纂学》（刘耿生，梁继红，中国人民大学出版社）、《档案文献编纂学》（胡鸿杰，中国人民大学出版社）。

7.2 “档案文献编纂学”课程思政元素

“档案文献编纂学”重在向已有专业基础的学生讲清楚档案文献编纂的基本环节、研究范围与基本理论，相关教材业已对档案文献编纂的思想史、方法论和出版物等进行了完整阐述。在“两个一百年”奋斗目标历史交汇的关键时期，审视和讲授档案文献编纂的新内涵与新功用，能为该课程思政建设提供方向——发挥红色档案在党史学习教育方面的独特资源优势和思政教育价值。课程思政元素细分为以档案见证党的奋斗历程和伟大成就（即档案在党史学习教育中有什么独特价值）、用档案还原党的光荣传统和优良作风（即编纂如何在党史学习教育中发挥作用）、于档案展示党的历史经验和先进理论（即档案部门如何在党史学习教育中用好用活档案资源），详见图 7-1。

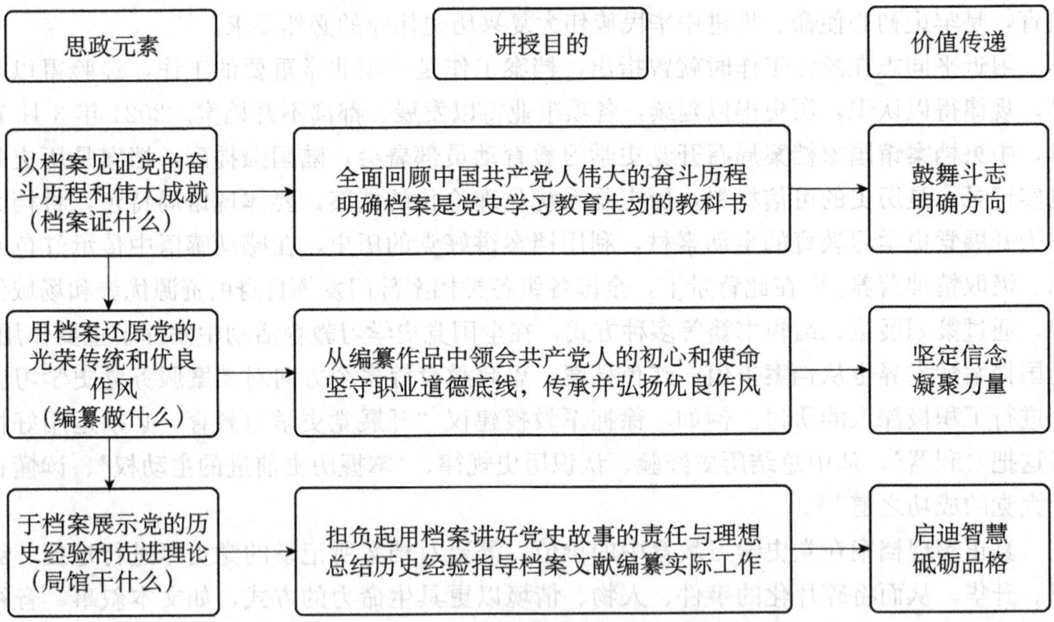

图 7-1 思政元素、讲授目的与价值传递联系图

7.3 主题案例库

7.3.1 档案证什么：以档案见证党的奋斗历程和伟大成就

2021 年 2 月 20 日，习近平总书记在党史学习教育动员大会上指出，一切向前走，都

不能忘记走过的路，走得再远、走到再光辉的未来，也不能忘记走过的过去，不能忘记为什么出发。① 红色档案能以直观、生动、形象的方式展示中国共产党走过的百年岁月，向学生呈现中国共产党勇往直前、不畏艰险的历史。学习党史，也是让学生不忘过去、珍惜现在、面向未来。

案例一

建党百年 初心如磐——长三角红色档案珍品展

在中国共产党喜迎百年华诞、全党即将开展党史学习教育之际，2021年1月18日，江苏、浙江、安徽、上海三省一市档案局、档案馆首次跨区域联合主办的“建党百年 初心如磐——长三角红色档案珍品展”在上海市档案馆外滩馆揭幕。该展精选长三角20余家档案及文博部门珍藏的500余件革命历史档案文献和影像资料，用珍贵的红色档案展品述说革命斗争的艰苦卓绝，展示中国共产党团结带领人民坚守初心使命，历经千难万险谋求民族独立和人民解放的壮阔图景。该展在上海首展，并在杭州、嘉兴、南京、合肥、昆山、淮安、常州、温州、太和、徐州、马鞍山、宿州等长三角23个主要城市展开巡展。②

资料来源：黄蕊．传承红色基因 用红色档案讲好党的故事．中国档案报，2021-05-31（3）．

长三角红色档案珍品展通过“开天辟地宏图起”“革命洪流风云咤”“中流砥柱御外侮”“天翻地覆慨而慷”4个分选题，体现了教材中编纂选题的质量是影响档案文献编纂成果效益的关键因素等内容。在档案文献的查找和选材方面，该展精选长三角20余家档案及文博部门珍藏的档案，说明了“全面查找”“宁多勿漏”的基础性作用；精心挑选其中500余件革命历史档案文献和影像资料，说明了“博约得当”的关键性作用。

案例二

“李大钊：狱中的风骨”与“播火——李大钊革命活动档案史料展”

2021年4月2日，北京市档案馆在《中国档案报》上刊登的《桃花红雨英雄血 碧海丹霞志士心》中涵盖“李大钊：狱中的风骨”部分，通过3份档案内容——李大钊1927年4月在狱中的“供词”、1927年4月6日北洋政府京师警察厅关于搜查东交民巷共产党人藏匿处所致荷兰公使的函、李大钊英勇就义前拍摄的照片，彰显李大钊的坚定信仰和对党忠诚的不屈风骨。

2021年4月9日，为庆祝中国共产党百年华诞，北京市档案馆举办“播火——李大钊革命活动档案史料展”。该展由“播火者”“创始人”“先驱者”3部分组成，以李

---

① 习近平：在党史学习教育动员大会上的讲话．（2021-02-20）．共产党员网．

② 周云峰，杨坚，丁爱平．江苏省委常委、秘书长赵世勇批示要求 用好红色档案资源推动党史学习教育走深走实．（2021-07-19）．中国档案资讯网．

大钊同志的生平和革命活动为主线，共展出档案、资料、图片近200件，包括从北京市档案馆有关李大钊同志的档案史料馆藏中精选出的80余件。其中20余件档案系首次向社会开放，包括李大钊挚友为保释李大钊家人写给警察局的呈信等。同年4月26日，北京市档案馆举办“李大钊革命活动”学术论坛，来自中国李大钊研究会、中央党校、北京大学校史馆等单位的专家学者，以及李大钊烈士亲友参加论坛，学术论坛主要内容详见表7-1。2021年5月29日，由北京市档案馆、北京广播电视台联合出品，北京广播电视台官方音频客户端“听听FM”制作的《播火——李大钊革命活动档案史料展》有声展正式上线，实现线上线下同步同名展示。[①]

表7-1 “李大钊革命活动”学术论坛主要内容

	题目	参会单位及发言人
学术发言	李大钊的建党思考与实践	中国李大钊研究会副会长侯且岸
	李大钊与中国共产党的创建	中央党校教研部教授刘晶芳
	新编《李大钊年谱》	北京大学校史馆副研究员杨琥
	档案见证李大钊在北京的革命活动	北京市档案馆研究馆员赵力华
研讨发言	其他与会嘉宾和李大钊烈士亲友代表发言	

资料来源：北京市档案馆 推出6项活动庆祝建党百年．中国档案报，2021-04-12（1）.

北京市档案馆将杰出的无产阶级革命家和中国共产党的主要创始人之一——李大钊作为选题主旨，规范了档案文献编纂角度即档案文献作者，限定了档案文献编纂篇幅即表达方式是报刊文章、线上线下展览或学术论坛。选题的物质因素依据十分清晰，是基于对李大钊档案的数量、价值和保藏情况的充分了解，避免“有档未选”或“欲选无档”的情况；选题的社会因素依据比较全面，诸如满足该馆建党一百周年纪念活动的工作需要、满足关于李大钊的学术研究需要、满足公众社会需求等，最终用档案向公众展现了全面、多角度的革命家李大钊的生平和革命活动。

案例三

“破晓——中国共产党北平党组织活动展”及“中国共产党北京（平）党组织活动纪实”丛书

2021年4月9日，为庆祝中国共产党百年华诞，北京市档案馆举办的“破晓——中国共产党北平党组织活动展”正式开展。展览共展出档案、资料、图片300余件，通过北京共产党小组成立、长辛店工人运动、李大钊烈士牺牲等档案资料，向公众展示中国共产党人为建立新中国所进行的艰辛探索和不懈努力，讴歌中国共

① 北京市档案馆．为群众办实事：《播火——李大钊革命活动档案史料展》有声展上线啦！．（2021-06-04）. https://baijiahao.baidu.com/s?id=1701637027129097366&wfr=spider&for=pc.

产党人不怕牺牲、不屈不挠、前赴后继，为建立新中国浴血奋斗的革命精神。

2021 年 5 月，北京市档案馆推出“中国共产党北京（平）党组织活动纪实”丛书，其内容选自市档案馆的 98 万卷册民国档案，该丛书有三大特色，详见图7-2。

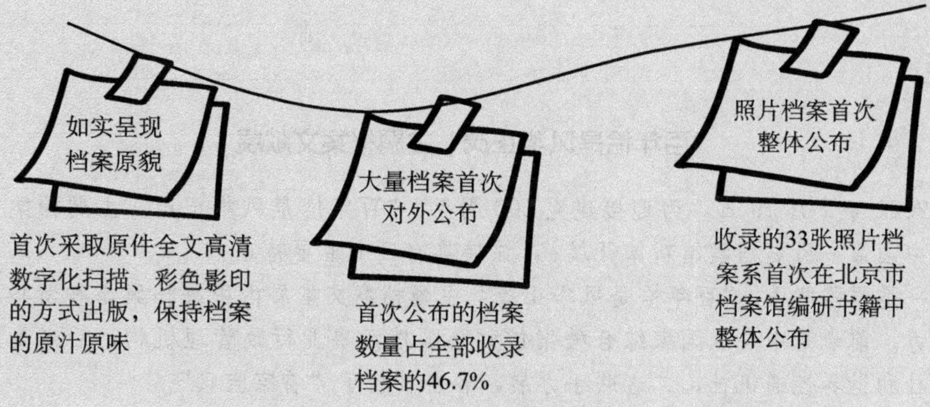

图 7-2　“中国共产党北京（平）党组织活动纪实”丛书特色[①]

资料来源：北京市档案馆 推出 6 项活动庆祝建党百年．中国档案报，2021-04-12（1）.

该案例主要体现教材中档案选材的原则，即档案原件“应选尽选”，首次公布的档案原件应居于首位，只有经过初选、复选、终选等严格筛选程序的档案，才能更好地展现党的奋斗历程和伟大成就。

案例四

澳门南光集团多途径征集档案文献

在中国共产党百年华诞之际，总部设在澳门的国务院国资委直属中央企业南光集团[②]聚焦建党百年庆祝活动，主动作为、精心策划，通过上门拜访、开展座谈和下发通知等多种档案文献查找途径，征集红色档案 23 件。该批档案时间跨度大，实物档案均为 20 世纪六七十年代编制印发的；语言种类广，例如《反对葡帝在澳门的血腥暴行》红色读本采用中文、英文和葡文三种语言文字，反映南光培养的葡语人才在革命活动中发挥了积极主动作用；社会意义大，生动地展现了中国共产党在澳门开展革命活动的艰辛历程，体现出南光与澳门社会水乳交融。[③]

南光集团档案部门以此次活动为开端，深入挖掘南光在澳门 70 多年的红色档案资源，并举办“百年征程 风华正茂 辉煌澳门 南光同行”展览，面向澳门各界讲好驻澳央企故事，帮助观展者总结党的实践创造，增强开拓前进的勇气和力量。

① 北京市档案馆庆祝建党百年系列活动开幕．（2021-04-09）．https：//baijiahao.baidu.com/s?id=1696560946275068150&wfr=spider&for=pc.

② 南光（集团）有限公司是唯一一家总部设在澳门的国务院国资委直属中央企业，集团前身南光贸易公司成立于 1949 年 8 月，是澳门最早的中资机构。

③ 吴玉英．南光集团境外红色档案征集成果丰硕．（2021-07-07）．中国档案资讯网．

南光集团的档案文献查找案例体现了教材中拓宽档案征集渠道、采用“线上＋线下”双重渠道查找档案等内容。深度查找挖掘红色档案资源，在讲好家国情怀故事、传承红色基因、弘扬革命精神等方面发挥了积极作用，使党史学习教育走深走实，以档案为载体助力澳门融入国家发展大局。

案例五

“百年恰是风华正茂”主题档案文献展

2021 年 7 月 19 日，为迎接建党 100 周年，“百年恰是风华正茂”主题档案文献展在中国第一历史档案馆新馆开展[①]，该展具有三个重要特点。

一是强强联手。“百年恰是风华正茂”主题档案文献展由中央档案馆和新华通讯社举办。前者是中央级国家综合档案馆和全国档案事业行政管理机构，后者是国家通讯社和世界性通讯社，二者联手办展，各自贡献了“看家宝贝”。

二是百件档案属于首次公开。据统计，“百年恰是风华正茂”主题档案文献展中有百件首次公开的档案，这些展品清晰还原了丰富的历史细节，不少展品还附有链接红色档案微视频的二维码。

三是展陈思路别出心裁。“百年恰是风华正茂”主题档案文献展共分为序篇“抗争与求索”，以及“信仰的力量”“理论的力量”“组织的力量”“人民的力量”“斗争的力量”“行动的力量”“制度的力量”“万山磅礴看主峰”8 个主题部分，以主题划分展品成为展览的一大特色。[②]

该展选题名称独特，充分体现了编纂选题的三个原则，即应“大而全”（多样化呈现中国共产党的百年风貌）、勿“炒冷饭”（展出有百件首次公开的档案、照片）、要“高层次”（序篇和 8 个部分的主题气势磅礴）。选材至关重要，不论是中央档案馆珍贵的历史档案，还是新华通讯社建社以来积攒的照片档案，都数量庞大、种类丰富，选材难度颇大。该案例遵循选材原则，深入分析每份档案的史料价值，选择相关典型材料，同时注重档案呈现的多样性、层次性与丰富性。中央档案馆和新华通讯社最终选定文献、图片、影像、书刊等多种形式的展品，在丰富展览信息的同时，也极大提高了档案文献展的可参观性，为党史学习教育搭建了一个新鲜独特的生动课堂。

7.3.2 编纂做什么：用档案还原党的光荣传统和优良作风

编纂能够将为党史教育提供原始素材的档案“整合”成优质资源，从而还原、展示中国共产党团结带领全党全国各族人民推动革命、建设、改革的光荣传统和优良作风以

① “百年恰是风华正茂”主题档案文献展在京开展 丁薛祥参观展览．中国档案，2021（7）：1.

② 你看过档案文献展吗？这里有一个重磅的了解一下．（2021－08－11）．https：//baijiahao.baidu.com/s?id=1707809640746909908&wfr=spider&for=pc.

及取得的重大成就。

案例六

党史课的四本“指定书目”

第一本是习近平同志的《论中国共产党历史》，由中共中央党史和文献研究院编辑，于2021年2月由中央文献出版社出版，在全国发行。该书收录了习近平同志2012年11月29日至2020年11月24日关于中国共产党历史的重要文稿40篇，其中16篇文稿是首次公开发表。该书以丰富的史料支撑和历史纵深的理论分析，对党史上若干重大问题作出新总结，提出新观点，全面、科学地反映党史的内在规律，为广大党员深入学习和掌握党的历史提供了根本遵循。

第二本是中共中央党史和文献研究院编辑的《毛泽东邓小平江泽民胡锦涛关于中国共产党历史论述摘编》，于2021年2月由中央文献出版社出版，在全国发行。该书分别摘自毛泽东同志、邓小平同志、江泽民同志、胡锦涛同志的讲话、报告、谈话、批示和书信等重要文献，共计141段论述、9.8万字。该书展卷披读，鉴往知来，既有中国共产党的领导人对党在不同时期的历史回顾，也不乏对党史上重要人物、重要会议、重大事件的周年纪念以及经验总结，一些资料更是从浩渺档案中被发掘后首次公开。

第三本是中央宣传部组织编写的《习近平新时代中国特色社会主义思想学习问答》，于2021年2月由学习出版社、人民出版社联合出版，在全国发行。该书把党的创新理论分解为干部群众普遍关心的100个问题，将理论蕴含于生动实践中，将道理蕴含在历史经验中，不少篇章或用历史故事切入，或用历史事件印证，由点及面、深入浅出，具有极强的政治性、思想性和可读性，既紧跟时代发展步伐，又聚焦理论难点热点，以通俗化、大众化方式回应干部群众关切。

第四本是中央党史和文献研究院等单位编写的《中国共产党简史》，于2021年2月由人民出版社、中共党史出版社联合出版，在全国发行。该书共10章、70节，记录了100年来中国共产党团结带领人民进行革命、建设和改革的光辉历程，系统总结了党和国家事业不断从胜利走向胜利的宝贵经验，集中彰显了党在各个历史时期淬炼锻造的伟大精神。

资料来源：党史学习教育明确“指定书目”，为何是这四本书？(2021-05-10). 人民网.

学习《论中国共产党历史》一书中史料与理论的结合方式，结合教材中编辑出版的要求，如掌握相关政策界限、优质高效传播档案信息等，引导学生研读习近平同志围绕中国共产党历史发表的一系列重要论述。

学习《毛泽东邓小平江泽民胡锦涛关于中国共产党历史论述摘编》一书中“摘编”的方法，即遵照编辑加工的存真和求实原则，既言简意赅，又不遗漏重要内容和论述；编排四位领导人重要文献时，既最大限度地体现文献之间的最主要的联系——中国共产党历史论述，又体现其思想性，遴选针对现阶段党员进行党史教育的内容，还注意发掘针对党员领导干部进行党的历史教育的新的文献和论述。

学习《习近平新时代中国特色社会主义思想学习问答》一书中百问百答的体现形式，分析其按重要程度、时间、主题等归类排列的方法。结合书中长征路上“半条被子”等故事，分析编者如何排列组合百问百答从而做到论从史出、理从事出，让档案内容鲜活起来。

学习《中国共产党简史》一书中多层分类编排形式的多样化运用，该书对历史时期、问题、时序、地区、人物、文种、历史事件等编排方式的运用较多，分析编者是如何史论结合、夹叙夹议，做到把基本事实讲明白、把基本脉络讲清晰、把基本道理讲透彻的。

案例七

从“五一口号”到开国大典大型档案文献专辑

2019年9月，在隆重庆祝中华人民共和国成立70周年之际，中央档案馆精选馆藏珍贵档案文献，推出从“五一口号”到开国大典大型档案文献专辑。该专辑选取了从1948年4月30日中共中央发布纪念“五一”劳动节口号到1949年10月1日开国大典这一时期的200余件馆藏珍贵档案文献，以及俄罗斯联邦档案部门提供的1949年10月1日新中国开国大典彩色影像，展现中国共产党团结各民主党派、各人民团体和无党派民主人士，筹备和召开新的政治协商会议，共同建立新中国的历史进程。该专辑还选取了毛泽东、周恩来、刘少奇、朱德等老一辈无产阶级革命家和宋庆龄、李济深、张澜、司徒美堂等民主党派领导人以及爱国民主人士的书信、文稿、录音档案文献，其中有些为首次公开，弥足珍贵，具有极高的文献史料价值。

资料来源：中华人民从“五一口号”到开国大典大型档案文献专辑. https：//www. saac. gov. cn/daj/gqzt/index. html.

结合档案文献编辑加工应遵循的原则，档案工作人员在编纂时坚守道德底线、恪守职业道德，在保证档案文字、内容高度一致的同时保证档案文献的可据性与可读性，进而掌握档案文献编辑加工的意义、原则、方法等，通过科学、客观的编辑加工方式充分展现中国革命伟大历程中的事件、人物等。

案例八

“红船起航地·嘉兴‘百年百忆’”系列丛书

2020年以来，嘉兴市各级档案史志部门市县联动，统筹推进“红船起航地·嘉兴‘百年百忆’”系列丛书编撰工作(详见图7-3)。该丛书由嘉兴市档案馆、中共嘉兴市委党史研究室、嘉兴市地方志编纂室联合编纂，2021年6月由方志出版社出版。该丛书借助大量的档案史料，在准确反映历史史实的前提下，用较生动活泼的语言讲好党的诞生地的红色故事，是了解嘉兴党史、地方历史文化的“红色家谱”，是进行爱党、爱国、爱家乡教育的重要读本。嘉兴市档案馆有关负责人表示，“红船起航地·嘉兴‘百年百忆’”系列丛书以及微视频的面世，是庆祝中国共产党成立 100 周年、服务党史学习教育的重要载体。

- 《百年纪实——嘉兴市一百个初心故事》
- 《百年丰碑——嘉兴市一百名风云人物》
- 《百年印迹——嘉兴市一百处“四史”教育阵地》
- 《百年图鉴——嘉兴市一百组历史照片》
- 《百品珍藏——嘉兴市一百件珍贵档案》

图 7-3　“红船起航地·嘉兴‘百年百忆’”系列丛书组成

资料来源：李安涛．让“红船精神”绽放新的时代光芒：浙江省红色档案资源开发利用工作综述．中国档案报，2021-03-29 (1).

该丛书将严肃的红色故事用通俗、生动、活泼的语言表达、加工，通过编纂力量的多元性、编纂主题的广泛性诠释了印刷型档案文献出版物的现实状况，显示了物质实体容易保存的载体特征、便于阅读的技术特征等。读者在了解嘉兴党史、地方历史文化的红色档案的同时，也能从资政、存史、济世、利己四个维度解读印刷型档案文献出版物的社会价值。

案例九

《中国第二历史档案馆馆藏档案精粹》

2021 年 6 月，中国第二历史档案馆组织力量利用一年时间撷取相关档案珍品，由马振犊、王俊明主编的《中国第二历史档案馆馆藏档案精粹》由南京出版社出版，记录建馆 70 周年的成就，庆祝建党百年华诞。

该书着重收录了中国共产党不同历史时期的红色档案。其中比较代表性的有：1919 年周恩来创办的《天津学生联合会报》、抗日战争时期的《周恩来、朱德、叶剑英参加国民政府军事委员会军政部谈话会会议记录》等。

以史为鉴，可以知兴替。该书内容真实客观，语言平实素朴，图文并茂，取材广泛且有代表性，时间跨度大，具有较强的可读性和鉴赏性，是中国第二历史档案馆整合馆藏档案资源、深挖档案精品的一次成功尝试。

该书分为文献档案和实物档案两大部分（按种类编排），文献档案部分按历史事件发展阶段、重要人物关系、重大事件编年体例等进行编排，实物档案部分按革命文物、金石书画、珍邮宝钱三类载体形式进行编排，三种载体形式下大致按照时间关系、人物关系、组织关系等顺序排列，展示出如何从大量的馆藏档案中高质量地编制汇编结构合理、汇编层次清晰的作品。

案例十

《100个档案故事讲述党的历史》

2021年8月，中央档案馆国家档案局编写的《100个档案故事讲述党的历史》由党建读物出版社正式出版发售，该书以习近平总书记有关重要讲话为线索，遴选中央档案馆馆藏从新民主主义革命时期到改革开放初期的珍贵档案资料百余件，充分利用红色档案讲述档案背后鲜为人知、影响深远的历史故事，展现中国共产党成立以来具有决定性、转折性的历史细节，部分内容详见表7-2。

表7-2 《100个档案故事讲述党的历史》内容举要

标题	内容介绍
档案故事之：李大钊《布尔什维主义的胜利》	2009年10月28日，习近平同志在纪念李大钊同志诞辰120周年座谈会上的讲话中指出，十月革命胜利后，李大钊“以敏锐的眼光，深刻认识到这场革命将对二十世纪世界历史进程产生划时代的影响，也从中看到了中华民族争取独立和中国人民求得解放的希望”
档案故事之：陈望道翻译的《共产党宣言》	2012年11月29日，习近平总书记在参观《复兴之路》展览时，向十八届中央政治局常委们讲述了“真理的味道非常甜”的故事，即陈望道在浙江义乌的家里夜以继日忙着翻译《共产党宣言》，吃粽子时误把墨水当作糖蘸的一段历史佳话
档案故事之：毛泽东为中央党校题词“实事求是”	2013年12月26日，习近平总书记在纪念毛泽东同志诞辰120周年座谈会上的讲话中强调，“实事求是，是马克思主义的根本观点，是中国共产党人认识世界、改造世界的根本要求，是我们党的基本思想方法、工作方法、领导方法。不论过去、现在和将来，我们都要坚持一切从实际出发，理论联系实际，在实践中检验真理和发展真理”

结合该书中100个档案故事的标题，分析编制高质量的档案文献标题应具有的要求：必要的结构要素、表明作者态度、体现时代特色、惜字如金、措辞准确等。该书中每一个故事都以习近平总书记的讲话为线索，还原历史事件细节，以小见大聚焦党史上的重大事件、重要会议、重要人物，让小事件成为连接过去、现在与未来的情感纽带，使读者能从汇编标题和习近平总书记的讲话中直接得到编纂者欲向读者传达的内容信息，帮助读者通过红色珍档编纂作品纵观党史发展百年历程，是开展党史学习教育的重要参考读物。

7.3.3 局馆干什么：于档案展示党的历史经验和先进理论

数字时代各级各类档案馆对红色档案的主要内容与传播形式进行了编纂创新，如将革命文物有声化、将党史教育电子化、将党史宣传亲民化。

案例十一

喜迎建党百年　传承红色基因——京津冀档案馆红色视频联播

为贯彻落实习近平总书记关于京津冀协同发展的重要战略思想及京津冀协同发展总体要求，加快推进京津冀档案事业协同发展，更好地服务于京津冀协同发展国家战略大局，2018 年，北京市档案局馆、天津市档案局馆、河北省档案局馆在京召开档案事业协同发展工作会议，就档案事业协同发展的各项事宜达成共识，形成了合作框架协议，合作范围包括京津冀档案局馆及所属市、区、县档案局馆①，为推进京津冀档案事业协同发展明确战略方向。为认真落实京津冀档案馆协同发展工作会议精神，加强馆际宣传工作交流合作，2021 年 5 月 14 日，京津冀三地档案馆宣传部门工作人员齐聚天津，召开馆际宣传工作座谈会②，进一步打开宣传工作新局面。

2021 年，为充分利用档案资源讲好党史故事，助力党史学习教育，使国际档案日内容更加丰富多彩，京津冀三地档案馆工作人员立足各馆档案特色，深挖馆藏红色资源，于 2021 年 6 月 9 日至 17 日联合推出“喜迎建党百年　传承红色基因——京津冀档案馆红色视频联播”。

京津冀三地档案馆将为庆祝建党百年拍摄的短视频、微电影等融媒体产品进行整合，通过三地档案馆微信公众号平台播出，充分体现了现代信息技术给档案文献编纂工作带来的有利影响，特别是对编纂选题的充分论证、材料搜集的联动、成果宣传的广泛性、效果反馈的便捷快速等方面的影响最大。

案例十二

电视节目：《跟着档案去旅行》

档案记载历史，承载中华文脉。2019 年起，浙江省档案馆联合全省 20 余家市、县（市、区）档案馆在浙江电视台新闻频道推出大型文化类专题片《跟着档案去旅行》系列节目，挖掘浙江省档案馆和各市县档案馆馆藏的珍贵档案史料，寻找浙江精神背后的文化故事，解读档案背后的浙江人文精神。节目以档案为载体，追忆革命先烈，弘扬红色文化，倡导红色旅游，探秘“红船精神”背后的红色基因，在挖掘全省各级综合档案馆馆藏红色资源、促进乡村振兴与红色文旅融合发展等方面进行了有益尝试。③ 截至 2023 年 6 月，该节目已连续播出 5 年，已制作播出 130 余期。

该节目主题定位精准，以围绕中心、服务大局作为栏目策划的基本出发点与立足点，

---

① 京津冀达成档案事业协同发展合作框架协议．中国档案报，2014-08-04（1）．

② 京津冀档案馆宣传工作座谈会在津举办．（2021-05-18）．天津档案方志网．

③ 让“红船精神”绽放新的时代光芒．中国档案报，2021-03-29（1）．

将档案工作与地方文化、政治、旅游等结合；整合浙江省内诸多档案馆的红色档案资源，通过严谨的编纂过程深度还原和反映历史，用档案讲好浙江古镇、街道、河流等文化传承、建筑保护、人文风俗等故事；注重与各专业领域的合作，通过镇村领导、文化名人、行业代表等，阐述革命故事与古镇历史、地区建筑、老街文化等的关联；依托新型媒体，研磨“一次编研、多种生成、多元发布”[①] 的融合机制，对栏目产品进行多样化呈现。

案例十三

红色丰碑：寻访影视剧英雄原型全媒体行动

2019 年，江苏省档案馆在省委宣传部、省网信办的精心指导下，与省委党史工办、扬子晚报社通力协作，充分挖掘全省丰厚的红色档案资源，推出“红色丰碑”寻访影视剧英雄原型全媒体行动，历时 4 个月，报道对象为已经拍摄放映的广为流传的经典影视剧中的英雄原型，通过寻访英雄原型的亲友、见证者、传承人，以及塑造英雄形象的文艺工作者，发掘影视剧背后更加感人悲壮的故事。该行动制作了 15 部系列微纪录片（详见表 7-3），聚焦英雄们的英勇事迹，展现英雄的初心与精神，完成对红色故事的二次宣讲和红色档案资源的二度开发，集中呈现英雄和英雄群体的高光时刻，从英雄的角度凸显中国共产党的光荣传统和优良作风。全媒体行动工作组充分利用互联网信息技术和融媒体传播技术，不断创新报道形式与话语表达方式，推出了新闻报道、微纪录片、微信、微博、H5 网页等多种融媒体产品，通过精细化制作、可视化呈现、互动化传播，形成了多方位、多层次、多声部的宣传传播矩阵，产生了广泛的宣传效应，截至 2019 年底，全网传播量突破 2.7 亿。[②]

表 7-3 “红色丰碑”15 部系列微纪录片

序号	名称	序号	名称
1	《柳堡的故事》	9	《铁道游击队》
2	《青春红似火》	10	《永不消逝的电波》
3	《沙家浜》	11	《佩剑将军》
4	《英雄儿女》	12	《风筝》
5	《炮兵司令朱瑞》	13	《殷雪梅》
6	《金陵之夜》	14	《鹤乡情》
7	《刘老庄八十二壮士》	15	《国家命运》
8	《我们的法兰西岁月》		

资料来源：红色丰碑：寻访影视剧英雄原型全媒体行动. 扬子晚报网.

① 何秋琴，雷飞. 建设融合共通的档案文化展示平台：打造《跟着档案去旅行》品牌栏目的实践与思考. 浙江档案，2020（8）：28-30.

② 江苏“红色丰碑”全媒体报道行动引关注 红色档案资源二度开发 集中呈现英雄高光时刻. 中国档案报，2020-01-16（1）.

引导学生分析该行动的具体举措、宣传方式、宣传特点等，帮助学生理解依托互联网平台出版传播的重大意义、主要方式，引导学生思考在档案文献编纂过程中如何运用新兴技术扩大档案文献的宣传辐射力，以及新兴档案文献出版物的发展趋势等，使学生深刻认识到建设新中国的不易。

案例十四

红色电波中的领袖风范——毛泽东同志香山时期发布电报手稿专题展览

2020 年 12 月 18 日，为缅怀老一辈无产阶级革命家解放全中国、筹建新中国的丰功伟绩，彰显香山革命精神的时代价值，由中央档案馆、北京市委宣传部主办，香山革命纪念馆承办的“红色电波中的领袖风范——毛泽东同志香山时期发布电报手稿专题展览”在京开展，集中展出毛泽东同志在香山时期发布的 202 封珍贵电报的手稿。

香山革命纪念馆常务副馆长徐中煜介绍，该展览是香山革命纪念馆开馆以来首个专题展览，面积达 1 000 余平方米，包括 6 个部分、17 个专题，共展出珍贵文物 62 件(套)、历史照片 50 余张。该展览主要选取反映重大历史节点、重大历史事件、重要历史人物、重要历史决策的电报手稿，辅以珍贵历史图片、文物、文献等，以“国共和谈”“捍卫国家主权”“军队纪律严明”“工作作风优良”等多个专题进行展示。

为了便于观看，为观众提供全方位观展体验，该展览还设置了手稿电文查询系统，围绕重要人物、重大事件、历史背景设置了 35 处电文导读，设置了“中国人民解放战争三年战绩查询系统”“电报朗读”“发报互动体验”等互动展项。在展厅中，还可以通过扫描二维码听到有声电文，通过模拟莫尔斯电码的形式亲手发出“不忘初心、牢记使命”等电文。

此外，该展览复原展示了“双清别墅毛泽东同志办公室”“中共中央办公厅机要处”“北平街头捷报频传”“人民的胜利”等历史场景。

资料来源：“毛泽东同志香山时期发布电报手稿专题展览”在京开展．(2020－12－18)．中国政府网．

有声展览、互动展览、虚拟场景等是数字型档案文献编纂成果的重要组成部分，体现了数字型档案文献出版物数据存储量大、表现形式多样、传播范围广、检索功能强、出版周期短等基本特征。学生可通过多种渠道获悉在中国共产党百年历史进程中的每一个时期，都有一大批敢于斗争、甘于奉献的重要人物，他们对党的事业无限忠诚，进而结合我国取得的档案文献编纂成就来领悟伟人风范。

案例十五

百集微纪录片：《红色档案——走进中央档案馆》

在 2021 年中国共产党建党百年之际，中央档案馆联合中央广播电视总台新闻新媒体中心于2021年3月8日起在央视新闻隆重推出了百集微纪录片《红色档案——走进中央档案馆》，带领观众走进中央档案馆，读懂百年大党的胜利密码。

中央档案馆藏有数百万份建党百年重要历史事件、重要历史人物的相关档案，极具历史价值和现实价值。该片的创作之本便是在深入挖掘这些珍贵档案的基础上，选取其中精华展开生动讲述，让这些尘封已久、鲜为人知的档案通过新的影像表达、新的媒介平台，向新时代的年轻人释放独特魅力和精神力量。①

该纪录片共100集，每集5分钟，精心选取11个主题系列进行总体设计（详见表7-4），每个主题系列不超过10集，以多种拍摄手法对大量珍贵档案进行细节化呈现。在此基础上，通过相关档案的彼此佐证、关联，并辅以当事人、相关人士和专家学者的采访，对档案内容所呈现的若干点状信息进行丰富和延展，形成故事化讲述，让观众从档案中读懂百年大党的胜利密码，感受烈火淬金的精神锋芒。

表7-4 《红色档案——走进中央档案馆》微纪录片系列名称

系列	名称	集数
系列一	恰同学少年	第1～8集
系列二	信仰的召唤	第9～20集
系列三	一封家书	第21～29集
系列四	狱中纪	第30～38集
系列五	为有牺牲多壮志	第39～48集
系列六	领袖的致敬	第49～58集
系列七	革命的爱情	第59～67集
系列八	以人民为中心	第68～77集
系列九	共产党员的修养	第78～87集
系列十	家风明鉴	第88～94集
系列十一	永远在路上	第95～100集

资料来源：百集微纪录片《红色档案——走进中央档案馆》重磅上线．中国档案报，2021-03-11（1）.

该微纪录片体现了档案文献编纂工作的三点创新趋势。一是呈现方式的创新，重在对原始档案的细节进行特写，然后以情景影视的方式讲述档案里的红色故事；二是传播方式的创新，重在以5～8分钟的微纪录片进行创作，然后以央视新闻客户端等新媒体平台来传播档案里的红色故事；三是沟通方式的创新，重在以多样化社交平台进行互动，如以观看点赞、微博评论、分享转发来参与对档案里的红色故事的讨论。据不完全统计，截至2021年7月31日，该节目在央视新闻客户端观看量超2 750万，在央视新闻官方微

① 百集微纪录《红色档案》带您走进中央档案馆，读懂百年大党的胜利密码．（2021-06-25）．http：//news.jnnc.com/daoshi/p/825762.html.

博总观看量超 2.5 亿、评论超 3.2 万条、转发超 6 万次、点赞超 62 万次。①

案例十六

《红色印记——百件革命文物的声音档案》

2021 年 3 月 22 日起，大型融媒体报道《红色印记——百件革命文物的声音档案》在中央广播电视总台央广中国之声正式开播，同步在总台央视新闻、云听等新媒体平台上线。100 位声音大咖联袂为全国受众送上一道道“听觉盛宴”，以“最美声音”讲述党史，献礼中国共产党成立 100 周年。该节目由国家级声音团队联合社会各行业知名声音工作者共同打造，是一档形式新颖、内容翔实、可听性强的建党百年宣传力作。②

该节目分为《初心·星火燎原》《恒心·暗夜荣光》《决心·人间正道》《信心·艰苦创业》《雄心·伟大跨越》5 个篇章。节目中的 100 件革命文物选自全国各地革命博物馆、纪念馆（见表 7－5）。③

表 7－5　《红色印记——百件革命文物的声音档案》部分节目表

集数	讲述人	革命文物	收藏纪念馆
第一集	康辉	《共产党宣言》首个中文全译本	（上海）中共一大会址纪念馆
第二集	瞿弦和	董必武重访嘉兴南湖时亲笔所题的一首七言诗	（浙江嘉兴）南湖革命纪念馆
第四集	乔榛	《北京代表李大钊意见书》	广州的国民党“一大”旧址
第十五集	海霞	贺页朵的“入党誓词”	中国国家博物馆
第二十七集	鲁健	长征途中保存最为完好的一张党员登记表	甘肃会宁红军长征胜利纪念馆
第六十五集	尼格买提	毛泽东主席签署的《中央军委关于部队集体转业的命令》	中国人民解放军档案馆
第九十集	杨利伟	神舟五号载人飞船返回舱和杨利伟穿的航天服	中国国家博物馆
第一百集	彭友馨	七一勋章	李大钊纪念馆

该节目是从革命文物视角进行档案文献编纂工作，对建党百年历程中的百件代表性革命文物背后的故事及珍贵的历史原声等声音元素进行编辑加工与必要的技术性处理，

① 杨梓楠．新媒体环境下红色档案资源开发研究：以《红色档案——走进中央档案馆》纪录片为例．中国档案，2021（9）：26－27．

② 百位声音大咖讲述革命文物背后故事 大型融媒体报道《红色印记——百件革命文物的声音档案》开播．（2021－03－22）．国家互联网信息办公室官网．

③ 百件革命文物声音档案将进入各地革命博物馆纪念馆．（2021－09－09）．中国档案资讯网．

在保持存真、求实的编辑加工原则的基础上，借由“最美声音”讲述党史，带领观众重温中国共产党带领中国人民波澜壮阔的奋斗历程。作为音像型档案文献出版物中的录像制品类别，其与图书、期刊、报纸相比，在内容、生产、传播等方面具有一定优势，有助于培养学生内心的爱国情怀与诚信品质，为社会凝心铸魂。

案例十七

网上宣传活动：“学党史，点亮心中红船”

为热烈庆祝中国共产党成立100周年，喜迎国际档案日，2021年6月8日，由中国档案报社主办、友虹（北京）科技公司承办的“学党史，点亮心中红船”网上宣传活动在京启动。该活动采用OFD文件格式承载珍贵档案，通过安全可控的档案在线阅览技术，使公众能够以微信形式随时随地“点亮红船”（详见图7-4），有利于提升档案工作的社会影响力、提高全社会的档案意识，在重温中国共产党伟大历史的同时感受党的初心使命、性质宗旨、理想信念。国家档案局副局长、中央档案馆副馆长付华表示，此次活动将档案与科技有机结合，形式新颖，是利用现代科技让红色档案社会化、让党史知识普及化的一次有益尝试。

图7-4 “学党史，点亮心中红船”具体活动环节

资料来源：庆祝党的百年华诞 喜迎国际档案日“学党史 点亮心中红船”网上宣传活动在京启动．中国档案报，2021-06-09（1）.

该活动综合利用线上线下渠道、平面媒体和多媒体技术开展宣传，充分展现了网络技术、图像技术等现代信息技术给档案文献编纂作品宣传工作带来的深刻影响。自媒体等多样化的宣传方式，与用户进行实时互动的要求等，促使档案文献编纂学不断调整教学案例和内容以顺应发展趋势。

案例十八

大型文献专题片：《敢教日月换新天》

为庆祝中国共产党成立100周年，中共中央宣传部联合中央党史和文献研究院、国家发展改革委、国家广播电视总局、中国社会科学院、中央广播电视总台、中央档案馆、中央军委政治工作部共同摄制24集大型文献专题片《敢教日月换新天》（包括《开天辟地》《星火燎原》《力挽狂澜》《中流砥柱》《命运对决》《建国大业》

《奠基固本》《艰辛探索》《历史转折》《春风浩荡》《举旗定向》《游子归家》《科学发展》《改善民生》《复兴之梦》《改革攻坚》《法安天下》《摆脱贫困》《文化自信》《美丽中国》《大国外交》《强军兴军》《自我革命》《千秋伟业》)，2021年6月20日在中央电视台综合频道晚间黄金时段首播，每集约30分钟，于2021年7月2日播完，开播以来获评“庆祝建党100周年重点纪录片”“2021年第二季度优秀国产纪录片”。

该片在叙述手法、史料选取以及制作特色方面体现了创作方式的恢弘及档案文献编纂手段的巧妙（见表7-6），全面展现了中国共产党100年来不懈奋斗的伟大历程、辉煌成就和宝贵经验，深入反映了党团结带领人民以敢教日月换新天的豪情使中华民族迎来了从站起来、富起来到强起来的伟大飞跃。[①]

表7-6 《敢教日月换新天》的档案文献编纂手段

编纂特点	具体体现	情节举例说明
深挖档案内容之间的主要联系	从当代视角切入阐释每个历史事件，考察事件本身的共时性发展和历时性关系，用连贯的情节文字说明、部分电影片段、适宜歌曲等手段结合声音与画面，给予观众视觉和听觉上的双重体验，进而加强档案之间的内容关联，消除档案间转换的突兀感，着重展现这些事件对中国历史和社会发展进程的深远影响	第三集《力挽狂澜》通过《长征组歌·四渡赤水出奇兵》歌曲生动地向观众传达红军乘胜追击的喜悦之情 第十集《春风浩荡》通过习近平总书记的讲话、小岗生产队的茅草屋拍摄、大包干契约书、契约书执笔人严宏昌的采访资料等实景和档案的支撑与联结，自然而然引入中国农村改革，体现农村发展进入快车道，展现我国改革开放的一个缩影 第十二集《游子归家》通过领导人的重要论述，辅以香港市民的采访资料、1974年毛泽东会见英国前首相希思的档案等，阐述香港回归祖国是中华民族复兴路上的一个华彩篇章
重视编前调研	对党史展开详尽的调研工作，汇集大量新中国成立以来各级党政干部和人民群众的采访资料，共计采访历史亲历者、事件相关人员80多人，在16个国家和地区进行拍摄	第一集《开天辟地》中李大钊长子李葆华、陈望道之子陈振新、谢觉哉之子谢飞、张闻天夫人刘英、原中央文献研究室研究员金冲等关于中国共产党成立的采访资料 第三集《力挽狂澜》中红一军团教导营营长陈士榘在1994年的采访资料 第四集《中流砥柱》中东北抗联第一军第二师传令兵黄殿军2005年讲述杨靖宇的采访资料
呈现方式的高标准	全片共采用习近平总书记重要讲话同期声近70个，每集都以习近平总书记的重要活动、重要讲话开篇；制作长达126分钟的4K超高清三维动画	总片头采用国际顶级的高速摄影机进行4K超高清拍摄，用高速纪实的影像风格记录锻造的工艺手法，全新呈现党徽铸成的历程 通过军用地图的动画方式更加直观地展现战争状况，如第二集《星火燎原》中呈现的叶挺领导独立团北伐的战况 第四集《中流砥柱》中关于1938年5月毛泽东作《论持久战》长篇演讲的三维动画

① 抒写百年激越壮丽画卷：24集大型文献专题片《敢教日月换新天》即将播出．(2021-06-19)．中国政府网．

续表

编纂特点	具体体现	情节举例说明
表达方式的多样性	以珍贵的资料影像为体，丰富的个人口述记忆为用，辅以能帮助观众构建历史想象空间的文物资料、照片动画、革命遗址实拍等形式，从多个维度构建强情节性的故事叙述方式，也带来立体视觉效果	第二集《星火燎原》中关于中共二大和中共三大会址、南昌起义总指挥部旧址等革命遗址的实拍，红四军第一纵队参谋长萧克的口述档案 第三集《力挽狂澜》中陕甘支队警卫班班长杨思禄关于翻雪山的艰苦历程的讲述 第四集《中流砥柱》中运用 1935 年故事片《风云儿女》片段展示《义勇军进行曲》 第十五集《复兴之梦》中中国工程院院士袁隆平抒发的“禾下乘凉梦”
传播方式的创新性	主宣传片、《敢教日月换新天——主播说》等衍生内容不仅在央视频、央视新闻等平台进行发布，也在年轻人所青睐的 B 站、抖音等短视频平台同步跟进，邀请青年演员、知名主持人等出镜，扩大传播影响力；共修复影像资料 280 多段 5 100 多秒，包括斑驳污损的老胶片和像素低且伴随脱磁、带伤等问题的电视镜头等；首次在片中部分使用 8K 超高清拍摄手段，引入人工智能（AI）影像修复技术，积极构建“5G＋4K/8K＋AI”新格局的创新实践	第一集《开天辟地》中关于“为英商上海电车公司铺设轨道的工人”照片档案使用 AI 影像修复技术，使得照片人物立体化 第六集《建国大业》中的新中国开国大典等重要历史事件记录运用先进科技实现着色与校色，提高节目内容质量 第六集《建国大业》中“国歌”“国旗”“首都”的段落，就是把中央新影集团资料馆珍藏的无声影片《新中国的诞生》的画面，与中央广播电视总台音像资料馆特藏资源部珍藏的原声录音匹配融合，将这个重要的历史场景在荧屏上复现出来 使用 8K 超高清拍摄技术拍摄《旗帜》《一大代表》《我们的老校长》《实事求是》《总设计师邓小平》《焦裕禄》《谷文昌》等雕塑

资料来源：http：//tv. cctv. cn/special/gjryhxt/index. shtml.

该专题片充分体现了教材中大型文献专题片（音像型档案文献出版物）的优势：在中央电视台综合频道晚间黄金时段播出，能够吸引更多观众；在传播方式上可通过新闻发布会、系列报道、媒体专访等方式多角度宣传；由于制作精良、宣传优势明显，此类型档案文献出版物更容易成为档案文献编纂工作的亮点和支撑点。

7.4 “档案文献编纂学”课程思政教案

7.4.1 具体教学目标

从档案文献编纂工作的发展历程、基本理论、已有成绩，拓展至基本程序、关键技能、典型经验，再提升到编研出版、推广服务、学习教育，从而初步构建完整的“档案文献编纂学”课程思政教学体系。具体教学目标分为知识目标、能力目标、价值目标，如图 7－5 所示。

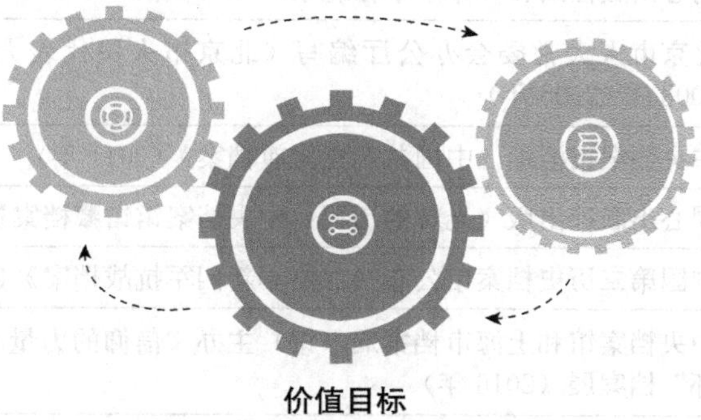

图 7－5　教学目标示意图

7.4.2 “档案文献编纂学”课程思政教案

教学范围

上述案例主要涉略《档案文献编纂学》（胡鸿杰，中国人民大学出版社）教材中第三章至第十二章的内容，分为三个部分。

（1）介绍档案文献编纂学的创建与发展。本部分主要从新时期档案文献编纂的创建、档案文献编纂学的发展、档案文献编纂学的未来趋向三个方面入手，结合新中国成立以来档案文献编纂取得的成就（见表 7－7），探析新中国成立后我国档案文献编纂工作得以发展的原因，从而鼓励学生为实现中华民族伟大复兴贡献力量。

表 7－7　新中国成立以来档案文献编纂成果类举

时期	成果举例
20 世纪五六十年代	中国科学院经济研究所编辑《中国近代经济史参考资料丛刊》（1955 年起）
	由翦伯赞发起，中国史学会主持编纂的《中国近代史资料丛刊》（1954 年）
	中央档案馆明清部公开出版《戊戌变法档案史料》（1958 年）
	中央档案馆明清部公开出版《义和团档案史料》（1959 年）
改革开放以来	中央档案馆与 20 多个省（区、市）档案馆合编“地方革命历史文件汇集”（1982 年起）
	中央档案馆编纂出版《毛泽东手书选集》（1993 年）
	中央档案馆编纂出版《周恩来手迹选》（1998 年）
	中国第一历史档案馆与北京大学联合编纂《京师大学堂档案选编》（2001 年）

续表

时期	成果举例
改革开放以来	中国档案出版社出版《中国共产党八十年珍贵档案》（2001 年）
	同心出版社出版《邓小平在北京》（2004 年）
	北京市人大常委会办公厅编写《北京市人民代表大会文献资料汇编（1993—2003）》（2006 年）
	中央档案馆汇编《中国共产党党旗档案》（2011 年）
	同心出版社出版《光辉的历程：中央档案馆馆藏档案资料选编》（2012 年）
	中国第二历史档案馆公布《八路军新四军抗战档案》（2015 年）
	中央档案馆和上海市档案局（馆）主办“信仰的力量——中国共产党人的家国情怀”档案展（2016 年）
	中央档案馆国家档案局举办“不忘初心、牢记使命”主题教育档案文献展（2019 年）
	“红色电波中的领袖风范——毛泽东同志香山时期发布电报手稿专题展览”（2020 年）
	《毛泽东邓小平江泽民胡锦涛关于中国共产党历史论述摘编》（2021 年）
	北京市档案馆刊发《桃花红雨英雄血 碧海丹霞志士心》文章（2021 年）
	“播火——李大钊革命活动档案史料展”（2021 年）
	中共中央党史和文献研究院编辑出版习近平同志的《论中国共产党历史》（2021 年）

（2）阐述档案文献编纂的基本环节。对红色档案文献编纂案例进行分析，帮助学生理解五大基本环节内容，提升档案编纂意识、树立档案职业责任感和正确的编纂价值观，从而培养学生的社会责任感和历史使命感，见表 7－8。

表 7－8　档案文献编纂基本环节案例对应表

基本环节	对应案例	思路引导	教材知识点
编纂选题	案例六　党史课的四本“指定书目”	分析档案文献和故事的选择	编纂选题的意义、标准、条件、角度、方法
	案例十　《100 个档案故事讲述党的历史》		
查找	案例二　“李大钊：狱中的风骨”与“播火——李大钊革命活动档案史料展”	从查找的角度分析如何运用档案多角度、全方位呈现档案内容	查找的意义、原则、方法
	案例四　澳门南光集团多途径征集档案文献		
挑选	案例七　从“五一口号”到开国大典大型档案文献专辑	体会选材的复杂性、重要性	选材的意义、原则、基本要求、方法
	案例九　《中国第二历史档案馆馆藏档案精粹》		
编辑	案例十二　电视节目：《跟着档案去旅行》	理解在编辑加工过程中要坚守道德底线、履行职业道德，保证档案文字、内容的高度一致性、可据性与可读性	编辑加工的意义、原则
	案例十六　《红色印记——百件革命文物的声音档案》		

续表

基本环节	对应案例	思路引导	教材知识点
出版传播	案例十三 红色丰碑：寻访影视剧英雄原型全媒体行动	了解不同体裁的出版传播形式及其特点与效果	出版传播的意义、内容、作用，新时代传播的变化与趋势等
	案例十五 百集微纪录片：《红色档案——走进中央档案馆》		
	案例十六《红色印记——百件革命文物的声音档案》		
	案例十七 网上宣传活动："学党史，点亮心中红船"		
	案例十八 大型文献专题片：《敢教日月换新天》		

(3) 分析档案文献出版物相关内容。从三种不同类型的档案文献出版物的案例出发，介绍和解析其主要类型、现状、主要效益、基本特征等（见表7-9），充分运用不同类型、不同形态、不同平台的档案编纂方式与档案体裁形式，讲好中国共产党人初心和使命的故事，筑牢爱国爱党情怀，逐梦未来。

表7-9 档案文献出版物案例对应表

基本类型	对应案例	教材知识点
印刷型档案文献出版物	案例八 《红船起航地·嘉兴"百年百忆"》系列丛书	印刷型档案文献出版物的基本特征、现状等
	案例九 《中国第二历史档案馆馆藏档案精粹》	
音像型档案文献出版物	案例十五 百集微纪录片：《红色档案——走进中央档案馆》	音像型档案文献出版物的主要类型、基本特征等
	案例十八 大型文献专题片：《敢教日月换新天》	
数字型档案文献出版物	案例十二 电视节目：《跟着档案去旅行》	数字型档案文献出版物的基本状况、主要特征等
	案例十七 网上宣传活动："学党史，点亮心中红船"	

教学重点

把档案服务党史教育的概念体系讲清楚，即回答"是什么"的命题。应该向学生讲清楚文献与档案文献、编纂与档案文献编纂、中国共产党党史、共产党人的初心与使命、党史学习教育活动等一系列的概念及其相关关系，使学生明白档案能够为党史学习教育提供生动的教学资源[①]，需要充分利用馆藏档案资源优势，运用档案文献编纂知识对红色档案资源进行开发利用，发挥好红色档案在厚植家国情怀、引领思想认识等方面的独特作用。

把编纂建构档案教育体系的结构体系讲清楚，即回答"为什么"的命题。档案文献编纂工作应严格恪守科学性、政治性、社会性等基本原则，严格遵循选题、查找、考订、

① 徐拥军，熊文景．档案是党史学习教育最为生动的教科书．中国档案报，2021-03-18 (3).

挑选、转录加工与点校加工、拟写标题、确定编排体例、撰写辅文、审核与出版等基本流程，是一项具有明显意识形态和政治倾向性的资料整理与学术研究工作。因此，以红色档案资源为原材料进行档案编纂工作、以红色档案编纂作品进行档案宣教工作，是真实的、可信的且经过系统化和理论化的党史学习教育活动。

把局馆宣传普及编纂作品的宣教体系讲清楚，即回答“怎么办”的命题。档案文献编纂作品有翔实的史料、直观的图片、鲜活的影像，如何在党史学习教育中发挥档案文献编纂作品的功效，需要设计有效的课堂安排，向学生介绍红色档案资源开发利用、推广与活化的案例，让其了解到档案局馆以档案为材料、以编纂为工具、以宣教为手段，向社会大众推送听得懂、信得过、用得上的党史档案学习资源，切实有效地履行服务党史学习教育的职责。

教学难点

统筹协调选题与选材的关系，使档案编纂工作真正融入党史学习教育。选题关系到编纂工作的目标和方向，也决定着最终成果的质量和效益，必须经过充分的论证、优化和决策过程。展现共产党人的初心和使命是编纂选题的指导方向之一，具体到某一档案部门还应该根据自身馆藏情况进行细化、打磨、调研、选材等准备，再提出具体的选题方案和选材大纲。例如，《红色珍档》是江苏省档案馆以省内各级各类档案馆藏红色档案为基础，联合江苏省广播电视总台打造的。由于档案是事后保存的，好的选题不一定有完整的材料，原始的材料不一定能完整再现某个好的选题，因此，必须统筹协调两者关系，一定要注意典型材料的多样性、相对性、连续性，避免把偶然事例误作典型。

统筹协调编纂与宣教的关系，使档案局馆工作有效服务党史学习教育。编纂不仅改变了档案信息的存在状况，也拓展了档案信息的受众范畴。当前主流的编纂出版类型包括印刷型、音像型以及数字型档案文献出版物，档案部门业已开展的档案服务党史学习教育活动所利用的档案文献出版物基本覆盖上述三种类型，基本发挥佐证共产党人的初心和使命功能。与此同时，新《档案法》对档案宣传教育提出了新的要求，如何将此类编纂作品以更好的方式“推”出去，将全社会的党史学习教育活动“请”进来，统筹协调编纂与宣教的关系至关重要。“线下＋线上”“档案展览＋红色文创”“学术研讨＋文化IP”等以优质编纂为基础、以多元推广为手段的开放化、多元化、主动式的活动，是今后档案服务党史学习教育的发展方向。

7.4.3 教学手段与方法

第一，引导学生自己找案例。课程已提供内容多样、形式丰富、体裁各异的档案文献编纂作品或展示案例，且以视频播放、课堂谈论、情境展示、问题导入、对比分析等方式推介给学生（见表 7-10），使其对案例的类型、特征、结构以及教育价值有较为全面的了解。同时，对各种作品的编纂来源、编纂机构、发布平台、展播界面、数据库也都予以说明，接下来最为重要的就是引导学生不限地域、不限主题、不限类型地查找利用红色档案资源进行党史学习教育的案例，鼓励学生查找自己家乡、自己学校、自己身边开发利用红色档案资源的案例，尤其鼓励学生去档案局馆现场查、当面问、实地看。

表 7-10　案例表现方式及教学方法

案例表现方式	案例编号	教学方法
档案展览	案例一、案例二、案例三、案例五、案例十四	演绎归纳 对比分析
期刊文章	案例二	演绎归纳
图书	案例三、案例四、案例六、案例八、案例九、案例十	演绎归纳 对比分析
新闻报道	案例四	课堂谈论
音像视频	案例七、案例十一、案例十二、案例十五、案例十六、案例十八	视频播放 演绎归纳 对比分析
数据库	案例七、案例十五、案例十六	运用演示 对比分析
电视节目	案例十一、案例十二	问题导入 情境展示
网络活动	案例十三、案例十七	课堂谈论 情境展示
微纪录片	案例十五、案例十六	视频播放 对比分析

第二，引导学生自己编作品。教材已对基本知识、基本程序、基本技能进行了阐述，教师已展示足够多的案例并引导学生查找了足够多的案例，接下来可以提供选题指南但不限定具体选题，鼓励学生就感兴趣的素材、题材、方向自己进行编纂。红色档案的题材可大可小，学生经验不足、人力有限，所以教师可以帮助学生对已有案例进行选题细分，或对已有材料进行选题归纳，或对以前学生的编纂作品进行查缺补漏，特别鼓励来自革命老区的同学回到家乡探寻包括红色档案在内的红色资源，编纂出素材原汁原味的原创作品。

第三，引导学生自己悟编纂。档案文献编纂是一项程序多、原则强且对编纂人员政治素养、工作经验要求很高的工作。课程教学引导学生就革命老区、英雄人物等主题尝试进行编纂工作，形成了 30 余部主题不一样、类型不重样、来源不重复的编纂作品。学生从中收获颇多，且能清晰地认识到与正式的编纂作品相比自己作品的差距与不足。更为重要的是，当代大学生是在数字时代成长起来的，更擅长且更愿意在数字平台编纂、发布、研讨档案文献编纂作品，可以鼓励学生积极投身于博物馆、图书馆等的红色档案编纂的外包服务活动。

7.4.4 教学过程与实施

课程围绕利用红色档案编纂节目视频导入本节课程主题、利用案例全面演绎档案文献编纂程序知识、在深化档案编纂知识的细节中提炼价值观、通过课后作业拓展档案文献编纂知识广度四个方面进行具体教学设计。教学时长设计为 180 分钟，其中，档案文献编纂的第一个环节“编纂选题的确定”以及第二个环节“档案文献的查找”设计为 90 分钟，详见表 7－11；第三个环节“档案文献的挑选”以及第五个环节“档案文献的出版传播”设计为 90 分钟，详见表 7－12。①

7.4.5 教学效果与反馈

学生的知识掌握较扎实，具有运用档案文献编纂知识对如何出版档案文献出版物以及对档案文献编纂学的发展趋势进行分析并提出相应解决方法的能力。学生能够明白档案文献编纂在党史教育中的重要意义，能够认同档案能通过编纂工作发挥真实性、证据性、完整性的巨大优势，从而讲述好中国共产党人初心和使命的故事，坚定对中国共产党领导中国特色社会主义事业取得伟大胜利的信心。

典型红色档案文献编纂案例的引入与参观档案馆的展览、分组编纂档案文献编纂作品的实践教学方式能激发学生的学习兴趣，达到以兴趣带动学生感悟革命先烈精神并实现内化于心、外化于行的基本目的。在教学案例的讲解过程中，学生的学习态度非常认真和端正，具有进一步探求知识的欲望和动力，能够在授课教师的引导下通过各种途径如自行参观档案馆网上展厅、搜集了解档案馆红色档案编纂作品进行知识拓展。通过引导，学生能够将理想信念的树立、思想品德的锤炼、家国情怀的培养、复兴使命的肩负与对档案文献编纂的兴趣相结合。

在课堂学习之余，要求学生针对课堂所讲授的档案文献编纂知识点，通过线上线下等方式提出问题，教师和全体学生对问题进行充分讨论并得出结论，从而形成有效的反馈机制。鼓励学生讨论案例、编纂作品，激发学生学习理论的兴趣，夯实知识基础。

此外，学生普遍认为，如果在第一部分阐述档案文献编纂程序的相关内容，在第二部分对档案文献出版物进行介绍，在此基础上引导学生结合所学知识在第三部分分析档案文献编纂学的未来发展趋势，则会使得重点更加突出，难点循序渐进。笔者团队在以后的教学过程中会认真思考课程体系，使之更加合理。另外，部分同学提出案例选取的标准还可更加多样，例如，适当搜集从国内普通百姓视角看中国共产党的发展历程等案例，以拓展视野。

---

① 第一、二、三个环节参考《档案文献编纂学》（刘耿生，梁继红，中国人民大学出版社）、《档案文献编纂学》（胡鸿杰，中国人民大学出版社），第五个环节参考《档案文献编纂学教程》（韩宝华，中国人民大学出版社）。

表7-11 教学过程具体环节及内容示意表（上）

教学意图	教学内容	教学手段	教学时长
编纂选题的确定及档案文献的查找（90分钟）			
编纂选题的确定于党史教育的意义 第一学时（45分钟）			
1. 探寻“红船精神”背后的红色基因，激发学生家国情怀与对档案文献编纂的兴趣	播放由浙江省档案馆、浙江电视台新闻频道联合推出的电视节目《跟着档案去旅行》	视频播放 内容简介	5分钟
2. 引入课程主题概念	● 档案文献编纂：编纂者根据对某一专题的客观需要及档案状况，将有关的档案原件内容转化成档案文献出版物信息的一项事业 ● 档案文献编纂环节 编纂选题 → 查找 → 挑选 → 编辑 → 出版传播	教师讲授 板书教学 自问自答	2分钟
3. 介绍课程总体知识体系框架	知识体系： 档案文献编纂学的创建与发展 档案文献编纂程序 档案文献出版物	教师讲授	2分钟

续表

教学意图	教学内容	教学手段	教学时长
4. 阐述档案文献编纂学的创建与发展，通过新时期档案文献编纂的变化分析档案文献编纂学的未来发展趋势，帮助学生树立档案自信、提升编纂素养	● 档案文献编纂学的发展历程 创建 ⟶ 初步发展 ⟶ 全面发展 ● 新时期档案文献编纂的变化 传统编纂方式如回忆录、谱牒、地方志编纂的变化 信息技术对档案文献编纂的影响 ● 发展趋势 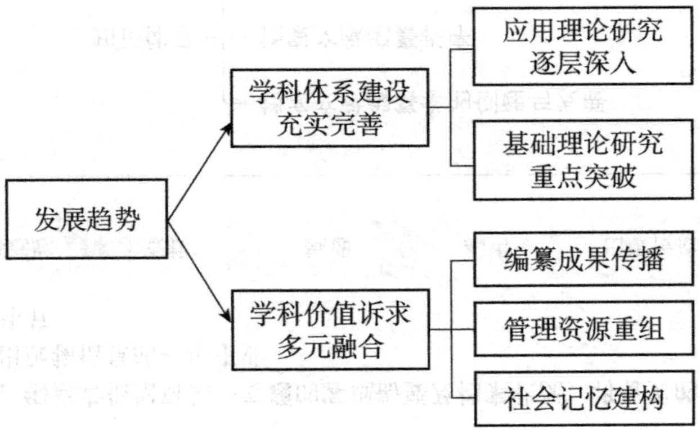	教师讲授 自问自答 知识归纳	8 分钟
5. 阶段小结，承上启下		教师总结 知识归纳	1 分钟

续表

教学意图	教学内容	教学手段	教学时长
6. 引入档案文献编纂程序，阐述档案文献编纂选题的含义和逻辑关系	档案文献编纂选题，一是指档案文献编纂等部门关于编纂档案文献的题目构想；二是指题目设计，制订选题计划的选题工作 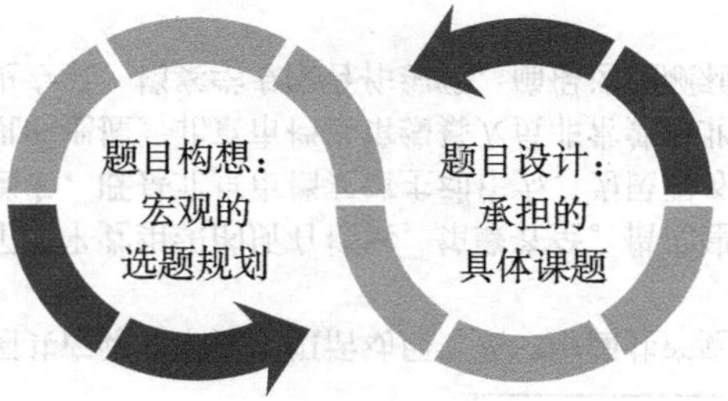 	教师讲授 知识解读	4 分钟
7. 运用案例十阐释编纂选题的意义	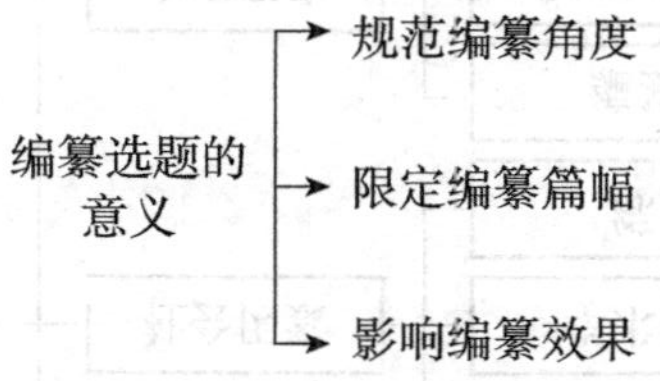 案例十　《100 个档案故事讲述党的历史》 从党的历史中挖掘历史故事，展现革命中的细节，是该书的编纂角度；100 个档案故事的编纂篇幅至少是 20 万字；档案故事小细节与党史大选题相结合，保证编纂效果。该书是一本高水平、高质量、雅俗共赏的著作	教师讲授 案例分析 与归纳	5 分钟

续表

教学意图	教学内容	教学手段	教学时长
8. 运用案例三，阐释编纂选题的依据	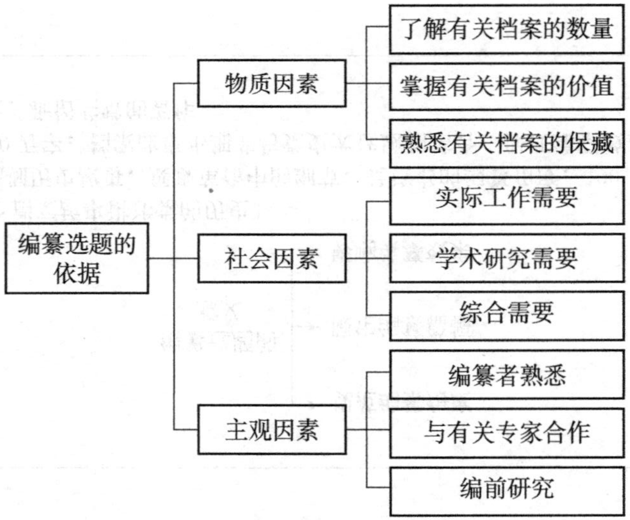 案例三　“破晓——中国共产党北平党组织活动展”及“中国共产党北京（平）党组织活动纪实”丛书 北京市档案馆几乎保存了北平党组织的所有档案，馆藏齐全。借助建党百年的契机，首次公布大量纸质档案和照片档案，既是北京市档案馆主动作为、为民服务的工作需要，也是对于向公众普及党史的好时机的把握。北京市档案馆编纂人员非常熟悉北平党组织档案，与北京大学、中国人民大学党史专家、档案学专家合作编纂，确保选题顺利完成	教师讲授 案例分析与归纳	5 分钟

续表

<table>
<tr><th>教学意图</th><th colspan="4">教学内容</th><th>教学手段</th><th>教学时长</th></tr>
<tr><td rowspan="6">9. 运用案例标题，阐释编纂选题的原则</td><td colspan="4">编纂选题的原则
● 编纂选题应“大而全”
● 编纂选题勿“炒冷饭”
● 编纂选题要“高层次”</td><td rowspan="6">教师讲授
案例分析
与归纳</td><td rowspan="6">5 分钟</td></tr>
<tr><td>选题原则</td><td>大而全</td><td>勿“炒冷饭”</td><td>高层次</td></tr>
<tr><td rowspan="4">案例标题</td><td>“百年恰是风华正茂”主题档案文献展</td><td>电视节目：《跟着档案去旅行》</td><td>寻常百年 初心如磐——长三角红色档案珍品展</td></tr>
<tr><td>《中国第二历史档案馆馆藏档案精粹》</td><td>红色丰碑：寻访影视剧英雄原型全媒体行动</td><td>“李大钊：狱中的风骨”与“播火——李大钊革命活动档案史料展”</td></tr>
<tr><td>《红色印记——百件革命文物的声音档案</td><td>《红色印记——百件革命文物的声音档案》</td><td>党史课的四本“指定书目”</td></tr>
<tr><td>大型文献专题片：《敢教日月换新天》</td><td>网上宣传活动：“学党史，点亮心中红船”</td><td>从“五一口号”到开国大典大型档案文献专辑</td></tr>
<tr><td>10. 运用编纂选题知识确定红色档案编纂题目</td><td colspan="4">如果让你编纂一部党史教育类体裁的档案文献编纂作品，你会选择什么题目？为什么？</td><td>教师提问
师生互动</td><td>5 分钟</td></tr>
<tr><td>11. 巩固知识点，延伸思考</td><td colspan="4">● 选题的基本条件和选题的角度
● 好的编纂选题与综合效益的关系
● 题目被动提出与主动提出的区别
● 好的编纂选题对于党史教育意义的具体体现</td><td>案例运用
自行思考
师生互动</td><td>3 分钟</td></tr>
</table>

续表

<table>
<tr><th colspan="4">档案文献的查找于党史教育的实现　第二学时（45 分钟）</th></tr>
<tr><th>教学意图</th><th>教学内容</th><th>教学手段</th><th>教学时长</th></tr>
<tr><td>12. 选题确定后，引入第二个程序——档案文献的查找</td><td>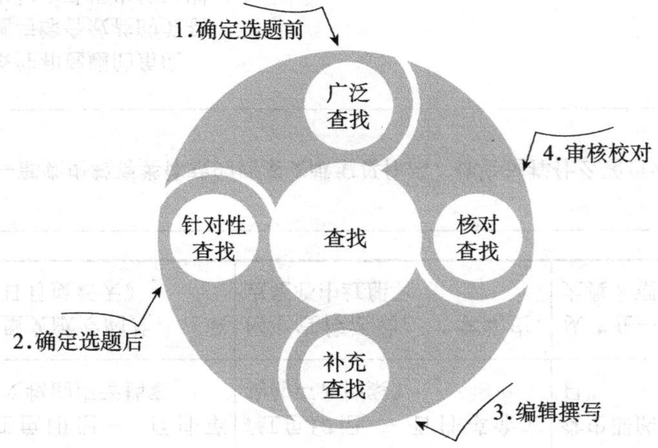

档案文献查找是指编纂者在确定编纂题目、拟制编纂大纲后，根据编纂题目的要求和选材大纲的范围，在比较全面、深入地掌握档案文献状况的基础上，查询能反映编纂题目的相关档案文献信息并搜集到一起，以供进一步挑选</td><td>图例说明
内涵解读</td><td>5 分钟</td></tr>
<tr><td>13. 通过案例二、案例四，思考北京市档案馆与澳门南光集团选择档案文献和故事的艰难过程，体会查找档案文献的价值和途径，激发学生的爱国情怀和民族自豪感</td><td>● 查找的价值（案例二）
北京市档案馆通过查找李大钊 1927 年 4 月在狱中的“供词”、1927 年 4 月 6 日北洋政府京师警察厅关于搜查东交民巷共产党人藏匿处所致荷兰公使的函、李大钊英勇就义前拍摄的照片 3 份档案，从而编纂出“李大钊：狱中的风骨”，查找成为该文编纂成功的关键环节
● 查找的途径（案例四）
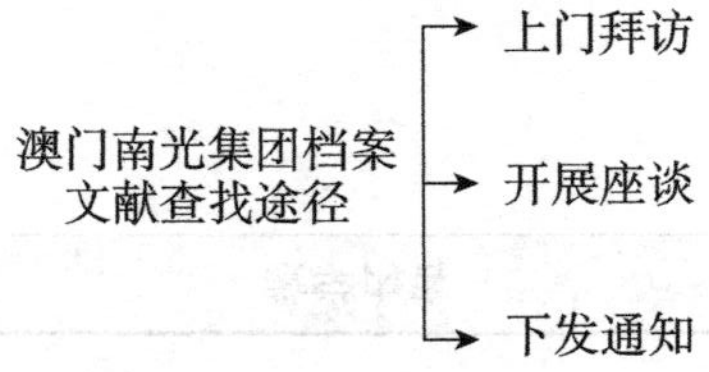
</td><td>案例教学
归纳演绎</td><td>10 分钟</td></tr>
</table>

续表

教学意图	教学内容	教学手段	教学时长
14. 总结归纳档案文献查找的意义、原则、方法等知识点	● 查找的意义： 为挑选档案文献创造条件 丰富和充实汇编的内容 ● 查找的原则： 全面查找、宁多勿漏、博约得当 ● 查找的方法 从档案部门查找档案文献 从档案部门外查找档案文献 充分利用各种检索工具 运用“求书八法”	教师讲授 知识归纳	8 分钟
15. 知识运用、学生演绎推理	题目：每小组先自行确定一个与党史教育有关的编纂题目，再阐述如何将档案文献查找的两个意义、三个原则以及多种查找方法结合起来 方式：将学生随机分为三组，每小组选派 1～2 名同学汇报讨论成果以及 1～2 名同学点评，小组互评	教师提问 小组讨论 引导思考	8 分钟
16. 结合党史教育选题、汇报小组讨论结果	小组汇报 小组点评（2 组点评 1 组，3 组点评 2 组……）	小组互动 教师尽量不介入	8 分钟
17. 串联案例，总结知识点，再次强调档案编纂选题和材料查找对党史教育的特殊意义、重大价值，并为档案选材的讲解埋下伏笔	案例十二　电视节目：《跟着档案去旅行》　编纂选题 案例十　《100 个档案故事讲述党的历史》　查找材料 案例十四　红色电波中的领袖风范——毛泽东同志香山时期发布电报手稿专题展览　挑选与选材 案例四　澳门南光集团多途径征集档案文献　出版传播 案例二　“李大钊：狱中的风骨”与“播火——李大钊革命活动档案史料展”	图例解读 知识演绎 知识归纳	6 分钟
结束			

表 7-12　教学过程具体环节及内容示意表（下）

教学意图	教学内容	教学手段	教学时长
档案文献的挑选及档案文献的出版传播（90 分钟）			
档案文献的挑选于党史教育的运用　第一学时（45 分钟）			
1. 阐明档案文献挑选的内涵	档案文献的挑选即选材，是指根据编纂题目及选材大纲的要求，按照一定的原则，在科学、深入分析档案文献信息价值的基础上（要求），从已查找到的档案文献中进一步精选出符合题目要求的档案信息（方法），确定档案文献汇编的内容构成，使汇编主题得到正确的阐明	概念解读 教师讲授	3 分钟
2. 运用案例一、案例五、案例七阐释选材的原则	选材的原则： ● 遵循历史唯物主义的原则 ● 掌握有关政策界限 ● 深入分析档案的史料价值 ● 紧紧围绕汇编题目 ● 尽可能选择档案原件 ● 案例一　建党百年 初心如磐——长三角红色档案珍品展 该展由江苏、浙江、安徽、上海三省一市档案局、档案馆首次跨区域联合主办，精选 20 余家档案及文博部门珍藏的 500 余件革命历史档案文献和影像资料，紧紧围绕“长三角”这一主题，并尽可能选择档案原件 ● 案例五　“百年恰是风华正茂”主题档案文献展 该展由中央档案馆、中国第一历史档案馆举办，其中上百件档案、图片均是首次公开，八个主题部分均紧紧围绕“建党百年”这一主题 ● 案例七　从“五一口号”到开国大典大型档案文献专辑 为庆祝中华人民共和国成立 70 周年，中央档案馆选取 200 余件馆藏珍贵的档案文献编制成专辑，对档案信息内容的完整性保留充分体现了遵循历史唯物主义的原则，并在保证档案文字、内容高度一致的同时，通过文字、录音、录像、视频、情境展示等多种形式保证档案文献的可据性与可读性	知识解读 教师讲授 案例分析 归纳演绎	10 分钟

续表

教学意图	教学内容	教学手段	教学时长
3. 运用案例六、案例十六、案例十一阐释选材的基本要求	选材的基本要求： ● 透过档案记载的现象看本质 ● 选择有关的典型材料 ● 多方位、多角度选择不同类型的材料 ● 透过档案记载的现象看本质（案例六） 习近平同志《论中国共产党历史》专题文集收入习近平同志关于中国共产党历史的重要文稿 40 篇，帮助学生大致了解中国共产党的历史，领悟习近平新时代中国特色社会主义思想的本质 ● 选择有关的典型材料（案例十六） 《红色印记——百件革命文物的声音档案》的 100 位声音大咖有播音员、影视演员、昆曲名家、话剧演员、主持人、博物馆讲解员、相声演员等，声音大咖人物的选择就极具典型性，百件文物更是选自全国各地革命博物馆、纪念馆，节目制作团队还采访了 100 位“90 后”一线革命文物讲解员，提取文物所承载的精神价值，最终形成了极富特色的声音档案 ● 多方面、多角度选择不同类型的材料（案例十一） 京津冀三地档案馆立足各馆档案特色，深挖馆藏红色资源之间的联系，将拍摄的短视频、微电影等融媒体产品进行整合，通过三地档案馆微信公众号等平台推出“喜迎建党百年 传承红色基因——京津冀档案馆红色视频联播”	知识解读 教师讲授 案例分析 归纳演绎	10 分钟
4. 随机提问，考察学生知识掌握的程度和知识理解能力	你从《论中国共产党历史》中看到了什么本质？ 《红色印记——百件革命文物的声音档案》如何做到选材具有典型性？ 归纳上述案例是从哪些方面和角度来选材的	教师提问 师生互动	10 分钟
5. 阐明选材的方法	● 查找、搜集与初步选材尽可能相结合 ● 集体研究，互相通报 ● 主编统一各观点，最终决定材料的取舍 ● 认真登录专题选材卡	教师讲授 图示分析	4 分钟
6. 思考与延伸	选材工作对编纂者有哪些要求？ 应从哪些方面入手选择典型材料？ 在选材工作中怎样结合选用不同类型的档案文献？	解释问题内涵 鼓励学生思考	8 分钟

续表

档案文献的出版传播于党史教育的传播　第二学时（45 分钟）			
教学意图	教学内容	教学手段	教学时长
7. 阐述档案文献出版传播的内涵及意义	档案文献出版传播是将编纂完成的档案文献出版物底稿转化为档案文献出版物，最终实现编纂工作目的的一项工作 意义：最后的环节；传播的关键；展示编纂目的；注重传播规范；把关传播途径	教师讲授 阐明图例关系	3 分钟
8. 通过案例十三，引导学生思考江苏省档案馆等在出版传播档案文献的过程中运用了哪些编纂学知识，从而引出档案文献出版传播的意义	案例十三　红色丰碑：寻访影视剧英雄原型全媒体行动 2019 年，江苏省档案馆与省委党史工办、扬子晚报社通力协作，推出“红色丰碑”寻访影视剧英雄原型全媒体行动，利用互联网信息技术和融媒体传播技术，不断创新报道形式，创新话语表达，推出新闻报道、微纪录片、微信、微博、H5 网页等多种融媒体产品，通过精细化制作、可视化呈现、互动化传播，形成了多方位、多层次、多声部的宣传传播矩阵，产生了广泛的宣传效应，全网传播量突破 2.7 亿 ● 档案文献出版传播的意义： 加快了档案信息的传播速度 提高了受众接收档案信息的效率 为档案机构提供了传播档案文化的良机	案例分析 与综合 演绎推理 教师讲授	4 分钟
9. 引发学生思考什么是档案文献出版，应如何出版，从而引出档案文献出版传播的主要形式	档案文献出版传播的主要形式：打印发放；印刷出版；数字出版 ● 印刷出版：2021 年，广东省中山市档案馆联合珠海市档案馆、江门市档案馆围绕“红色档案资源开发利用”主题开展编研合作，充分利用档案文献印刷出版《红色珠中江》 ● 数字出版：辽宁省本溪市档案馆借该市开通公众信息网在市内主广场、商厦、街道、主要机关设置 100 台电子触摸屏之机，开设了“本溪历史上的今天”专栏	案例分析 与综合 演绎推理 教师讲授	5 分钟

续表

教学意图	教学内容	教学手段	教学时长
10. 解析档案文献的体裁	档案文献的体裁指档案文献出版物中的主体部分即档案信息内容部分，呈现在用户（读者）面前时所采取的形式 一次档案文献 → 如《中国人民解放军海军档案工作大事记（1949.4—1989.4）》（1993年） 二次、三次档案文献 → 如《侵华日军南京大屠杀图集》（1997年） 新型载体形式的编纂成果 → 如中央电视台和中央新闻记录电影制片厂联合制作的电影文献记录片《小平您好》	案例分析 教师讲授 演绎推理	5 分钟
11. 教师设问，引导延伸思考	档案文献的体裁与传播效果有什么关系？ 你比较喜欢哪些体裁形式？为什么？	师生互动	3 分钟
12. 总结案例六（印刷型）、案例十一（音像型）、案例十五（数字型）档案文献出版物的特点，引出档案文献出版物的主要类型	档案文献出版物的主要类型： ● 印刷型档案文献出版物 ● 音像型档案文献出版物 ● 数字型档案文献出版物	教师讲授 对比分析 综合归纳	2 分钟
13. 通过案例八、案例九，详细分析印刷型档案文献出版物的类型、特点和形态	● 案例八　“红船起航地·嘉兴‘百年百忆’”系列丛书 该丛书具有连续性、综合性、全面性等特点 ● 案例九　《中国第二历史档案馆馆藏档案精粹》 展示了印刷型档案文献出版物的结构，即包括封皮、封面、扉页、书名页、版权页、书脊等内容，也涵盖序言、目录、注释、按语、插图等辅文，是印刷型档案文献出版物的精品 总结：印刷型档案文献出版物在传播特征上具有发行面广、信息容量大的特点，在技术特征上表现为应用多种现代印刷技术。这些案例能帮助学生体会印刷型档案文献出版物“存史”“济世”“利己”的社会价值	案例分析 案例对比 教师讲授	5 分钟

续表

教学意图	教学内容	教学手段	教学时长
14. 通过案例十五、案例十八，详细分析音像型档案文献出版物的类型、特点、现实状况、主要效益等	● 案例十五　百集微纪录片：《红色档案——走进中央档案馆》 微纪录片作为音像型档案文献出版物中的录像制品类别，与图书、期刊、报纸相比，在内容、生产、传播等方面具有非常明显的优势，集图像、语言、文字和音乐于一身，能够形象、生动、直观地讲述档案故事，更适合红色文化的积累、传承、开发和普及，更易于受到社会的普遍欢迎 ● 案例十八　大型文献专题片：《敢教日月换新天》 在传播方式上，其宣传优势明显，可通过新闻发布会、系列报道、媒体专访等进行多样性、多角度宣传 引导学生探寻音像型档案文献出版物的主题分布状况，分析其现实状况，知晓音像型档案文献出版物具有巨大的价值与潜力	案例分析 案例对比 教师讲授	5 分钟
15. 通过案例三和其他案例，详细分析数字型档案文献出版物的主要类型、基本特征、发展趋势等	● 案例三　“破晓——中国共产党北平党组织活动展” 数字型档案文献出版物的主要类型可从数字化对象来源、内容特征、载体形式等不同角度进行划分，该展综合运用传统布展、二维码扫描获得相关信息、三维动画、情境展示等多种形式。多类型的数字型档案文献出版物大大提高了人们获取、处理、传播和利用档案文献出版物的能力 ● 其他案例　辽宁省档案馆馆藏红色历史档案目录体系建设项目 2021 年，在国家档案局的支持下，辽宁省档案馆启动了馆藏红色历史档案目录体系建设项目，持续推动对馆藏红色档案资源的深度挖掘、靶向拓展、系统开发工作。辽宁省档案馆馆藏红色历史档案目录体系是目录索引型的数字型档案文献出版物，以档案目录信息为主要内容，为档案用户提供获取档案原文的线索，并能够为市民提供高效、快捷、准确的档案信息服务。越来越多的省、市、县级档案馆积极建设档案专题目录数据库和全文数据库 数字型档案文献出版物以数字化档案信息资源为编纂对象，数据存储量大、表现形式多样，能够以各种数字出版形式将档案炎源提供给档案用户，具有独特的党史教育优势	案例分析 案例对比 教师讲授	5 分钟

续表

教学意图	教学内容	教学手段	教学时长
16. 通过分析案例十七和其他案例，引导学生思考现代信息技术对档案文献编纂工作的影响	● 案例十七　网上宣传活动：“学党史，点亮心中红船” “互联网＋档案”的媒体宣传互动新方式，使公众能够通过微信随时随地“点亮红船” ● 其他案例　上海市档案馆借助“区域联动＋融媒体”提升红色档案传播力 以跨界合作、区域联动为主体，借助融媒体现代传播技术，通过数字赋能让红色档案资源更接地气，更加深入人心 现代信息技术给档案文献编纂事业带来了深远影响。一方面，以缩微胶片、计算机磁带等为代表的新型载体形式逐步得到推广应用，档案载体形式不断丰富，档案文献编纂成果形式日益多样；另一方面，现代信息技术在档案部门的应用使得档案文献编纂方式发生了很大变化，档案文献编纂工作更加现代化	PPT 展示 教师讲授 学生参与	4 分钟
17. 弥补知识点的缺失	学生针对档案文献编纂五大环节自主提问，教师解答	师生交流 答疑解惑	2 分钟
18. 知识点扩充	● 推荐扩展阅读书目 《档案文献编纂学》(韩宝华，刘耿生) 《档案文献编纂学》(曹喜琛) ● 档案文献编纂程序阶段学习结束后的思考题 用案例说明档案文献编纂作品的未来发展趋势是什么? 如何权衡传统编纂方式和现代化编纂方式的利弊? 如何增加档案文献编纂作品的出版量? ● 课后作业 学生分组根据调研和兴趣编纂一份简单的红色档案文献编纂作品，作品形式自定，可将作品打印以便共享交流和存档，另外进行课堂展示，授课教师和学生相互交流，讨论作品的优点和不足，从而进一步深化学生的理论知识，深入锻炼学生的应变能力、交流能力、逻辑思考能力、实际编研能力等	课后作业	2 分钟
结束			

主题 8
贯彻依法治档
——把《档案法》确立的制度优势转化为档案治理效能

8.1 主题概况

2019 年 10 月 31 日，中国共产党第十九届中央委员会第四次全体会议通过了《中共中央关于坚持和完善中国特色社会主义制度 推进国家治理体系和治理能力现代化若干重大问题的决定》(以下简称《决定》)，强调“把我国制度优势更好转化为国家治理效能”。

《档案法》是我国历史上第一部专门的档案法，对档案工作有重大意义，标志着我国档案工作进入了法治时代。其从 1980 年开始起草，1987 年 9 月 5 日通过，是对新中国成立以来档案工作的总结。其自发布以来共经历两次修正（1996 年、2016 年）和一次修订（2020 年）。纵观中国档案法治建设，档案法律法规性质发生了根本性改变，是对最广大人民群众意志和利益的体现，对一系列重大的根本性问题作出了全面的规定，档案法律法规体系从原则性规定到具体化规范、从综合性到专业性都有全面的设计，对于档案管理的相关规定更加科学化，法治建设逐步与国际接轨。①

新《档案法》明确了党领导档案工作的要求，为推进档案治理体系和治理能力现代化提供了坚强的政治保障，从档案管理制度、档案工作责任制、档案开放利用制度、档案监督执法规定、档案主管部门以及档案馆职责等方面进一步健全了国家档案治理体系，为推进档案治理体系和治理能力现代化提供了强大的法治力量。② 2020 年 12 月国家档案局局长陆国强强调，“各级档案部门要深入贯彻落实中央全面依法治国工作会议精神，以习近平法治思想为指引，认真抓好档案法贯彻实施各项工作，筑法治之基、行法治之力、积法治之势，真正把档案法确立的制度优势转化为档案治理效能”③。

“档案法规学”或称为“档案法学基础”，是以档案法律规范和档案法制为研究对象，旨在阐明档案法规的历史和现状，明确档案法规的体系结构、性质和功能，贯彻档案法规的实施和教育等的课程。进入新时代，全国各级各类档案部门积极贯彻依法治国精神，积极推动新《档案法》的具体落实，努力把档案法确立的制度优势转换为治理效能，其

---

① 陈忠海，等．档案法立法研究．上海：世界图书出版公司，2013.

② 郑金月．从档案治理体系视角看新修订档案法．浙江档案，2020 (7)：14 - 17.

③ 陆国强．推动档案事业在高质量发展轨道上迈出坚实步伐：在 2020 年全国档案局长馆长会议上的报告．(2020 - 12 - 29)．国家档案局官网．

行动、做法、成果是“档案法学基础”教学极具时效性和感召力的素材。让学生在依法治档框架下体悟档案工作，“档案法学基础”课程思政建设责无旁贷。配套教材为《档案法学基础》（潘玉民，辽宁大学出版社）。

8.2　“档案法学基础”课程思政元素

习近平总书记在《决定》中从“十三个坚持和完善”方面论述了我国的制度优势，新《档案法》充分体现了“十三个坚持和完善”在社会建设、经济建设、文化建设方面的内涵，详见表 8-1。

表 8-1　新《档案法》与“十三个坚持和完善”的对应情况

“十三个坚持和完善”的相关内容	新《档案法》的内容
坚持和完善党的领导制度体系，提高党科学执政、民主执政、依法执政水平	第三条　坚持中国共产党对档案工作的领导。各级人民政府应当加强档案工作，把档案事业纳入国民经济和社会发展规划，将档案事业发展经费列入政府预算，确保档案事业发展与国民经济和社会发展水平相适应。
坚持和完善人民当家作主制度体系，发展社会主义民主政治	第五条　一切国家机关、武装力量、政党、团体、企业事业单位和公民都有保护档案的义务，享有依法利用档案的权利。
坚持和完善中国特色社会主义法治体系，提高党依法治国、依法执政能力	第一条　为了加强档案管理，规范档案收集、整理工作，有效保护和利用档案，提高档案信息化建设水平，推进国家治理体系和治理能力现代化，为中国特色社会主义事业服务，制定本法。
坚持和完善中国特色社会主义行政体制，构建职责明确、依法行政的政府治理体系	第八条　国家档案主管部门主管全国的档案工作，负责全国档案事业的统筹规划和组织协调，建立统一制度，实行监督和指导。 县级以上地方档案主管部门主管本行政区域内的档案工作，对本行政区域内机关、团体、企业事业单位和其他组织的档案工作实行监督和指导。 乡镇人民政府应当指定人员负责管理本机关的档案，并对所属单位、基层群众性自治组织等的档案工作实行监督和指导。
坚持和完善社会主义基本经济制度，推动经济高质量发展	第十三条　直接形成的对国家和社会具有保存价值的下列材料，应当纳入归档范围： （一）反映机关、团体组织沿革和主要职能活动的； （二）反映国有企业事业单位主要研发、建设、生产、经营和服务活动，以及维护国有企业事业单位权益和职工权益的； （三）反映基层群众性自治组织城乡社区治理、服务活动的； （四）反映历史上各时期国家治理活动、经济科技发展、社会历史面貌、文化习俗、生态环境的； （五）法律、行政法规规定应当归档的。 非国有企业、社会服务机构等单位依照前款第二项所列范围保存本单位相关材料。
坚持和完善繁荣发展社会主义先进文化的制度，巩固全体人民团结奋斗的共同思想基础	

续表

“十三个坚持和完善”的相关内容	新《档案法》的内容
坚持和完善统筹城乡的民生保障制度，满足人民日益增长的美好生活需要	第二十八条　档案馆应当通过其网站或者其他方式定期公布开放档案的目录，不断完善利用规则，创新服务形式，强化服务功能，提高服务水平，积极为档案的利用创造条件，简化手续，提供便利。 单位和个人持有合法证明，可以利用已经开放的档案。档案馆不按规定开放利用的，单位和个人可以向档案主管部门投诉，接到投诉的档案主管部门应当及时调查处理并将处理结果告知投诉人。 利用档案涉及知识产权、个人信息的，应当遵守有关法律、行政法规的规定。
坚持和完善共建共治共享的社会治理制度，保持社会稳定、维护国家安全	第十二条　按照国家规定应当形成档案的机关、团体、企业事业单位和其他组织，应当建立档案工作责任制，依法健全档案管理制度。 第十九条　档案馆以及机关、团体、企业事业单位和其他组织的档案机构应当建立科学的管理制度，便于对档案的利用；按照国家有关规定配置适宜档案保存的库房和必要的设施、设备，确保档案的安全；采用先进技术，实现档案管理的现代化。 档案馆和机关、团体、企业事业单位以及其他组织应当建立健全档案安全工作机制，加强档案安全风险管理，提高档案安全应急处置能力。
坚持和完善党和国家监督体系，强化对权力运行的制约和监督	第四十六条　任何单位和个人对档案违法行为，有权向档案主管部门和有关机关举报。 接到举报的档案主管部门或者有关机关应当及时依法处理。 第四十七条　档案主管部门及其工作人员应当按照法定的职权和程序开展监督检查工作，做到科学、公正、严格、高效，不得利用职权牟取利益，不得泄露履职过程中知悉的国家秘密、商业秘密或者个人隐私。

2019 年 9 月 24 日，习近平总书记在主持中央政治局第十七次集体学习时强调，“各级党委和政府以及领导干部要增强制度意识，善于在制度的轨道上推进各项事业”①。坚持依法治档，一方面需要深刻认识和理解档案法所体现的制度优势，尤其是新《档案法》在促进治理体系和治理能力现代化方面的修订，更好地将其落实到各项档案工作之中；另一方面需要充分发挥和显现档案法所蕴含的治理效能，推动档案工作从依法治理走向开放、走向现代化。以《“十四五”规划》中提出的档案治理体系为指导思想，以坚持依法治档为原则，可以把“档案法学基础”课程思政元素归纳为档案法体现的制度优势和档案法蕴含的治理效能。

① 韩正．加强党对坚持和完善中国特色社会主义制度、推进国家治理体系和治理能力现代化的领导．人民日报，2019-11-15（4）。

8.3　主题案例库

8.3.1　立法根基：档案法中蕴含的国情民情

档案法是档案工作开展的规范和基础，它既为档案工作的开展制定了明确、公平的规范，也为档案工作指明了在时代中、国情下、民情里的大方向。因此，每一次档案法律法规的颁布、修正或修订，不仅要明确档案工作中的基本规章制度，更要符合时代需求、国家需求、人民需求，见表 8-2。

表 8-2　我国档案法规体系的沿革

时期	特点	表现		
		文件	发布时间	具体内容或意义
1987 年《档案法》公布前	制定档案行政法规和行政规章	《公文处理暂行办法》《关于加强文书处理工作和档案工作的决定》	1951 年	机关档案工作的法规
		《国家档案局组织简则》	1955 年	档案事业管理体制的法规
		《关于统一管理党、政档案工作的通知》	1959 年	国家档案集中统一管理的法规
		《技术档案室工作暂行通则》	1959 年	科技档案工作的法规
		《县档案馆工作暂行通则》《省档案馆工作暂行通则》	1960 年	档案馆工作的法规
		《出版社书稿档案工作暂行规定》	1981 年	专门档案工作的法规
1987 年《档案法》公布后	以《档案法》为核心的档案法规体系日趋完善	《中华人民共和国档案法》	1987 年	总结新中国成立以来多部档案行政法规和档案行政规章，为我国档案工作法律法规奠定基调，对于推动档案工作有基础性作用，为档案工作发展提供重要保障
		《中华人民共和国档案法实施办法》	1990 年	国家层面对《档案法》的解读，解决档案实践工作中对《档案法》的疑惑，最大限度避免具体档案工作中对《档案法》的错误理解，保障《档案法》顺利实施
		《中华人民共和国档案法》(1996 修正)	1996 年	对社会主义市场经济的适应性调整，对档案开放利用、档案征收、档案工作人员职责、档案安全等方面进行修改，解决《档案法》中一些非改不可的问题，强调档案开发和加强档案部门的行政管理手段

续表

时期	特点	表现		
		文件	发布时间	具体内容或意义
1987 年《档案法》公布后	以《档案法》为核心的档案法规体系日趋完善	《中华人民共和国档案法实施办法》（1999 修订）	1999 年	针对 1996 年《档案法》进行的修订调整，解答具体档案工作中的具体问题，辅助其顺利施行
		《中华人民共和国档案法》（2016 修正）	2016 年	在信息时代，对信息安全问题、档案出卖问题进行修正，调整不同级别单位针对档案出卖的权利，强调对信息安全问题的重视，加强对信息安全的保障
		《中华人民共和国档案法实施办法》（2017 修订）	2017 年	对《档案法》进行调整，解答其在具体工作中遇到的具体问题
		《中华人民共和国档案法》（2020 修订）	2020 年	总结几十年来的档案工作，是帮助档案工作适应现代化发展的基础性文件，是推动档案工作实现现代化的重要材料和关键性工具

资料来源：马倩，张蕾．回顾与展望：档案法的四十年．山东农业工程学院学报，2021，38（10）：124－128.

案例一

群策群力——新《档案法》诞生记

2020 年 6 月 20 日，新《档案法》审议通过，并自 2021 年 1 月 1 日起正式施行。

2007 年，国家档案局启动《档案法》修订工作，并开展大量的调查研究工作，以保证档案修订工作可以从具体的档案工作出发，把握时代背景下人民对于档案工作的真实需求，使修订后的《档案法》能够切实反映国情、民情、档案情。在《档案法》修订草案制定完毕后，国家档案局通过网络面向各级档案单位、档案学界与社会公众征集意见。例如，2016 年 5 月 25 日，发布公告面向社会征求意见，公众可以通过电子邮件、书信等方式提供意见，截止时间为 2016 年 6 月 30 日。此外，2016 年 3 月，广西壮族自治区档案局召开座谈会，面向基层档案工作人员征求意见。

2019 年 10 月 8 日，国务院第六十六次常务会议讨论通过《中华人民共和国档案法（修订草案）》。2019 年 10 月 25 日，第十三届全国人大常委会第十四次会议对《中华人民共和国档案法（修订草案）》进行了初次审议。2020 年 6 月 18 日，第十三届全国人大常委会第十九次会议进行了第二次审议，6 月 20 日表决通过。

在新《档案法》颁布后，国家档案局及时跟进新《档案法》的实施，了解其在实施过程中的问题。2022 年 2 月，全国档案法治建设经验交流会以线上方式顺利举行，各省、自治区、直辖市档案主管部门法治负责人参加会议，对 2021 年档案法治工作进行回顾，并对 2022 年档案法治工作进行展望。

资料来源：《中华人民共和国档案法》修订草案（送审稿）. 中国档案报，2016 - 05 - 30（3）；国家档案局召开档案法治建设经验交流会. 中国档案报，2022 - 01 - 31（1）；广西召开座谈会为修订《档案法》出谋献策. 中国档案报，2016 - 03 - 28（1）；国家档案局政策法规研究司. 新修订的《中华人民共和国档案法》解读. 四川档案，2020（4）：6 - 7.

新《档案法》的修订过程，是档案部门在实际档案工作中不断总结、提炼、学习、修订的过程，新《档案法》是各级档案部门、档案学界学者、基层档案工作人员以及广大人民群众群策群力的产物，是符合时代需求、人民需求、国家需求的规章制度。本案例阐释了教材第一章绪论中档案法治建设的必要性，即其是社会主义法治建设的必然结果、是促进档案信息资源开发利用的必要保障、是适应社会发展的必然要求，也表明了档案法治建设的重要性，即档案法治建设为档案事业发展提供法律保障、为档案工作开展提供制度规范、为社会档案意识提升提供制度支撑、为社会主义现代化建设的持续推进服务。

案例二

结合时代背景，看新旧《档案法》对比

2007—2020 年，《档案法》开始了第二次修订。2020 年 6 月 20 日新《档案法》公布，并于 2021 年 1 月 1 日正式施行。《档案法》的修订工作是适应我国档案工作要求、国家发展要求的具体体现。通过新旧《档案法》内容的对比，能够感知《档案法》变化同时代发展的关系（见表 8 - 3）。

表 8 - 3　新旧《档案法》内容对比

<table>
<tr><th>修改方向</th><th>《中华人民共和国档案法》（2016 修正）</th><th>《中华人民共和国档案法》（2020 修订）</th><th>修改的目的或背景</th><th>修改意义</th></tr>
<tr><td rowspan="2">完善档案管理体制</td><td>第四条　各级人民政府应当加强对档案工作的领导，把档案事业的建设列入国民经济和社会发展计划。</td><td>第三条　坚持中国共产党对档案工作的领导。各级人民政府应当加强档案工作，把档案事业纳入国民经济和社会发展规划，将档案事业发展经费列入政府预算，确保档案事业发展与国民经济和社会发展水平相适应。</td><td rowspan="3">经济快速发展过程中档案形成主体多元化，档案收集工作难度增加，具有保存价值的档案数量增多，需要重新划分并强调档案收集范围和管理责任。</td><td rowspan="3">明确国家和地方档案主管部门职责，建立档案工作责任制，明确机关、团体、国有企事业单位和其他组织的归档范围，规范收集工作。</td></tr>
<tr><td>第六条　国家档案行政管理部门主管全国档案事业，对全国的档案事业实行统筹规划，组织协调，统一制度，监督和指导。</td><td>第八条　国家档案主管部门主管全国的档案工作，负责全国档案事业的统筹规划和组织协调，建立统一制度，实行监督和指导。</td></tr>
<tr><td>健全档案管理相关制度</td><td>第十一条　机关、团体、企业事业单位和其他组织必须按照国家规定，定期向档案馆移交档案。</td><td>第十二条　按照国家规定应当形成档案的机关、团体、企业事业单位和其他组织，应当建立档案工作责任制，依法健全档案管理制度。
第十三条　直接形成的对国家和社会具有保存价值的下列材料，应当纳入归档范围。</td></tr>
</table>

续表

修改方向	《中华人民共和国档案法》（2016修正）	《中华人民共和国档案法》（2020修订）	修改的目的或背景	修改意义
推动档案开放与利用	第十九条　国家档案馆保管的档案，一般应当自形成之日起满三十年向社会开放。经济、科学、技术、文化等类档案向社会开放的期限，可以少于三十年，涉及国家安全或者重大利益以及其他到期不宜开放的档案向社会开放的期限，可以多于三十年，具体期限由国家档案行政管理部门制订，报国务院批准执行。	第二十七条　县级以上各级档案馆的档案，应当自形成之日起满二十五年向社会开放。经济、教育、科技、文化等类档案，可以少于二十五年向社会开放；涉及国家安全或者重大利益以及其他到期不宜开放的档案，可以多于二十五年向社会开放。国家鼓励和支持其他档案馆向社会开放档案。	档案在国家经济、政治、军事、科技等方面的作用更加突出，人民的利用需求逐渐提高，要求档案开放与利用工作及时作出调整。	档案开放年限缩短，要求各级档案机构完善档案开放措施及利用规则，加强利用服务，提高利用水平，为人民群众利用档案提供应有的支持和便利。
加强档案信息化建设	无	第三十五条　各级人民政府应当将档案信息化纳入信息化发展规划，保障电子档案、传统载体档案数字化成果等档案数字资源的安全保存和有效利用。档案馆和机关、团体、企业事业单位以及其他组织应当加强档案信息化建设，并采取措施保障档案信息安全。	为适应信息时代的到来，加强档案信息化建设和信息化管理，尤其是明确电子档案的地位。	明确电子档案在档案管理中的地位和法律效力。为电子档案管理制定了初步的方向和要求，健全了我国电子档案管理的相关制度。
完善档案安全工作机制	第十三条　各级各类档案馆，机关、团体、企业事业单位和其他组织的档案机构，应当建立科学的管理制度，便于对档案的利用；配置必要的设施，确保档案的安全；采用先进技术，实现档案管理的现代化。	第十九条　档案馆以及机关、团体、企业事业单位和其他组织的档案机构应当建立科学的管理制度，便于对档案的利用；按照国家有关规定配置适宜档案保存的库房和必要的设施、设备，确保档案的安全；采用先进技术，实现档案管理的现代化。档案馆和机关、团体、企业事业单位以及其他组织应当建立健全档案安全工作机制，加强档案安全风险管理，提高档案安全应急处置能力。	档案信息安全工作逐步受到重视。要求档案部门加强档案安全工作管理，完善档案安全工作机制，制定档案安全工作风险应对措施。	针对档案安全工作做了更加细致的规定，不仅针对实体档案的保管，也针对电子档案的管理。
加大档案工作支持和保障力度	第九条　档案工作人员应当忠于职守，遵守纪律，具备专业知识。在档案的收集、整理、保护和提供利用等方面成绩显著的单位或者个人，由各级人民政府给予奖励。	第十一条　国家加强档案工作人才培养和队伍建设，提高档案工作人员业务素质。档案工作人员应当忠于职守，遵纪守法，具备相应的专业知识与技能，其中档案专业人员可以按照国家有关规定评定专业技术职称。	确保档案工作者顺利完成档案保管、利用、安全、管理等重要任务，加大档案人才培养力度。	为档案工作者解决后顾之忧，促进档案人才培养，保证档案工作新鲜血液的输入，推动档案工作人才发展。

续表

修改方向	《中华人民共和国档案法》（2016 修正）	《中华人民共和国档案法》（2020 修订）	修改的目的或背景	修改意义
加强档案监督与检查的规定	无	第四十二条　档案主管部门依照法律、行政法规有关档案管理的规定，可以对档案馆和机关、团体、企业事业单位以及其他组织的下列情况进行检查：（一）档案工作责任制和管理制度落实情况；（二）档案库房、设施、设备配置使用情况；（三）档案工作人员管理情况；（四）档案收集、整理、保管、提供利用等情况；（五）档案信息化建设和信息安全保障情况；（六）对所属单位等的档案工作监督和指导情况。	监督检查工作一直是档案实践工作的短板，此问题的解决需要有明确的法律责任、完善的监督手段、强有力的执行措施，因此对档案法律责任的完善和对档案监督与检查规定的制定成为新《档案法》的修订重点。	强调档案监督与检查的要求，完善了档案法律责任，有利于档案工作的自查与纠察，有利于档案工作发现问题问责到人、及时整改、避免问题的扩大。
完善法律责任	第二十四条　下列行为之一的，由县级以上人民政府档案行政管理部门、有关主管部门对直接负责的主管人员或者其他直接责任人员依法给予行政处分；构成犯罪的，依法追究刑事责任：（一）损毁、丢失属于国家所有的档案的；（二）擅自提供、抄录、公布、销毁属于国家所有的档案的；（三）涂改、伪造档案的；（四）违反本法第十七条规定，擅自出卖或者转让属于国家所有的档案的；（五）将档案卖给、赠送给外国人或者外国组织的；（六）违反本法第十条、第十一条规定，不按规定归档或者不按期移交档案的；（七）明知所保存的档案面临危险而不采取措施，造成档案损失的；（八）档案工作人员玩忽职守，造成档案损失的。	第四十八条　单位或者个人有下列行为之一，由县级以上档案主管部门、有关机关对直接负责的主管人员和其他直接责任人员依法给予处分：（一）丢失属于国家所有的档案的；（二）擅自提供、抄录、复制、公布属于国家所有的档案的；（三）买卖或者非法转让属于国家所有的档案的；（四）篡改、损毁、伪造档案或者擅自销毁档案的；（五）将档案出卖、赠送给外国人或者外国组织的；（六）不按规定归档或者不按期移交档案，被责令改正而拒不改正的；（七）不按规定向社会开放、提供利用档案的；（八）明知存在档案安全隐患而不采取补救措施，造成档案损毁、灭失，或者存在档案安全隐患被责令限期整改而逾期未整改的；（九）发生档案安全事故后，不采取抢救措施或者隐瞒不报、拒绝调查的；（十）档案工作人员玩忽职守，造成档案损毁、灭失的。		

资料来源：张红兵．全国人大法工委解读新修订档案法：八方面修改，内容更加充实．四川档案，2020（3）：12－13；国家档案局政策法规研究司．新修订的《中华人民共和国档案法》解读．四川档案，2020（4）：6－7；国家档案局政策法规研究司．新修订的《中华人民共和国档案法》解读．云南档案，2020（8）：21－23；国家档案局政策法规研究司．新修订《中华人民共和国档案法》解读．档案天地，2020（8）：9－11.

可结合教材第三章档案立法的多维审视，对比分析新旧《档案法》。新《档案法》在档案立法与信息立法（档案信息化）、数据立法（档案数字化）、文献遗产、公民权利、国家治理五个方面均有涉及。教材第四章对《档案法》的制定与发展的主要内容有所阐述。

8.3.2 层层落实：档案法规体系的分层对接

新《档案法》共八章五十三条，主要发挥顶层设计、宏观指导的作用，而《档案法》的具体落实以及每一项具体档案工作的详细安排，离不开《档案法实施条例》和其他法规规章的辅助，它们共同构成我国档案法规体系，推动档案工作现代化发展。

案例三

顶层设计——《中华人民共和国档案法实施条例》的特点

2024年1月12日，国务院第772号令宣布《中华人民共和国档案法实施条例》（以下简称《条例》）自2024年3月1日起施行，该《条例》是新《档案法》之下最重要的档案行政法规，是对新《档案法》实施的具体遵循，对贯彻依法治档、推进中国档案事业现代化发展具有重要意义。其具有四个明显的特点。

一是整体性。从结构来看，《条例》各个章节前后关联，在宏观上突出整体性治理，对“四个体系”即档案治理体系、档案资源体系、档案利用体系、档案安全体系建设均作出规定；在微观上突出全流程管理，即对档案、电子档案的收集（捕获）、分类、保管、利用等所有环节提出要求。从规制对象来看，覆盖档案事业发展的各相关利益主体，包括国家档案主管部门（第十一条），县级以上地方档案主管部门（第十二条），乡镇人民政府（第十三条），机关、团体、企业事业单位和其他组织（第十四条）等不同层级、不同类型的利益主体。

二是现实性。《条例》针对档案工作中存在的痛点难点、短板弱项，积极回应、有效规制。例如，对档案公布的形式加以明确（第三十五条），使电子档案的准入条件更加明晰（第三十九条），给不同地区、不同类型档案机构档案事业的发展预留自主化和个性化空间（第二条）。

三是创新性。制度层面的创新规定：其一，对于档案工作责任制，《条例》第十八条细化、扩充了新《档案法》的规定，首次提出“健全单位主要负责人承担档案完整与安全第一责任人职责相关制度”；其二，对于档案服务外包，《条例》第二十八条在新《档案法》第二十四条基础上，进一步规定了受委托档案服务企业应符合的条件；其三，对于档案开放利用，《条例》首次提出“推进档案查询利用服务线上线下融合”“促进档案文献出版物、档案文化创意产品等的提供和传播”等；其四，对于档案监督检查，《条例》增设专章对档案工作情况定期报送、违法行为调查处理、执法人员资格要求等予以规范。技术层面的创新要求，《条例》新增“档案信息化建设”专章，重点对电子档案管理信息系统、重要电子档案异地备份、数字档案馆（室）、数字档案资源共享标准建设等予以明确规定。

四是前瞻性。《条例》立足新《档案法》推动档案事业现代化建设的长远目标，且为档案工作未来发展指明引领方向。例如，基于数据思维，提及数据汇集（第二十五条）、数据出境（第二十七条）、数据共享（第四十四条）等内容，指引档案工作紧跟大数据发展潮流；基于档案治理理念，鼓励社会力量以各种方式参与和支持档案事业发展，以实现档案工作协同共治（第九条）。

资料来源：徐拥军．专家解读《中华人民共和国档案法实施条例》的特点．陕西档案，2024，（2）：20-21，1.

案例四

中层对接——地方围绕新《档案法》的法规体系建设

新《档案法》指明了我国档案工作的发展方向，但是各省市以及不同种类档案工作情况不同，需要更加具体的工作方法的指导。以新《档案法》为核心的档案法规体系的建设与完善，一方面是对新《档案法》的补充和落实，另一方面也是对各地区档案工作发展方向的指示。因此，各省市在档案工作中需要根据自身情况，将新《档案法》中蕴含的精神和制度优势，通过具体的档案法律法规转化为档案工作的治理效能，具体见表 8-4。

表 8-4 地方围绕新《档案法》建设档案法规体系举要

规章名称	发布时间	内容	落实新《档案法》的体现
《浙江省档案科技项目管理暂行办法》	2021 年 2 月 3 日	建立国家档案局和省科技厅项目、省档案局项目并轨申报机制，鼓励基层档案工作人员、档案服务企业申报各级档案科技项目。注重发挥省级行业主管部门、市县档案主管部门的专业优势，加强对项目实施的跟踪和指导，并首次将省级项目组织验收权限进行委托下放，积极吸收省级行业主管部门、市级档案主管部门的专家参与成果评审，建立各方合力推进档案科技工作的长效机制	对档案科技项目的立项、实施、验收、成果评比与推广应用作出明确规定，符合新《档案法》第六条（国家鼓励和支持科学研究和技术创新，促进科技成果在档案收集、整理、保护、利用等方面的转化和应用，推动档案科技进步）
《福建省侨批档案保护与利用办法》	2021 年 10 月 13 日	明确档案主管部门和政府有关部门在侨批档案管理上的职责分工，落实侨批档案的开发经费，对侨批档案备案登记提出要求，强化对侨批档案的保护、数字化加工，推进侨批档案的开发、利用和共享。对因工作人员滥用职权、玩忽职守、徇私舞弊等造成侨批档案损坏、丢失、灭失等追究责任	与新《档案法》第五章档案信息化建设、档案开放利用、档案机构的责任等规定一致

续表

规章名称	发布时间	内容	落实新《档案法》的体现
《长春市城市建设档案管理条例》	2021年12月2日	一方面兼顾城建档案管理的信息化建设等前瞻性重点工作，另一方面涵盖全市建设工程文件归档范围、档案整理和报送移交行为等精细化管理工作，要求更加具体、目的更加明确，实用性及操作性明显增强	与新《档案法》中的档案信息化、规范化管理保持一致，进一步完善全市城建档案管理法治体系建设
《四川省社区矫正档案管理办法》	2022年1月7日	对社会矫正档案的收集、整理、归档、保管、利用等方面作了全面规定，明确社区矫正档案工作的责任分工，规定县级司法行政机关组织领导社区矫正档案工作，县级社区矫正机构具体负责社区矫正档案工作；为四川省社区矫正档案工作提供执行标准	与新《档案法》第二章“档案机构及其职责”中的内容一致，符合新《档案法》完善档案管理体制的要求

资料来源：梁伟灿．福建出台侨批档案保护与利用办法．中国档案报，2021-11-01（1）；姜素兰．深入贯彻重要批示精神 做好新时代高校档案工作．中国档案报，2022-03-03（3）；浙江省档案局．坚持创新驱动 推进档案科技工作高质量发展．中国档案报，2022-02-21（1）.

案例五

基层落实——各地新《档案法》学习工作的开展

新《档案法》蕴含着丰富的制度优势和法律知识，需要加强以新《档案法》为核心的档案法律法规学习。各地档案部门在新《档案法》颁布后开展了丰富多样的普法学习活动，具体参见表8-5。

表8-5 基层围绕新《档案法》的学习活动举例

学习主体	学习时间	学习形式	学习内容	学习成效或意义
重庆市	2020年9月	印发《学习宣传贯彻新修订档案法工作举措》	提出抓实领导干部学法、引导开展全员教育、充分用好网络媒体、着力加强社会普法、完善配套制度体系、推动规定落地落实等十条具体举措	从教育培训、利用网络媒体、配套制度体系、加强社会普法多方面加强新《档案法》的宣传落实工作
天津市	2020年10月	组织居民现场参与档案法知识答题，向居民发放新《档案法》宣传材料，耐心解答居民有关档案方面的问题	天津市档案局党员干部深入河西区友谊路街西园西里社区，结合“红色友谊”区域化党建共建工作，开展“办一件实事”专题党日活动	向社区居民宣传新《档案法》

续表

学习主体	学习时间	学习形式	学习内容	学习成效或意义
湖州市	2020 年 11 月	浙江省湖州市委理论学习中心组召开扩大会议，就学习新《档案法》作出具体部署，并举行学习宣传活动启动仪式，开展“六个一”系列宣传活动	举办一次档案法专题讲座、开展一次档案法“五进”宣传活动、组织一次档案法知识竞赛、开展一次档案法巡讲活动、举办一次档案法巡展活动、开设一个档案法宣传专栏	由湖州市委牵头，使普法学习活动广泛、深入
江门市	2020 年 12 月	在全市范围开展集中宣传月和“普法达人——档案法学习齐参与”活动	邀请专家作新《档案法》专题辅导并对档案法规配套制度等进行解读	提升全体干部职工依法治档意识，争取将新《档案法》列入江门市国家公务人员在线学法考试内容
上海市浦东新区	2021 年初	举办专题学习讲座，邀请市宣讲团档案专家向基层档案干部宣讲档案法；向 150 余家立档单位发放新《档案法》文本和释义	开展精准普法活动，与浦东新区各机关、企业事业单位、学校面对面开展法治宣传	主要面向基层档案干部、立档单位进行普法
西安市	2021 年 9 月	设立宣传点，在全市范围内开展档案法制宣传咨询活动	通过内容翔实、图文并茂的宣传展板向群众展示习近平总书记对档案工作的历次重要批示、《档案法》的发展历程和新《档案法》的主要内容及精准解读	加强档案与社会各界的沟通，拉近群众和档案的距离，普及档案法治精神和法制知识，提高民众的档案法律意识

资料来源：顾琪琪．浙江湖州“六个一”活动宣贯档案法．中国档案报，2020-11-02（2）；黄娟．重庆“十条举措”抓实抓细档案法学习宣贯．中国档案报，2020-09-24（1）；上海浦东新区档案局贯彻新修订的档案法全面推进依法治档．中国档案报，2022-01-24（2）；广东江门市委办（市档案局）多形式宣贯新档案法．中国档案报，2020-09-10（2）；天津 档案法宣传进社区．中国档案报，2020-10-29（1）.

新《档案法》的对接和落实，既以档案法律为核心，也涉及档案行政法规、地方性档案法规、档案规章等，比较全面地阐释了教材第五章我国档案法规体系的内容；介绍了第六章《档案法》的遵守与法律责任的内容，即《档案法》施行过程中档案部门的责任、档案法律责任（行政、民事、刑事法律责任）；体现了合法行政、合理行政、程序正当、高效便民、诚实信用、权责一致的档案行政执法原则。

8.3.3 监督检查：档案行政执法的重要作用

档案法规体系的顺利执行，离不开档案行政执法的监督，更离不开档案工作人员的自我监督和约束。通过规章制度的有效监督、档案工作人员的自我约束来保障规章制度的落实，才能让档案法规体系发挥作用。

案例六

以监督促落实——全国开展档案工作综合检查

2021 年 1 月 1 日，新《档案法》正式实施。2021 年 7—8 月，国家档案局邀请中办秘书局、国办秘书局的同志以及企业档案专家组成赴中央和国家机关、中央企业检查组，联合中办督查室、全国人大教科文卫委员会、司法部组成赴地方检查组，国家档案局 5 位局领导分别担任组长，在全国范围内开展档案工作综合检查。此次档案工作综合检查首次纳入中央督查检查考核计划。

2021 年 9—11 月，检查组对内蒙古、江苏、江西、贵州、甘肃 5 个省（区、市），公安部等 8 家中央和国家机关，国家电投等 9 家央企开展检查，共召开座谈会 27 场，听取 78 家有关单位汇报，实地查看各类档案馆 27 个、单位档案室 44 个，走访乡镇街道 17 个，个别访谈档案工作人员 97 名。检查结束后，检查组将总体情况向地区或单位分管档案工作领导进行现场反馈，之后发出《档案工作综合检查反馈意见书》，要求进行整改。此次检查准备充分，与调研结合，带着问题深入基层、沉到一线，有力推动了新《档案法》的实施工作切实落地，以强有力的监督手段督促制度的执行。

2022 年 2 月 8 日，全国档案法治建设经验交流会对此次检查工作进行了总结，对接下来的档案法治建设工作进行了部署和展望。2022 年 2 月 25 日，陆国强在全国档案局长馆长会议的报告中，对此次检查工作的后续整改情况进行了汇报，提及提出的 296 项整改措施中，100 多项已完成整改，其余各项也在积极落实之中。

2023 年 2 月 15 日，《档案行政处罚程序规定》公布，自 2023 年 4 月 1 日起施行。

2023 年 2 月 16 日，陆国强在全国档案局长馆长会议的报告中指出，江西、贵州等省（区、市）组织开展对本地区档案工作执法检查；宁夏联合保密、应急、公安、消防等部门先后组织 2 轮全覆盖的档案执法检查；海关总署对各直属海关开展档案工作检查；中国航天科工集团有限公司成立档案馆，将档案工作纳入所属单位经营业绩考核；中国海洋石油集团有限公司开展境外档案工作检查；湖北将档案工作开展情况纳入省委重要工作考核范围，纳入省级层面督查检查考核计划，纳入各市（州）和省直单位抓党建工作考评项目清单；广东持续推进未达标地区综合档案馆建设，将馆库建设纳入平安广东建设考核；山东将档案移交进馆、档案安全工作等纳入省直部门服务高质量发展绩效考核指标。

资料来源：代慧．国家档案局召开档案法治建设经验交流会．中国档案报，2022-01-31（1）．

行政监督检查、行政奖励、行政处罚是档案行政执法的类型（教材第六章第三节），以档案行政监督检查为例，该案例明确了主体是档案主管部门，被检查对象是档案馆、机关、企业事业单位等，依据是新《档案法》。该案例从档案部门管理人员的视角，阐释了第七章档案职业道德建设的内容，即坚定政治方向、遵守法律法规、守护国家记忆、尊重合法权益等。

案例七

以惩示警——浙江省青田县办结全市首例档案违法行政处罚案件

档案行政执法的威慑力在于档案行政处罚，依法进行档案行政处罚是档案法治原则的基本要求，也是档案行政执法的保障。新《档案法》第六章对档案监督检查工作做了具体说明，要求各级档案部门加强档案行政执法，加强档案行政执法发现问题后的处理工作，注重档案行政处罚。

浙江省丽水市青田县在 2021 年针对档案违法进行的行政处罚案件具有典型意义。案件当事人陈某英、陈某奇为姐弟关系。1988 年，陈某奇经招工成为国营浙江青田电器厂压塑车间的一名劳动合同制工人。1999 年，国营浙江青田电器厂宣布解散，陈某奇下岗。2021 年，陈某奇从原工友处得知，自己原来所从事的工作属于有毒有害工种，按照相关规定可以办理提前退休。因办理提前退休需要提供相关佐证资料，2021 年 9—10 月，陈某奇与陈某英多次到青田县档案馆查档。在查阅过程中，陈某英趁工作人员不备，在国营浙江青田电器厂压塑车间 1995 年 1 月工资表上添加了陈某奇的工资信息，并让陈某奇在上面签字。后青田县档案馆通过对比笔迹、核对材料、调取监控等方式，确认两人有篡改档案的行为，随后立即向青田县委办公室（县档案局）进行通报。

案件正式立案后，执法人员严格按照行政处罚程序，调取监控录像、制作现场勘验图、截取现场监控照片等，依法对涉案人员进行调查（询问）并做好笔录。涉案当事人向调查取证人员说明了违法动机，并对违法行为供认不讳。依据《中华人民共和国档案法》第四十九条“利用档案馆的档案，有本法第四十八条第一项、第二项、第四项违法行为之一的，由县级以上档案主管部门给予警告，并对单位处一万元以上十万元以下的罚款，对个人处五百元以上五千元以下的罚款”，对陈某奇、陈某英分别予以警告并处罚金人民币一千元的行政处罚。两名当事人分别缴纳了罚款，该案顺利办结。

资料来源：新修订档案法施行一年来 浙江青田办结全市首例档案违法行政处罚案件．中国档案报，2022-01-03 (2).

陈某英等篡改档案的行为，在一定程度上反映了我国档案行政执法的现状，即法治意识淡薄、当事档案管理人员对档案利用中的监督工作不到位（教材第六章第三节）等。

但档案管理人员发现问题后及时通报纠正问题，并依据新《档案法》及时处理，是深入贯彻落实依法行政、创新档案执法机制、规范履行执法职能的体现。

8.4 “档案法学基础”课程思政教案

8.4.1 具体教学目标

贯彻依法治档精神，教导学生了解新《档案法》的内容和内涵。具体教学目标如图 8-1 所示。

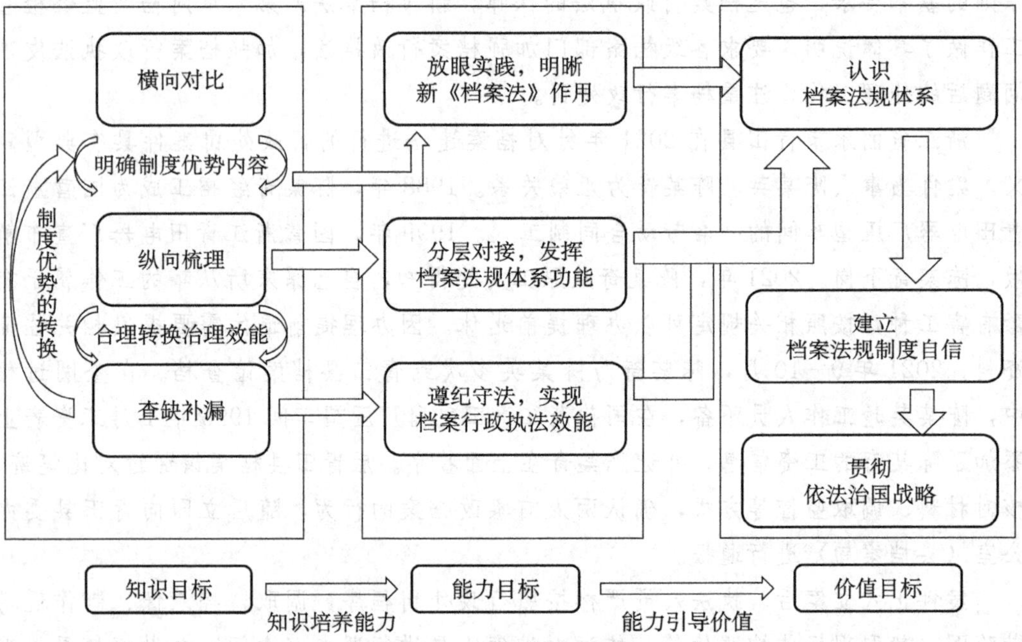

图 8-1 教学目标示意图

8.4.2 教学内容分析

教学范围

结合教材第一章档案法与档案法学、第二章档案法规体系、第九章档案行政执法等内容（具体参见表 8-6），学习新《档案法》，知晓其制度优势，体会其法律精神，明确其在具体档案工作中的落实策略，了解将其制度优势转化为档案治理效能的途径和方法，并灵活运用于日后的学习与工作中。

表8-6　教材内容、思政元素与案例关联表

思政元素	对应章节	使用案例	对应知识点
建立 制度自信	第一章　档案法与档案法学 第一节　档案法概述 第三节　社会主义档案法规建设	案例一　群策群力——新《档案法》诞生记	《档案法》的地位与制定要求
		案例二　结合时代背景，看新旧《档案法》对比	
完善 制度对接	第二章　档案法规体系 第一节　档案法规体系概述 第二节　档案法律	案例三　顶层设计——《中华人民共和国档案法实施条例》的特点	档案法规体系的特点和组成部分
		案例四　中层对接——地方围绕新《档案法》的法规体系建设	
		案例五　基层落实——各地新《档案法》学习工作的开展	
贯彻 依法治国	第九章　档案行政执法 第一节　档案行政执法概述 第二节　档案行政执法主体	案例六　以监督促落实——全国开展档案工作综合检查	档案行政执法的定义、特点、形式、意义
	第九章　档案行政执法 第三节　档案行政处罚 第五节　档案行政执法监督	案例七　以惩示警——浙江省青田县办结全市首例档案违法行政处罚案件	档案行政处罚的定义和原则、档案行政执法监督的含义和体系

教学重点

学习新《档案法》的内容。总则部分强调了制定该法的目的——为中国特色社会主义事业服务，阐述了本法规制的对象——档案和档案工作，介绍了本法的政治基础——坚持中国共产党对档案工作的领导，其他部分包括档案机构及其职责、档案的管理、档案的利用和公布、档案信息化建设、监督检查、法律责任和附则，对国家档案事业发展面临的新形式、新任务和新问题予以回应。对新《档案法》的解释、教育和推广，高度概括了“档案法学基础”需要讲授的知识。当然，法律条文的掌握重在理解，尤其是修订的主要情况——档案开放和利用的经过、档案信息化建设的技术背景、保障档案安全的时代背景、档案监督检查的行业背景等，以及有助于学生深度理解法条内容的知识、案例、判例，均可作为教学素材。

明确新《档案法》的优势。新《档案法》是对近几十年档案工作的总结，是围绕党中央、国务院对于档案工作的决策部署制定的法律，对档案整理、寄存、开发利用和数字化等服务，电子档案的安全保存和有效利用，电子档案的来源、程序、要素等问题作出回应，重在解决电子环境下档案管理工作面临的实际问题、突出难题，在解决“电子文件”与“电子档案”称谓之争中起到了引领和示范作用。同时，新《档案法》关于开放期限的更改，积极回应了档案工作“三个走向”的实践发展态势。为了深入领会并积极发挥新《档案法》的优势，需要引导学生在实习实践和未来工作中提高档案服务质量，为档案利用提供便利等。

落实新《档案法》的措施。学习与新《档案法》的执法、执行、监督与检查等工作相关的知识、措施、案例也是知法守法的必要步骤。如何处理和应对违反新《档案法》的行为，以保障《档案法》的权威性，也是课程的必修内容之一。在宏观上，坚持党对档案工作的领导，落实档案管理体制改革要求，是从政治和制度层面落实《档案法》的必然要求；在中观上，介绍档案监督检查工作，帮助学生理解档案行政执法对于档案法规体系的重要意义以及对于制度优势向治理效能转换的保障作用；在微观上，落实对档案工作责任制、档案库房设施设备、档案工作人员等的检查，对于违法行为作出相应的处罚。

教学难点

如何多维审视我国档案立法。从法律规制对象来讲，极有可能存在多部法律如《档案法》与《政府信息公开条例》规制同一对象的情况，因此有必要介绍紧密相关、相互影响甚至存在矛盾关系的法律。教材创新性地设立了“档案立法的多维审视”一章，从信息立法与档案立法、数据立法与档案立法、档案立法与文献遗产、档案立法与公民权利（利用权、知情权、财产权、隐私权）、档案立法与国家治理五对关系，多维阐述了档案与信息、档案与数据、档案与文献遗产、档案权利与其他权利、依法治档与国家治理的内在联系，有助于学生建立起档案法律与国家、社会、公民以及档案事业的多维联系。

如何立体审视我国档案立法。《档案法》是我国档案事业发展的顶层设计，其具体落实离不开关于档案工作的行政法规、地方性法规和规章，要想了解我国档案法规体系，需要立体审视其相互联系、相互协调的内在关系。档案领域许多行政法规和部门规章制定时间较早，部分行政规范性文件也亟须修改。新《档案法》的颁布是帮助学生了解我国档案法规体系的一个契机。本主题的相应案例既有关于《档案法》的修正和修订的，也有关于档案行政法规和地方性档案法规的梳理和修订的，有助于学生建立起档案法律于国家档案事业发展的体系性，而不是单一的档案法律文本。

8.4.3 教学手段与方法

第一，新《档案法》问题引导与思维引导相结合。以学习新《档案法》为前提，以把制度优势转化为治理效能为核心，以推广新《档案法》运用为线索，以建立学生的制度自信、学科自信、职业自信、专业自信为目的，具体思路见图 8-2。例如，结合新《档案法》诞生记的案例，向学生提问新《档案法》同 1987 年《档案法》的区别，以及两者蕴含的社会变化。以问题引导的方式，让学生建立新旧《档案法》之间的发展联系，以及档案法律的完善发展同经济社会的发展变化之间的联系。

第二，通过互动渐进式讨论，从宏观和微观两种视角解读新《档案法》。以结合新《档案法》思考当下档案行政执法时应当注意哪些问题巩固新《档案法》具体内容；以如何落实档案行政执法的问题，结合某省落实档案行政执法案例，学习档案行政执法的具体落实方法和实施效果，探讨某省具体举措背后的考量；以档案行政执法对于新《档案法》的意义的问题，思考档案行政执法在新《档案法》落实过程中的保障作用，从而形成从新《档案法》的内容到落实的方法再到落实的保障的思维闭环，具体思路见图 8-3。

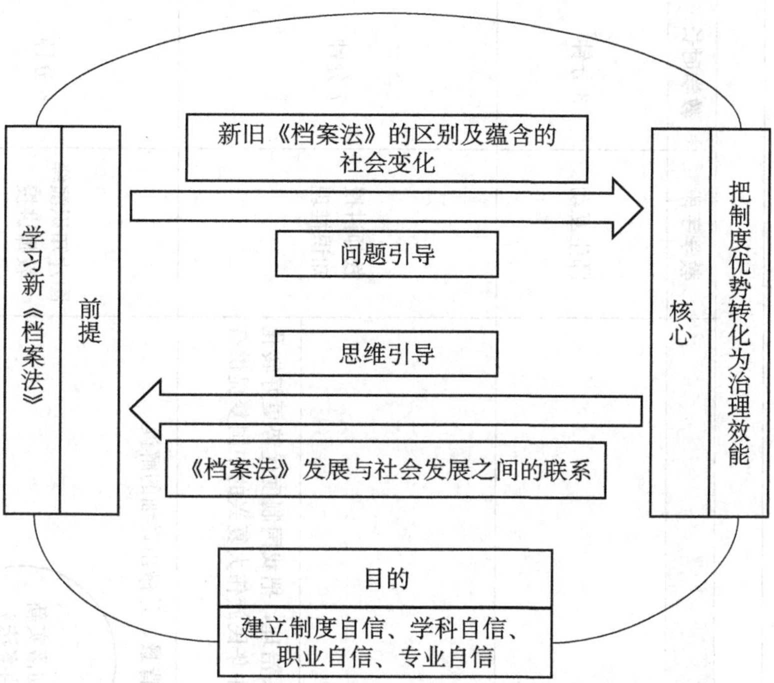

图 8-2　新《档案法》问题引导与思维引导图

最终从新《档案法》设计制定的宏观层面，以及各个省、市、县档案部门落实新《档案法》的微观层面引导学生认识新《档案法》落实工作中的困难和细节，将新《档案法》内容条款的理论学习与实际运用相结合。

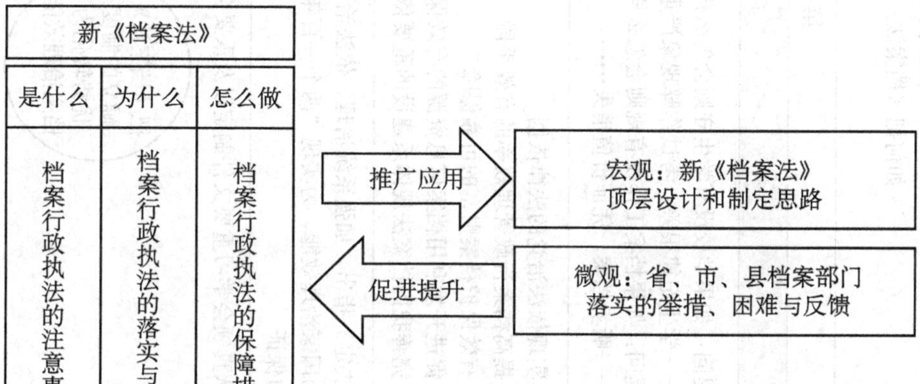

图 8-3　新《档案法》渐进式讨论图

8.4.4　教学过程与实施

通过假设性问题的引入，探索顶层设计、中层对接、基层落实之间的关系，回答如何把《档案法》确立的制度优势转化为档案治理效能，从而辨法明智，做好宣传好、实施好新《档案法》的知识储备、人才储备、思想储备，详见表 8-7。

表 8-7　教学环节及具体内容示意图

我国档案法规体系与档案行政执法
——如何把《档案法》确立的制度优势转化为档案治理效能
（90 分钟）

第一学时（45 分钟）

教学意图	教学内容	教学手段	教学时长
1. 以假设性问题开场，快速进入上课状态	提问：如果学校没有学生守则会怎么样？ ——学生纪律很差，考试作弊现象严重…… 提问：如果档案工作没有规则会怎么样？ ——贩卖档案、凭证价值消失……	师生互动	3 分钟
2. 介绍《档案法》在档案事业中的地位，引出课程思政核心问题——将制度优势转化为治理效能	● 实现依法治党的法律依据 ● 提高档案行政管理效率的有效手段 ● 有效保护档案财富的可靠保障 ● 促进开发利用档案信息资源的有效保障 ● 完善我国档案法规体系建设的重要依据 《决定》指出，加强系统治理、依法治理、综合治理、源头治理，把我国制度优势更好转化为国家治理效能，为实现“两个一百年”奋斗目标、实现中华民族伟大复兴的中国梦提供有力保证	教师讲授 知识推理	7 分钟
3. 再次强调教学核心：贯彻落实新《档案法》	认真领会学习重要文件制定以及重要会议领导讲话的前后背景，并做出详细的解读 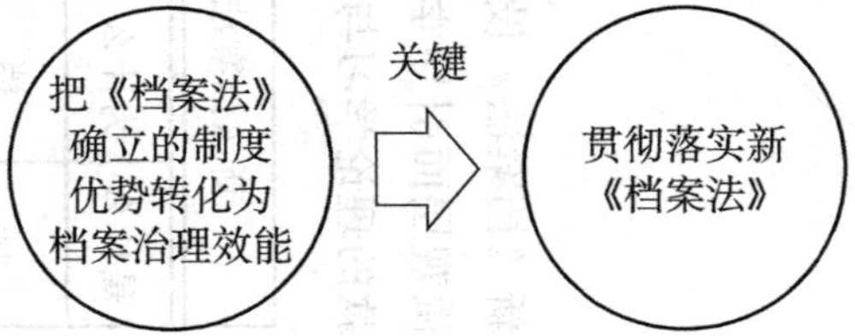 	图片知识演绎 教师讲授	6 分钟

续表

教学意图	教学内容	教学手段	教学时长
4. 介绍课程架构	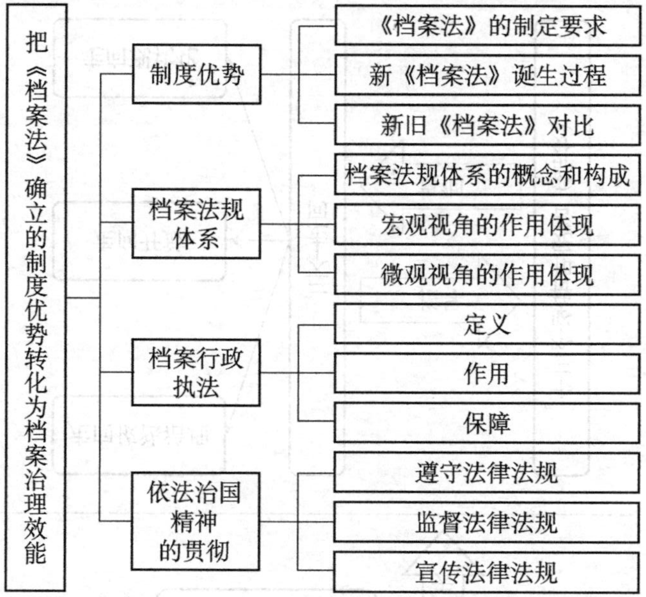	图片知识简介	6 分钟
5. 以新《档案法》为案例，阐释法律制定的要求		案例分析 教师讲授	3 分钟

续表

教学意图	教学内容	教学手段	教学时长
6. 以新《档案法》为案例，阐述档案法律制定的流程	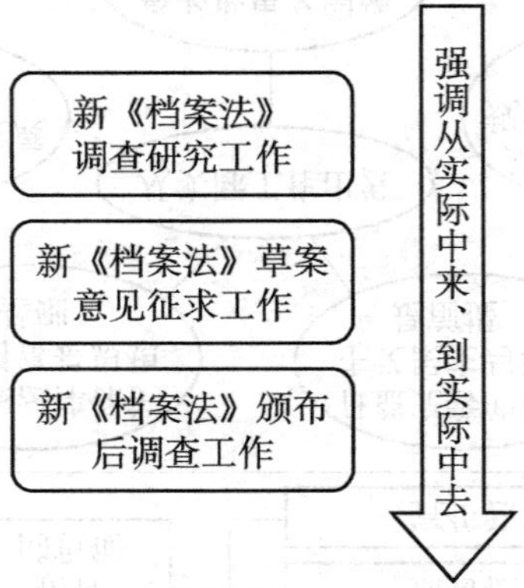	案例分析 教师讲授 知识归纳	3 分钟
7. 结合时代背景，阐述新《档案法》的制度优势	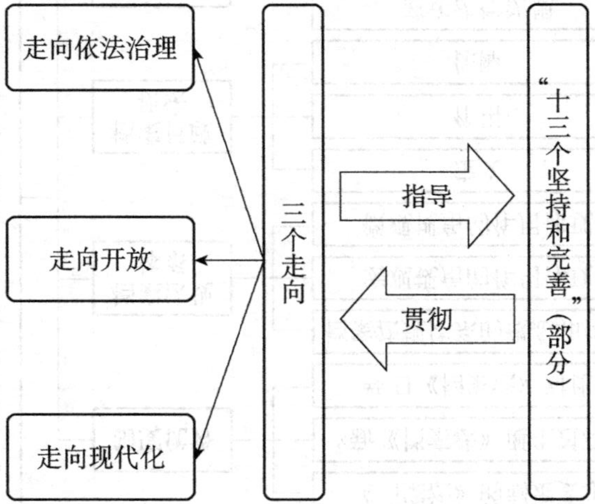	教师讲授 知识演绎 和归纳	8 分钟

续表

教学意图	教学内容	教学手段	教学时长
8. 结合新旧《档案法》对比案例，论述新《档案法》的制度优势	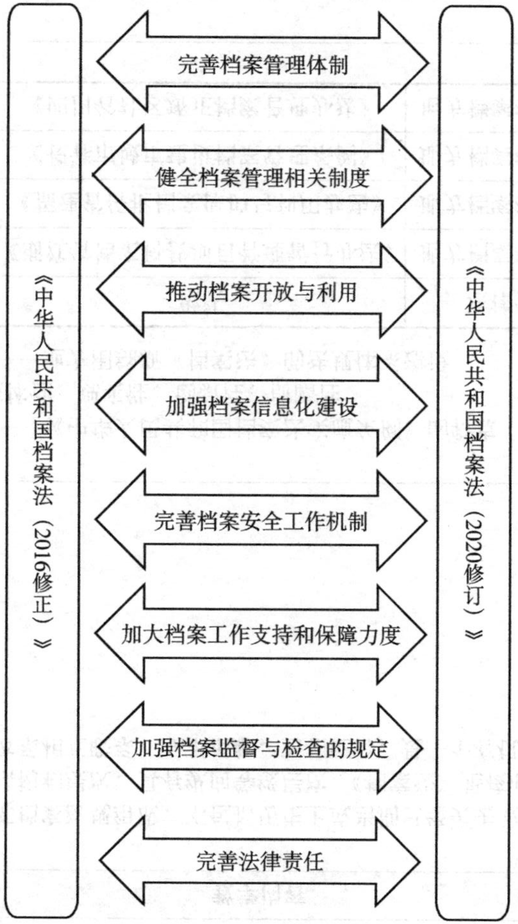	图片分析 知识对比 和归纳	7 分钟
9. 通过设问，进行小结及铺垫	在理解了新《档案法》的制度优势的基础上，如何将制度优势转化为治理效能呢？	自问自答	2 分钟

续表

<table>
<tr><th colspan="4">第二学时（45 分钟）</th></tr>
<tr><th>教学意图</th><th>教学内容</th><th>教学手段</th><th>教学时长</th></tr>
<tr><td>10. 阐述档案法规体系的构成及特点</td><td>● 现行性：由我国全部档案法规组成，不包括历史上或当期已经失去效力的档案法规
● 结构性：具有一定结构和层次，具有纵向等级层次，《档案法》是核心
● 统一性：档案法规体系相互联系，互不抵触，互相配合，是一个有机统一的整体
档案法律
档案行政法规
地方档案法律
档案行政规章</td><td>课堂教授
知识演绎</td><td>3 分钟</td></tr>
<tr><td>11. 通过案例三和案例四，引出新《档案法》落实的逻辑层次</td><td>● 案例三　顶层设计——《中华人民共和国档案法实施条例》的特点
《条例》的特点：整体性、现实性、创新性、前瞻性
● 案例四　中层对接——地方围绕新《档案法》的法规体系建设<table><tr><th>地区</th><th>做法</th><th>法律性质</th></tr><tr><td>浙江省</td><td>《浙江省档案科技项目管理暂行办法》</td><td>地方档案行政规章</td></tr><tr><td>福建省</td><td>《福建省侨批档案保护与利用办法》</td><td>地方档案行政规章</td></tr><tr><td>长春市</td><td>《长春市城市建设档案管理条例》</td><td>地方档案行政规章</td></tr><tr><td>四川省</td><td>《四川省社区矫正档案管理办法》</td><td>地方档案行政规章</td></tr></table></td><td>案例分析
教师讲授</td><td>4 分钟</td></tr>
</table>

续表

教学意图	教学内容	教学手段	教学时长
12. 运用档案法规体系知识，阐明新《档案法》落实的层次	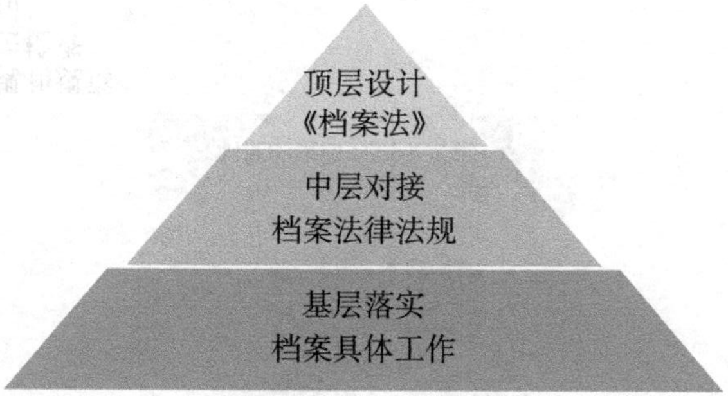	知识演绎 案例运用	3 分钟
13. 小结提升，从宏观角度和微观角度对比档案法规体系的表现形式	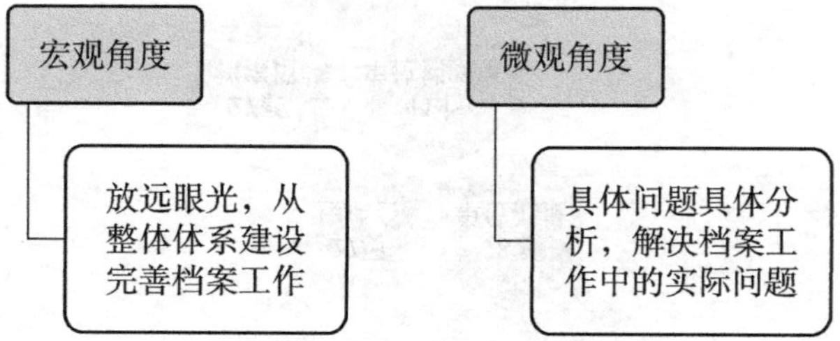	知识归纳 突出重点	2 分钟
14. 解析档案行政执法的概念	档案行政执法：在档案法制建设中是指档案行政管理部门依照法定职责、权限和程序使用档案法律、法规，使档案法律、法规在社会生活中得以实施的活动	概念解析	3 分钟
15. 阐明档案行政执法的特点	档案行政执法的特点 ● 主体的特定性 ● 行为的单向性 ● 执法内容的法定性	知识讲授	3 分钟

续表

<table>
<tr><th>教学意图</th><th>教学内容</th><th>教学手段</th><th>教学时长</th></tr>
<tr><td>16. 阐明档案行政执法的原则</td><td>档案行政执法的原则：
● 合理性原则：要求档案行政管理部门在档案行政执法中行使自由裁量权要客观、适度和符合常理
● 合法性原则：要求档案行政执法权力的存在和运用必须依据档案法律，符合档案法律</td><td>知识讲授</td><td>2 分钟</td></tr>
<tr><td>17. 运用案例六，演绎档案行政执法的特点和原则</td><td>案例六 以监督促落实——全国开展档案工作综合检查

● 备案审查档案法规和规章
● 开展档案行政执法检查
● 实施档案行政处罚
● 提出档案行政奖励
● 建立档案行政执法报告制度
● 受理群众举报、申诉</td><td>案例分析与综合</td><td>6 分钟</td></tr>
</table>

续表

教学意图	教学内容	教学手段	教学时长
18. 引出档案行政执法的意义	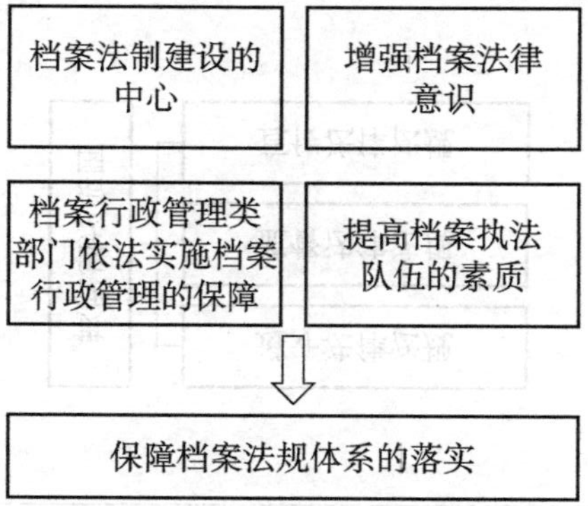	总结案例 阐述知识	3 分钟
19. 设问引发新思考以及引起学生重视	档案行政执法保障档案法律法规的落实，何者保障档案行政执法的落实？ 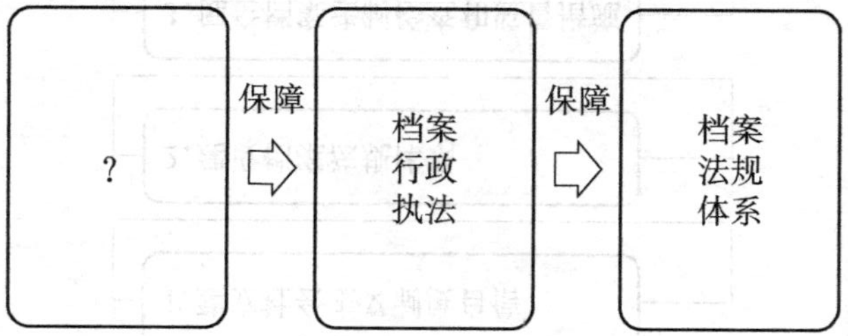	教师自问自答	4 分钟
20. 讲解档案行政处罚的定义	档案行政处罚：法定的有档案行政处罚权的档案行政管理部门或者档案法规授权主体，依照档案法律、法规和规章，并依照法定程序，对公民、法人或其他组织档案违法行为给予制裁	知识讲授	2 分钟
21. 讲解档案行政执法监督的定义	档案行政执法监督：政党、国家和人民对档案行政执法机关和执法人员的档案行政执法活动是否合法进行监察，督促其严格依法办事，防止滥用权力，保证档案法规的正确实施	知识讲授	2 分钟

续表

教学意图	教学内容	教学手段	教学时长
22. 用真实的档案行政处罚示例，论述档案行政执法落实的保障	浙江省青田县办结全市首例档案违法行政处罚案件（参见 https：//www. saac. gov. cn/daj/c100206/202201/b460cacf625d456aac0dfc31f512c96a. shtml）	课堂讲授	4 分钟
23. 知识小结：如何把新《档案法》确立的制度优势转化为档案治理效能	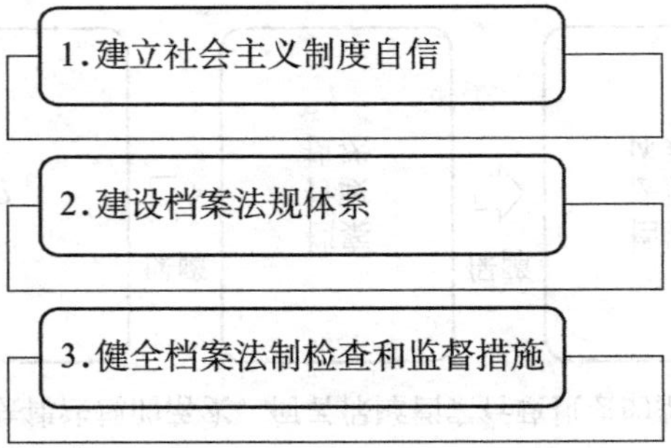	课堂讲授	2 分钟
24. 课程总结：在把《档案法》确立的制度优势转化为档案治理效能的过程中，如何融入依法治国	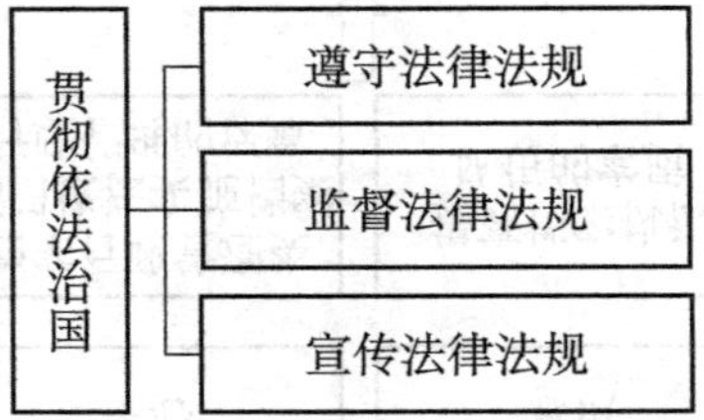	课堂讲授 思政元素的强化与提升	2 分钟
结束			

8.4.5　教学效果与反馈

对于基础内容，学生学习充分。课程围绕社会主义档案法制建设、档案法规体系、档案行政执法三部分内容进行学习，以案例加深教材知识点的理解和记忆，以教材知识点推导案例的合理性和可行性。

对于新《档案法》内容，学生理解透彻。结合教材理论知识，通过新旧《档案法》对比，从内容、结构、形成背景等多方面分析新《档案法》蕴含的制度优势，深化档案法律法规知识。

对于依法治档，学生有了更加专业和深刻的理解。贯彻依法治档是课程的最终教学目的。课程引导学生在理论基础和实际情况的学习中，认识法律对于档案工作的重要意义，以及档案法律对于国家档案事业和社会主义建设的重要意义。同时，学生认识到严格遵守、宣传推广、监督落实档案法律的专业价值和社会意义。

对于执法监督，学生建议增加地方案例或违法判例。笔者根据我国地区分布，增补了四川省、福建省、浙江省、长春市的地方档案规章案例。因《条例》公布时间较短，以及新《档案法》颁布不久，相关案例较少，需要及时关注和更新。另外，还需要搜集更多的具体档案行政处罚案例，帮助学生提高对于法律法规的尊重，体悟法律法规的严肃性，加深对于档案行政处罚对档案行政执法保障作用的理解。

主题9

用档案记录新时代伟大奋斗历史
——脱贫攻坚与疫情防控档案的管理

9.1 主题概况

党的十八大以来，党和政府将精准扶贫战略作为解决新时代不平衡、不充分社会主要矛盾的重要抓手，2020年12月3日，习近平总书记指出，“经过8年持续奋斗，我们如期完成了新时代脱贫攻坚目标任务……取得了令全世界刮目相看的重大胜利”①。

2020年，在新冠疫情全球大流行背景下，中国共产党团结领导全国各族人民，进行了一场惊心动魄的抗疫大战，经受了一场艰苦卓绝的历史大考，付出巨大努力，取得抗击新冠疫情斗争重大战略成果，创造了人类同疾病斗争史上又一个英勇壮举。②

2022年10月16日，习近平总书记在二十大报告中指出，“我们经过接续奋斗，实现了小康这个中华民族的千年梦想，我国发展站在了更高历史起点上。我们坚持精准扶贫、尽锐出战，打赢了人类历史上规模最大的脱贫攻坚战，全国八百三十二个贫困县全部摘帽，近一亿农村贫困人口实现脱贫，九百六十多万贫困人口实现易地搬迁，历史性地解决了绝对贫困问题，为全球减贫事业作出了重大贡献”③。

在疫情防控期间，中国成为全球唯一一个经济实现正增长的主要经济体④，彰显了中国共产党卓越超凡的领导力和社会主义制度的优越性。

如何具体表达脱贫攻坚和抗疫斗争的新成就，具象表现国家富强和人民幸福的新图景，成为国家档案事业发展中的一项关键议题。脱贫攻坚档案是中国式扶贫过程的原始记录，其以照片、图表、视频等为载体储存相关理论经验与实践成果，既是复盘中国脱贫历史不可或缺的重要元件，也是构建中国脱贫记忆的重要资源，更是为乡村振兴战略提供政策依据和数据支撑的必备资源。疫情防控档案作为在特定的时间、特定的地点、特定的条件下产生的不可复制的记录，真实地记录了疫情生活的各个方面，是疾病流行

---

① 中共中央政治局常务委员会召开会议 听取脱贫攻坚总结评估汇报 中共中央总书记习近平主持会议．(2020-12-03)．新华网．

② 习近平：在全国抗击新冠肺炎疫情表彰大会上的讲话．(2020-09-08)．新华网．

③ 习近平．高举中国特色社会主义伟大旗帜 为全面建设社会主义现代化国家而团结奋斗：在中国共产党第二十次全国代表大会上的报告．北京：人民出版社，2022.

④ 经济复苏的中国答卷．经济日报，2020-12-28 (1).

规律的历史见证，是核对历史事实真伪的第一手材料[①]，也是疫情防控工作开展的重要参考，具有科研、医学、存史、教育等价值。

面对百年未有之大变局、脱贫攻坚之决战、世纪疫情之考验，国家档案局及各省市档案主管部门高度重视在国家脱贫攻坚事业和疫情防控中做好档案服务工作，从中央到地方迅速出台政策，将脱贫攻坚、疫情防控档案收集管理作为工作重点。

脱贫攻坚和疫情防控的档案管理，是档案工作的最新实践，是对档案管理理论和实践的一次检验。“档案管理学”遵循从档案管理工作的总论到具体环节的知识体系，在帮助学生掌握档案管理的基本概念、核心原则和工作流程的基础上，通过引入脱贫攻坚档案和疫情防控档案管理的相关案例，讲授档案的收集、整理、鉴定、保管、检索、编研、利用、统计等步骤，有助于培养档案管理技能扎实、服务社会本领高强的高素质人才。配套教材为《档案管理学》（第 5 版）（王英玮，陈智为，刘越男，中国人民大学出版社）。

9.2　“档案管理学”课程思政元素

一是用档案服务国家中心工作，从而培养大局意识。2016 年 9 月，国家档案局与国务院扶贫开发领导小组办公室（2021 年 2 月 25 日改为“国家乡村振兴局”）联合印发《关于做好精准扶贫档案工作的意见》，2020 年 8 月国家档案局办公室、国务院扶贫办综合司联合印发《关于进一步做好精准扶贫档案工作的通知》，确保脱贫攻坚档案发挥出“业务全渗透、结果全记载、过程全监督、数据大服务”的支撑性作用。2020 年 2 月 7 日，国家档案局发布《关于做好新型冠状病毒感染肺炎疫情防控期间档案工作的通知》，要求“疫情防控档案应收尽收、应归尽归”“对于保障重大工作事项和实施疫情防控工作需要查档的，各级档案馆必须特事特办”。管理好脱贫攻坚和疫情防控档案，是巩固和宣传两项成就的重要前提，是用档案事业服务国家中心工作的重要体现。

二是用档案彰显政治制度优势，从而坚定制度自信。脱贫攻坚档案管理，通过原始的照片、图表、视频等具象诠释与表达，使人民群众既能够从宏观视角了解中国脱贫之路的伟大成就，增强人民群众对党和国家的认同感；也能够从中观视角感受贫困地区在脱贫攻坚中的发展变化，唤醒特定群体的人文记忆；还能够从微观视角直观感受贫困群众、扶贫干部在脱贫过程中的守望相助，增强党群与干群关系。新冠疫情初期，档案部门快速反应，及时编研非典时期的相关档案资料为防疫决策部署提供资政参考。同时，新冠疫情防控档案是应对恶意揣测时最具说服力的凭证之一，经得起历史检验，也受得住各方质疑。

三是用档案传承弘扬时代精神，从而培养优秀品格。脱贫攻坚档案客观、真实地记录了大批扶贫干部积极响应党中央号召、主动投身脱贫攻坚事业的生动事迹，是中国共产党人用“为人民谋幸福”的初心扎根贫困群众、实现脱贫致富的亮眼答卷，是中华民族扶危济困、艰苦奋斗传统美德的继承，是改革创新、锐意进取时代精神的体现。疫情

① 徐震．浅谈疫情防控档案收集与利用．档案与建设，2021（4）：56－58.

防控档案记录了在同严重疫情的殊死较量中，中华民族同舟共济、守望相助的感人时刻，是中国共产党人肩负“为民族谋复兴”的使命带领中华民族举国同心、命运与共、攻坚克难、坚韧奉献并取得伟大胜利的时代精神体现。真实记录这一过程，也是对档案工作者品格的熏陶和培养。

可通过观看相关纪录片更好地理解脱贫攻坚、疫情防控事业的重大意义，参见表 9－1。

表 9－1　脱贫攻坚、疫情防控事业纪录片举例

涉及领域	代表纪录片	发布时间	制作单位	资源获取渠道
脱贫攻坚	《加油！脱贫攻坚》	2019 年 10 月	国务院扶贫办、中央广播电视总台	http：//news. cctv. com/special/jytpgj/
	《中国脱贫攻坚》	2020 年 5 月	国务院扶贫办、中国国际电视台等	https：//weibo. com/tv/show/1034：4583184461922335
	《2020 我们的脱贫故事》	2020 年 8 月	中央广播电视总台影视剧纪录片中心	https：//tv. cctv. com/2020/08/23/VIDExrmlewY92dwa064Od3zz200823. shtml
	《摆脱贫困》	2021 年 2 月	中央广播电视总台、国家乡村振兴局	https：//tv. cctv. com/2021/10/25/VIDEpXMTbJbmxJ7hDaZ5QzGk211025. shtml?srcfrom=baidualading&event2=bdtg_pc_hkafjzpq
	《脱贫大决战——我们的故事》	2021 年 2 月	中国农业电影电视中心、央视纪录国际传媒有限公司	https：//www. ntv. cn/folder528/folder541/folder1367/folder1369/folder1401/2022－01－17/Fa5NsYeYYIpq6SKW. html
	《中国减贫密码》	2021 年 2 月	新华通讯社、新华社国家高端智库	https：//v. qq. com/x/cover/mzc00200pnjjpep/q0036bqrpey. html
	《无穷之路》	2021 年 8 月	香港无线电视	https：//www. bilibili. com/bangumi/play/ss40050/
疫情防控	《疫战》	2020 年 1 月	二更视频、新华社湖北分社、武汉电视台	https：//list. youku. com/show/id_zebfd6627ffc744fe83b2. html
	《生命至上》	2020 年 5 月	中国人口宣传教育中心	https：//tv. cctv. com/2020/05/11/VIDE47tEr3st511mAeM4zkD6200511. shtml
	《同心战“疫”》	2020 年 9 月	中国共产党中央委员会宣传部、中央广播电视总台	http：//tv. cctv. cn/2021/06/04/VIDALx7jjnKZ3HpwVjVjxgRI210604. shtml
	《一级响应》	2021 年 4 月	湖北广播电视台、上海广播电视台	https：//www. bilibili. com/video/BV1JV411H7q4/? p=2
	《科学战“疫”》	2021 年 7 月	中央广播电视总台、科技部	https：//www. bilibili. com/video/BV1j64y1z7nq/

9.3 主题案例库

9.3.1 规范管理脱贫攻坚档案，有效夯实脱贫攻坚成果

在脱贫攻坚战中，档案部门深入脱贫攻坚一线，为推动脱贫地区发展、保障乡村振兴等提供了档案信息保障、数据及时更新、档案证明开具、脱贫扶贫历史记录、档案数据系统构建等服务。为进一步加强精准扶贫档案管理，各地档案主管部门出台并遵照相应的细则通知，明确精准扶贫档案的内容，诸如音像档案的归档范围、工作机制、分类方案、保管期限，以及各类载体档案的整理标准、信息化建设等，具体流程主要分为科学鉴定、分类整理、精准检索三个方面，扎实推进精准扶贫档案管理与扶贫工作。同时，国家档案局指导各地积极推进档案管理规范化建设，解决地方脱贫攻坚档案保管不规范、移交不及时、工作不顺畅等问题；对于各地脱贫攻坚进度不一问题，倡导因地制宜，分情况、分类别做好归档整理、验收和开发利用等工作。

案例一

川东北贫困典型——四川省南江县双流镇扶贫档案资源的科学鉴定

四川省南江县因基础设施建设成本高、农村农业发展水平低及农村干部人才队伍相对薄弱等，长期以来都是川东北典型的国家级贫困县。自2014年以来，南江县通过内部加压、精准扶贫，以及充分运用东西部协作扶贫、香港社会各界帮扶等项目和工商银行等机构的助力，取得了十分显著的脱贫攻坚成效。近年来，南江县先后被四川省委、省政府授予县域经济发展先进县、“三农”工作先进县、农民增收工作先进县、重大农村改革任务年度推进示范县等荣誉称号。①

在扶贫攻坚过程中，南江县注重脱贫攻坚档案的收集与管理，其管辖的双流镇为避免重复归档和规范归档范围与保管期限，规定镇、村（社区）、户档案按照“应收尽收、应归尽归”的原则，制定了较为详尽的镇级归档收集范围和保管期限表（见表9-2），收集不局限于2014年以来脱贫攻坚工作中的各类档案资料。

表9-2 双流镇精准扶贫镇级脱贫攻坚文件材料归档范围和档案保管期限表

序号	一级类目	二级类目	三级类目	保管期限
1	综合类		机构、队伍建设相关资料（成立及调整乡镇脱贫攻坚领导小组文件）	永久
2			本级党委政府和脱贫攻坚领导小组等对脱贫攻坚作出工作决策部署形成的资料	永久
3			本级党委政府和脱贫攻坚领导小组召开的脱贫攻坚重要会议形成的资料	永久

① 决战川东北：四川省南江县脱贫攻坚见闻．农民日报，2019-04-10（1）.

续表

序号	一级类目	二级类目	三级类目	保管期限
4	综合类		本级党委政府或脱贫攻坚领导小组印发的精准扶贫政策或制度性文件资料	永久
5			工作督查、考核奖惩、执纪问责形成的资料	永久
6			落实脱贫攻坚责任制有关重要资料（县与乡镇、乡镇与村的目标责任书）	永久
7			培训宣传有关重要资料	10年
8			向上级报送的扶贫工作各类调查表、统计表、重要请示及上级批复等资料	30年
9			教育、医疗、低保、产业发展、就业培训、易地扶贫搬迁、危房改造等精准扶贫类政策文件	10年
10			其他重要综合材料	
11	精准识别	贫困村识别	贫困村识别标准程序类文件	永久
12			贫困村申请表	永久
13			乡（镇）精准识别有关会议纪要	永久
14			乡（镇）贫困村公示公告有关资料或图片	永久
15			乡（镇）报告	永久
16			上级批复确认有关文件资料	永久
17			其他重要资料	
18		贫困户识别	贫困户识别标准程序类文件	永久
19			贫困人口规模分解文件资料	永久
20			所辖村关于审核确认贫困户的报告	永久
21			乡（镇）审定贫困人口有关会议记录（纪要）	永久
22			乡（镇）贫困户审核确认情况公示资料和图片	永久
23			乡（镇）关于复审贫困户的报告（附名单）	永久
24			县（区）人民政府关于贫困户公告资料和图片	永久
25			贫困户人口自然变更信息采集汇总台账	永久
26			精准识别贫困户其他重要资料	
27	精准扶持	贫困人口精准扶持	县（区）下达的贫困人口年度减贫计划等其他脱贫攻坚工作目标任务文件	30年
28			乡（镇）分解到村的贫困人口年度减贫计划等其他脱贫攻坚工作目标任务文件	30年
29			干部结对帮扶台账	30年
30			贫困人口产业发展、转移就业、易地扶贫搬迁、医疗扶贫、低保兜底、灾后重建、教育扶持（含雨露计划）等精准扶贫规（计）划、项目实施和政策兑现落实过程中形成的重要资料	30年

续表

序号	一级类目	二级类目	三级类目	保管期限
31	精准扶持	贫困人口精准扶持	其他重要资料	
32			县（区）下达的贫困村减贫计划文件	30 年
33			本级分解下达的贫困村减贫计划文件	30 年
34			所辖贫困村村级规划（或实施方案）	30 年
35		贫困村精准扶持	行业部门脱贫攻坚形成的重要资料（分村归档）	永久
36			本级“五个一”驻村帮扶相关文件、台账清单、工作协调、监督检查、目标考核等资料	30 年
37			各类社会组织、经济组织、企业、个人在本辖区内开展的项目建设、资金援助、技术培训、智力支持等各类社会扶贫形成的资料	30 年
38			贫困村发展基金、互助资金合作社、专业合作社等各类组织在成立、管理、监督各环节所产生的应由乡镇存档的各类重要资料	30 年
39			其他重要资料	
40	精准退出	贫困户退出	贫困户退出标准程序类文件	永久
41			所辖村关于审核确认贫困人口退出的报告	永久
42			乡（镇）审核会议记录（纪要）	永久
43			乡（镇）报告	永久
44			县（区）政府审批文件	永久
45			县（区）政府公告资料或图片	永久
46			其他重要资料	
47		贫困村退出	贫困村退出标准程序类文件	永久
48			所辖贫困村退出申请表、退出小结	永久
49			乡（镇）审核复查记录	永久
50			所辖贫困村退出表	永久
51			乡（镇）公示有关资料和图片	永久
52			乡（镇）报告	永久
53			上级确认、批复文件	永久
54			退出公告资料或图片	永久
55			其他精准脱贫工作要资料	
56	信息系统	综合类	国家扶贫开发信息系统、省脱贫攻坚“六有”平台、市精准扶贫数字管理系统建设相关文件	10 年
57			系统管理制度	30 年

续表

序号	一级类目	二级类目	三级类目	保管期限
58	信息系统	综合类	系统培训资料	10 年
59			数据分析报告	10 年
60		贫困户	用于支持系统贫困户建档立卡、动态管理、脱贫退出等各环节信息录入的相关档案资料	30 年
61		贫困村	用于支持系统贫困村建档立卡、动态管理、脱贫退出等各环节信息录入的相关档案资料	30 年
62		“五个一＋1”帮扶	用于支持系统“五个一＋1”各项信息录入、动态调整的相关档案资料	30 年
63		扶贫项目资金	支持系统雨露计划、易地扶贫搬迁、金融扶贫、产业扶贫、基础设施等扶贫项目相关信息录入的相关资料	30 年

四川省南江县双流镇档案部门根据档案整理级别的差异，参照《村级档案管理办法》，进一步完善了村级脱贫攻坚档案管理规章规范，细化修订了村级归档范围和保管期限表（见表 9－3），为村级脱贫攻坚档案整理工作开展提供指导。

表 9－3　双流镇精准扶贫村级脱贫攻坚文件材料归档范围和档案保管期限表

序号	一级类目	二级类目	三级类目	保管期限
1	综合类		成立脱贫攻坚领导小组、工作组（队）等相关档案	永久
2			与乡（镇）签订的目标责任书	永久
3			教育、医疗、低保、产业发展、就业培训、易地扶贫搬迁、危房改造等政策宣传类档案	永久
4			向上级报送的扶贫工作各类调查表、统计表、重要请示及上级批复等	永久
5			表彰、奖励等其他重要材料	永久
6	精准识别	贫困户识别	贫困户识别标准程序文件	永久
7			乡（镇）下达的贫困人口规模分解文件	永久
8			召开的政策宣传、民主评议会议的记录及图片	永久
9			村评议结果公示资料和图片	永久
10			村报告	永久
11			县（区）人民政府关于贫困户公告资料和图片	永久
12			贫困户人口自然变更信息采集表	永久
13			其他重要资料	
14			贫困村识别标准程序文件	永久
15			村申请书	永久
16			上级批复文件（附花名册）	永久
17			其他重要材料	

续表

序号	一级类目	二级类目	三级类目	保管期限
18	精准帮扶	贫困人口精准扶持	乡（镇）下达的贫困人口年度减贫计划等脱贫攻坚工作目标任务文件	永久
19			减贫计划等其他工作目标任务落实到户到人花名册	永久
20			贫困人口产业发展、转移就业、易地扶贫搬迁、医疗扶贫、低保兜底、灾后重建、教育扶持（含雨露计划）等精准扶贫规（计）划、项目实施和政策兑现落实过程中形成的重要资料	永久
21			干部结对帮扶贫困户形成的重要资料	永久
22			其他重要材料	
23		贫困村精准扶持	计划规划类	
24			乡（镇）下达的贫困村减贫计划文件	永久
25			贫困村村级规划和实施方案（含贫困户帮扶规划汇总表）	永久
26			项目建设类	
27			贫困村实施水、电、路基础设施、新村建设，产业建设、卫生室，文化室等项目立项、招投标、建设、验收各环节产生的档案资料（按项目分类存档）	永久
28			驻村帮扶类	
29			“五个一”驻村帮扶成立文件	永久
30			帮扶工作相关会议记录	永久
31			帮扶规（计）划	永久
32			帮扶项目资金台账	永久
33			集体经济发展类	
34			集体经济发展形成的重要资料（如集体资源、资产出租出让相关协议、合同，入股分红协议、股权证等）	永久
35			进账凭证、账簿等资料	永久
36			村级组织管理类	
37			产业扶持基金、扶贫互助社等村级金融组织相关资料（成立文件、批准文书、资金文件、管理办法、章程、借款申请、借款协议、借还款凭据、借还款台账等）	永久
38			各类专业合作组织资料（成立文件、批准文书、管理办法、章程、合同、协议、会员台账、资金及分红台账等）	永久
39			社会扶贫类	
40			各类社会组织、经济组织、企业、个人在本村三级类目保管期限开展的扶贫开发相关工作、实施的相关项目或提供的技术、资金等形成的重要资料	永久

续表

序号	一级类目	二级类目	三级类目	保管期限
41	精准退出	贫困户退出	贫困户退出标准程序有关文件	永久
42			民主评议会议记录及图片	永久
43			村公示资料或图片	永久
44			村报告	永久
45			县（区）人民政府批复、公告资料或图片	永久
46			其他精准脱贫重要材料	永久
47		贫困村退出	贫困村退出标准程序有关文件	永久
48			贫困村退出申请表	永久
49			贫困村退出表	永久
50			村民代表大会会议记录及图片	永久
51			退出公示公告有关材料（乡镇公示、市政府退出公告资料和图片）	永久
52			退出小结等其他重要材料	永久
53	一户一档		贫困户申请书	30年
54			《巴中市建档立卡贫困户脱贫攻坚登记台账》	30年
55			扶贫手册	30年
56			贫困户在易地扶贫搬迁、危房改造、低保、教育、医疗、就业培训等方面产生的应由村存档的相关档案资料（如易地扶贫搬迁中产生的贫困户申请表、投亲靠友安置接收方承诺书、进城镇购房的备案合同、农户建房承诺书、分户验收签字表等）	30年
57			贫困户脱贫成果表	30年
58			贫困户脱贫确认书	30年
59			达标认定书	30年
60			其他重要材料	
61	袋装		《四川省脱贫攻坚贫困户精准帮扶手册》	
62			《达标认定书》	
63			其他资料（如股权证、入股分红协议、惠农政策资金兑现的银行卡折、进账单或原始凭证、安全住房等建设前后对比照片、易地扶贫搬迁告知书等）	
64			《巴中市建档立卡贫困户精准帮扶明白卡》	

注：非贫困村村级扶持资料按照实际实施情况参照贫困村收集。

1986 年国务院扶贫开发领导小组办公室成立后一改传统的救济式扶贫模式，确立了开发式扶贫的战略方针，安排专项资金，制定专门优惠政策，在全国范围内开展开发式扶贫。该战略提出后，开发式扶贫在扶贫治理中占据重要地位，甚至占据主导地位，是我国减贫事业取得巨大成效的重要原因之一。[①] 扶贫项目包括基础设施建设、产业开发、移民搬迁、技术培训等多个方面，其档案资料也较其他文书综合类文件更具特殊性，四川省南江县双流镇也根据这一实际情况制定了相应的扶贫开发项目文件材料归档范围及保管期限表（见表 9-4）。

表 9-4　双流镇扶贫开发项目文件材料归档范围和档案保管期限表

序号	归档文件	保管期限
1	综合管理文件材料	
1.1	扶贫开发项目工作制度、标准、方案	30 年
1.2	扶贫开发项目发展规划、计划、报告	永久
1.3	连片开发征租用土地（单独项目除外）申请、报告、批复、合同、协议、说明文件	永久
1.4	连片开发地区平面图、地下管线图	永久
1.5	上级领导有关扶贫开发项目工作的批示、指示、谈话及专家、学者、知名人士题词、建议、谈话等	永久
1.6	扶贫开发项目工作会议请示、批复、通知、名单、日程、报告、讲话、总结、决议、决定、记录、纪要、录音录像	
1.6.1	重要的	永久
1.6.2	一般的	30 年
1.6.3	代表发言、经验交流文件材料、简报	10 年
1.7	扶贫开发项目目标责任制考核、检查、奖惩等文件材料	30 年
1.8	扶贫开发项目工作总结、统计	永久
1.9	扶贫开发项目先进典型事迹材料、报刊、书籍，有关扶贫开发项目工作的报道、文章、照片	30 年
1.10	省、市、县、城镇和农村扶贫开发项目综合调查、规划、论证、审批文件	
1.10.1	重要的	永久
1.10.2	一般的	30 年
1.11	扶贫开发项目灾情调查报告及减灾、救灾方案、审批文件、救灾工作总结	永久

① 左停，徐加玉，李卓．摆脱贫困之“困”：深度贫困地区基本公共服务减贫路径．南京农业大学学报（社会科学版），2018，18（2）：35-44，158.

续表

序号	归档文件	保管期限
1.12	扶贫开发项目试点方案、总结、汇报、典型材料、报表	永久
1.13	扶贫开发项目监督工作规定、决定、通报、通知、会议记录、纪要、计划、总结	永久
1.14	扶贫开发项目违纪违法案件立案报告、调查依据、审查结论、处理意见等文件材料	
1.14.1	重大案件	永久
1.14.2	一般案件	30年
1.15	扶贫开发项目安全管理文件材料	30年
1.16	扶贫开发项目稽察工作文件材料	30年
1.17	扶贫开发项目培训计划、方案、总结等文件材料	30年
1.18	扶贫开发科研项目计划以及申报、审批、实施、评审、成果材料	
1.18.1	重要的	永久
1.18.2	一般的	30年
1.19	扶贫开发项目来信来访的信件、原始记录、调查处理材料、突发事件处理预案、群体性事件的处置材料	
1.19.1	重要的	永久
1.19.2	一般的	30年
1.20	扶贫开发项目财务管理的制度、规定	永久
1.21	扶贫开发项目财务管理工作计划、报告	30年
1.22	扶贫开发项目（单独项目除外）资金使用自查报告、审计通知、意见	永久
1.23	扶贫开发项目工程综合验收（单独工程验收除外）验收大纲、验收组成员名单、实施细则、检查报告、验收及抽查原始记录、验收报告、整改报告，验收工作经费预决算材料	永久
2	项目建设文件材料	
2.1	项目准备阶段文件材料	
2.1.1	立项文件	
2.1.1.1	贫困村拟定的扶贫开发项目（须经村民代表会议通过）可行性报告及审批文件材料	永久
2.1.1.2	村干部、村民代表“一事一议”扶贫开发项目的会议记录、决议、承诺书等文件材料	永久
2.1.1.3	确定的扶贫开发项目公告、公示文件及照片	永久
2.1.1.4	村扶贫开发项目立项申请及审批文件	永久

续表

序号	归档文件	保管期限
2.1.1.5	筹资投劳计划、方案（包括项目总投资情况说明，材料费、技工工资等支出预算表，劳动力需求计划，申请扶贫资金补助的主要使用环节说明，群众筹资、投劳情况）	永久
2.1.1.6	项目估算、概算、招标控制价格文件	永久
2.1.1.7	乡镇政府审议通过的扶贫开发项目实施方案及县级政府扶贫开发项目管理部门和财政部门提出的审核论证意见、县级政府对扶贫开发项目立项方案的批复	永久
2.1.1.8	乡镇政府成立的扶贫开发项目实施、理财、监督等领导小组文件材料	永久
2.1.1.9	项目施工前面貌照片	永久
2.1.2	建设用地、征地、拆迁文件（限涉及征地、拆迁的项目）	
2.1.2.1	选址申请及选址规划意见通知书，用地申请报告及县级以上政府城乡建设用地批准书、红线图	永久
2.1.2.2	拆迁安置意见、协议、方案等	永久
2.1.2.3	建设用地规划许可证及其附件，划拨建设用地文件，国有土地使用证，土地出让合同、土地有偿使用合同	永久
2.1.3	勘察、测绘、设计及审批文件	
2.1.3.1	贫困村所申报的扶贫开发项目规划设计条件及通知书	永久
2.1.3.2	初步设计、技术设计图纸和说明、审定设计方案通知书及审查意见、施工图及其说明、设计计算书	30年
2.1.3.3	有关部门对施工图设计文件的审批意见	永久
2.1.4	招投标文件与合同书	
2.1.4.1	招标公告、招标文件、中标的投标文件、评标会议记录、签到表、评标报告、中标公示、公告、中标通知	30年
2.1.4.2	第一未中标文件	10年
2.1.4.3	项目勘察、设计、施工、监理、政府采购等合同书、协议书	30年
2.1.5	开工审批文件	
2.1.5.1	项目列入年度计划的申报文件、批复文件或年度计划项目表，项目规划许可证及其附件，项目开工审查表，施工许可证	永久
2.1.5.2	投资许可、审计、缴纳绿化建设等相关费用文件	30年
2.2	项目建设阶段文件材料	
2.2.1	项目管理文件	
2.2.1.1	项目实施责任书	30年
2.2.1.2	项目执行方案、产业扶贫开发项目到户方案	30年

续表

序号	归档文件	保管期限
2.2.1.3	资金计划文件，项目资金周转金使用细则、流程	30年
2.2.2	施工文件	
2.2.2.1	工程技术要求、技术交底、图纸会审纪要、工程质量检验记录、设计变更通知、工程更改洽商单等	30年
2.2.2.2	施工记录、施工队伍资质情况和施工合同（含工程量清单）	永久
2.2.2.3	隐蔽工程检查（验收）记录、工程质量检查评定记录、施工进度检查记录	30年
2.2.2.4	交工验收记录证明、工程质量评定、竣工报告	永久
2.2.2.5	竣工图	永久
2.2.3	监理文件材料	
2.2.3.1	监理规划、细则、计划、会议纪要	30年
2.2.3.2	进度控制文件材料：工程开工/复工审批表、暂停令	30年
2.2.3.3	质量控制、质量事故报告及处理意见	30年
2.2.3.4	造价控制文件材料：设计变更、洽商费用报审与签认、工程竣工决算审核意见书	30年
2.2.3.5	分包单位、供货单位及试验单位等资质材料	30年
2.2.3.6	工程延期报告及审批、合同争议、违约报告及处理意见	永久
2.2.3.7	费用索赔报告及审批、合同变更材料	30年
2.2.3.8	监理通知、监理工作总结、质量评价意见报告	30年
2.3	竣工验收阶段文件材料	
2.3.1	竣工验收文件	
2.3.1.1	工程竣工总结、工程概况表	永久
2.3.1.2	扶贫开发项目村级初验收及乡镇、县级复验形成的记录、说明书、请示、报告、备案表、结论等材料	永久
2.3.1.3	工程财务决算书、有关税票	永久
2.3.1.4	项目竣工结算审计、项目财务评价文件材料	永久
2.3.1.5	项目资金拨款表、资金报账表及附件（包括验收清单、出入库单、群众投劳折资及自筹资金花名册等）	永久
2.3.1.6	项目周转金使用台账（乡镇专账，贫困村辅账）	30年
2.3.1.7	项目竣工后形象面貌照片	永久
2.3.1.8	产业扶贫开发项目后期管理措施、管理记录、管理报告等材料	30年

结合教材第四章档案价值的鉴定可知，档案鉴定是决定档案“生死存亡”的重要环节，是为了使有保存价值的档案能够得到优先保管，并发挥最大作用以满足社会需要，而对档案进行审查和鉴别，去粗取精，同时将已失去保存价值的档案剔除的一项关键工作。在档案鉴定实践中，主要以国家的法律法规、档案保管期限表为依据，根据鉴定对象的实际情况，对档案质量进行鉴别。

档案保管期限表，是用表册的形式列举档案的来源、内容和形式并指明其保管期限的一种指导性文件，是立档单位、档案室、档案馆鉴定档案的价值和确定档案保管期限的依据和标准，能够统一鉴定认识，避免人为的局限性和片面性，使鉴定有章可循；能够保证鉴定工作的质量和提高鉴定工作的效率；能够有效地防止随意销毁文件，维护档案的完整与安全。四川省南江县双流镇曾经作为典型的贫困地区，根据基层实际情况制定公布了详尽的脱贫攻坚文件材料归档范围及保管期限表，有助于清晰了解基层扶贫过程中各类文件产生的概况与其大致保存价值，具有较高的实际参考价值。

案例二

四川省南江县双流镇扶贫档案资源的分类整理

根据四川省档案局、省扶贫和移民局联合印发的《关于进一步规范脱贫攻坚档案工作的意见》，以及《四川省档案局 四川省脱贫攻坚领导小组办公室关于进一步做好全省精准扶贫档案工作的通知》《巴中市精准扶贫档案整理细则》等文件通知精神，四川省南江县双流镇印发《双流镇精准扶贫档案归档整理实施方案》，对精准扶贫档案进行整理（见表 9－5）。

表 9－5　双流镇档案整理遵循基本标准表

档案类型	遵照标准	备注
文书档案	《归档文件整理规则》（DA/T　22—2015）	来自《双流镇精准扶贫档案归档整理实施方案》
扶贫项目档案	《科学技术档案案卷构成的一般要求》（GB/T　11822—2008）	
扶贫资金档案	《会计档案管理办法》（财政部、国家档案局令第 79 号）	
照片档案	《数码照片归档与管理规范》（DA/T　50—2014）	
电子档案	《电子文件归档与电子档案管理规范》（GB/T　18894—2016）、《数字档案室建设指南》	

四川省南江县双流镇要求在 2021 年 4 月底前，按照“先收集完成、后规范整理”的原则，在完成辖区内精准扶贫档案归档收集后，按标准开展规范整理。为实现文档整理的标准化和规范化，双流镇根据档案管理的实际对象和情况制定了详尽的精准扶贫档案整理标准，详细规定了立档单位形成的基本原则，明确了档案整理的多级分类标准以及不同级别、类型档案的整理方式和档号编制方法（见表 9－6）。

表 9-6　双流镇精准扶贫档案整理标准

档案分类	基本原则	按照“谁形成谁归档”的原则，归入本单位全宗	
	具体办法	档案类型	
		县、乡（镇）文书类	按照文件形成年度集中统一整理，归入本单位全宗内的相应年度文书档案中整理，“机构与问题”设置“扶贫”类
		村级文书类	全部归入村脱贫年度，“机构与问题”分别设置为“扶贫—综合类”“扶贫—精准识别”“扶贫—精准帮扶”“扶贫—精准退出”，各类件号分别编制
		扶贫开发项目类文件	以项目为单位进行整理，归于项目竣工年度
		特殊载体类档案	分别归入本全宗原有类别管理
		户级文书类	按“一户一档”和户袋两类分别归集
档案整理	基本原则	按照文件形成年度将同一来源和类型、同一保管期限的文件材料相对集中，按照《归档文件整理规则》（DA/T　22—2015）以件为保管单位	
	具体办法	档案类型	
		村级精准扶贫文书	按四大类别归档，按形成时间依次排序编制件号。保管期限划分为永久
		精准扶贫“一户一档”	“一户一件”整理，件内文件先后排列顺序保持相对固定，每件（每户）扶贫脱贫档案须编制件内文件清单，设立归档文件封面
			封面加盖归档章，归档章中全宗号不填，“年度”栏填写村脱贫年度，“机构与问题”栏填写村名称，“保管期限”栏填写“30 年”
		精准扶贫项目类	遵循项目档案系统、成套性的原则，按《科学技术档案案卷构成的一般要求》（GB/T　11822—2008）以卷为保管单位进行整理归档
			具体参照《四川省扶贫开发项目档案管理细则》执行
			国家重大建设项目档案应符合被《建设项目档案管理规范》（DA/T 28—2018）的要求，交通、水利等建设项目按照相关行业规定进行整理
			村级不保存项目档案，属于贫困村的项目档案，统一归所属乡镇全宗
		精准扶贫特殊载体类	应分别归入本全宗原有类别管理，并按照国家相关标准和要求整理归档 （1）归档的非纸质材料，应当单独整理编目，并与纸质材料建立对应关系；（2）电子文件生成的软硬件环境及参数须符合相关电子档案管理的要求，确保电子文件可以正常读取；（3）录音录像材料、电子文件，要保证其载体的安全可靠性，应当使用不可擦写光盘等可靠方式保存；（4）照片和图片应当配有文字说明，标明时间、地点、人物和事由

续表

档号编制	基本结构要求	档案类型	
		精准扶贫文书类	应按照《归档文件整理规则》（DA/T 22—2015）进行分类编号。精准扶贫文书档案的类别代号由“FP”表示
			县、乡（镇）文书类档案的档号结构：全宗号—档案门类代号·年度—保管期限—机构（问题）代号—件号。标示：0134－WS·2016－Y－FP－0001（0134—全宗号；WS—文书档案代号；2016—年度；Y—永久期限代号；FP—精准扶贫类代号；0001—件号）
			村文书类档案的档号结构： “扶贫 — 综合类”标示：WS·2016－Y－FPZH－0001（WS—文书档案代号；2016—脱贫年度；Y—永久期限代号；FPZH—精准综合类代号；0001—件号） “扶贫 — 精准识别”类标示：WS·2016－Y－FPSB－0001 “扶贫 — 精准帮扶”类标示：WS·2016－Y－FPBF－0001 “扶贫 — 精准退出”类标示：WS·2016－Y－FPTC－0001
		精准扶贫“一户一档”	应按照《归档文件整理规则》（DA/T 22—2015）的档号编制要求以“一户一档（件）”进行编号，结构为：WS·2016－D30－0001
		扶贫开发项目档案	应按照《四川省扶贫开发项目档案管理细则》进行分类编号。其档号由全宗号、分类号和案卷号组成。分类号包括类别代号和项目代号 档号结构为：“全宗号—类别代号项目代号—案卷号”标示：0134－FP01－0001（0134—全宗号；FP—类别代号，表示扶贫开发项目；01—项目代号，表示扶贫开发项目序号；0001—案卷号）
	全宗号	由县档案馆给定	
	档案门类号	档案类别	基本方法
		文书类档案	用两位拼音字母“WS”表示，在原分类方案中，按照“年度—保管期限”或“年度—保管期限—机构（问题）”分类的单位，机构（问题）代码统一使用“FP”字母表示，如某单位2016年文书档案扶贫类档号为：0101—WS·2016—Y—FP—0001
		扶贫项目类	档案由扶贫项目类别代号、项目代号组成，其中：项目类别代号中扶贫开发项目的类别代号由两位拼音字母“FP”表示，可将“扶贫开发项目”设为一级类目，代号可用“FP”标示；项目代号由两位阿拉伯数字构成，从01按项目依次编制。如某县扶贫开发局第1个项目，其项目代号为01，分类号为“FP01”。各单位应编制精准扶贫开发项目与项目代号对照表
	保管期限代号	永久期限用拼音字母“Y”表示；定期用拼音字母“D”表示（定期30年期限用“D30”表示、10年期限用“D10”表示）	
	件号	精准扶贫文书档案的文件排列顺序号，由四位阿拉伯数字构成，从0001在最低一级类目下排列编制	
	案卷号	为精准扶贫开发项目档案排列顺序号，由四位阿拉伯数字构成，从0001开始按该项目档案案卷排列顺序编制	

档案整理工作就是按照一定的原则和方法，把处于相对零散状态的档案系统整合起来，以便保管和利用，其既要保证档案齐全完整，又要维护档案之间的有机联系。结合教材第三章档案的分类与整理，从双流镇档案整理遵循的基本标准至双流镇精准扶贫档案整理标准的具体内容，显示了档案整理工作的主要内容——区分全宗、全宗内档案分类、立卷、案卷排列、编制案卷目录，解析了全宗内档案实体分类的要求、标准和方法（第三节）；显示了档案整理工作的内容、意见和原则（第四节），以及类内档案文件的整理与系统化（第五节），基本囊括了档案整理的所有环节，说明实际档案整理工作是支撑脱贫攻坚工作的重要内容。结合档案整理工作环节思考档案分类方法、方案设定的科学性和不足。

案例三

脱贫攻坚档案的数字化与精准检索

2020 年 8 月，国家档案局办公室和国务院扶贫办综合司印发《关于进一步做好精准扶贫档案工作的通知》，强调要努力推进精准扶贫档案工作的顺利开展，统一档案管理标准，一些发达地区可以结合实际情况积极开展档案数字化工作，将数字化加工完成的并达到国家档案馆进馆要求的脱贫档案交给国家档案馆统一保管；要求各地在 2021 年 6 月 30 日之前完成 2020 年底前形成的精准扶贫档案归档整理工作。《“十四五”规划》也要求推进脱贫攻坚、抗疫档案数字化展示。

为满足脱贫攻坚档案信息化要求，各地档案部门积极采用计算机和档案管理软件等现代化管理手段，经济不甚发达的偏远省、市、县各级档案部门迎难而上，组织人员对精准脱贫档案进行扫描、著录，实现精准脱贫档案目录及全文数字化管理，实现精准脱贫档案资源共享，方便人民群众查阅、利用。部分档案数字化举措见表 9-7。

表 9-7　部分档案数字化举措简表

主体	举措	成效
广西壮族自治区档案局	通过深入调查研究，决定在马山县白山镇民族村创建精准扶贫档案工作示范点	对试点辖区内全部纸质档案进行了数字化加工
	马山县党委、县政府专门制订精准扶贫档案示范点创建工作方案，并划拨 60 万元用于县扶贫办和民族村档案室改造，添置保管设施设备	
	培育都安瑶族自治县等 6 个自治区级精准扶贫档案工作示范点，并划拨专项工作经费确保精准扶贫档案工作得到有效保障	

续表

主体	举措	成效
楚雄彝族自治州国家综合档案馆	2015—2016年，楚雄彝族自治州国家综合档案馆先后深入各个乡镇进行实地调研，掌握脱贫攻坚档案资料的构成情况	完成12.85万页的脱贫攻坚档案的数字化，建立12个规范化档案统计台账，初步实现试点村委会脱贫攻坚档案资料的数字化检索查询利用，有力地服务和保障了脱贫攻坚工作顺利开展[1]
	发布《楚雄州脱贫攻坚档案分类方案》《楚雄州脱贫攻坚档案规范化建档示范点工作方案》《楚雄州档案局关于贯彻落实〈楚雄州“完成全年扶贫目标任务百日行动”任务清单〉加强扶贫档案规范化管理工作方案》等相关文件	
	积极开展脱贫攻坚档案规范化试点工作和电子化试点工作	
吉林省长春市榆树市档案馆	从严监管、督促、组织第三方规范化开展数字化扫描	完成档案数字化扫描16 004件、445 921页[2]
	2021年新投入资金2万余元，购置档案盒5 400余个，印制“一户一档”档案盒2 500个，并投入近10万元开展脱贫攻坚档案数字化加工工作	
山东省济南市平阴县档案部门、县扶贫办	县扶贫办和8个街镇同时开展扶贫档案数字化扫描工作，制定统一的扶贫档案数字化加工规范，实现统一加工标准和要求、统一格式、统一工作流程、统一验收标准	全县各街镇扶贫档案全部完成了数字化扫描[3]

资料来源：郑艳方，蒋宏灵．融入八桂大地脱贫征程的壮美画卷：广西壮族自治区档案局馆定点扶贫工作纪实．中国档案报，2020-07-30（1）；李泓伶．勇于担当积极作为 抓实扶贫档案工作 全面助力楚雄州脱贫攻坚．云南档案，2019（11）：24；榆树市完善脱贫攻坚档案管理助力巩固拓展脱贫攻坚成果．兰台内外，2022（6）：5；孙祚华，王冬霞．创新“三五三”工作法 精准推进扶贫档案工作．山东档案，2021（3）：74-75.

教材第八章档案的检索、第十四章档案信息化概述，以及第十六章档案数字化要求全面应用信息技术，对档案信息资源进行发掘、加工、处置和传输，推动我国档案管理模式从以档案实体的整理、保管为重点，向以档案实体信息化、数字化为重点进行转变。脱贫攻坚档案的数字化，是实现档案检索的前提，是档案信息化的基础，脱贫攻坚档案的检索是促进各地脱贫信息共享、积极推进各地“数智扶贫”建设的主要手段。

9.3.2 及时管理疫情防控档案，全面记录国家抗疫历史

《档案法》第二十六条规定：“国家档案主管部门应当建立健全突发事件应对活动相关档案收集、整理、保护、利用工作机制。档案馆应当加强对突发事件应对活动相关档案的研究整理和开发利用，为突发事件应对活动提供文献参考和决策支持。”《“十四五”规划》提出“实施新时代新成就国家记忆工程”，开展疫情防控档案记忆项目。及时收集、整理、提供利用疫情防控档案，全面记录中国人民的伟大抗疫历史，成为全国各级各类档案部门的重要工作。

案例四

抗疫前线：武汉市疫情防控档案工作进行时

2019年底2020年初，武汉市受到新冠疫情的严重影响。举国上下万众一心、众志成城，投入抗击疫情的伟大战斗。危难关头，全国各地的医疗团队奔赴武汉市，为全国疫情防控作出贡献。武汉市档案馆积极参加新冠疫情防控工作，履职尽责，积极发挥档案部门和档案的作用，为全市疫情防控贡献力量，详见表9-8。

表9-8　武汉市档案馆具体行动简表

类别	行动	具体内容	意义
宏观规划	召开会议	召开紧急会议，派遣党员干部到一线开展疫情防控工作。在8个社区协助开展体温监测、数据统计、物资赠送等工作	为档案部门参与疫情防控以及推进疫情期间档案工作提供指导
		多次参与省、市档案馆召集的专题会议	
	抽调人员，成立组织	抽派业务骨干人员参与疫情防控指挥部工作，制定指挥部工作组文件材料分类方案和归档范围	全力做好全市疫情防控文件材料和档案管理工作，也为下一步疫情防控档案规范完整接收进馆打下基础
		选派人员参与市疫情防控文件材料收集归档工作领导小组办公室的工作	全面了解疫情防控总体概况和有关组织架构，为深入具体开展工作打下坚实基础。
		成立疫情防控实物档案收集工作专班	
	深入调研	参与市疫情防控文件材料归档工作领导小组办公室组织的调研，分批次走访市区防疫指挥部、市防疫指挥部各工作组及相关重点市直单位	了解此次档案工作实际情况，收集问题并针对性解答
	参与政策起草	《全市新冠肺炎疫情防控文件材料收集归档工作实施方案》	将疫情防控档案详细分类，明确归档范围，划分责任部门，阐明整理移交方式，落实到相关单位，为疫情防控档案工作规范开展提供了坚实制度保障
		《疫情防控文件材料收集归档实务》	
		《疫情防控实物、照片、音视频基础整理要求》	
		《市防疫指挥部各工作组文件材料移交流程》	
	加强业务指导	通过微信和QQ等通信软件，为疫情防控档案的规范移交整理提供咨询。对情况复杂且要求上门指导的部门，现场解答、手把手进行操作演示	为顺利推进疫情防控档案收集提供助力
		在全市疫情防控档案收集联络员联系会议上，市档案馆就疫情防控期间如何开展实物、照片、音视频档案的收集、整理、移交等问题进行了讲解	

续表

类别	行动	具体内容	意义
具体业务	加强档案征集工作	武汉市档案馆积极开展声像、照片和实物档案收集，与部分单位和市民达成意向，已收集北京、上海、陕西援鄂医疗队感谢信、集体签名横幅和防护服、袖章等珍贵实物进馆	加大抗疫档案宣传征集接收力度，加强与有关单位、个人联络，开拓视野，互通信息，拓宽渠道征集接收更多有价值的抗疫作品，为全市抗疫工作留存更多宝贵记忆；丰富馆藏档案资源，留住特殊时期奋力战“疫”的历史记忆
		市档案馆接收指导部根据“方舱小姐姐”抗疫漫画的线索，主动出击，多方协调、密切沟通，最终其将疫情期间的漫画手稿和《2020 武汉日记：方舱“手绘小姐姐”的抗疫画集》捐赠给市档案馆[1]	
		市档案馆不断修订和完善接收工作流程。要求按照档案接收工作计划，抓好档案进馆前的检查指导，开展档案整理验收工作，办理档案交接手续，做好档案消毒入库和数据挂接工作[2]	进一步规范档案接收工作
	强化档案整理工作	实体档案已进馆入库管理，电子数据也成功导入市档案馆馆藏系统。市档案馆已经完成全市疫情防控档案目录数据归集工作，规范清理档案目录数据达 40 余万条，并在馆藏系统中新建了全市疫情防控档案专题目录数据库	确保了疫情防控档案高质量归档
		第一批全市疫情防控档案已完成规范整理并接收进馆，共计 3.35 万余件	
	积极推进档案利用工作	疫情严重时期，市档案馆暂停对外利用，通过电话咨询等方式提供服务，确保档案利用服务“不断档”	促进疫情防控档案信息利用，为用户提供远程档案信息服务，使档案更好服务于经济社会发展，为今后开展爱国主义教育、应对公共突发事件、推进城市治理能力现代化提供重要参考和借鉴
		在 2020 年春节假期前向市政府提供 2003 年抗击“非典”疫情相关档案资料，为全市新冠疫情防控工作提供决策参考[3]	
		市档案馆高质量协助举办《英雄战疫——抗击新冠肺炎疫情武汉保卫战专题展陈》，提供 450 余件实物、380 多张照片、21 条音视频等资料	
		10 万余条疫情防控文件材料目录被全国抗疫展收录	
		收藏的 30 余件珍贵档案资料在全国抗疫展上展陈	
		3 件档案资料被中央档案馆、新华通讯社联合举办的“百年恰是风华正茂”主题档案文献展收录[4]	

注：《2020 武汉日记：方舱“手绘小姐姐”的抗疫画集》收入市档案馆．(2020-11-09)．武汉市档案馆．

2. 档案接收工作流程．(2022-09-05)．武汉市档案馆．

3. 全力以赴共克时艰 武汉市档案馆扎实开展疫情防控工作．(2020-02-27)．武汉市档案馆．

4. 市档案馆扎实做好新冠肺炎疫情防控档案接收工作．(2022-02-10)．武汉市档案馆．

2020年3月10日，习近平总书记赴湖北省武汉市考察新冠疫情防控工作，指出“在这场严峻斗争中，武汉人民识大体、顾大局，不畏艰险、顽强不屈，自觉服从疫情防控大局需要，主动投身疫情防控斗争，作出了重大贡献，让全国全世界看到了武汉人民的坚韧不拔、高风亮节。正是因为有了武汉人民的牺牲和奉献，有了武汉人民的坚持和努力，才有了今天疫情防控的积极向好态势。武汉人民用自己的实际行动，展现了中国力量、中国精神，彰显了中华民族同舟共济、守望相助的家国情怀”。本案例具体阐述武汉市档案部门在疫情防控中的积极行动，是诠释伟大抗疫精神的优质素材；透视武汉市档案部门在疫情危难时分的有序行动，感悟“上下一心，全国一盘棋”的制度优势与生动实践。一方面，武汉市档案馆抓紧抓细疫情防控档案特别是实物档案的收集工作，确保全面完整真实保存武汉市的抗疫历史，为今后应对公共突发事件、推进城市治理能力现代化提供重要参考借鉴①；另一方面，结合教材档案收集、整理、利用的基本要求与原则等知识，体会档案部门于危难和常态化疾控中履行“为党管档、为国守史、为民服务”的重要职责，充分体现各级档案部门的责任与担当。

案例五

档案部门积极发挥作用，广泛网罗线上线下资源

2020年2月7日，国家档案局发布《关于做好新型冠状病毒感染肺炎疫情防控期间档案工作的通知》。2020年11月26日，国家档案局局务会议审议通过《重大活动和突发事件档案管理办法》。2021年4月，国家档案局出台《脱贫攻坚档案和疫情防控档案归集工作实施方案》，最高档案行政主管部门持续推进疫情防控档案的管理，要求档案部门工作不停摆，要多渠道、多形式做好疫情防控档案的收集归档与查档工作。

国家综合档案馆承担了及时收集保管突发事件信息的任务，积极加强与突发事件密切相关的业务部门的联系，做好事发、事中以及事后的档案收集工作。② 国家综合档案馆在此次突发公共卫生事件中展现了极强的执行力，面对突发紧急情况坚守岗位职责，是其担当底线责任的最佳表现。③

全国各级档案部门学习响应有关文件精神，根据实际情况出台更为细化的通知文件，以多种形式积极推进疫情防控档案收集工作，发挥了重要的指导和监督作用，部分成果见表9-9。

---

① 保存城市记忆 武汉市档案馆全力收集抗疫档．（2020-03-19）．武汉市档案馆官网．

② 任越，夏嘉宝．社会突发事件中档案机构职责分析：以新冠肺炎疫情防控工作为例．山西档案，2020（3）：15-21.

③ 魏莹莹，曹玉．国家综合档案馆责任之“度”的体现．北京档案，2021（10）：14-18.

表 9-9　档案部门推进疫情防控档案收集工作类举表

级别	档案部门	行动方式	具体行动	取得成效
省级档案局/馆	浙江省档案馆	2020 年 2 月 3 日发布《浙江省档案馆 2020 年新冠肺炎疫情防控专题网页档案收集与归档工作方案》	成立抗疫网页专题档案采集工作组，依托网络信息采集系统，结合专业流媒体监测软件对指定网站自 2020 年 1 月形成的新冠疫情防控专题网页档案进行采集	抓取网页文本 13 万页，采集网站数据 319GB，与长三角档案部门联动举办珍贵疫情防控档案资料陈列展，为夺取“两手硬、两战赢”贡献了档案部门的力量[1]
	辽宁省档案局	2020 年 2 月 13 日印发《辽宁省档案局关于做好全省新冠肺炎疫情防控文件材料收集归档工作的通知》	对全省疫情防控档案工作作出安排部署[2]	为辽宁省新冠疫情防控文件材料收集归档工作提供指导
	云南省档案局	2020 年 2 月 24 日发布《关于面向社会各界征集抗击新冠肺炎疫情工作档案资料的公告》	协调省委宣传部、省卫生健康委、省文联等单位，有针对性地向省级新闻媒体、抗疫一线医务、疾病防控人员以及摄影、书法、美术、诗歌、戏曲、音乐、舞蹈等协会成员征集抗疫资料[3]	征集照片 2 万余张、视频 300 余部；“请战书”、医疗队队旗、队徽、防护服、荣誉证书、纪念册、个人日记等实物档案 380 余件；云南印社省内外篆刻家“众志成城　同心抗疫”主题篆刻作品 55 件[4]
		2020 年 2 月 11 日印发《云南省档案局关于做好新型冠状病毒肺炎疫情防控文件材料收集归档工作的通知》	对新冠疫情防控档案工作作出指导，要求做好疫情防控有关文件材料的收集归档工作	截至 2021 年 12 月底，云南省综合档案馆共接收疫情防控文书档案 24.6 万件、照片档案 3.6 万张、录音录像档案 3 万余分钟[5]
	辽宁省档案局	2021 年 2 月 19 日发布《辽宁省档案馆关于面向社会各界征集新冠肺炎疫情防控工作档案资料的公告》	向公众收集新冠肺炎疫情防控工作相关的档案资料	截至 2021 年 3 月 25 日，已征集诗歌、书画作品、照片、视频等多种形式的档案资料多达 2 000 余件[6]
	江苏省档案局馆	2021 年 10 月结合实际强化指导，开展统计督促落实工作	针对脱贫攻坚档案和疫情防控档案来源复杂、门类齐全、载体多样的特点，省档案馆业务指导处根据各档案馆的业务工作实际和特点，通过现场、电话、网络方式加强业务指导，及时帮助市县档案馆解决工作中的各种问题	截至 2021 年 12 月底，江苏省市县级国家综合档案馆已归集疫情防控档案目录数据 541 522 条、实体档案 475 987 件、原生电子档案 64 702 条、数字化副本 334 049 件及录音录像档案 17 620 分钟；各级国家综合档案馆分管范围内的档案专题数据库已完成建设，圆满完成工作任务[7]

续表

级别	档案部门	行动方式	具体行动	取得成效
	重庆市档案馆	2020年4月7日发布《重庆市档案馆关于征集新冠肺炎疫情防控档案资料的启事》[8]	发布征集新冠疫情防控档案资料的基本范围、要求、联系方式等	渝中区档案馆共收集抗疫档案资料6 669件，市、区档案馆收集的抗疫档案资料中，除了文件资料，还有诸多实物资料，如各种形式的文艺作品、出门条、明信片、测温枪、请战书等；重庆市政府办公厅将市新冠疫情防控工作领导小组及市政府办公厅形成的疫情防控文件材料5 000余件正式移交市档案馆，并确定今后将按季度定期向市档案馆移交相关疫情防控文件材料[9]
		开展档案业务在线指导	专门开设云课堂，依托QQ群、微信群等进行指导	
		探索电子文件的在线归档和在线移交	组织档案信息化专业人才研究疫情防控电子文件、网站网页、数据监测信息等电子文件归档的技术要求	
省级档案局/馆	福建省档案馆	2021年9月10日印发《关于进一步做好新冠肺炎疫情防控档案依法征收和自愿捐赠工作的通知》	各级应对疫情工作机构下设工作组，牵头单位应将工作组2020年度形成的疫情防控纸质档案进行数字化，并将纸质档案和数字化副本同步移交同级综合档案馆。各级综合档案馆要主动对接、靠前服务，做好相关疫情防控档案依法征收工作[10]	截至2020年12月底，福建省各级档案馆和疫情防控机构收集文书、照片、实物等防控档案17.51万件（张、卷）、录音录像档案4.22万分钟；自愿捐赠方面，征集疫情防控档案1.72万件，收到847位福建援鄂医务工作者、全国抗疫10个先进集体、25位先进个人捐赠的档案资料，采集20名抗疫英雄口述档案[11]
	吉林省档案馆	2022年3月15日召开档案征集工作座谈会	强化省内各界人士档案捐赠意识	截至2020年3月9日，吉林省档案馆已征集到一线医护人员的文字资料10余篇、图片80余张、视频50余个、日记60余篇，各大媒体和社会各界的疫情信息1 000余条，音视频2 000余件[12]
		2022年3月15日聘请省直机关及社会知名人士为档案资料征集联络顾问		
		2022年3月15日开设新冠疫情防控档案专项征集邮箱[13]		
		2022年3月15日建立档案资料征集网络		

续表

<table>
<tr><th>级别</th><th>档案部门</th><th>行动方式</th><th>具体行动</th><th>取得成效</th></tr>
<tr><td rowspan="6">省级档案局/馆</td><td rowspan="6">江苏省档案馆</td><td>2020 年 4 月 29 日召开馆理论中心组学习会</td><td>要求各部门按照馆务会要求，统筹做好疫情防控和各项业务工作</td><td rowspan="6">江苏省市县级国家综合档案馆已归集疫情防控档案目录数据 541 522 条、实体档案 475 987 件、原生电子档案 64 702 条、数字化副本 334 049 件及录音录像档案 17 620 分钟；各级国家综合档案馆分管范围内的“两类档案”专题数据库已建设完成，圆满完成工作任务[14]</td></tr>
<tr><td>2021 年 3 月召开全省档案业务指导工作会议</td><td>对“两类档案”[15]归集工作提出具体要求，明确工作总体目标、时间节点和阶段性任务</td></tr>
<tr><td>2021 年 3 月 25 日召开新冠疫情防控档案整理与移交工作座谈会[16]</td><td>要求提高政治站位，认真履职尽责，进一步做好疫情防控档案工作，更好地服务大局、服务人民群众，为疫情防控作出档案部门的贡献[17]</td></tr>
<tr><td>2021 年 5 月召开区市档案馆馆长专项工作会议</td><td>对“两类档案”归集工作提出具体要求，明确工作总体目标、时间节点和阶段性任务</td></tr>
<tr><td>2021 年 6 月 21 日印发《关于进一步做好脱贫攻坚档案和疫情防控档案工作的通知》</td><td>明确全省“两类档案”收集整理、报送和移交、专题数据库建设、开发利用工作的具体方法和程序，制定目录和数据规范，同时对“两类档案”的信息安全、业务指导和监督检查等工作提出要求</td></tr>
<tr><td>2021 年 8 月 5 日针对江苏部分地区发生疫情、疫情防控形势严峻的情况，省档案馆印发《关于进一步做好疫情防控档案工作的通知》</td><td>从站位、履职、服务等方面为进一步做好疫情防控档案工作提供指导</td></tr>
</table>

续表

级别	档案部门	行动方式	具体行动	取得成效
市级档案局/馆	嘉兴市档案局和市档案馆	2020年2月印发《关于做好新冠肺炎疫情防控工作文件材料收集归档工作的通知》	明确将新冠疫情防控工作文件材料归档纳入嘉兴市重大活动档案管理范畴，由市疫情防控工作领导小组办公室及领导小组各成员单位落实建档任务	各县（市、区）档案部门及时出台相关文件，落实新冠疫情防控档案资料收集处置工作[18]
	苏州市档案馆、苏州市档案局	2021年2月3日市档案部门与苏州市疫情防控指挥部办公室联合印发《关于认真做好新型冠状病毒感染的肺炎疫情防控档案工作的通知》	明确归档范围，强调要厘清移交渠道，强化指导监督	动员档案工作者协助抗疫指挥部进行疫情档案收集工作，并监督指导各机关单位对疫情档案进行收集整理
		2021年2月6日发动党员志愿者开展社区执勤，同时不忘档案指导服务的职责	发起线上预约查档倡议	截至2021年7月1日，苏州市档案馆共参与志愿者活动126人次、270小时，共接待查档1 354人次，调阅档案545卷7 466件，复印8 221页[19]
	福州市档案馆	2022年3月24日发布“福州市档案馆向您征集‘战疫’记录”公告	面向社会各界征集新冠疫情防控工作相关档案资料	2022年整理移交进馆疫情防控文书档案2 566件、照片150余张、视频120件，全馆干部职工在开展疫情防控志愿服务的同时用影像记录抗疫鲜活事例和感人瞬间[20]

注：1. 浙江召开全省档案局长馆长会议 抢抓数字化改革先机 续写高质量发展新篇．(2021－01－15)．浙江在线．

2. 辽宁省档案局关于做好全省新冠肺炎疫情防控文件材料收集归档工作的通知．辽宁省档案局官网．

3. 曾燕．档案记“疫”：省档案局抗疫档案征集工作侧记．云南档案，2020 (5)：22－23.

4. 云南 抗疫档案资料征集工作结硕果．中国档案报，2020－10－08 (1).

5. 全省脱贫攻坚和疫情防控档案接收进馆工作圆满收官．(2022－01－07)．云南档案网．

6. 践行初心使命 积极主动作为．辽宁省档案馆．

7. 江苏全面完成脱贫攻坚档案和疫情防控档案归集工作．(2022－01－14)．中国档案网．

8. 重庆市档案馆关于征集新冠肺炎疫情防控档案资料的启事．(2020－04－07)．重庆市档案信息网．

9. 重庆市政府办公厅向市档案馆移交首批疫情防控档案资料．中国档案报，2020－07－23 (1).

10. 福建省档案局部署大力推进疫情防控档案依法征收和自愿捐赠工作．(2021－10－18)．中国档案资讯网．

11. 卓兆水．构建“办局一体、局馆联动”模式 为档案事业转型升级提供坚实保障．中国档案，2021 (3)：28－29.

12. 吉林省档案馆积极做好疫情防控档案征集工作．(2020－03－09)．中国档案网．

13. 同12.

14. 江苏全面完成脱贫攻坚档案和疫情防控档案归集工作．(2020-01-14)．中国档案网．
15. 两类档案是指脱贫攻坚档案和疫情防控档案。
16. 新冠肺炎疫情防控档案整理与移交工作座谈会在省馆召开．(2021-03-30)．江苏档案信息网．
17. 江苏 进一步做好疫情防控档案工作．中国档案报，2021-08-19 (1).
18. 嘉兴市档案馆．嘉兴档案史志简报，2020 (8).
19. 董书忆，周龙婷，方鸣．重大突发事件中的档案服务：围绕疫情下苏州市档案部门展开的调研．兰台世界，2022 (2)：68-70.
20. 福建福州市档案馆疫情防控档案归集工作成效显著．中国档案报，2022-12-15 (2).

由表9-9可知，档案收集工作是维护党和国家历史真实面貌的必要手段，是储存档案信息资源的重要途径，是开展档案馆各项工作的物质基础，能推动档案工作现代化的实现（第三章第一节）。国家档案局和各级档案部门纷纷出台关于疫情防控档案管理特别是档案收集工作的文件，体现了档案收集工作的特点即预见性与计划性、针对性与及时性、系统性与完整性；阐述了全国各级档案部门坚决响应党中央“坚定信心、同舟共济、科学防治、精准施策”的总要求，扎实做好防疫和业务档案工作，及时完善档案馆藏（第三章第二节）；诠释了档案部门主动作为，及时调整接收档案的范围、跟进接收与征集档案的方法（第三章第四节），思考在疫情防控这项复杂的综合性工程中档案收集工作与其他环节工作的关系。

案例六

疫情期间不停摆，多角度做好档案开发利用工作

我国切实采取有效措施，确保疫情防控有序有力、科学周密推进。各类档案部门积极发挥专业优势，在疫情防控规划管理、场馆建立、制度建设、资政参考等方面做好档案开发利用，具体见表9-10。

表9-10 疫情防控中档案开发利用的举措

类别	开发利用主体	具体举措	开发利用效果
企业档案部门	中国建筑第三工程局有限公司	火速提供北京小汤山医院建设施工图纸档案	在武汉火神山医院顺利建成并投入使用过程中为建筑材料采购节省大量时间
			为深化设计提供档案参考，加快深化设计进度
			明确军方建设和传染病医院的验收标准、移交条件等，避免返工，节约时间

续表

类别	开发利用主体	具体举措	开发利用效果
企业档案部门	中国商飞上海飞机设计研究院	充分发挥数字档案馆的建设应用价值，利用数字档案馆在线归档功能，对各类文件材料进行在线审批归档，要求归档率大于99%	2020年1月24日—2月14日，数字档案馆登陆访问量达1 147人次
		发布《档案在线利用手册2020》，积极推动档案在线查阅与利用	
	中国航发控制系统研究所	在疫情期间发布《关于实施线上查（借）阅档案资料的通知》	充分发挥数字档案馆的作用，鼓励员工通过档案管理系统在线查阅档案资料
		参与起草、编制《中国航发动控所复工方案》，在疫情防控常态化情况下提供线上档案查阅服务	有利于有序推进后续档案收集管理
	交运集团（青岛）	在数字档案馆管理系统里“参与重大活动（事件）”栏目专门开设疫情防控专题	推动疫情防控文件材料的在线查阅、在线归档和在线利用
	中国航发航材院档案中心	利用数字档案馆档案检索系统查询“航空仪表玻璃窗防雾剂、防雾膜”“头盔面罩防雾剂”的研究报告、技术总结、合成工艺等珍贵档案资料	按相关规定为检测中心提供借阅服务
	中国航发四川燃气涡轮研究院	通过兰台档案系统网页端，归档疫情防控电子文件	为科研工作人员提供有力的档案服务保障，网上全文浏览数量达328份，档案目录查询检索约450次
		开展线上档案查阅，为疫情期间开展研究提供型号研制和科研课题类技术要求、技术报告、评审纪要等文件	
地方档案部门	北京市海淀区档案馆	针对疫情期间无法现场查档的实际情况，海淀区档案馆及时调整服务方式，采取电话预约和微信视频认证的办法，为群众查询档案提供安全、便捷的服务	在完成“双联系、双报到”社区疫情防控工作的基础上，全力满足群众的各种档案利用需求，充分发挥档案工作支持疫情防控的“助手”作用
	北京市西城区档案馆	通过查阅近百份2003年原西城区和原宣武区防治“非典”疫情期间针对来京人员防控工作情况的相关档案，编印2020年第一期《档案传真》	为全区部署基层疫情防控工作提供参考
	天津市档案馆	梳理、提炼2003年“非典”档案信息，专门制订春节期间应急调阅卷工作方案	共查询调阅1 000余份“非典”档案，为市委市政府决策和资政参考提供高效档案服务
	重庆市档案馆、重庆广播电视集团广播传媒中心	根据重庆赴孝感对口支援队队员口述档案和相关新闻报道联合创作的纪实广播剧《八百勇士在孝感·一曲忠诚的壮歌》在官方App“第1眼新闻”上线播出	从不同视角还原新冠疫情期间重庆赴孝感对口支援队全力以赴完成对口支援任务的故事。2020年10月广播剧一经推出，引起社会广泛关注，成为市档案局创新档案宣传形式、充分开发利用档案的典型案例[1]

续表

类别	开发利用主体	具体举措	开发利用效果
国家档案局	国家档案局	面向全国档案系统组织开展“凝百年之辉，筑兰台之梦”主题微视频征集活动	得到各地区、各部门、各单位的积极响应，共收到档案故事类、档案工作类、建设项目类、脱贫攻坚类、防疫抗疫类微视频2 100余部，经评审委员会初审和终审，最终确定100部优秀作品，实现“凝百年之辉，筑兰台之梦”建党100周年档案系统主题微视频主题展播[2]，包括“档案里的抗疫密码”[3]、“档案记‘疫’”[4]
其他机构	清华大学艺术博物馆、清华大学新闻与传播学院	举办线上展览“窗口2020——疫情时期图像档案展”，分为“空间的窗口”“相识的界面”“探寻的通道”“展示和表达的舞台”四个主题，集中展示通过网络面向全社会征集的6 000余张疫情期间拍摄的各种与“窗口”有关的影像[5]	丰富观看者的精神世界，以图像艺术的方式实现了个体间的心灵沟通，起到凝聚情感、教育熏陶的作用
	北京卫视	BTV档案纪录片——《中国抗疫的国际价值》[6]	以影视作品形式阐述中国抗疫国家价值，引起一定的社会反响

注：1. 重庆 利用档案推出抗疫纪实广播剧．中国档案报，2020-10-26（1）.

2. 凝百年之辉 筑兰台之梦 建党100周年档案系统主题微视频作品展播．https：//www.saac.gov.cn/daj/jdbndaxtwsp/ztmb.shtml.

3. 档案里的抗疫密码．（2021-06-07）．国家档案局官网．

4. 档案记“疫”．（2021-06-07）．国家档案局官网．

5. 云展览｜“窗口2020——疫情时期图像档案展”开幕式在清华艺博举行．（2020-04-27）．搜狐网．

6. BTV档案．中国抗疫的国际价值（一）．爱奇艺．

疫情防控期间，在线提供档案利用，保证“不停档”“不停摆”，是档案工作服务国家大局的重要体现。多角度开发档案资源，以档案在线作品为依托，让网络新媒体平台成为抗疫精神宣传教育的重要阵地，帮助学生了解疫情期间档案开发利用的基本方法以及档案在各类活动中发挥的重要作用（第七章档案信息资源开发与利用概述），分析表9-10中档案检索数据库的具体运用（第八章档案检索），微视频、线上展览、纪录片等档案编研的方法（第九章档案编研），档案提供利用的方式（第十章档案提供利用），从而引导学生厚植家国情怀，深化学生对伟大抗疫精神的理解，帮助学生实现个人理想与国家需要相结合、自身抱负与国家事业发展相结合。

9.4 “档案管理学”课程思政教案

9.4.1 具体教学目标

课程的知识目标如下：掌握档案管理基本环节的内容、意义及要求，了解相关实践操作方案；理解档案工作的性质和意义，了解档案管理的前沿学术研究与实践成果。以脱贫攻坚与疫情防控档案管理宏观实践为例，在感受我国“全国一盘棋”、档案“统一领导、分级管理”的制度优势的基础上，探讨档案工作的性质和意义。观察脱贫攻坚与疫情防控档案管理的微观环节，感悟档案作用发挥的规律性和档案管理工作的意义。

课程的能力目标如下：一是培养学生档案管理思维，提高档案管理实践能力。以国家重大事项为主题，要求学生自行寻找发现以内容划分的档案类型，提升自主探求新知识的能力。二是培养学生灵活运用档案管理知识，提升理性思辨能力。引导学生深入观察、分析各主体留存脱贫、疫情防控记忆行动背后所反映的社会热点、行业焦点等宏观社会议题，鼓励学生在思考档案工作时，关注档案小工作映射出的全国大环境。

课程的价值目标如下：一是通过学习和实践脱贫攻坚与疫情防控档案管理的流程，增强学生对于档案学专业以及档案管理职业的荣誉感和认同感。二是通过查阅、鉴定、编纂和出版脱贫攻坚与疫情防控档案的内容，增强学生对党和国家带领全国人民克服艰难险阻、实现中华民族伟大复兴认知的深度和信念。三是通过鼓励学生亲身参与档案管理实践，在提升专业技能的同时锻炼坚韧品格。四是通过课程思政建设，带领学生领悟档案工作的内核，增强学生对档案、档案学、档案工作和国家档案事业的热爱。

具体教学目标见图 9-1。

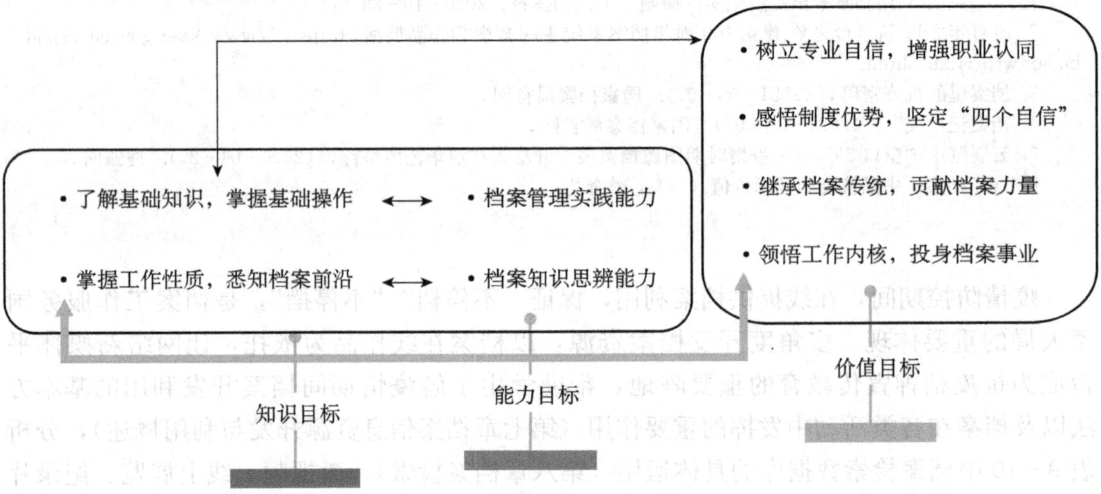

图 9-1 具体教学目标示意图

9.4.2 教学内容分析

教学范围

阐述征集接收各种类型档案的基本知识。脱贫攻坚和疫情防控工作中各级党政部门、团体组织、企事业单位和个人所产生的档案具有档案形成主体众多、数量庞大，保存分散等特点，需要读懂文件（见表9-11），找准重点，了解档案收集工作的基本意义与要求，了解不同类型、不同来源档案，如声音档案、照片档案、磁带档案以及个人档案等征集、收集的基本情况。

利用案例串联档案管理的基本工作环节。脱贫攻坚与疫情防控档案的管理始终遵循统一领导、分级管理、分类实施、统筹协作的工作原则，维护档案完整与安全，推动档案利用与开发，为经济社会发展和突发事件应对活动提供文献参考及决策支持。在案例中了解档案管理重点环节（见表9-12），为档案管理实操夯实理论基础。

表9-12 脱贫攻坚与疫情防控档案案例中体现的档案管理重点环节

基本环节	案例	案例内容讲解重点	思政元素
收集	案例四 案例五	疫情防控档案收集中的档案部门行动概况、基本方式	在档案部门有序开展行动中，感悟“全国一盘棋”的制度优势，培养大局意识，坚定制度自信
整理	案例二	档案整理工作的定义、内容、要求，以及各类脱贫攻坚档案的实际整理、档号编制方法	坚定制度自信，用档案彰显政治制度优势
鉴定	案例一	档案鉴定工作的基本内容、工作要求以及鉴定标准与实践工作结合后形成的脱贫攻坚档案保管期限表等	感受脱贫攻坚档案鉴定的严谨与不易，培养理论结合实际、实事求是的优秀品格
检索	案例三	档案检索的定义、内容等，重点阐释数字化检索优势与检索原理	了解档案数字化、检索工作推进情况，强化为民服务理念，在档案参与脱贫工作中感悟档案服务国家中心工作的基本原则
利用	案例六	档案利用的定义、作用、基本形式等，思考档案利用的创新形式	通过疫情中推进档案利用工作的案例体悟档案工作以民为本的工作内核，在思考中传承以创新为内核的时代精神

介绍档案管理案例前沿研究与实践成果。充分利用网页资源、视频资源以及线下展览等（见表9-13），在脱贫攻坚与疫情防控档案创新开发成果中感受做好档案管理基础工作的重要作用，了解脱贫攻坚与疫情防控档案开发的多种实践，深刻理解档案管理工作环节紧密衔接、相互依存的客观关系，在优秀档案开发作品中感受脱贫攻坚与疫情防控工作的伟大。

表 9－11　脱贫攻坚和疫情防控档案管理政策简表

类别	主体	会议或文件名称	时间	主要内容	重要意义
脱贫攻坚档案	国家档案局	《全国档案事业发展“十三五”规划纲要》	2016 年 4 月 1 日	发挥档案力量积极参与国家脱贫攻坚事业，明确提出“制定《村级档案管理办法》、农村贫困人口脱贫档案工作制度办法，完善贫困人口和困难家庭建档立卡工作及相关措施”	为档案部门积极参与国家脱贫攻坚事业提供宏观政策指引
	国家档案局、国务院扶贫开发领导小组办公室	《精准扶贫档案管理办法》	2016 年 9 月 30 日	适用各级档案行政管理部门、扶贫部门及有扶贫任务的乡镇、行政村精准扶贫档案管理工作，提供精准扶贫文件材料归档范围和档案保管期限表	为进一步规范精准扶贫档案工作、强化精准扶贫档案作用，提供切实具体的指导意见与政策保障
	习近平	决战决胜脱贫攻坚座谈会	2020 年 3 月 6 日	提出克服新冠肺炎疫情影响，凝心聚力打赢脱贫攻坚战，确保如期完成脱贫攻坚目标任务，确保全面建成小康社会	为打赢脱贫攻坚战注入重要的精神动力
疫情防控档案	国家档案局	《关于做好新型冠状病毒感染肺炎疫情防控期间档案工作的通知》	2020 年 2 月 7 日	明确要求“将档案工作纳入防控工作的总体部署，做到疫情防控档案应收尽收、应归尽归”	为开展疫情防控档案工作提供基本原则指导
	中共中央办公厅、国家档案局	《国家档案局关于做好新冠肺炎疫情防控档案工作的意见》	2020 年 3 月 20 日	要求有关部门、单位“及时收集疫情防控工作中形成的文字材料”，各省积极响应，积极发布细化通知、具体工作办法规范	进一步指导疫情防控档案工作
脱贫攻坚与疫情防控档案	陆国强	在 2020 年全国档案局长馆长会议上的报告	2020 年 12 月 29 日	将“以脱贫攻坚和疫情防控档案为重点，全面记录新时代新成就”列入 2021 年全国档案系统的重点任务之一，要求“各级档案部门要从政治和历史的高度深刻认识把脱贫攻坚和抗疫斗争等档案完整归集起来、记录下新时代这场伟大奋斗历史的重大意义”	脱贫攻坚和疫情防控工作成为新时期档案事业的重点任务，其地位得到新的提升
	国家档案局	《关于征求〈脱贫攻坚档案和疫情防控档案归集工作实施方案（征求意见稿）〉意见的函》	2021 年 4 月 1 日	初步阐述脱贫攻坚档案和疫情防控档案归集工作基本实施方案	《脱贫攻坚档案和疫情防控档案归集工作实施方案》初见雏形，征集各方意见

续表

类别	主体	会议或文件名称	时间	主要内容	重要意义
脱贫攻坚与疫情防控档案	国家档案局	《脱贫攻坚档案和疫情防控档案归集工作实施方案》	2021年4月22日	详细阐述脱贫攻坚档案和疫情防控档案归集工作基本实施方案	脱贫攻坚档案和疫情防控档案的管理愈发规范、系统，影响不断扩大
	国家档案局	举办脱贫攻坚档案和疫情防控档案归集工作培训班	2021年5月18—19日	培训学习脱贫攻坚档案和疫情防控档案工作规范，进一步明确质量标准、责任分工和完成时限	解决“两类档案”归集工作中的实际难题，增强档案工作人员业务能力
	国家档案局	《“十四五”全国档案事业发展规划》	2021年6月9日	明确提出开展脱贫攻坚、新冠疫情防控等档案记忆项目，举办脱贫攻坚伟大成就档案展、抗击新冠疫情斗争档案展等活动，用档案全面记录和见证新时代伟大奋斗历史	深化脱贫攻坚、疫情防控档案的开发工作
	习近平	庆祝中国共产党成立100周年会议	2021年7月1日	提出“把新时代党领导人民推进实现中华民族伟大复兴的奋斗历史记录好、留存好”，围绕中心、服务大局，完成好“为党管档、为国守史、为民服务”的职责任务	为档案工作发展提供重要指引和根本遵循
	陆国强	在全国档案局长馆长会议上的报告	2022年2月25日	各地区各部门要将2021年常态化防控形势下疫情防控档案收集好、整理好。各有关单位要优先推进“两类档案”数字化工作，并于年底前将2021年以前形成的“两类档案”数字复制件移交同级综合档案馆。各级档案部门要统筹规划好区域内“两类档案”归集工作和专题数据库建设，争取用两年左右时间将“两类档案”专题数据库目录数据挂接比例提高到80%以上。国家档案局将支持依托湖北省档案馆建立抗疫档案文献展藏中心，支持四川省凉山州利用脱贫攻坚档案举办“美丽乡村展新颜”成就展	为新时期“两类档案”工作制定具体方向和目标
	陆国强	在全国档案局长馆长会议上的报告	2023年2月16日	善始善终做好脱贫攻坚和疫情防控“两类档案”归集工作，对资源质量和管理情况进行“回头看”及检查评估，加大数字化力度，推动资源入库、专题开发和宣传展示，为乡村振兴和健康中国建设赋能赋彩	为“两类档案”的开发利用做出重要指示

表 9-13　脱贫攻坚与疫情防控档案资源类举表

资源名称	资源发布时间	资源内容	思政元素	资源获取途径
中国档案报《档案中的抗“疫”》栏目	2020年3月19日	摘编全国各地馆藏档案中抗“疫”的有益经验和做法，为做好新冠疫情防控工作提供借鉴和参考	档案服务大局，用档案积极助力国家中心工作	中国档案资讯网
湖北省襄阳市档案局、市档案馆、市政府扶贫办专题线上图片展“档案见证小康路、聚焦扶贫决胜期”	2020年6月9日	分为“战略篇”“政策篇”“攻坚篇”“产业篇”“人物篇”“抗疫篇”“成果篇”，用照片档案全方位、立体式、多角度展示襄阳决战脱贫攻坚的光辉历程	切身感受脱贫攻坚战给襄阳新农村带来的翻天覆地的变化，更加坚定对美好生活的向往，更加坚定夺取脱贫攻坚总决战全面胜利的信心和决心	襄阳市档案信息网
广州市档案馆广“口述历史——抗疫战士”	2020年5月18日	充分利用声像档案拍摄制作的优势，持续开展“口述历史——抗疫战士”历史记忆工程，邀请抗疫英雄现场讲述抗疫故事，为世人留下这段独特的历史记忆	充分利用基础设施，真实记录奋斗在各行各业第一线抗疫英雄的真实故事和亲身经历，积极承担档案工作者的使命责任，发挥档案工作者的专业能力	http：//www.gzdaj.gov.cn/gzjy/gzdsj/index.html
泰州市党史方志办公室全媒体专题志书《泰州市抗击新冠肺炎疫情实录》	2020年10月26日	设综述、疫情通报、工作日志、工作专记、日记书信、文艺助战、先进集体和先进个人、附录8个板块，随文设置41个抗疫音视频作品，方便读者扫码进行拓展阅读	别出心裁开展档案编纂工作，弘扬新时代奉献精神	泰州市档史方志办
中央宣传部、中央农村工作领导小组办公室、农业农村部、国家乡村振兴局“伟大壮举——中国脱贫攻坚成就展”	2021年6月26日	通过“序厅”“庄严承诺”“伟大胜利”“攻坚克难”“磅礴伟力”“脱贫先锋”“尾厅”多个主题展示脱贫成就	纪念中国脱贫攻坚战取得全面胜利，鼓舞民族自信	https：//tpgj.cctv.com/

教学重点

掌握档案管理工作所有环节，筑牢档案管理实践基础。阐述档案管理的基本环节——收集、整理、鉴定、保管、检索、编研以及利用的一般原则和方法。尤其是要在线上工作生活成为常态的背景下，讲解档案收集的内容、原则、意义以及基本制度等基础知识，了解档案工作跟随国家政策部署，在一定的标准和规范下有序灵活开展纸质档案、音像档案以及口述档案等的收集工作现状，在疫情防控档案收集方面积极作为，为记录国家重要历史进程作出贡献。

掌握重大事件档案管理重点，培养档案工作问题意识。脱贫攻坚是国家中心战略，疫情防控是重大突发事件，其档案管理工作既要遵循既有理论、原则、方法和经验，又要实时观察、对比和研究档案业界发布的最新案例、文件和措施，领悟新时代档案工作的发展前景和巨大挑战，了解在技术所带来的剧变中创新工作方式方法的重要性，明晰档案工作者作为“纸器时代”的档案管理者以及数字时代的记忆建构者所肩负的重要使命与责任。

教学难点

服务于脱贫攻坚和疫情防控，文件归档工作如何做到业务全渗透。作为重大事件或突发事件，脱贫攻坚和疫情防控并没有事先规制好的工作，甚至没有一整套文书处理流程，作为档案管理工作的起点和进入档案管理的端口，文件归档工作也就无法渗透到所有的业务流程。档案部门与各个扶贫单位在文件归档端口如何对接，归档人员如何认定，归档职责如何界定，既有的教材没有现成的答案，需要在课程思政建设指引下挖掘最新案例和最新文件。

服务于脱贫攻坚和疫情防控，收集征集工作如何做到结果全记录。脱贫攻坚和疫情防控工作涉及面广、参与人多、处理复杂、结果不一，形成的档案、文件、资料分散在各部门、各人员手中，形态包括纸质（手写的或打印的）、电子、视频、照片，如何做到应收尽收、应归尽归，就要求学生既要掌握教材中关于档案收集和征集的理论与方法，又要领会重大事件档案管理办法等一般性收集政策，还要追踪各地档案部门收集征集最新办法。

服务于脱贫攻坚和疫情防控，档案整理工作如何做到过程全监督。档案整理工作充分利用原有的整理成果基础，例如，驻村扶贫干部的整理成果，或者社区疫情防控人员的整理成果，但实际情况往往是根本就没有进行原有整理，或者原有整理也是事后的而非事中的或原始的整理，如此一来，记录脱贫、防疫的档案可能在来源方面被割裂，在时间方面可能无联系，在内容方面可能不一致，所以，务必要求学生研读档案内容，搞懂事项，方可监督档案整理过程。

服务于脱贫攻坚和疫情防控，档案利用工作如何做到数据大服务。对于重大突发事件而言，档案工作不仅要记录细微、有序，保证服务质量可追溯，而且要编研科学、严谨、翔实，保证服务质量可研究，这意味着党领导全国各族人民所取得的脱贫攻坚和疫情防控伟大成就，既能通过档案管理工作从微观上提供最具证据价值的原始材料，又能从宏观上提供最具研究价值的数据组合。另外，此类档案服务工作还可特事特办。

9.4.3 教学手段与方法

第一，档案管理流程的现实梳理与虚拟演示。在档案学专业本科课程中，“档案管理学”课程内容十分全面，因此在授课过程中，教师应始终坚持“一盘棋”，就某一案例、事件、部门的档案管理讲解时，务必将收集、整理、鉴定、保管、检索编研、利用等核心环节进行梳理。同时“档案管理学”教学也有重点流程，涉及特殊案例、特殊收集或特殊利用场景，教学时需要坚持抓重点，就扶贫、脱贫、返贫等对象的档案鉴定、分类等重点步骤进行阐述。可引导学生在较为成熟的档案馆数字展厅体验线上虚拟仿真技术的运用。

第二，档案管理案例的实时更新与动态比较。在所有档案学理论研究中，档案管理工作十分重要，几乎与所有业务都存在关联，因此在讲解案例时，教师应始终坚持抓关键。无论是教师提供案例组合时，还是引导学生搜集最新案例时，务必围绕档案管理的核心环节展开，例如与收集、整理、鉴定、保管、检索编研和利用的全流程相关。同时，档案管理也是发展更新最快的业务之一，尤其是在面临脱贫和抗疫等重大事件时，需要对既有的理论、方式进行调整，需要激发学生积极探索档案管理活动的最新动态、最佳实践、合理方案等，以新场景、新问题、新对策引导学生将所学知识情境化。

9.4.4 教学过程与实施

以脱贫攻坚战全面胜利为背景，以“川东北贫困典型——四川省南江县双流镇扶贫档案资源的科学鉴定”等案例为主线，阐述档案鉴定工作基本知识，从而将具象案例转化为抽象知识点，通过课堂模拟讨论深化学生对档案鉴定原则、方法、内容及不同地域档案保管期限的认识，详见表 9-14。

9.4.5 教学效果与反馈

“档案管理学”课程思政建设过程中，教师既重视教材中的基本理论，又以案例突出动态变化，学生普遍感受到在本科学习阶段应掌握标准化的档案管理规范、理论化的档案管理原理、经验化的档案管理方法；同时，还要有灵活的学习方法，因为档案管理的规范、原理、方法不是一成不变的，脱贫攻坚和疫情防控等重大事件可能对其造成影响。教师通过档案管理的案例，讲解哪些知识需动态调整、更新，从而进行边研究、边学习、边讲授的课程建设，真正实现教学相长的目标。

同时，“档案管理学”课程思政建设仍需注意以下两点。

第一，“档案管理学”课程的知识体系较为庞大，需要在分散讲解档案管理各个环节的基础上串联所有环节。学生普遍反映管理环节多、细节知识点多、管理对象多，因此教师在深入讲解分散知识点的同时，需适当回顾档案管理整体流程，避免学生“只见树木、不见森林”。

第二，“档案管理学”的实践性质非常明显，教师需要在讲解重点领域的基础上适当拓展。学生普遍反映综合档案馆业务齐全，实践丰富。但建议课程增加对专门的甚至职能部门内部的档案馆室进行实地调研，以使学生更多了解数字档案管理，避免学生对于档案管理理解的局限性。

表 9 - 14　教学过程具体环节及内容示意图

档案鉴定——以脱贫攻坚档案的管理为例（90 分钟）			
第一学时（45 分钟）			
教学意图	**教学内容**	**教学手段**	**教学时长**
1. 介绍主题背景：脱贫攻坚战取得全面胜利	播放脱贫攻坚大型政论专题片《摆脱贫困》 （参见 https：//v. qq. com/x/page/g0036u09vjh. html）	播放视频	2 分钟
2. 介绍档案工作在脱贫攻坚中发挥的重要作用	● 播放视频《档案见证脱贫路》 （参见 https：//k. sina. com. cn/article_2810373291_ma782e4ab020023etc. html） ● 介绍档案工作者在工作中体现的脱贫攻坚精神 （参见 http：//xj. news. cn/zt/2023 - 08/30/c_1129834926. htm）	视频播放 教师讲解	4 分钟
3. 教师提问	你知道哪些档案部门助力扶贫的具体案例？	师生互动	3 分钟
4. 展示本节课程内容：档案鉴定工作	档案鉴定工作：定义；内容；基本要求	教师讲授	3 分钟
5. 设问思考，吸引注意	什么是档案鉴定？鉴定在脱贫攻坚档案管理环节中具有怎样的地位？	教师自问自答	2 分钟
6. 阐释档案鉴定工作的概念与定义	● 档案鉴定工作的概念 理论指导：档案鉴定理论 本质：决定档案存毁的专业性档案业务管理工作 基本遵循：档案鉴定原则　法律标准规范　程序方法 ● 档案鉴定工作的定义：以科学的档案鉴定理论为指导，合理运用档案鉴定的原则、法律规范、标准、程序和方法，判定档案的保存价值，确定档案保存期限，决定档案存毁的一项专业性档案业务管理工作	PPT 演示 教师讲授	3 分钟
7. 多角度解析档案鉴定工作的概念	● 档案鉴定是档案管理工作的一个重要环节，是鉴别判定档案价值、决定档案存毁的一项专业性档案业务工作（《机关档案管理规定》） ● 档案鉴定是判定档案真伪的过程（《档案工作基本术语》） ● 档案鉴定以历史唯物主义的观点，从整个社会当前和长远利用档案的需要出发，根据统一的鉴定原则和标准，来判定档案在政治、经济、科学、文化等方面的历史和现实价值，从而确定不同的保管期限，把需要长远保存的档案妥善保存起来，对不需要保存和已过保管期限的档案予以销毁（《档案管理学》（第 5 版））	教师讲授 知识演绎	4 分钟

续表

<table>
<tr><th>教学意图</th><th>教学内容</th><th>教学手段</th><th>教学时长</th></tr>
<tr><td>8. 利用案例一，讲解制定档案鉴定制度的标准及镇级档案保管期限表</td><td>介绍双流镇基本情况以及脱贫成就
（参见 http：//www. scnj. gov. cn/index. html）
双流镇精准扶贫镇级脱贫攻坚文件材料归档范围和档案保管期限表
<table>
<tr><th rowspan="2">一级类目</th><th rowspan="2">二级类目</th><th rowspan="2">三级类目</th><th colspan="4">保管期限</th></tr>
<tr><th>永久</th><th>30 年</th><th>10 年</th><th>无</th></tr>
<tr><td>综合类</td><td>综合类</td><td>10 小类</td><td>6</td><td>1</td><td>2</td><td>1</td></tr>
<tr><td rowspan="2">精准识别</td><td>贫困村识别</td><td>7 小类</td><td>6</td><td>0</td><td>0</td><td>1</td></tr>
<tr><td>贫困户识别</td><td>9 小类</td><td>8</td><td>0</td><td>0</td><td>1</td></tr>
<tr><td rowspan="2">精准扶持</td><td>贫困人口精准扶持</td><td>5 小类</td><td>0</td><td>4</td><td>0</td><td>1</td></tr>
<tr><td>贫困村精准扶持</td><td>8 小类</td><td>1</td><td>6</td><td>0</td><td>1</td></tr>
<tr><td rowspan="2">精准退出</td><td>贫困户退出</td><td>7 小类</td><td>6</td><td>0</td><td>0</td><td>1</td></tr>
<tr><td>贫困村退出</td><td>9 小类</td><td>8</td><td>0</td><td>0</td><td>1</td></tr>
<tr><td rowspan="5">信息系统</td><td>综合类</td><td>4 小类</td><td>0</td><td>1</td><td>3</td><td>0</td></tr>
<tr><td>贫困户</td><td>1 小类</td><td>0</td><td>1</td><td>0</td><td>0</td></tr>
<tr><td>贫困村</td><td>1 小类</td><td>0</td><td>1</td><td>0</td><td>0</td></tr>
<tr><td>“五个一+1”帮扶</td><td>1 小类</td><td>0</td><td>1</td><td>0</td><td>0</td></tr>
<tr><td>扶贫项目资金</td><td>1 小类</td><td>0</td><td>1</td><td>0</td><td>0</td></tr>
</table></td><td>案例分析
教师讲授
知识归纳</td><td>8 分钟</td></tr>
<tr><td>9. 阐述档案鉴定工作的基本要求</td><td>档案鉴定工作的要求
从国家和社会的整体利益出发
↕
全面性
历史性
发展性
科学性</td><td>教师讲解
重点阐述
五点要求
之间的关系</td><td>5 分钟</td></tr>
</table>

续表

<table>
<tr><th>教学意图</th><th>教学内容</th><th>教学手段</th><th>教学时长</th></tr>
<tr>
<td>10. 引入教学案例：双流镇精准扶贫村级脱贫攻坚文件材料归档范围和档案保管期限表以及双流镇扶贫开发项目文件材料归档范围和档案保管期限表，阐释档案鉴定工作的基本要求</td>
<td>
双流镇精准扶贫村级脱贫攻坚文件材料归档范围和档案保管期限表
<table>
<tr><th rowspan="2">一级类目</th><th rowspan="2">二级类目</th><th rowspan="2">三级类目</th><th colspan="4">保管期限</th></tr>
<tr><th>永久</th><th>30 年</th><th>10 年</th><th>无</th></tr>
<tr><td>综合类</td><td></td><td>5 小类</td><td>5</td><td>0</td><td>0</td><td>0</td></tr>
<tr><td rowspan="2">精准识别</td><td>贫困户识别</td><td>8 小类</td><td>7</td><td>0</td><td>0</td><td>1</td></tr>
<tr><td>贫困村识别</td><td>4 小类</td><td>3</td><td>0</td><td>0</td><td>1</td></tr>
<tr><td rowspan="2">精准帮扶</td><td>贫困人口精准扶持</td><td>5 小类</td><td>4</td><td>0</td><td>0</td><td>1</td></tr>
<tr><td>贫困村精准扶持</td><td>12 小类</td><td>12</td><td>0</td><td>0</td><td>0</td></tr>
<tr><td rowspan="2">精准退出</td><td>贫困户退出</td><td>6 小类</td><td>6</td><td>0</td><td>0</td><td>0</td></tr>
<tr><td>贫困村退出</td><td>6 小类</td><td>6</td><td>0</td><td>0</td><td>0</td></tr>
<tr><td>一户一档</td><td></td><td>8 小类</td><td>0</td><td>7</td><td>0</td><td>1</td></tr>
<tr><td>袋装</td><td></td><td>4 小类</td><td>0</td><td>0</td><td>0</td><td>4</td></tr>
</table>
双流镇扶贫开发项目文件材料归档范围和档案保管期限表
<table>
<tr><th>一级类目</th><th>二级类目</th><th>三级类目</th><th>四级类目</th></tr>
<tr><td>综合管理文件材料</td><td>23 个</td><td>11 个</td><td></td></tr>
<tr><td rowspan="3">项目建设文件材料</td><td>项目准备阶段文件材料</td><td>5 个</td><td>20 个</td></tr>
<tr><td>项目建设阶段文件材料</td><td>3 个</td><td>16 个</td></tr>
<tr><td>竣工验收阶段文件材料</td><td>1 个</td><td>8 个</td></tr>
</table>
</td>
<td>教师讲授
知识演绎
案例分析
与归纳</td>
<td>8 分钟</td>
</tr>
</table>

续表

教学意图	教学内容	教学手段	教学时长
11. 课堂小结	总结案例四展示的档案保管期限表的差异和共性，强调档案鉴定的本质和基本要求	教师讲授 知识归纳 案例总结	3 分钟
第二学时（45 分钟）			
12. 讲解档案鉴定的方法	档案鉴定工作的方法 ● 整体价值评估法 宏观鉴定法 档案双重价值鉴定法 ● 内在价值鉴定法 ● 相对价值评估法 基于来源因素 基于内容因素 基于时间因素 基于职能因素 ● 其他价值评估方法 弹性方法 典型抽样法 随机抽样法 暂留抽样法 “计划生育”法	教师讲授 知识分析 和综合	10 分钟
13. 介绍学习档案鉴定的方法的辅助资源	档案鉴定的方法 （参见 https：//www. icourse163. org/course/WHU-1002923021?from=searchPage）	简要介绍 延伸阅读	2 分钟

续表

教学意图	教学内容	教学手段	教学时长
14. 情境创设，课堂模拟讨论，知识延伸思考	情境：假设你是双流镇精准扶贫档案归档整理工作领导小组的一员，请就脱贫攻坚档案鉴定工作举办相关会议 会议议程 ● 讨论鉴定方案应基于哪种档案鉴定方法 ● 分析各种鉴定方法的优劣 ● 如何改进现有的档案保管期限表	教师介绍	6 分钟
	教师引导学生讨论问题，把握讨论节奏 提示学生关注档案鉴定应该遵循的原则、内容和方法	师生互动	15 分钟
	教师补充课外知识，介绍其他学者重要观点 教师提供主要参考文献，供学生课后补充和延伸知识： [1] 周林兴，邓晋芝. 错位的价值判定应该被纠正：对档案鉴定及销毁的历史视域考量. 档案学通讯，2015（2）：38-42. [2] 王英玮. 档案价值鉴定基础理论若干关键性问题研究. 图书情报工作，2013，57（9）：13-18. [3] 王岚. 为未来选择历史：论档案价值与鉴定原理. 档案学通讯，2003（5）：42-46. [4] 黄霄羽. 外国档案鉴定理论的历史发展及其规律. 中国档案，2003（9）：28-30，35. [5] 张斌. 档案价值论. 档案学通讯，2003（3）：43-46. [6] 陈作明. 论文书档案的价值鉴定. 档案学通讯，1996（6）：9-14.	教师介绍 师生共同讨论	7 分钟
15. 课堂总结	档案鉴定工作的定义、内容、要求以及鉴定方法 档案鉴定工作的新环境、新变化与新困境 以精准扶贫档案为例，解析档案鉴定工作的具体运用	知识归纳与演绎	5 分钟
	结束		

主题 10

传承弘扬中华优秀传统文化 ——中国的“世界记忆”推广

10.1 主题概况

2013 年 12 月 30 日中共中央政治局就提高国家文化软实力研究进行第十二次集体学习，习近平总书记主持学习强调，“在 5 000 多年文明发展进程中，中华民族创造了博大精深的灿烂文化，要使中华民族最基本的文化基因与当代文化相适应、与现代社会相协调，以人们喜闻乐见、具有广泛参与性的方式推广开来，把跨越时空、超越国度、富有永恒魅力、具有当代价值的文化精神弘扬起来，把继承传统优秀文化又弘扬时代精神、立足本国又面向世界的当代中国文化创新成果传播出去。要系统梳理传统文化资源，让收藏在禁宫里的文物、陈列在广阔大地上的遗产、书写在古籍里的文字都活起来”①。

联合国教科文组织的世界记忆项目自 1992 年实施至今，为全球保护档案文献遗产、传承人类文明和留存珍贵记忆作出了卓越贡献。自 1997 年中国传统音乐录音档案首次入选，至 2023 年我国已有 15 项档案文献遗产成功入选世界记忆名录，在中药、草药、建筑、文字、音乐、教育等领域宣扬了中华优秀传统文化，成为中国文化走向世界的一张名片。习近平总书记的讲话，为国家档案事业建设、发展和推广中国的“世界记忆”指明了方向。

2015 年 6 月 9 日国际档案日，国家档案局和中国档案杂志社设计印发“中国的世界记忆遗产”宣传折页，向各界普及档案文献遗产知识，传播和推广世界记忆项目和中国档案文献遗产。2017 年 6 月 5 日，国家档案局局长李明华指出，“充分发挥档案的育人作用，通过档案编研成果、档案展览等弘扬中华优秀传统文化、革命文化和社会主义先进文化”②。2018—2022 年连续五年的《全国档案宣传工作要点》中均明确提出“加大档案信息开发利用力度，弘扬中华优秀传统文化、革命文化和社会主义先进文化”“广泛开展世界记忆在中国传播活动，建设世界记忆项目中国国家委员会网站”。《“十四五”规划》提出积极参与联合国教科文组织世界记忆项目；加强统筹谋划，促进入选文献研究和宣传推广；促进世界记忆项目与联合国教科文组织其他遗产项目协同发展。可见，传承弘扬中华优秀传统文化必须做好档案信息开发利用工作，这是档案部门的责任，也是课程

---

① 建设社会主义文化强国 着力提高国家文化软实力．人民日报，2014－01－01（1）．

② 国家档案局局长：档案安全是档案工作的底线．（2017－06－05）．人民网．

思政的重要资源。

“档案开发与利用教程”注重夯实档案史料与档案鉴辨等传统理论，通过分析档案开发与利用的流程与实例，展现不同时代档案开发与利用的发展历程与未来趋势，帮助学生了解档案开发与利用的基本特征和整体流程。中国档案文献遗产工程建设以来，各级档案部门积极投身档案文献遗产保护与开发，在传承弘扬中华优秀传统文化方面取得了卓著的成绩，以此作为教学案例，可激发学生对档案开发与利用工作的重视、了解和热爱。这也说明“档案开发与利用教程”理应作为档案学专业开展课程思政建设的必修课。配套教材为《档案开发与利用教程》（第 2 版）（刘耿生，中国人民大学出版社）。

10.2 “档案开发与利用教程”课程思政元素

截至 2023 年 6 月，中国有 15 组（件）珍贵文献入选世界记忆名录，详见表 10－1，课程以此为切入点，与教材中档案开发利用意义（绪论）、客体（第一编）、主体（第二编）、途径与方法（第三编）、效用（第四编）相结合，展示传承弘扬中华优秀传统文化的“一张名片＋档案力量＋中国声音”。

表 10－1　我国入选世界记忆名录简况

序号	入选年份	名称	申报单位/保管单位
1	1997 年	中国传统音乐录音档案	中国艺术研究院音乐研究所
2	1999 年	清代内阁秘本档	中国第一历史档案馆
3	2003 年	纳西东巴古籍	东巴文化研究院
4	2005 年	清代科举大金榜	中国第一历史档案馆
5	2007 年	清代“样式雷”建筑图档	国家图书馆、中国第一历史档案馆、故宫博物院
6	2011 年	本草纲目	中国中医科学院图书馆
7	2011 年	黄帝内经	国家图书馆
8	2013 年	元代西藏官方档案	西藏自治区档案馆
9	2013 年	侨批档案-海外华侨银信	广东省档案馆、福建省档案馆
10	2015 年	南京大屠杀档案	中央档案馆、中国第二历史档案馆、辽宁省档案馆、吉林省档案馆、上海市档案馆、南京市档案馆、侵华日军南京大屠杀遇难同胞纪念馆
11	2017 年	清代澳门地方衙门档案（1693—1886）	澳门档案馆、葡萄牙国家档案馆
12	2017 年	近现代中国苏州丝绸档案	苏州市工商档案管理中心
13	2017 年	甲骨文	中国社会科学院历史研究所、中国社会科学院考古研究所、国家图书馆、故宫博物院、北京大学、清华大学图书馆、上海博物馆、南京博物院、山东博物馆、旅顺博物馆、天津博物馆

续表

序号	入选年份	名称	申报单位/保管单位
14	2023 年	四部医典	西藏自治区藏医院
15	2023 年	澳门功德林寺档案文献（1645—1980）	澳门文献信息学会、澳门世界记忆学术中心（澳门城市大学）

资料来源：世界记忆项目中国国家委员会—记忆名录—世界记忆名录（国际名录）。

一是把中国的世界记忆建设好，为展现中华优秀传统文化打造名片。对于入选世界记忆名录的档案文献遗产珍品，其保管单位进行了完整保存、系统建设和申报遴选，从国家到区域再到世界，每一次收录级别的提升，都是其重要性和影响力的提升，并最终在国际上得到广泛宣传，为传播中华优秀传统文化作出贡献。

二是把中国的世界记忆开发好，为传承中华优秀传统文化贡献档案力量。入选世界记忆名录并不是终点，联合国教科文组织鼓励入选单位加大藏品的开发力度，如文献数字化、场景虚拟化、展示戏剧化等。我国各级档案部门联合其他保管单位、社会力量，为档案多元开发贡献了力量，成果丰硕，如大型电视纪录片《黄帝内经》、实景展现李时珍本草纲目植物园、大型原创话剧《样式雷》等。

三是把中国的世界记忆推广好，为弘扬中华优秀传统文化传播中国声音。2013 年以来，习近平总书记关于“讲好中国故事，传播好中国声音”系列讲话，为中国的世界记忆推广提供了引领；《“十四五”规划》《全国档案宣传工作要点》等在国家档案事业顶层设计上给予了世界记忆推广的政策支持。福建、广东、江苏等地就中国的世界记忆海外推广积累了丰富的经验，取得了重大的影响，传播了中国声音。

10.3 主题案例库

10.3.1 打造档案名片

档案以特定介质承载人类存储在脑中的记忆信息，中国传统音乐录音档案、清代科举大金榜、甲骨文分别为音像档案、纸质档案和甲骨档案的杰出代表，见证了中华民族 5 000 多年文明发展进程中所创造的不同凡响的档案载体。档案以特殊符号记录社会变迁，纳西东巴古籍代表的古老的象形文字、甲骨文代表的最早的成熟的文字系统、清代“样式雷”建筑图档代表的工程图学语言，见证了中华民族的智慧。档案以特别内容写照国家发展，既是文化的产物，也是文化的见证，更是文化得以传承发展的重要工具，《本草纲目》《黄帝内经》《四部医典》代表的中医药文化、中国养生文化、中国藏医学文化，清代“样式雷”建筑图档代表的建筑文化、宫廷文化，纳西东巴古籍代表的少数民族文化，澳门功德林寺档案文献代表的中国女性解放文化等，立体展现了极具多样化、包容性的中华文化，对促进我国国内的文化认同以及世界对中国的文化认同具有重要意义。

因此，打造靓丽的档案名片——中国传统音乐录音文化名片、纳西族文化名片、中华科举文化名片、皇家建筑文化名片、中医药文化名片、甲骨文文化名片，是实现中华文明创造性转化和创新性发展，使之与现代文化相融互通，服务人民的精神需求的时代任务。延伸资料见表 10－2。

表 10－2 世界记忆延伸资料简表

世界记忆	延伸资料
中国传统音乐录音档案	中国艺术研究院艺术与文献馆（http://lib.zgysyjy.org.cn/）
	中国记忆项目实验（https://www.nlc.cn/web/ziyuanfuwu/zhuantiziyuan/cmptest/index.shtml）
纳西东巴古籍	中国非物质文化遗产网（https://www.ihchina.cn/project.html?tid＝9＃sy_target1）
	视频《“活着的”东巴文：当地文化中可以通三界，“起源地”三坎乡还保有老传统》（https://news.ifeng.com/c/86D7o7YauLY）
清代科举大金榜	20 米金榜实拍视频（https://www.bilibili.com/video/BV1mv411j7nr/）
	文章《古代科举如何揭晓结果?》（https://zzwb.zznews.gov.ch/content/c1439440.html）
	“清代金榜”简介（https://www.saac.gov.cn/daj/lhgjk/201808/5d6abe19006d47489327b05524a38cc5.shtml）
清代“样式雷”建筑图档	华夏建筑意匠的传世绝响——浓缩中国古代建筑史的《清代样式雷图档》（http://www.zgdazxw.com.cn/culture/2020—06/03/content_306176.htm）
本草纲目	《中振说本草》脱口秀（https://www.360kan.com/va/ZcIlaXNw82EAEz.html）
黄帝内经	《黄帝内经》教学视频（https://www.bilibili.com/video/av931472451?from＝search&seid＝11849611025646014047&spm_id_from＝333.337.0.0）
甲骨文	传奇女书网站与字库转换器简介（https://mp.weixin.qq.com/s/jpuKrEUvEx-hZD_UmlLtVMg）
	清华大学中国古文字艺术研究中心（http://www.thurcacca.org）
	甲骨文字典（http://www.iguci.cn/dictionary/oracledict.php）
四部医典	西藏自治区藏医院官网（https://www.xzzzqzyy.com/index）
	《四部医典》世界记忆亚太地区名录申报表（2016 年 10 月版）（https://www.saac.gov.cn/mowcn/cn/c100513/202104/4f85b285f8a84553ac223b36621c937b/files/4a0a68c11a924078aba1e05bf09d8e5d.pdf）
	《四部医典》入选《世界记忆（国际）名录》（http://health.people.com.cn/n1/2023/0526/c14739－32695033.html）
	喜马拉雅地区共享的医学经典《四部医典》（http://www.zgdazxw.com.cn/culture/2018－04/13/content_230809.htm）
	18 个版本藏医巨著《四部医典》影印珍本在西藏出版发行（https://baijiahao.baidu.com/s?id＝1752902344989759084&wfr＝spider&for＝pc）
	德吉措姆：藏医著作《四部医典》缘何值得被世界铭记?（https://baijiahao.baidu.com/s?id＝1758987156224314412&wfr＝spider&for＝pc）

续表

世界记忆	延伸资料
澳门功德林寺档案文献（1645—1980）	《四部医典》和《澳门功德林寺档案文献（1645—1980）》成功入选《世界记忆名录》（http：//www. zgdazxw. com. cn/news/2023 - 06/05/content_340889. htm）
	澳门佛教记忆被世界珍藏：功德林寺文献遗产列入《世界记忆名录》（https：//baijiahao. baidu. com/s?id＝1767543023956580841&wfr＝spider&for＝pc）

案例一

记录天籁——中国传统音乐录音档案的数字化奋进之路

随着人类记忆需求的增加，人们开始不断发明创造新的记录载体，石刻、玉器、简牍、缣帛、纸质、音像、电子设备等载体不断演变。音像档案因具有较强的形象性、直观性、客观性而受到人们青睐，显示出其他载体档案所不能替代的独特作用。

1956 年，中国艺术研究院音乐研究所资料室组建音档组，全面铺开资料采录和收集工作。该所人员先后使用了钢丝录音机、开盘录音机、盒式录音机、数码录音机等录音设备和钢丝录音带、开盘录音带、盒式录音带、数码录音带等音响介质采录珍贵的第一手音响资料，经过漫长积累，一份沉甸甸的中国传统音乐录音档案逐渐形成。[①] 这是目前收录中国传统音乐最丰富、最完整的录音档案，长达 7 000 小时，包含中国 30 多个省（区、市）的汉族音乐，以及 50 多个少数民族的音乐，成为我国自 20 世纪 50 年代以来录音发展史的真实写照。

随着现代信息技术的发展，人类开始进入数字时代，社会记忆也呈现数字化发展趋势。社会记忆的数字化形态是有史以来最复杂、最深刻、影响最深远的一种社会记忆类型，它不仅意味着我们当下的活动被数字化保留下来，也意味着我们过去的活动可以数字化再现。[②] 为适应技术和记录载体的发展，世界记忆项目提出了一项新动议，即保存数字化遗产，使其得以为世界人民所共享与利用。基于此，2003 年，由中国艺术研究院副院长张庆善担任课题组组长的联合国教科文组织资助试验项目“濒危音响档案数字化”正式立项并启动，为中国传统音乐录音档案的数字化抢救工作打下了坚实基础。根据项目前期试验工作中所积累的经验和教训，中国传统音乐录音档案的数字化抢救与保护项目自 2005 年开始启动并逐步展开，中国传统音乐音响资料得以整合、充实，并为数字化发展奠定了良好基础。

2019 年 4 月 23 日，以中国传统音乐录音档案中的古琴音乐和阿炳传世乐曲为主要内容，附有馆藏相关采访报告等文献资料的《丝桐神品——古琴（1950—1970）》《世纪绝响——阿炳传世乐曲》正式首发，标志着学术音响资料的整理保护迈入新阶段。

---

① 中国传统音乐录音档案（下）．（2021 - 03 - 22）．中国非物质文化遗产网．

② 丁华东．论社会记忆数字化与乡村档案记忆工程推进策略．档案学通讯，2015（4）：36 - 39.

《丝桐神品——古琴（1950—1970）》收录院藏录制于 1950—1970 年的 274 首古琴录音[1]，涉及 72 位琴家，是人民音乐出版社出版的单件乐器体量最大的一套音像出版物。全套音像产品共分 10 卷，内容长达 330 多个小时。为了确保两套专辑的音质，人民音乐出版社专门邀请我国著名录音师、中国传媒大学李大康教授，组织团队 10 余人，历时近一年半，精心完成音频修复和母带制作。全套出版物采用中英文语种，英文的翻译与编校工作量巨大，三次编校文字量达百万字。[2]

《世纪绝响——阿炳传世乐曲》收录了 1950 年中国艺术研究院音乐学家杨荫浏与曹安和在无锡用钢丝录音机录制的阿炳仅存于世的 6 首乐曲（见图 10-1），其中有 3 首二胡曲和 3 首琵琶曲。这是首次从原版钢丝录音带转录并且 6 首乐曲全部呈现的阿炳遗音出版物，充分体现了中国艺术研究院对音乐文化遗产抢救与保护的重视。该出版物后记介绍，其出版经历了修复钢丝录音机、制作新磁头、处理杂音噪音等技术流程，力求最大限度重现阿炳演奏的高清原声，为学界提供保留更多历史信息的第一手资料。为保存录音资料的原始性，整理者对于琵琶曲《龙船》中的一小段音频缺损，并未擅自做任何修补与嫁接，充分体现出对前辈艺术家和学者工作的尊重。

图 10-1 中国传统音乐录音档案——阿炳 6 首传世乐曲的钢丝录音带

图片来源：中国传统音乐录音档案（上）.（2021-03-08）. 中国非物质文化遗产网.

2019 年 12 月 2 日，中国艺术研究院艺术与文献馆整理出版的馆藏音响档案珍粹《丝桐神品——古琴（1950—1970）》和《世纪绝响——阿炳传世乐曲》成功入选“中华民族音乐传承出版工程精品出版项目”。

为推动中国传统音乐录音档案的进一步数字化转型，满足人们近距离欣赏中国传统音乐录音档案的需求，在深刻分析、学习录音资料和国际标准的基础上，2021 年 1 月 28 日，北京分形科技有限公司与中国艺术研究院达成合作，为其打造“世界的记忆——

---

① 古琴音乐是中国历史上渊源久远的一种器乐形式，其历史可追溯至先秦时期，具有深厚的人文精神内涵，是中国艺术研究院艺术与文献馆的最重要馆藏之一。

② 中国艺术研究院图书馆馆藏音响档案珍粹《丝桐神品》《世纪绝响》首发式与媒体见面会.（2019-04-23）. 中国艺术研究院艺术与文献馆官网.

中国传统音乐录音档案”数据库网站和 App。①

资料来源：邵晓洁．手捧“中国音乐文化之火”传承中华传统文化之光：写在中国传统音乐录音档案入选首批《世界记忆名录》22 周年．中国音乐学，2019 (1)：114－120.

中国传统音乐录音档案反映了我国录音档案载体的演变过程（教材第二章第二节），以及该载体演变的直接动因——载体性质的变化、人类需求的提升、传播的发展，根本动因是档案载体介质从天然走向人工，与国家的经济、政治、文化息息相关（第二章第三节），其数字化转型、数据库网站的建设说明了国家层面（中国艺术研究院（中国非物质文化遗产保护中心）是我国唯一一所集艺术科研、艺术教育、艺术创作、非遗保护和文化艺术智库于一体的国家级综合性学术机构）对传承弘扬传统音乐文化的重视。

案例二

纳西东巴古籍的译注、图片、视频与纪录片

纳西东巴古籍（如图 10－2 所示）是流传千年的纳西族古典文献，具有独特的文化符号和丰富的文化内涵。其因古老的象形文字、卷帙浩繁的经籍文献、名目繁多的宗教仪式、独具特色的诗乐舞画艺术而著称于世，包括文字、绘画、音乐、舞蹈、法器、经文等各个方面。纳西东巴古籍载体独具特色、享誉世界，其用竹笔（玉龙山北部地区出现过铜笔和铁笔）和松明烟制作的墨作为书写工具，文字是纳西族先民自创的图画象形文字东巴文和标音文字格巴文，用荛花皮和树皮制作的东巴土纸作为书写载体，多半为长宽比例约 3∶1 的长方形状，线装。

图 10－2　纳西东巴古籍

图片来源：丽江纳西族东巴经手抄本入藏国博．(2017－12－08)．新京报网．

丽江市东巴文化研究院立足于实现社会主义文化强国建设、增强国家文化软实力的伟大目标，发挥久久为功、利在长远的耐心和耐力，在东巴古籍的抢救、整理和传承方面取得了诸多成果。

① 中国艺术研究院“世界的记忆——中国传统音乐录音档案”数据库网站和 APP 建设项目成交公告．(2021－01－28)．中国政府采购网．

一是译注了诸多严谨科学、便于阅读利用的作品，详见表 10－3。

表 10－3　东巴古籍译注作品举类

序号	出版时间	作品名称	作品意义
1	1992 年	《东巴文化艺术》	画册共 11 个方面，收录 200 多幅图片，介绍东巴木牌画、占卜经、卷轴画等珍贵作品，荣获第七届中国图书奖
2	1999 年	《纳西东巴古籍译注全集》	收录了中外绝大部分东巴古籍。全集统一采用现代技术对象形原文逐页扫描实录，然后用直观的四对照译注体例（古籍象形文原文、国际音标标注纳西语言、汉文直译对注、汉语意译）依序并排译注，便于检索
3	2003 年	《东巴象形文异写字汇编》	东巴文属象形表意文字，包括象形、会意、指事、形声等字体，文字总计约 1 600 个，汇编在记录保存以及传播东巴文方面发挥了重要作用
4	2005 年	《纳西东巴经典名句欣赏》	记述纳西族进取向上、修身立德的民族精神和生活哲理，以及劝学、讽刺与喻世、祝辞所运用的经典话语
5	2006 年	《纳西族母语和东巴文化传承读本》（全 3 册）	云南省第一套纳西语言文化教材，包括《纳西象形字东巴文应用》《纳西象形字东巴古籍选读》《纳西象形字东巴文》三本书
6	2011 年	《哈佛燕京学社藏纳西东巴经书》（第 1～4 卷）	标志着纳西东巴古籍的抢救保护工作开始向国外拓展，为纳西东巴古籍在全球范围内的有效保护利用打开了突破口，为纳西东巴文化屹立于世界文化之林打下了坚实的基础
7	2018 年	《纳西阮可东巴古籍译注》（第 1～3 卷）	收录纳西阮可东巴经典著述，标注国际音标，对于少数民族语言、文字研究者了解学习和研究纳西族历史文化、民俗传统具有较高的学术和收藏价值
8	2018 年	《纳西东巴文辞书研究》	纳西东巴文辞书是了解和掌握纳西族东巴文字的重要途径。对三部重要的东巴文辞书进行全面研究，有利于指导今后东巴文的辞书编纂，有利于加深对纳西族语言文字和民族文化的了解
9	2018 年	《哈佛燕京学社藏纳西东巴经书》（第 5～6 卷）	对哈佛藏 598 卷纳西东巴经进行刊布和释读，采用古籍整理的方法，具体步骤是首先把哈佛藏经书与已经出版的《纳西东巴古籍译注全集》进行比勘，然后请健在的老东巴进行讲解，最后释读成汉语，译释内容包括经文对译、音标标音、意译、英文翻译等
10	2023 年	《哈佛燕京学社藏纳西东巴经书》（第 7～9 卷）	
11	2023 年	《纳西东巴文献字释合集》（全 50 册）	一套东巴文献字释专著，约 1 500 万字，由西南大学汉语言文献研究所喻遂生教授领衔的专业团队历时 12 年整理完成，在我国东巴文研究史上第一次大规模整理推出了东巴文献字释作品，为我国东巴文献与东巴文化的深入研究提供了翔实的基本材料，也为民族古籍整理工作提供了一个参考范式

资料来源：武文杰，周余姣．存藏 再生 传承：论东巴古籍文献的保护．山东图书馆学刊，2020（3）：35－40.

二是与高校、研究院等合作，通过国家社会科学基金资助，推动东巴文献共享。2012年，北京信息科技大学、北京东巴文化艺术发展促进会、丽江市东巴文化研究院和迪庆纳西学会合作成功申请了国家社会科学基金重大项目"'世界记忆遗产'东巴经典传承体系数字化国际共享平台建设研究"。该项目实现了东巴古籍及其相关资料的数字化采集、翻译、释读与编目，突破了东巴古籍以及相关文献的信息化加工和共享平台的关键技术，建立了东巴古籍的数据库、知识库以及国际共享平台，并研究其管理及利用方法。

三是摸清东巴古籍国内外馆藏分布，制作优美精良的图片、视频、纪录片等。东巴文献国家社会科学研究团队深入调研东巴古籍国际馆藏分布，数字化采集了分散收藏于国内外的东巴古籍，共收集国外11家、国内10家收藏机构的东巴古籍文献数字版共计3 378册，拍摄制作了大量反映东巴人文现状的图片、视频、纪录片等。其中，《回归的东巴经卷》《纳西族传统造纸术与其传承的文化》荣获第十届巴黎中国电影节"最佳人文纪录片奖"。①

相关机构对纳西东巴古籍进行译注（发挥档案的历时性价值）、开展大型课题研究（发挥档案的共时性价值）、拍摄视频与纪录片（发挥档案的现时性价值）等（第四章第二节），围绕档案的客观性、历史性、现代性、异质性、增值性等特性（第四章第一节）展开，对其价值进行充分挖掘，是打造纳西族文化名片的基础。

案例三

再现金榜：档案修裱人员助力展示中华科举文化

纸质档案最先产生于中国。作为纸质档案中较为特殊的存在，金榜，因书写在供皇室专用的黄纸上，也称"黄榜"，又因由皇帝亲自批准并盖有"皇帝之宝"的大印，亦称"皇榜"，是中国封建社会科举考试制度中最高一级考试殿试的成绩排名榜。金榜用墨在手工纸上书写，是中国典型的传统纸质文书，对研究中国古代文书制式具有重要意义；全文满汉文并用，对于满语研究，特别是满汉文字转译而言，具有重要价值。

清代大金榜（如图10-3所示）最早形成于17世纪，距今已有300多年。由于一些历史、自然因素，部分档案存在虫蛀及墨水浸渍、脏污等现象。针对这些问题，档案人员利用专业知识对大金榜进行有效的修复。首先，将破损部分按照原来的排列顺序铺在案板上补缺，然后轻轻地在档案的背面刷上用淀粉糊制成的黏合剂黏合。黏合剂刷好后，再在档案背面黏合白色案纸。黏合补缺时，档案修裱人员必须对档案内容了如指掌，熟练掌握档案保护知识与技能以避免错误黏合、二次破坏。

① 国家社会科学基金重大项目工作简报（第六期）.（2016-06-02）. 全国哲学社会科学工作办公室官网.

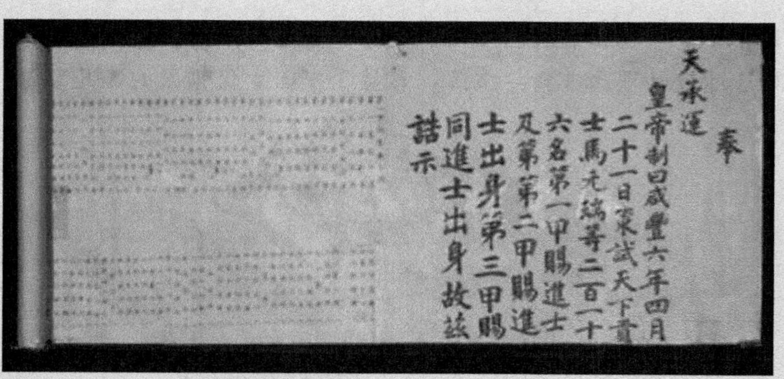

图 10-3 大金榜

图片来源：中国第一历史档案馆。

与石头、泥浆粘连的档案处理难度和修复成本最高。通常采用两种方法：一是把石头放入蒸锅，利用水蒸气将档案与石头分离，然后使用专业工具将档案摘出；二是制冷法，工作人员将石头置于零下 30 摄氏度的低温环境中进行冷冻处理，让致使档案与石头粘连的水分冻结成冰，再将石头放入真空干燥的仪器中，直接将冰转化为气体。使用上述两种方法都有可能使档案上的墨水扩散，因此在修复前，档案修复人员需要使用一种专业的试剂以凝固墨水，防止其扩散。对于已经部分化为纸灰的档案，技术人员则需通过红外线仪器进行针对性修复以还原档案的原貌，然后再通过翻拍冲洗的原理完成修补。这种修复方式成本非常高，通常是普通修复成本的 10 倍以上，且黏合档案工作对档案人员的学识、眼力都有着极高的要求。①

清代大金榜体现了中国独有的政治制度——科举制，展示了我国在悠久历史进程中为人类文明进步作出的突出贡献，以及国家治理体系和治理能力的历史底蕴，也展示了中华民族以和为贵的和平性格、海纳百川的包容特质，以及天下一家的大国气度。② 大金榜卷帙浩繁、真伪杂厕、寿命有限（绪论第二节），需要进行长期的修复、保护等工作，才能打造好中华科举的文化名片。

案例四

揭秘“样式雷”家族，领略皇家建筑特色

“样式雷”建筑图档（如图 10-4 所示）是以雷氏家族为主的清代宫廷建筑师绘制的建筑设计施工图样和相关档案文献，涵盖了城市、宫殿、园林、坛庙、陵寝、府邸等清代皇家建筑在选址、设计和施工等多方面的细节，“样式雷”家族娴熟灵活

---

① 世界非物质文化遗产：清代大金榜（2）.（2013-12-16）. 宣讲家网.

② 习近平. 建设中国特色中国风格中国气派的考古学，更好认识源远流长博大精深的中华文明. 求是，2020（23）.

地运用工程图学语言，包括各种富于现代意义的投影及图层方法，来绘制规划、设计和施工图，以表达设计理念并指导施工，彰显了中国古代哲匠的非凡智慧。①

图 10-4 "样式雷"建筑图档——圆明园同乐园烫样旧影（营造学社旧照）

图片来源：张龙，张凤梧，吴晗冰．雷廷昌的巧思 从样式雷图档看颐和园德和园的设计．紫禁城，2019（2）：61-81.

"样式雷"建筑图档是研究中国古代建筑史乃至世界建筑史的珍贵史料，凝结着"样式雷"家族的智慧和心血，渗透了"样式雷"家族的建筑设计理念和当时的审美取向，深刻体现了精益求精的工匠精神。为充分发挥"样式雷"图档的经济、教育、文化价值，各方主体开展了丰富的开发活动，详见表 10-4。

表 10-4 "样式雷"建筑图档开发举例表

开发时间	开发主体	开发形式	具体内容
2007 年 9 月	国家图书馆	展览	举办"大匠天工——清代样式雷建筑图档特展"[1]
2008 年 1 月	天津大学王其亨教授及其研究团队	国家自然科学基金重点项目	成功申报国家自然科学基金重点项目"清代建筑世家样式雷及其建筑图档综合研究"，对清代皇家园林的工官制度、建筑技术、布局模式和空间意象等方面问题进行了卓有成效的探讨[2]
2014 年 9 月	国家典籍博物馆	展览	举办"国家图书馆馆藏精品大展"[3]，展示了许多珍贵的"样式雷"图档
2015 年 7 月	国家大剧院	话剧	全新制作原创话剧《样式雷》并作为"2015 国家大剧院国际戏剧季"中"本土原创"演出板块的重要剧目
2017 年 7 月	南昌大学教授朱礼生	小说	以"样式雷"为题材创作长篇影视小说《清宫巨匠——样式雷》[4]
2019 年 3 月	中央民族大学历史文化学院	讲座	由国家图书馆古籍馆副研究馆员任昳霏讲解《不一样的样式雷——国家图书馆藏样式雷图档举介》的讲座[5]
2019 年 7 月	江西省九江市总工会	教育基地	设立"样式雷"工匠精神教育基地，旨在教育引导广大职工学习雷氏家族专注、敬业、脚踏实地的匠人精神[6]

① 王昊．皇家建筑档案开发的现实意义与路径分析：以"样式雷"图档为例．档案与建设，2019（5）：34-37.

续表

开发时间	开发主体	开发形式	具体内容
2020 年 7 月	中国人民大学档案学师生团队	小程序游戏	将现代信息科技与档案文化创意充分结合开发基于清代“样式雷”图档的娱教游戏小程序[7]
2021 年 1 月	国家图书馆研究馆员白鸿叶	图书	《大国工匠——样式雷》是一部较为系统且全面介绍“样式雷”的普及读物，结合建筑史、文化史，精选 200 余幅高清图片，揭示了“样式雷”家族、“样式雷”图档及“样式雷”相关建筑等内容
2023 年 2 月	中央新闻纪录电影制片厂、北京科影传媒有限公司	纪录片	《样式雷》在 CCTV-9 播出，描绘了在清代 200 多年时间里，雷氏家族先后共有 8 代人从事皇家建筑的设计及施工工作，还原了雷氏家族史，展现了我国古代建筑的卓越成就[8]
2023 年 5 月	北京航空航天大学学生工作部	讲座	主讲人为国家图书馆古籍馆研究馆员白鸿叶，通过国家图书馆收藏的“样式雷”图纸、文档、烫样、日记、信件、雷家祖茔墓碑拓片，解读“样式雷”家族 8 代传人及其在中国古代建筑史上的伟大成就[9]

注：1. “样式雷”建筑图档特展启动“国家图书馆日”.（2007－09－10）. http：//news. enorth. com. cn/system/2007/09/10/001930163. shtml.

2. 王其亨，张凤梧. 一幅样式雷圆明园全图的年代推断. 中国园林，2009，25（6）：83－87.

3. 国家典籍博物馆开馆 样式雷图档展出.（2014－09－11）. 中国新闻网.

4. 弘扬“样式雷”工匠之魂：省政协首件办理满意提案再办记. 光华时报，2017－10－10.

5. 大国工匠“样式雷”：《国家图书馆藏样式雷图档》项目介绍.（2019－12－21）. 国家图书馆出版社官网.

6. 王星，曹姗姗. 九江市总工会设立首个工匠精神教育基地. 工会信息，2019（17）：38.

7. 王玉珏，龙家庆，郭黄昕玥. 以学科竞赛促进档案学专业创新人才培养：两届全国高校档案学专业大学生课外科技作品竞赛情况分析. 档案学通讯，2019（4）：98－105.

8. “样式雷”和我们做的一些书.（2023－03－03）. 国家图书馆出版社官网

9. 讲座预告 | 大国工匠：走进传奇家族“样式雷”，揭秘中国半部古建史.（2023－05－15）. 北航仪器光电人公众号.

2002 年 4 月，时任福建省省长习近平为《福州古厝》一书作序时写道，“保护好古建筑、保护好文物就是保存历史，保存城市的文脉，保存历史文化名城无形的优良传统”①。“样式雷”图档作为迄今为止发现的中国古代建筑史上仅有的档案记载，清晰地记录了建筑工程从设计到施工的全过程，破除了西方对于中国建筑纯凭经验修建的缪谈，展现了中国古代极高的建筑设计水平，找回了中国在建筑史上的话语权，重塑中国人的古建筑尊严。结合教材第九章，清代“样式雷”图档作为皇家建筑档案的典型，明确对其产品进行效果评估在学术研究、清代宫廷建筑维护、文创产业以及精神引导等方面的现实意义；了解对“样式雷”图档开发利用效果评估的原则与程序，展示古代皇家建筑的风貌；对表 10－4 中的话剧、展览、小程序游戏等进行效果评估，获悉评估目标、评估主体、评估对象、评估指标、评估标准、评估方法等知识。

① 这件事，在习近平心中有多重.（2019－08－19）. 新华网.

案例五

挖掘医典档案价值，展现中国“杏林”智慧

李时珍（1518—1593），字东璧，明代著名医药学家，被后世尊为“药圣”。李时珍考古证今、穷究物理，历经27个寒暑，三易其稿，于明万历十八年（1590年）完成了192万字的巨著《本草纲目》（如图10-5所示），其中记载药物1 892种，收集医方11 096个，对每一种药物的用法和功效都有详细说明和观察记录。

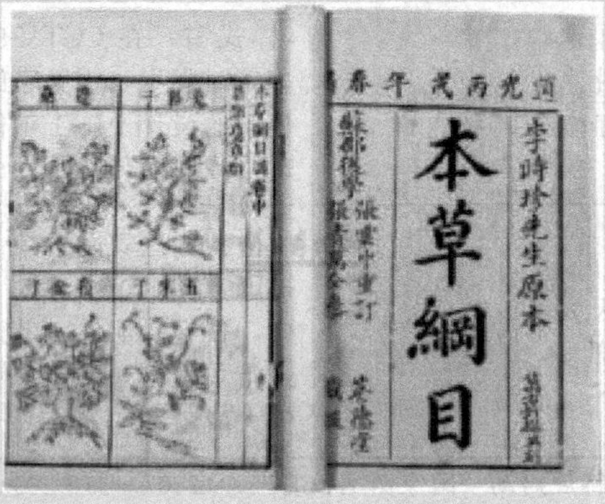

图10-5 《本草纲目》

图片来源：张斯佳．面向高校社区的药学服务呈现方式表征效果研究与设计．武汉：华中科技大学，2019.

《本草纲目》具有极强的学术影响力。其以巨大的科学价值和实用价值在药物学、植物分类学、医学、化学、生物学等学科中占有重要地位；其对收载的各种矿物不仅仅作药理研究，也述及矿物的开采、探测甚至冶炼，对现代矿物学、地质学工作者具有重要的参考价值；除中医药科技人员在研究工作中把《本草纲目》作为经典引用外，文献学、物理学、天文学、物候学、气象学、哲学等行业专家在研究工作中也常引用《本草纲目》。①

《本草纲目》具有国际影响力。它是我国医药宝库中的一份珍贵遗产，是对16世纪以前中医药学的系统总结，被誉为“东方药物巨典”，对人类近代医药科学产生深远影响。18—20世纪，《本草纲目》被全译或节译成英、法、德、俄、韩等20多种语言文字，再版100余次，在世界广泛流传，成为西方许多领域学者的研究对象。

《本草纲目》至今仍受到大力推广。2016年，为迎接李时珍诞辰500周年，著名中药鉴定学专家赵中振教授录制了中国首档大健康领域名家脱口秀《中振说本草》，每一集围绕一个中医药文化相关知识展开，极富趣味。赵中振教授后又将节目内容编辑成《中振说本草》一书，此书采用立体阅读方式，读者在阅读、欣赏文字与图片的同时，可以用手机扫描每讲二维码，收听、收看相关的音频、视频。

《黄帝内经》，是我国医学宝库中现存成书最早的一部医学典籍，主要分为《灵

① 王剑，梅全喜．论李时珍《本草纲目》的伟大贡献及学术价值：纪念李时珍诞辰500周年．中国现代中药，2018，20（5）：495-501，509.

枢》《素问》两部分，总结了春秋至战国时期的医疗经验和学术理论，并吸收了秦汉以前有关天文学、历算学、生物学、地理学、人类学、心理学等领域的知识，运用朴素的唯物论和辩证法思想，对人体的解剖、生理、病理以及疾病的诊断、治疗与预防，做了比较全面的阐述。

《黄帝内经》具有学理价值。《黄帝内经》以黄帝、岐伯、雷公对话、问答的形式阐述病机病理，主张不治已病，而治未病，同时主张养生、摄生、益寿、延年，在理论上建立了中医学上的“阴阳五行学说”“脉象学说”“藏象学说”等。《黄帝内经》是中国传统医学四大经典著作之一（其余三本是《难经》《伤寒杂病论》《神农本草经》），同时也是研究人的生理学、病理学、诊断学、治疗原则和药物学的医学巨著，成为中国医药学发展的理论基础和源泉。美国著名生命伦理专家艾德蒙·佩雷戈里诺（Edmund Pellegrino）认为《黄帝内经》是世界上最有影响力的医学文献之一。[①] 自 20 世纪中期至今，《黄帝内经》得到了国内外多种形式的开发，具体见表 10－5。

表 10－5　《黄帝内经》国内外开发类举表

类别	开发时间	开发主体	开发作品/活动	特点
国内开发举要	1997 年	海豚出版社	漫画版《黄帝内经：养生图典》	插图生动形象，印刷排版精美，文字说明通俗易懂，是长幼咸宜的医学普及读物
	2002 年	中国电视纪录片学术委员会、中华中医药学会、广州电视剧制作中心纪录片工作室、北京精业文化艺术有限公司	60 集大型电视纪录片《黄帝内经》	片中涉及大量中国历史、医史，采访了数十位中国一流中医专家，以故事化的方式拍摄，深入解析《黄帝内经》生命文化的密码，在还原真实历史的原则下，保证了最佳的视觉效果
国内开发举要	2014 年	贵阳中医学院	《黄帝内经》古籍数据库：通过 TPI 系统数字化处理，建立了全文检索服务器程序、电子图书制作、元数据加工、内容发布系统、数据转换、远程教育等子系统	既实现了对《黄帝内经》古籍的永久保存，又为研究和利用《黄帝内经》古籍资源搭建了新型平台，对于《黄帝内经》学术研究有很大的推动作用[1]
	2021 年	河南省国际医疗保健互助促进会、河南健康报、医药卫生报等	《黄帝内经》文化传承与创新论坛暨第三届国际大健康产业展览会	现场 6 万多名专业观众参加，200 万名以上观众通过线上直播平台围观，论坛主题围绕中医健康、艾灸养生、医养结合、健康项目品牌加盟与健康产业相关的产品和技术展开，全面展示现代中医药发展成就，有力地推动中医药文化传播与弘扬

① 黄婧．译介学视角下的中医药文化“走出去”：以文树德《黄帝内经》英译本为例．中医教育，2021，40（2）：27－31.

续表

类别	开发时间	开发主体	开发作品/活动	特点
国外开发举要	1949 年	约翰·霍普金斯大学医学史研究所	所长西格瑞斯特及其博士生爱尔萨·威斯翻译《黄帝内经》	第一部公开出版的《黄帝内经》译本
	1949 年	威廉姆斯·威尔金斯出版社	出版《黄帝内经》	国际上声名斐然的大型出版社在《黄帝内经》的海外推广中扮演了重要角色，为《黄帝内经》走向世界作出了卓越贡献[2]
	1966 年	加利福尼亚大学出版社		
	1988—2011 年	慕尼黑大学医史研究所	文树德教授主持《黄帝内经·素问》英译课题	迄今为止西方规模最大的中医典籍翻译工程，堪称第一部语义较为正确的《黄帝内经·素问》英文全译本，使得《黄帝内经·素问》的全貌第一次呈现给西方世界，为《黄帝内经》"走出去"作出了不可磨灭的贡献

注：1. 赵博，仝芳洁，刘森林，等．汉唐时期《黄帝内经》古籍数据库建设研究．贵阳中医学院学报，2014(6)：49-52.

2. 王彬．构建中国出版物"走出去"的赞助人体系：以中医典籍《黄帝内经》"走出去"为例．出版发行研究，2014(12)：32-34.

习近平总书记强调，中医药学包含着中华民族几千年的健康养生理念及其实践经验，是中华文明的一个瑰宝，凝聚着中国人民和中华民族的博大智慧。① 2011 年本草纲目和黄帝内经顺利入选世界记忆名录，代表了国际社会对中医药医疗价值、文化价值的广泛认同，为在世界范围内进一步弘扬中医药文化提供了广阔的交流平台。中药汤剂、八段锦、穴位敷贴等中医组合疗法的推广，使有着数千年历史的中医药文化迎来了新热度，促进了中医药文化在世界范围内的认同和赞誉。结合教材第十章阐述《本草纲目》《黄帝内经》开发利用中取得的成效（第一节），归纳存在的诸如对中医药文化开发利用的政策法规不够健全、开发手段仍需更加现代化等问题（第二节），分析影响中医药文化开发利用的因素，如政治、经济、文化、科技等宏观因素，以及档案部门、档案用户、档案政策等微观因素（第三节），鼓励学生研判中医药开发利用的发展趋势（第十一章），激励学生为推广中医药文化献计献策。

案例六

活化甲骨——早期文字在新时代焕发生机

甲骨是中国古代最早的档案载体，甲骨文是迄今为止中国发现的年代最早的成

① 习近平对中医药工作作出重要指示强调 传承精华守正创新 为建设健康中国贡献力量 李克强作出批示．(2019-10-25)．人民网．

熟文字系统，是汉字的源头和中华优秀传统文化的根。① 甲骨档案（如图 10－6 所示）真切地记载了商周时期统治阶层活动的多个侧面，记载和传承着中国特色政治、经济、文化、军事、民族的发展史。

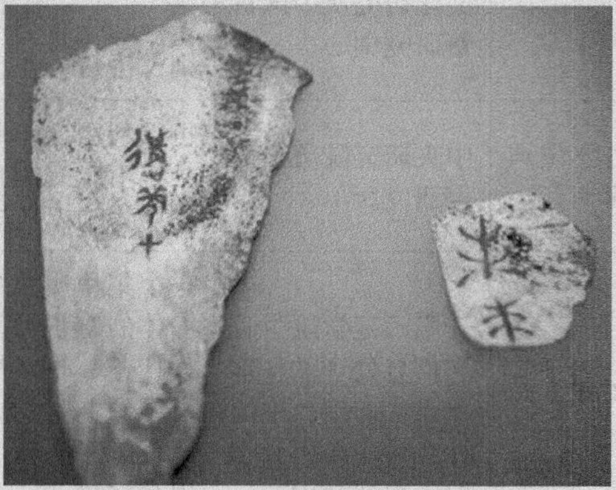

图 10－6 殷墟遗址博物馆内的甲骨文

图片来源：甲骨文成功入选《世界记忆名录》，我国已有 13 份文献遗产入选《世界记忆名录》.（2017－11－26）. 新浪网.

多部门、多学科对甲骨文进行了深入研究和广泛推广应用，取得了较多成果（详见表 10－6）。以甲骨文为基础开发的数据库、字库、表情包、游戏、歌曲、文创产品等都是在传承中华民族优秀文化中创新，赋予甲骨文化新时代的新内涵，从而使古文化得到更好、更广的传播。

表 10－6 传承弘扬甲骨文化成果类举表

形式	时间	成果名称	开发主体	特点
图书	2003 年	《殷墟花园庄东地甲骨》[1]	中国社会科学院考古研究所	利用彩色照片、拓片、摹本“三位一体”的著录手段，用照片展现甲骨形态、钻凿卜兆、颜色以及一些拓片难以拓出的细小笔画
	2018 年	《小汉字大故事》	萧袤、阿璐	利用 150 多个朴实、简洁的甲骨文（少数金文和篆文）创作的儿童故事书
	2019 年	《殷墟考古与甲骨学研究》	中国社会科学院考古所研究员刘一曼	总结殷墟考古与甲骨学数十年来取得的成果，对甲骨文的发现与发掘、甲骨的整治与占卜、考古学与甲骨文断代研究等问题进行了全面的阐述
	2019 年	《甲骨春秋——纪念甲骨文发现一百二十周年》	汉字文明传承传播与教育研究中心、郑州大学汉字文明研究中心	以殷墟出土的甲骨文为主，以殷墟以外如陕西、山东、山西、宁夏、河北等地出土的西周甲骨文为辅，以科学考古发掘材料为中心，突出各有关方面的主要成果

① 习近平致信祝贺甲骨文发现和研究 120 周年强调：坚定文化自信 促进文明交流互鉴.（2019－11－03）. 新华网.

续表

形式	时间	成果名称	开发立体	特点
文字数据库	1998 年	汉达文库	香港中文大学中国文化研究所中国古籍研究中心	至今已有 6 个中国古代传世文献及出土文献数据库，数据库共收录约 8 000 万字，其年代由商周至魏晋南北朝，地域则及于楚、齐、鲁等重要文化区域
	2004 年	“甲骨文数位典藏”数据库	中央研究院历史语言研究所	可以利用计算机联网进行查询检索，其中有不少资料库向公众免费开放，对普及甲骨知识发挥重要作用
	2016 年	“殷契文渊”数据库	安阳师范学院甲骨文信息处理教育部重点实验室、中国社会科学院甲骨学殷商史研究中心	一个集甲骨文字库、著录库、文献库于一体的知识共享平台，已完成第一期建设任务，收录甲骨文著作 152 部、甲骨文图像 23 万余幅、甲骨文文献 3 000 余篇，第二期将利用人工智能技术，实现甲骨文检测与识别、甲骨自动缀合与全文检索
体育图标	2006 年	体育图标	北京奥运会组委会	融合了甲骨文的字形意趣，设计了 35 个图标代表田径、赛艇、羽毛球等体育项目[2]
表情包	2017 年	“汉仪陈体甲骨文”表情包：甲骨熊猫侠、甲骨文有表情、甲骨文上班族、甲骨萌表情、甲骨文的问候和生肖甲骨文等[3]	陈楠设计师团队	组拼金文、籀篆、石鼓等文字，并在此基础上进行组合、调色、故事化等
网络游戏	2013 年	甲骨问	四三九九网络股份有限公司	以甲骨文为元素创作的益智、问答、策略游戏类游戏
	2015 年	甲骨五连珠		
	2017 年	甲骨文的石头		
	2018 年	甲骨文英雄		
	2018 年	探索甲骨文		
文化创意产品	2015 年	甲骨文字灯	国家典籍博物馆	针对甲骨文设计打造甲骨文字形的灯体、灯架、灯影
	2018 年	“鼎喵”磁力贴	中国文字博物馆	以甲骨文、金文中“鼎”字为灵感，磁力贴身形像猫，头、耳朵具有青铜鼎元素，形象演绎甲骨刻辞过程[4]
	2019 年	姓氏钥匙扣、胶带、扑克牌、冰箱贴等[5]	河南博物馆	结合甲骨文自行研发的生活实用产品

续表

形式	时间	成果名称	开发立体	特点
展览	2015 年	“甲骨文记忆”	国家典籍博物馆	展示以甲骨文、金文、女书等文字为基础创作的作品[6]
	2018 年	“汉字·格律——陈楠汉字艺术设计观”	湖北美术馆	国家博物馆馆藏甲骨的第一次大规模展示，展览中以全息影像的形式呈现《甲骨文·宇宙》，展示甲骨文动画《射日》等作品[7]
	2019—2020 年	“证古泽今——甲骨文文化展”	中国国家博物馆	通过“廉价龙骨”“一字千金”“殷人刀笔”“考释甲骨”“考古探秘”等鲜活的小故事，应用体感捕捉技术、三维立体技术，以场景模拟、甲骨实物展示等方式诉说甲骨历史[8]

注：1. 管文韬．珂罗版、大数据、人工智能……甲骨文著录从来都是“高科技”．中国青年报，2019-11-19 (4).

2. 北京 2008 年奥运会体育图标．(2007-03-28)．中国政府网．

3. 祝佳京陈楠教授参与国家“纪念甲骨文发现 120 周年”系列活动．(2019-11-12)．清华大学美术学院官网．

4. 中国各博物馆创意产品齐聚德国法兰克福．中国文物交流中心官网．

5. 关注 | 用“甲骨文”做文创，萌起来连我自己都怕！．(2019-04-19)．搜狐网．

6. 【展览】“汉字·格律：陈楠汉字艺术设计观（武汉展）”隆重开幕．(2018-09-03)．清华大学美术学院官网．

7. 祝佳京陈楠教授参与国家“纪念甲骨文发现 120 周年”系列活动．(2019-11-12)．清华大学美术学院官网．

8. 让神秘晦涩的甲骨文“活”起来．光明日报，2015-11-17 (9).

打造档案名片，要以古系今，凸显传统文化魅力。中国传统音乐录音档案、纳西东巴古籍、清代大金榜、甲骨文，四种档案载体见证承载了中华五千年悠久文化的发展，结合教材档案的形成（第二章第一节）以及档案载体从口述、甲骨、金文、石刻、玉器、简牍、缣帛至纸质、音像、电子等的演变（第二章第二节），通过以人们喜闻乐见的形式推广弘扬中华文化内容与文化精神的各种活动，洞见档案载体演变的动因（第二章第三节），阐明档案中体现的中华优秀传统文化的深厚积淀。

打造档案名片，要古为今用，凸显传统文化影响。天籁之音的数字化记录、金榜的修复再现、药学经典的纪录片制作、甲骨的数据库开发等，使中华民族的文化基因与当代文化的内容相适应、与现代社会发展的需要与乐见的形式相协调。只有分析世界记忆开发利用的主体（教材第二编）、学习开发利用的途径与方法（教材第三编）、验证开发利用的效用（教材第四编），才能展示、发扬、提升中华民族博大精深的优秀传统文化。

10.3.2 贡献档案力量

利用档案构建我国历史的确切记忆，开发档案产品传承中华传统文化，是新时代正确认识我国多民族国家现实国情的必然，也是加强国家总体文化安全、筑牢中华民族共同精神家园的重要方式。通过介绍对清代内阁秘本档、元代西藏官方档案、清代澳门地方衙门档案的开发利用（延伸资料见表 10－7），了解档案部门可以做什么、能在多大程度上发挥档案力量、发挥的效果如何，明确档案人员传承文化根脉应担之使命，也是立足中华民族共同体大局弘扬中华文化之必需。

表 10－7 三种世界记忆档案资源推荐简表

世界记忆名称	资源内容简介	获取资源途径
清代内阁秘本档	一史馆 13 万余件满文朱批奏折数据库	https://www.thepaper.cn/newsDetail_forward_2604227
	MOOC 课程《走进少数民族语言》	https://www.icourse163.org/course/MUC-1207547806?from=searchPage
	2021 届清华美院毕业设计动画作品《万华镜》	https://www.bilibili.com/video/BV13X4y1P7z7?from=search&seid=3027248960057527215&spm_id_from=333.337.0.0.
	文章《清代内阁密本档与汤若望案》	http://iqh.ruc.edu.cn/qdshsyj/sh_dawx/ngda/5e1d76b289ff481e8a23aa978034b012.htm
元代西藏官方档案	中国古文字智能检索网络数据库	https://wjwx.ecnu.edu.cn/guwenzi
	视频《中华 56 民族的语言文字是什么样的?》	https://www.bilibili.com/video/BV1zD4y1U7Vb?from=search&seid=8975215184671091815&spm_id_from=333.337.0.0.
清代澳门地方衙门档案	《清代澳门地方衙门档案》简介	https://www.icm.gov.mo/gb/news/detail/15672
	著作《清代中叶澳门华人社会研究》	https://thinker.cnki.net/bookstore/book/bookdetail?bookcode=9787566825766001&type=book

案例七

清代内阁秘本档的图像识别、软件开发与数据库构建

秘本档（如图 10－7 所示）是清初内翰林秘书院依据文书保密制度将日常例行公事的文书中重要文书再誊抄而形成的副本。这批档案用现今日常生活中已经基本停止使用的满文抄写，保持了清朝正式官文书的原本面貌，避讳、抬头等格式内容一应俱全，体现出当时的时代特色。通过秘本档可以清晰洞察满文比较成熟发展时期的状况，了解当时满文的字词结构、语法等。

中国第一历史档案馆为满足社会对清代内阁秘本档的利用需求，依托 1975 年 8 月举办的满文档案干部培训班所打下的人才基础①，与汉王科技深度合作，利用该公司的调配模式识别专家和应用开发团队，结合档案人员档案整理、满文读写能力，实现了满文朱批奏折、实录、起居注、上谕档、寄信档、专档土尔扈特档 6 大类型

① 满文档案四十年：从满文干部培训班到满文图像识别系统．（2018－11－06）．澎湃新闻．

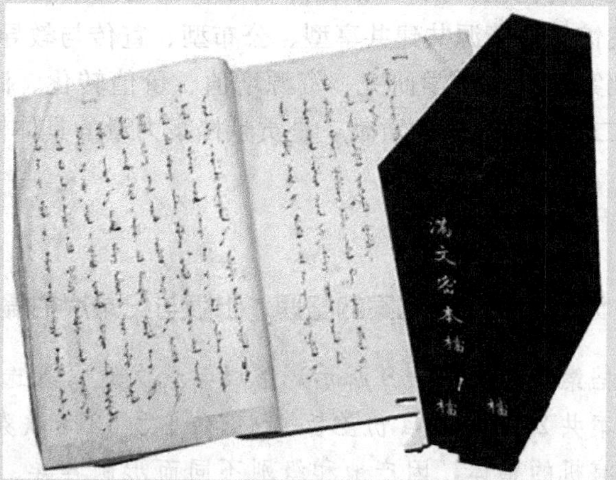

图 10-7 清代满文密本档：清内务府档案

图片来源：世界非物质文化遗产——清朝内阁秘本档．(2013-12-13)．宣讲家网．

14.3 万余件档案的数据转化[①]，并于 2018 年利用“满文识别通”“满文输入通”等软件开发了满文朱批奏折全文检索数据库，荣获“2018 年度国家档案局优秀科技成果特等奖”[②]。

“满文识别通”“满文输入通”这两款软件将光学字符识别技术应用于满文档案图像，满文行书识别率达 86.6%，满文楷书识别率达 95.1%，可用以建立满文档案全文检索数据库，填补了满文档案信息化与数字化领域的技术和软件空白；实现了国内少数民族手写体文字图像计算机识别的首次成功；填补了满文档案信息化与数字化领域中有关科学技术和应用软件的空白。这两款软件不仅为建立满文档案全文检索数据库提供了必要工具，更为满族语言的传承和活化开辟了有效途径，推动满文档案研究实践工作实现跨越式发展。[③] 例如，在满文朱批奏折的研究中，可充分领悟古代政治智慧，把当代中国的发展置于中华悠久历史之中找准定位、汲取经验，为国家发展服务。

2018 年 11 月 5 日，中央档案馆副馆长、国家档案局副局长胡旺林在“改革开放四十年满文档案工作回顾与展望”座谈会上指出，在满文档案图像识别和满文输入软件开发过程中，满文档案工作者所表现出来的对历史负责的担当精神、敢为人先的创新精神、攻坚克难的拼搏精神、科学严谨的工匠精神难能可贵，值得档案工作者学习；要求中国第一历史档案馆不断总结经验，把管理、责任、创新有机结合起来，推进明清档案开发利用，更好地服务党和国家发展大局。[④]

中国第一历史档案馆与汉王科技等公司合作，对清代内阁秘本档进行图像识别（整

① AI 赋能，汉王科技助中华古籍练就“长生诀”．(2018-08-29)．和讯网．

② 一史馆 13 万余件满文朱批奏折数据库将上线，使用方法抢先看．(2018-11-06)．澎湃新闻．

③ 13 万余件满文朱批奏折全文检索数据库将于 12 月向社会开放利用．(2018-11-19)．中国档案资讯网．

④ 满文档案图像识别软件开发与应用项目成果发布：一史馆召开“改革开放四十年满文档案工作回顾与展望”座谈会．中国档案报，2018-11-08 (1)．

理型开发）、软件开发（转化型开发）、数据库构建（主题汇集型开发）等工作（第五章第二节），阐释了档案馆信息资源共建共享型、公布型、宣传与教导型等开发类型（第五章第一节），体现了档案部门在科学研究、资源增值、价值转化、满足需求、辅助决策、提供便利（第五章第二节）等方面的贡献，是贡献档案力量的具体体现。

案例八

元代西藏官方档案的整理、出版与纪录片拍摄

元代西藏官方档案（如图 10－8 所示）形成年代久远。入选世界记忆名录的中国元代西藏官方档案共 22 件，即 4 份圣旨、5 份法旨和 13 份铁券文书。这部分档案自成体系，为一个有机的整体，因产地和级别不同而形制各异。从形式上看，圣旨皆为内地产手工纸，为八思巴文所书写，八思巴文作为元朝的官方用文，可转写其他任何一种语言文字，为后人留下了以其转写的蒙文、汉文、藏文和维吾尔文等许多历史文献资料，书写形式为从左至右；法旨和铁券文书的载体则全为藏纸，书写形式为从上往下，档案载体也独具特色，背面都粘有绸缎布类，能起保护作用，以延长寿命。从内容上看，这些档案记载了西藏的文化、历史发展、宗教、社会变迁等，再现了青藏高原人们的文化信仰、生活习俗及管理模式等，为研究西藏和藏传佛教的历史与现状提供了佐证。

图 10－8 元代西藏官方档案

2006 年开始，西藏档案部门以确保档案安全为基本原则，制定《西藏历史档案整理方案》，开发西藏历史档案管理系统软件，充分利用信息技术，为档案数字化整理提供强有力的服务平台，极大地加快了历史档案整理的进度，为充分利用历史档案、发挥档案存史资政作用提供了可能。[①]

① 扎西．唤醒七百年的档案记忆：《中国元代西藏官方档案》成功入选《世界记忆名录》．中国档案，2013（8）：40－41.

2014 年 2 月，西藏自治区档案馆正式启动“西藏自治区档案馆馆藏蒙满文档案精选”大型影印丛书文化工程。2014 年 3 月，西藏自治区档案馆工作人员开始排查登记工作，发现西藏自治区档案馆中收藏有珍贵的官方档案原件。

2019 年 10 月 22 日，经过中国顶级蒙、满、藏文档专家和档案工作者的 5 年辛勤工作，大型丛书“西藏自治区档案馆馆藏蒙满文档案精选”发布。① 该丛书辑录了元代至清代中央政府统辖治理西藏和西藏地方形成的珍贵档案资料 1 394 件，包括元代皇帝的谕旨、清代皇帝的敕书、有关机构的文书等，时间跨度长达 604 年。档案反映的内容涉及政治、经济、宗教、文化、差役、赋税等方面，对金瓶掣签制度的设立及实施等重大历史事件均有反映。西藏自治区政协党组副主席多吉次珠表示，“该套丛书是西藏人民与全国各民族交往交流交融的真实记录，是西藏自古以来就是祖国不可分割的一部分、西藏各族人民是中华民族大家庭重要成员的历史铁证”②。中国人民大学国学院常务副院长乌云毕力格教授认为，该丛书是中国多民族国家多元文化互相影响和作用的重要证据。③

2015 年 9 月，北京市委宣传部、西藏自治区党委宣传部与北京卫视《档案》栏目组、西藏电视台合作推出六集大型系列纪录片——《西藏》。制作团队充分调研中央档案馆、中国第一历史档案馆、中国第二历史档案馆以及西藏自治区档案馆等多家单位收录的珍贵文献，如从元朝至清朝中央政府施政西藏地方所赐予的印鉴等国宝，有力证明西藏本就属于中国的事实。在大型系列纪录片《西藏》的看片会上，国家新闻出版广电总局重大理论文献影视片创作领导小组、中共中央统战部、北京市委宣传部、西藏自治区党委宣传部、中国藏学研究中心的领导和专家均表示：大型系列纪录片《西藏》注重历史、注重细节，引用历史资料翔实、论证充分，解读深刻准确，画面震撼、制作精良，集思想性、政治性、艺术性、观赏性于一体，对于维护祖国统一和民族团结，引导社会各界更加全面、真实、客观地认识和了解西藏，具有重要的现实意义和深远的历史意义。④

西藏自治区档案馆制定《西藏历史档案整理方案》，开发西藏历史档案管理系统软件，出版大型丛书“西藏自治区档案馆馆藏蒙满文档案精选”等，是档案馆作为档案信息资源开发主体贡献档案部门力量的见证。大型系列纪录片《西藏》是制作团队在充分调研中央档案馆、中国第一历史档案馆、中国第二历史档案馆以及西藏自治区档案馆等多家单位收录的珍贵文献的基础上制作而成的，说明档案部门在档案开发利用中具有重要的甚至是关键性的作用，档案部门在贡献档案力量时需充分考虑档案用户的类型及需求（第六章），处理好主客体关系。

---

① “西藏蒙满文档案”：让专家震撼，真实还原“国家记忆”.（2019-04-02）. 中国西藏网.

② 《西藏自治区档案馆馆藏蒙满文档案精选》丛书 22 日发行.（2019-10-22）. 央广网.

③ 西藏出版一批历史上中央政府有效管理西藏的档案见证.（2019-10-22）. 中国新闻网.

④ 大型系列纪录片《西藏》今晚即将重磅推出.（2015-09-05）. 环球网.

案例九

清代澳门地方衙门档案的整理与影视化

清代澳门地方衙门档案（如图 10－9 所示）又称为“汉文文书”，由 1 500 多件中文文书原件、5 册澳葡议事会葡文译本和 4 小包零散文件共 3 600 份档案文书组成，主要形成于 18 世纪中叶至 19 世纪中叶，是澳门地方官员在行使中国对澳门管治权的过程中，与澳门议事会理事官之间文书往来所形成的档案，反映了当时澳门的社会状况、人民生活、城市建设和商业贸易等，是研究澳门历史以至中外关系史极为珍贵的第一手资料，现分别收藏于葡萄牙东波塔国家档案馆和澳门档案馆。

图 10－9　清代澳门地方衙门档案

图片来源：澳门举办《世界记忆名录》：“汉文文书”档案展．（2018－07－07）．国际在线．

为发掘清代澳门地方衙门档案这个记载澳门历史人文意象的宝库，多方主体在不同时期对其进行了多形式的开发推广，其开发利用成果见表 10－8。

表 10－8　清代澳门地方衙门档案开发利用成果举例表

时间	开发主体	开发形式	开发成果	成果成效及特点
2018 年 7 月	中国澳门特别行政区澳门邮电局	邮票主图	《汉文文书》邮票一套 4 枚	由澳门特别行政区政府文化局设计师张国伟设计，邮票主图表现了汉文文书中 5 份较具代表性的中文档案中的部分内容，展示了清乾隆年间官员治理澳门期间的地方海防、税务、用工情况等[1]

续表

时间	开发主体	开发形式	开发成果	成果成效及特点
2019 年 4 月	暨南大学文学院历史学系教授张廷茂	图书	《清代中叶澳门华人社会研究》	充分利用清代澳门地方衙门档案的中葡原始文献，并结合其他中外文史料，全面系统地考察了清代中叶澳门华人群体的形成、分布状况、职业结构、华洋关系等，丰富了对于清代中叶澳门华人社会历史的认知，弥补了早期澳门历史论著中严重忽视华人群体的缺陷，有助于构建科学合理的早期澳门政治-社会史体系，提供了深入揭示澳门社会性质的新思路
2019 年 6 月	中国国家图书馆、葡萄牙东波塔国家档案馆	展览	“汉文文书——东波塔档案中的澳门故事”展览	从 3 600 多份汉文文书中精选出 100 余份档案文件进行展出，讲述了汉文文书的保护和修复，并将档案文件与清代相关图文资料相印证，展示了从政治交往到日常生活，从税收管理到经济商业利益的协商，再到两个民族间的冲突解决等发生在澳门关乎中国、葡萄牙甚至印证世界历史重要进程的故事，重现清代澳门丰富多彩的历史图景[2]
2019 年 12 月	北京道可盟文化传播有限公司、当代中国电视艺术制作中心	纪录电影	《澳门记忆》	首次以电影影像再现了现存于葡萄牙国家档案馆的清代澳门地方档案真迹及其修复过程，展示了澳门与葡语国家历史交往的珍贵记忆[3]

注：1. 张勇．从《汉文文书》邮票看清朝对澳门的管治．集邮博览，2018（11）：43-46.
2. “汉文文书——东波塔档案中的澳门故事”在京开展．（2019-06-11）．中国新闻网．
3. 纪录电影《澳门记忆》倾情奉献．（2019-12-20）．人民网．

2019 年 2 月 18 日，中共中央、国务院印发了《粤港澳大湾区发展规划纲要》，明确将“打造以中华文化为主流、多元文化共存的交流合作基地”作为澳门的发展定位之一，清代澳门地方衙门档案蕴含的澳门文化既具有鲜明的中国文化特色，又带有浓厚的国际色彩，档案部门既是档案开发的主体，如举办展览；又是档案提供利用的主体，如为邮票设计、学者研究、电影拍摄等提供档案原件服务、档案咨询服务、档案检索服务等（第五章），其开发主体涉及邮局、文化局、图书馆、档案馆、文化公司、电视技术制作中心、学者等，开发形式多样，开发成果丰富，开发手段先进（第七章）。这得益于我国档案开发利用的政策利好，档案开发利用的条件不断提升，如档案馆基础设施改善、馆藏丰富、档案服务功能凸显等（第五章第四节）。

10.3.3 传播中国声音

随着数字时代的到来，互联网成为人们生活不可分割的一部分，网络通信技术和相关展示转化技术也使档案的开发利用发生了巨大的变化。侨批档案、近现代中国苏州丝绸档案资源开发利用新模式（延伸资料见表10－9），实施跨界融合，使档案走出“深闺”，在国际上焕发生机。走进新时代，顺应新潮流，利用新技术的新兴范式正是档案开发利用的未来趋势，各方都应与时俱进开展档案文化传播实践，为传播中国声音贡献力量。

表10－9 侨批档案、近现代中国苏州丝绸档案推荐资源简表

世界记忆名称	资源名称	获取资源途径
侨批档案	《国家记忆》三集系列片： 《跨越山海的家书·漂洋过海》 《跨越山海的家书·信短路长》 《跨越山海的家书·家国情怀》	https：//tv. cctv. com/2020/12/29/VIDExePE5P4PME4mMgtc8jUV201229. shtml? spm ＝ C52507945305. Pknrmn9ZARZj. 0. 0
	百年跨国两地书——福建侨批网上展厅	http：//www. fj-archives. org. cn/wszt/zhanting23/qianyan124/main. html
	《过番歌》四首诵读作品	https：//www. bilibili. com/video/av679158911? from＝search&seid＝5260574827124057016&spm_id_from＝333. 337. 0. 0
近现代中国苏州丝绸档案	“我是档案迷”系列丛书	http：//www. dajs. gov. cn/art/2020/9/7/art_789_52148. html
	“锦绣江南 古韵今辉——近现代中国苏州丝绸档案展”线上虚拟展厅	https：//720yun. com/t/53vkibfq0iw
	微信推文《苏州丝绸档案成功申遗三周年 用丝绸档案讲好中国故事》	https：//mp. weixin. qq. com/s/K2RXt_GbRtPYOjQ-yerk07w https：//mp. weixin. qq. com/s/54yGwYWtyNURw-OFoMeUEg

案例十

全方位宣传展示侨批文化

侨批又称银信，是指华侨华人通过民间渠道以及邮政、金融机构寄给国内眷属书信和汇款凭证的合称。侨批档案（如图10－10所示），是指侨批经营管理以及相关活动中形成的文书、信件、票据、证书、账册、照片、印章等不同形式和载体的具有保存价值的历史记录，具有原始性、民间性、完整性、不可再生性，在近代国际移民记忆遗产中具有唯一性和突出的世界意义。①

侨批档案的开发利用工作具有典型的政府和民间通力合作，学术界积极参与，充分、深入地挖掘侨批档案信息资源，多形式、多手段等特点，具体成果主要体现在五个方面。

① 许晓云．创新开展保护与开发助推侨批档案成功申遗//中国档案学会．档案事业改革与创新：2013年全国青年档案工作者研讨会论文集．北京：中国文史出版社，2013：279－286.

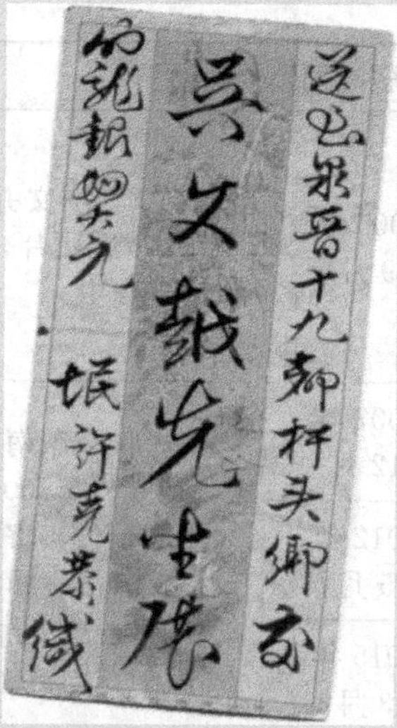

图 10-10　侨批档案

图片来源：福建侨批：旧档案焕发新生机．（2014-07-22）．东南网．

第一，出版侨批档案史料汇编及丛书，详见表 10-10。

表 10-10　侨批档案史料汇编及丛书出版简表

编著者	作品名称	出版时间	作品特点
福建省档案馆	《福建侨批档案目录》	2012 年	通过对福建全省的侨批档案文献目录进行整合、校勘和编辑而成
	《百年跨国两地书：福建侨批档案图志》	2013 年 3 月	分为“侨批产生”“侨批运营”“侨批价值”“珍贵记忆”四个部分，收入图片 350 多张，系统展示了侨批的产生、发展、繁荣、衰落的历史过程以及所蕴藏的珍贵的文化价值和世界意义
	《中国侨批与世界记忆遗产》	2014 年 8 月	分为六个专题，共收录 43 篇有关侨批档案的学术文章，后各附一份专家点评，具有较高学术价值
	《福建侨批档案文献汇编》第一辑（全二十五册）	2017 年 6 月	收录珍贵档案 3 289 件，绝大部分为首次公开面世，分为政策规章、注册登记、业务管理、调查统计及稽查督查五类，各具特色，具有较高的文献和学术价值
广东省档案馆	《海邦剩馥——广东侨批档案》	2013 年 4 月	分为“特定的背景”、“特别的运作”、“特殊的纽带”和“特色的遗产”四章，全面介绍了广东侨批产生的背景、运行模式、历史作用、保管保护及开发利用等情况
	《中国抗战期间的侨批邮史》	2018 年 12 月	以抗战期间的侨批邮封为主角，以邮政体系为主线，深入系统地对中国抗战期间的侨批邮路、邮资、邮戳以及战时的侨汇政策进行剖析和研究
	《侨批档案图鉴》	2020 年 11 月	目前国内外第一本侨批档案图鉴，填补了侨批档案工具书的空白，为侨批档案的征集、整理、鉴定、估价等提供重要借鉴

续表

编著者	作品名称	出版时间	作品特点
新加坡华人实业家王朱唇、全国集邮先进个人张美寅	《闽南侨批史话》	2006年9月	分13章，图文并茂地论述了百年侨批史，有35万字、200幅图片，蕴藏侨批历史的主要信息，反映了民族工商史
潮汕历史文化研究中心	《潮汕侨批集成》第一辑	2007年12月	第一辑收录东南亚地区潮汕籍华人华侨与祖国亲属往来侨批25 700余件、第二辑25 000余件、第三辑20 000余件，寄批时间主要为20世纪30—80年代，包括封、信、回批、票根等类，是研究华侨史、移民史、金融史、邮政史、交通史、对外经济贸易史及中国近代史的重要资料
	《潮汕侨批集成》第二辑	2012年5月	
	《潮汕侨批集成》第三辑	2015年3月	
汕头市档案馆、汕头侨批文物馆、潮汕侨批档案馆	《潮汕侨批业档案选编》	2010年1月	回放了潮汕侨批业的历史，内容丰富具体，原汁原味，广泛涵盖了政治、军事、经济、金融、邮政、交通、社会和国际关系等领域，具有较高的学术研究价值
晋江市档案馆	《晋江侨批集成与研究》	2014年5月	收入的侨批是从馆藏近5 000封侨批中精选出的100余封，后将其整理、点较与翻改为规范的简体字，最终成书
泉州市档案馆	《泉州侨批档案——世界记忆遗产》	2015年2月	以泉州市档案馆馆藏侨批档案为主，以图文并茂的形式，用“侨批渊源”、“泉州侨批”、“侨批价值”和“侨批申遗”四部分介绍泉州侨批的渊源，展示侨批档案这一世界记忆的价值和现状
泉州市档案局、晋江市档案局	《泉州侨批故事》	2016年9月	分为“海天万里诉别离”“故园乡井问温馨”“邮路迢遥寄云翰”等10个章节，收录侨批故事54篇
本书编委会	《闽南侨批大全》第一辑	2016年11月	共收录1894—1992年闽南地区侨批及相关资料6 000多份
	《闽南侨批大全》第二辑	2018年6月	收录1880年至21世纪初闽南地区侨批及相关资料1万多份

第二，举办侨批档案国内外展览。2013年4月19日，由国家档案局、广东省人民政府、福建省人民政府联合举办的“中国侨批·世界记忆工程”国际研讨会在人民大会堂河南厅召开，为增加与会专家尤其是联合国教科文组织官员对中国侨批的直观感性认识，由广东省档案局筹办的“海邦剩馥——中国侨批档案展”在会场外围展出。展览庄重、大气，极具中国文化气息，给与会领导、联合国官员、专家、学者留下了深刻印象，是我国档案部门举办的首个走进人民大会堂的展览，成为当日国际研讨会的一大亮点。

迄今为止，福建省与广东省两地的档案部门已经赴美国、日本、新加坡、菲律宾、印尼、泰国、马来西亚、柬埔寨、新西兰等多个国家和地区举办侨批档案展览，受到华侨华人的热烈欢迎和充分肯定。在 VR 全景技术的不断发展成熟下，福建省档案馆建成“百年跨国两地书——福建侨批”网上展厅，将线下展览运用互联网技术实现线上无限制观展，还提供侨批解读备查工具、侨批专有名词、华人华侨移民情况表、水客批局分布情况等相关资料，方便用户查询。①

第三，多方合作共建侨批档案数据库。从 2003 年开始，广东省档案馆统筹组织学术和技术力量，对侨批档案进行规范的系统整理，编制纸质和电子目录，并有计划地开始分批进行数码扫描，制作电子文件，2010 年完成了所有收藏文献的数码扫描，在有效保护侨批档案的同时，实现了便捷利用。②

2009 年，泉州市档案馆也借助信息化技术，建立了完整、规范、可共享的侨批专题数据库。③ 2013 年，侨批档案申遗前后，福建省档案馆组织全省侨批档案资源普查，面向社会开展抢救性征集，加强馆藏侨批档案整理和安全规范管理，建立侨批档案数据库。④

2010 年，汕头大学图书馆“侨批图书资源数字化”课题组开始侨批数据库建设工作，该课题组依据侨批元数据设计方案，撰写出可供操作的《侨批元数据著录规则》，于 2012 年 5 月 20 日顺利完成 5 万余条侨批数据的建设任务。除了对本校特藏馆收藏的侨批原件进行数据化保存之外，汕头大学图书馆还协助侨批博物馆完成了 2 万多份侨批原件的扫描和数据库的建设工作，与汕头市档案馆合作建立侨批档案检索系统。⑤除此之外，2020 年 10 月，汕头市档案馆也同中山大学合作创建“潮汕文献数据库·侨批数据库”。

第四，影视媒体、艺术团体等助力侨批传播。为了让侨批档案文化更具亲和力，与时代接轨，档案部门与诸多部门合作，高质量节目精彩纷呈，详见表 10－11。

表 10－11　侨批档案媒体节目举例表

节目类型	参与主体	节目名称	节目特点
纪录片	汕头市人民政府、潮汕历史文化研究中心、中央新影集团	《海那边——潮汕侨批》	通过“侨批的世界”以及“世界的侨批”两个方面来展示潮汕侨批对于家庭、批局、行业、国家、地区乃至世界的影响，以侨批为媒介，通过讲故事的方式来反映潮汕人民艰苦创业、笃诚守信、爱国爱乡的家国情怀[1]

① 福建探索具有“海丝”底色的侨批档案保护开发之路．(2021－06－08)．东南网．

② 许晓云．创新开展保护与开发助推侨批档案成功申遗//中国档案学会．档案事业改革与创新：2013 年全国青年档案工作者研讨会论文集．北京：中国文史出版社，2013：279－286．

③ 陈彧琛．“申遗”成功后泉州侨批文献的保护和利用．泉州师范学院学报，2014 (4)：117－120．

④ 建立数据库 为侨批档案寻找“家”．福建日报，2021－11－12．

⑤ 曹亚明．文化创意时代侨批文化遗产的保护与创新．潮学研究，2020 (2)：137－147，286－287．

续表

节目类型	参与主体	节目名称	节目特点
纪录片	中央新影集团	《跨越山海的家书》（《漂洋过海》《信短路长》《家国情怀》）	以世界记忆侨批档案为载体，通过对侨批蕴含的历史文化故事进行深入挖掘与研究，向观众展示守信重义、爱国爱乡的华侨精神[2]
	福建省档案局（馆）、国家档案局、福建省广播影视集团	《百年跨国两地书》	从档案视角挖掘侨批背后的历史故事，带人们一同走进老一辈华侨和他们鲜为人知的珍贵记忆[3]
	福建省档案馆、福建省广播影视集团	《走近侨批》系列纪录片第一季《家书，跨山越海》	以全新的视角解读侨批档案，从简单叙事走向讲述侨批、批局、批脚中的动人故事，兼具艺术性与故事性，既有动人的生活烟火气，也不失厚重的历史人文感，一组组镜头缓缓道出华侨华人和侨乡眷属的心路历程[4]
话剧	汕头话剧团	《风雨侨批》	第一次将侨批故事搬上话剧舞台，话剧跨越不同历史阶段，具有历史的纵深感和浑然大气，歌颂了商人高友信视信誉如生命、恪尽职守的精神，以及在民族存亡之际，道义担肩的家国情怀[5]
水墨动漫片	中山大学资讯管理学院教师学生团队	《林氏侨批档案的故事》	以传统水墨动画的宣介方式，通过故事讲述，多维度立体展现、宣传、推广极具岭南地域特色的侨批档案及其价值[6]
歌仔戏	厦门歌仔戏研习中心	《侨批》	由三获中国戏剧曹禺剧本奖的曾学文创作，演出阵容集中了厦歌的精英力量，传统中带有创新的歌仔戏音乐、写意的舞美和演员们走心的表演，让观众深深沉浸在跌宕起伏的剧情中[7]
歌曲	著名潮学家林伦伦作词，作曲家、声乐教育家姚峰作曲，女高音歌唱家卢清丽演唱	《一封侨批》	创作阵容强大，表达了厚重的历史感，通过动人的旋律和感人的歌词，唤起当代潮汕人对先人勇敢开拓、积极拼搏的精神和浓厚家国情怀的缅怀[8]
微电影	台山市新时代文明实践中心	《我和我的侨乡 2——侨批故事》	通过一支钢笔讲述追梦侨墟、一张照片讲述创梦侨墟、一封家书讲述圆梦侨墟共三个纪实故事[9]
舞蹈剧	中共江门市委党史学习教育领导小组、中共江门市委宣传部、江门市文联	《侨批·家国》	以侨批为串联载体，以五邑华侨的真实故事为原型，运用舞蹈语言进行艺术再创作，讲述了一段华侨群体与家国命运交织的故事和历史，再现了五邑先侨艰苦奋斗、爱国爱乡、报效家国的精神和力量[10]

续表

节目类型	参与主体	节目名称	节目特点
诵读剧	中共江门市委党史学习教育领导小组、中共江门市委宣传部、中共五邑大学委员会	《侨批·中国》	以侨批为载体，采用沉浸式戏剧体验和信使诵读相结合的艺术形式，从世界记忆侨批档案中精心挑选 10 封家书，以信使为主线，以舞台形式展示在中国共产党领导下中国人民艰苦奋斗的历程，借角色扮演以及故事情景再现的戏剧形式，回顾 19 世纪末 21 世纪初江门五邑华侨海外谋生的艰辛及对故土的思念[11]

注：1. 汕头侨批专题纪录片《海那边—潮汕侨批》开拍．南方日报，2016-05-18.

2. 三集纪录片《跨越山海的家书》12 月 29 日—31 日 CCTV-4《国家记忆》20：00 播出．(2020-12-29). 新影网．

3. 福建省档案馆 纪录片《百年跨国两地书》拍摄完成．中国档案报，2021-06-28 (1).

4. 福建推出《走近侨批》系列纪录片第一季．中国档案报，2022-12-29 (1).

5. 讲述潮汕侨批动人故事．汕头日报，2020-11-17 (8).

6. 创新大赛｜林氏侨批档案的故事：基于水墨动画叙事形式的侨批档案价值呈现及传播．(2018-10-12). 搜狐网．

7. 厦门歌仔戏《侨批》浓情献演第七届福建艺术节．(2018-11-15). 东南网．

8. 国语歌曲《一封侨批》在汕首发．(2019-05-06). 汕头日报，2019-05-06 (6).

9. 微电影《我和我的侨乡 2——侨批故事》开拍 春节期间网络首映．(2021-01-14). 江门新闻网．

10. 江门原创侨批舞剧《侨批·家国》首演．(2021-10-10). 中国新闻网．

11. 原创诵读剧《侨批·中国》成功首演．(2021-12-07). 江门市人民政府官网．

新时代下开展侨批档案创新发展，通过侨批档案创造性地推广和传播中华优秀传统文化，使中华文化的民族性、独特性在全世界大放光芒，较好地契合了教材第十一章第二节我国档案开发利用的发展趋势的内容，展现了档案开发利用的主体广泛化，向媒体、高校、学者、文博部门、图书馆、艺术馆等不断延伸；档案利用的需求和范围不断拓展，既走入寻常百姓家，也走出国门；档案开发利用方式的电子化、网络化愈发明显，线上线下相结合愈发普遍。

案例十一

苏州丝绸档案开发的多元形态

20 世纪末 21 世纪初，国有（集体）产权制度改革不断深入开展，部分企业改制。在产权制度改革大背景下，苏州市档案行政管理部门坚持以科学发展观为指导，以开放式创新为理念，在“工投模式”① 的基础上，对全市改制企业档案资源进行集中统一管理，于 2007 年建立苏州市工商档案管理中心（以下简称中心），构建具有

① “工投模式”指在产权制度改革大背景下，由市政府授权经营管理市属工业系统国有（集体）资产而专门成立的工业投资发展有限公司，为管理所属工业系统各国有企业改制后应当属于国家所有的全部企业档案，而专门成立改制企业档案资源管理中心的档案资源管理方式。

苏州特色的改制企业档案资源的大档案格局。① 在接收改制企业档案的同时，该中心还收进了各类实物档案，其中包括 29 592 卷极其珍贵的苏州丝绸档案（如图 10－11 所示），这些档案成为该中心的镇馆之宝。在苏州丝绸申遗过程中，中心发挥了极为重大的作用。为避免包括丝绸品种在内的丝绸档案资料陷入散失危机，中心与社会各界力量不断提高自身保护、开发能力，采用多种途径对苏州丝绸档案资源进行深层次的开发与保护，实现信息的有效输出。

图 10－11　近现代中国苏州丝绸档案

图片来源：苏州丝绸档案推荐入选《世界记忆名录》与甲骨文相伴．(2017－11－03)．我苏网．

（1）举办特色化主题展览，详见表 10－12。

表 10－12　苏州丝绸档案展览列举表

年份	举办单位	展览名称	展览特色
2014 年	苏州市工商档案管理中心	苏州丝绸工艺档案珍品展	包括丝绸特藏、丝织像景艺术织物、真丝剪纸、古织机四大类，其中包括数十件丝绸样本、像景织物、古织机及古织机模型以及真丝剪纸等珍贵藏品[1]
2016 年	中国丝绸档案馆	中国苏州丝绸档案精品展	从馆藏 30 余万件丝绸样本及实物档案中，精心挑选出戴安娜王妃结婚礼服面料“塔夫绸”资料、丝绸的 14 大类样本、宋锦唐卡、苏绣、真丝剪绸作品以及《丝绸之路手绘长卷》等实物及史料数十件；是中国丝绸档案馆进一步扩大影响、走出国门进行宣传的重要一步，开创了江苏省档案系统由一个单位独立在海外办展的先河[2]
2016 年	苏州市工商档案管理中心	中国丝绸档案馆征集成果展	从中国丝绸档案馆自 2013 年至今所征集的档案史料、实物等成果中，甄选出有代表性的百余件档案展品，分别以国礼、各地征集、馆企合作、像锦织物为主题，从不同角度展示丝绸档案的绚丽多彩和丰富内涵[3]
2017 年	中国国家档案局、俄罗斯联邦档案署	锦瑟万里　虹贯东西——中俄“丝绸之路”历史档案展	分为 17 世纪初以前的东西方交往及中俄关系、18—19 世纪中俄交往以及 1840—1911 年两国的关系三个部分，并从中国与俄罗斯交往的珍贵历史档案中挑选精华，制作成 110 余件展板和复制件，展现丝绸之路纽带两端的中俄交往历史[4]

① 刘畅，王芹．改制企业档案管理与服务创新研究：以苏州市为例．档案与建设，2015（3）：75－78．

续表

年份	举办单位	展览名称	展览特色
2017年	德国弗莱堡大学孔子学院、捷克布拉格欧盟中国经济政治研究所、中国丝绸档案馆	赴德国、捷克举办中国丝绸档案馆馆藏精品档案展	既宣传了中国丝绸档案馆，传播了丝绸档案文化，又对德国、捷克两国在档案保管、开发利用等方面的做法有了系统认识，为中国丝绸档案馆建设提供了有益借鉴[5]
2018年	苏州市工商档案管理中心	苏州丝绸档案走向世界暨中心成立十周年图片展	分为发展历程、光辉创举、扬帆借力、创新引领、走向世界、领导关怀、成就卓著、为民服务、团队力量、展望未来10个部分，苏州市工商档案管理中心十载春秋所取得的成就在展览中得到生动呈现[6]
2018年	中国国家档案局、中国联合国教科文组织全国委员会、中国第一历史档案馆	锦瑟万里　虹贯东西——16世纪至20世纪初中外“丝绸之路”历史档案文献展	反映16世纪至20世纪初丝绸之路沿线国家与中国开展经贸和文化往来的历史，包括地图、信件、绘画、丝绸制品、照片等。苏州市工商档案管理中心共有19件馆藏档案在展览之列，体现了我国古代高超的云锦、缂丝技艺，有力地宣传了中华文化[7]
2018年	苏州市档案馆、苏州市工商档案管理中心、中国丝绸档案馆	“苏州记忆——世界记忆”丝绸档案主题展	在苏州国际博览中心举行，展出了入选世界记忆名录的14大类丝绸档案精品，并利用档案介绍了国内丝织业规模最大的苏州四大绸厂——振亚丝织厂、东吴丝织厂、光明丝织厂、新苏丝织厂的相关内容，回顾了苏州丝绸档案建设、发展和走向世界的历程[8]
2018年	苏州丝绸博物馆、中国丝绸博物馆、苏州市档案馆	经纬芳华——百年振亚回顾展	展览由“肇创英杰”“缤纷绸样”“火红岁月”三个部分组成，共展出实物资料50余件，生动展现振亚丝织厂的百年风采[9]
2019年	苏州市工商档案管理中心、中国丝绸档案馆、世界记忆项目苏州学术中心	锦绣江南　古韵今辉——近现代中国苏州丝绸档案展	分“世界记忆与苏州丝绸”“苏州丝绸的历史文脉”“新中国苏州丝绸重生”“苏州档案人与苏州丝绸”四个部分，从多个层面展示苏州丝绸档案史料，样本实物、丝织工艺过程及丝绸产业的发展历史，展示苏州丝绸的生产史和发展史，展现近代以来人民群众在生产生活实践中所创造、传承的独具特色的传统丝织艺术[10]
2019年	苏州市工商档案管理中心、中国丝绸档案馆、世界记忆项目苏州学术中心	不忘初心、牢记使命——寻找丝绸档案中的红色基因	以中国共产党领导的近百年波澜壮阔的中国革命、建设、改革为主线，从中心馆藏档案中遴选出近百件具有明显时代特征和不同工艺技术特点的丝绸档案，主要分为“伟大领袖”“革命精神”“壮丽山河”“主席诗赋”“共产党人”五个板块，展出像锦档案60余件，绸布面料、历史照片、感谢信等实物档案20余件，个人捐赠品6件[11]

续表

年份	举办单位	展览名称	展览特色
2020 年	苏州市档案馆党委、苏州市园林和绿化管理局机关党委	“开放与繁荣”——探寻丝绸档案、苏州园林两大遗产中的开放精神专题展	以 1847 年苏州丝绸行业公会《七襄公所记》、1906 年为苏经苏纶纱厂注册事呈商部文书开篇，讲述苏州丝绸产业从传统走向开放的历程，呈现丝绸和园林艺术在丝制品中的精巧结合，持续推动遗产的后续传播和开发，向世界讲好苏州故事[12]
2020 年	苏州市档案馆、苏州市工商档案管理中心	一爿厂 一座城——苏纶百年档案文献展	分为“图强”“实业”“脊梁”三个单元，从清末近代工业化的初创、民国民族产业的探索和新中国国营大企业的三个历史发展时期，再现了百年苏纶的辉煌图卷，共展出近 300 件有关百年苏纶的历史档案资料，对于苏州传承地域传统、唤醒城市记忆、振兴丝绸产业、增强民族自信有重要意义[13]
2022 年	中国丝绸档案馆	“丝丝入扣 档档出彩”——中国丝绸档案馆宣传展	立足于馆藏丝绸史料和实物，向参观者呈现多种多样的丝绸档案样本、丝绸档案编研成果及文创产品，结合多媒体形式全景展示“丝乡苏州”及“征集足迹”等内容[14]
2023 年	中国丝绸档案馆	“第七档案室”沉浸式互动体验活动之“时光进度条”档案沉浸展	遴选中国丝绸档案馆和游戏档案馆馆藏与游戏、儿时记忆有关的 50 余件特色档案，包括各个时代有代表性的游戏杂志、设计手稿、光盘、实物等，配合中国丝绸档案馆馆藏扑克牌厂相关史料、民族工商业实物档案、《小辰光》影集照片、《童嬉》画作和手稿，激发观众的兴趣[15]
2023 年	中国丝绸档案馆	“档案在左 丝绸在右”常设展	分为“一丝而累”“云霞满纸”“世界记忆”“守正出新”“丝绸之路”“同行”六个展区。第一展区“一丝而累”展现了 56 幅精美丝绸纹样，年代纵跨隋唐至近现代[16]

注：1. “苏州丝绸工艺档案珍品展”亮相苏州档案日．(2014-11-04)．苏州档案信息网．

2. 甘戈，卜鉴民．档案海外展览展示工作初探．中国档案，2017（12）：26-27.

3. 中心举办中国丝绸档案馆征集成果展．(2019-09-26)．苏州市工商档案管理中心公众号．

4. 中俄“丝路”历史档案苏州开展．(2017-05-24)．中国江苏网．

5. 从“深闺”走向世界：苏州丝绸档案赴德国、捷克展览纪实．(2022-04-09)．https：//www.zboao.com/cgal/1225.html.

6. 苏州市工商档案管理中心举办“学讲话、找初心：不忘初心齐奋进、档案为民再出发”主题党日活动．(2018-03-09)．苏州市工商档案管理中心公众号．

7. 苏州丝绸记忆 荣耀亮相巴黎．(2018-12-20)．四川丝绸网．

8. 第七届创博会将推出“苏州记忆（技艺）”主题展．(2018-04-02)．中国新闻网．

9. 江苏苏州 推出“经纬芳华——百年振亚回顾展”．(2019-02-19)．中国档案资讯网．

10. 丝绸旧档开启“世界记忆”新篇．(2020-01-10)．苏州新闻网．

11. 寻找丝绸档案中的红色基因主题展正式开展．(2019-11-28)．苏州档案信息网．

12. 探寻苏州遗产中的开放精神．苏州日报，2020-08-19.

13. 再现苏纶的前世今生（2020-10-28）．http：//news.2500sz.com/doc/2020/10/28/645587.shtml?_t=t.

14. “丝丝入扣 档档出彩”：中国丝绸档案馆宣传展．https：//www.720yun.com/t/c7vkbbimdr7?scene_id=97587965.

15. 旧时兰台入新篇：苏州中国丝绸档案馆打造红色档案文化品牌纪实．(2023-05-05)．中国档案资讯网．

16. 走读文脉｜苏州中国丝绸档案馆开馆，馆长带你解锁“世界记忆”．(2023-06-09)．http：//app.myzaker.com/article/64827ec51bc8e0a821000000.

（2）推出丝绸档案主题出版物。2009 年 8 月，中心第一本编研成果《记忆——党和国家领导人、中外名人与苏州市区民族工业》编印成书。后陆续推出《璀璨的一页》、《苏州市区民族工商业特色档案选编》、《拂去岁月的封尘》上下两册、《苏州民族工商业百年往事》等多本档案文献汇编。

《近代现中国苏州丝绸档案》一书成功入选“2017 苏版好书”。该书以苏州市工商档案管理中心馆藏近现代中国苏州丝绸档案为主体，精选丝绸档案 200 余件，以文字、图片形式展示了丝织工艺过程与样本实物，展现了近代以来人民群众在生产和生活实践中所创造、传承的独具特色的传统丝织艺术，让读者全面深入感受到丝绸之美。①

为了让更多人了解到国外的丝绸文化，中心前后耗时 3 年，历经 21 次校译，于 2018 年 10 月翻译出版了被称为“印花设计界的百科全书”的《纺织品设计：欧美印花织物 200 年图典（中文版）》，这也是苏州档案人与国内外丝绸人在编研领域的首次合作。

（3）设计开发丝绸文创产品、举办特色活动，详见表 10－13。

表 10－13　丝绸文创产品及特色活动举例表

时间	开发主体	产品名称及图片展示	展现形式	独到之处
2014 年	苏州市工商档案管理中心、吴江鼎盛丝绸有限公司	宋锦“新中装” 	服装面料	2012 年，中心通过启动“宋锦样本档案工艺传承与产业化开发研究”项目，对宋锦样本档案的技术分析、试验，梳理出不同品种的传统宋锦生产工艺，由此制造 APEC 盛会的宋锦面料，其色彩运用艳而不火、繁而不乱，织法细腻，技艺烦琐[1]
2019—2020 年	苏州市工商档案管理中心	“我是档案迷”丛书（6 册）：故事书《中国的世界记忆》《丝绸之路与苏州丝绸文化》《苏州丝绸的前世今生》《〈红楼梦〉里的苏州丝绸记忆》，漫画书《方叔叔教你做成长档案》，游戏书《档案伴我成长》 	青少年读本	立足于青少年心理特点及阅读需求，创造性推出“兰兰”“台台”“方叔叔”三个卡通形象，为丝绸档案形象代言；通过卡通形象的一系列探险活动，融入一个个历史档案故事，让青少年在愉悦轻松的阅读氛围中学习档案知识、了解文献遗产、认识丝绸档案[2]

① 《近现代中国苏州丝绸档案》亮相第八届江苏书展，获评“2017 苏版好书”！.（2018－07－17）. 苏州市工商档案管理中心公众号.

续表

时间	开发主体	产品名称及图片展示	展现形式	独到之处
2021 年	中国丝绸档案馆	《苏州》 	绘本	围绕苏州老商标、丝绸档案纹样等，结合苏州古典园林、中国大运河苏州段以及苏州非物质文化遗产宋锦、缂丝等，展现苏州古城原有的传统风貌、民俗风情，并在第十一届江苏书展首发，荣获2021 年“金牛杯”优秀美术图书银奖[3]
2021 年	中国丝绸档案馆	《第七档案室》 	知识普及型解谜书	依据历史上真实发生的事件进行故事化创作，选取馆藏丝绸档案中颇具代表性的文献资料、可考究的实物样本，将档案知识融入沉浸式书本，兼具专业性与趣味性，集思、玩、学、教于一体[4]
2021 年	中国丝绸档案馆	“追踪者的倒计时” 	实景解谜活动	以“中央文库”为特定场景，设定两方势力围绕一批珍贵的中国苏州丝绸档案——“漳缎祖本”展开艰难的博弈，参与者只需在中国苏州文化创意设计产业交易博览会现场进行手机扫码、领取解密地图，便能够化身“第七档案室”工作人员，跟随紧张刺激、谜云重重的剧情，在展会现场通过搜证、推理等实景互动体验，了解“第七档案室”的一段历史往事[5]
2021 年	中国丝绸档案馆	“你好，档案人！” 	情境表演	以表演形式展示剧情，让书中人物形象“跳出纸面”，通过四代档案人穿越时空的对话，更为生动立体地呈现出档案人的精神传承，进一步展现中国共产党百年奋斗的光辉历程[6]

续表

时间	开发主体	产品名称及图片展示	展现形式	独到之处
2023 年	苏州市档案馆新馆	“档案里的非遗——锤拓丝帕”活动 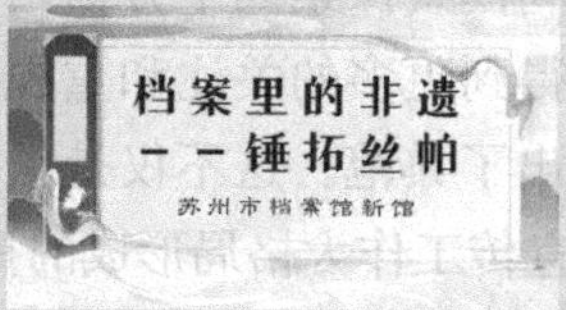	社会实践活动	在介绍馆藏丝绸档案的基础上，采用锤染的方式，让未成年人亲自动手感受丝绸文化的魅力，活动环节包括植物采集、锤拓体验、合影留念等[7]

注：1. 本刊报道组．苏州推进“丝绸档案＋”档案资源开发利用新模式．档案与建设，2016（5）：1.

2. 陈鑫，程骥，吴芳，等．地方档案文献遗产保护开发研究：以苏州丝绸档案为例．档案与建设，2020（6）：42-46.

3. 绘本《苏州》首发．（2021-07-08）．苏州文明网．

4. 文创“火”起来，别“冷”了档案馆．（2021-08-16）．人民政协网．

5. 档案实务 | 档案界哪些文创产品“火爆出圈”？你欣赏的或许飞向你．（2022-01-15）．档案那些事儿公众号．

6. 陈鑫，杨韫，谢静，等．档案文化“破圈”传播实践路径：以中国丝绸档案馆“第七档案室”项目为例．档案与建设，2022（2）：51-54.

7. 档案里的非遗之锤拓丝帕．（2023-02-11）．成长苏州．

（4）丝绸档案的数字化保护与开发。由于丝绸档案质地特殊以及档案卷宗不能轻易触碰等，丝绸档案开发工作受到一定影响。[①] 为解决这一问题，中心积极利用科技手段，在对丝绸档案及其样本进行数字化的基础上建立完善新中国丝绸档案数据库。除了对纸质丝绸档案进行常规扫描外，还运用摄影等形式对大幅样本档案进行数字化拍摄。2016 年，中心已经开展与丝绸档案有关的 2 个国家级项目、4 个省级项目和 13 个市级项目。[②] 除此之外，中心还与高校合作开展了“丝绸样本档案纳米技术保护研究及应用”“苏州丝绸百年纹样档案公共数据平台”等科研项目，前者荣获国家档案局优秀科技成果三等奖，还申报了 4 项国家专利，研究成果在实践中得到广泛应用。[③]

（5）推动丝绸档案走向世界。为扩大丝绸档案的国际影响力，中心牵头开展并积极参与各类国际性活动，包括举办中国苏州丝绸国际旅游节、多次参加国际档案理事会（ICA）年会等世界性会议，力求在更大的舞台上展示丝绸档案蕴含的深厚文化内涵，推动国家地方文化发展与传播，发扬丝绸文化。中心还多次组织召开世界记忆项目国际研讨会，与联合国教科文组织世界记忆项目教育和研究分委员会的专家保持沟通联系，请他们为地方档案文献遗产的开发出谋划策。为认真贯彻落实习近平总书记关于共建“一带一路”倡议，充分挖掘丝绸档案在共建“一带一路”中的文化意义，中心在俄罗斯、德国、芬兰、丹麦、土耳其等“一带一路”沿线国家举办丝绸档案文化展览，宣传丝绸档案文化，讲好中国故事，展现中国形象。

---

① 甘戈，吴芳，卜鉴民．苏州丝绸样本档案的重生．中国档案，2013（7）：38-39.

② 本刊报道组．苏州推进“丝绸档案＋”档案资源开发利用新模式．档案与建设，2016（5）：1.

③ 陈鑫，程骥，吴芳，等．地方档案文献遗产保护开发研究：以苏州丝绸档案为例．档案与建设，2020（6）：42-46.

苏州丝绸档案在推广的过程中尝试采用创新的开发方式如文创、动画、游戏等，结合互联网思维对丝绸文化品牌进行推广，以用户喜闻乐见的方式对苏州丝绸档案进行传播，充分实现了该档案各类信息资源的大融合，形成了信息资源共享趋势（教材第十一章中对信息资源将全面实现共享的未来发展趋势的判断）。苏州丝绸档案因为综合考量了用户需求分析、开发技术选择、中心资金保障、盈利模式探索四个方面，以多样化的形式向世界展现多维、立体、丰厚的中国档案文化，而得到更多的关注和重视，形成了上述四个方面的良性循环，为档案信息资源的全面共享做出了典范。这不仅是新时代我国档案宣传工作的重要方向，也是推动面向国际社会的档案宣传工作大格局形成的重要内容。

10.4 “档案开发与利用教程”课程思政教案

10.4.1 具体教学目标

开发利用档案信息资源最基本的手段是档案的收集、分类、立卷等，是档案的第一次整理，也是档案管理学的研究范畴，而对档案内容进行选题、选材、编辑、加工、出版、发行等，是档案的第二次整理，其各个环节更加注重学术性、专题性、政治性，是更为高阶的档案整理阶段。中国 15 项世界记忆的成功入选，既说明其档案价值巨大，也说明其开发利用成功。以此作为档案开发利用的典型案例，既能很好地演绎档案信息资源开发利用的基本知识和全部程序，又能很好地展现 15 项世界记忆所蕴含的中华优秀传统文化，教学目标详见图 10－12。

图 10－12 教学目标示意图

10.4.2 教学内容分析

教学范围

上述案例几乎涉略教材所有章节，具体范围见表 10－14。

表 10-14 《档案开发与利用教程》教材内容、思政内容与案例关联表

章的名称	节的名称	教材内容	思政内容	案例内容
第二章 档案的历史沿革	第一节 档案的形成	档案的定义、档案的形成	档案是历史的血肉，具有重要作用	档案是世界记忆工程和世界记忆名录的重要内容
	第二节 档案的演变	文物档案——甲骨档案、纸质档案，新型档案——音像档案	文明古国，历史源远流长	甲骨档案、清代大金榜、中国传统音乐录音档案是档案以甲骨、纸质、磁性材料为载体形式的珍品
	第三节 档案变革的动因	档案变革的直接动因、档案变革的根本动因	中华文明的不断发展	社会的发展推动着档案类型从甲骨、纸质到音像的演变
第三章 档案的分布及其影响因素	第一节 档案的分布	甲骨档案的出土与分布	王朝的兴衰、家国天下、社会制度的更迭	甲骨档案的分布、出土情况
	第二节 档案分布的影响因素	历史因素、战争因素、政治因素、经济因素、地理因素、文化因素	中华民族历经磨难，但从未被压垮	甲骨档案的分布受到历史、战争、政治、经济等各方面因素的影响
第四章 档案的价值	第一节 档案价值的特性	档案价值的概念、特性	档案记录历史，是最好的教科书	本草纲目、黄帝内经、清代澳门地方衙门档案、清代“样式雷”建筑图档等作为珍贵的档案文献，集中反映了档案在文化、经济等方面的价值
	第二节 档案价值的具体形态	档案的历时性、共时性、现时性价值	以史为鉴、开创未来	本草纲目、黄帝内经、清代澳门地方衙门档案、清代“样式雷”建筑图档体现了档案价值的各类形态
第五章 档案信息资源开发主体——档案馆	第二节 档案馆信息资源的开发类型与意义	档案馆信息资源开发的意义	为民服务，凝聚共识	本草纲目、黄帝内经、清代澳门地方衙门档案、清代“样式雷”建筑图档开发具有多重意义
	第四节 档案信息资源开发主体的相关问题	档案馆信息资源开发战略的意义，档案信息资源的宏观、微观开发战略	加强档案事业顶层设计，开放发展，问计于民	《关于实施中华优秀传统文化传承发展工程的意见》《“十四五”规划》等文件发挥重要导向作用

续表

章的名称	节的名称	教材内容	思政内容	案例内容
第六章 档案信息资源利用主体——用户	第一节 档案用户类型及档案信息需求	人类的总体需求与档案信息需求、用户档案信息需求的影响因素	问需于民，服务人民	中国15项世界记忆的开发满足人类传承记忆、享有文化的各项需求
	第三节 档案信息资源利用主体的相关问题	用户的档案信息需求与个性化档案信息开发服务的关系，个性化档案信息开发服务的特点与层次，对档案信息资源整合的要求、基本模式，个性化档案信息服务的实现要点	努力实现精准精细服务，在发展中为民服务	中国15项世界记忆的开发取得一定成就，形式多样丰富，但个性化开发还需加强
第七章 档案开发利用的途径与方法	第一节 档案开发利用的模式和原则	档案开发利用的模式、档案开发利用的原则	完善利用模式方式，为推动档案事业创新发展贡献力量	针对本草纲目、黄帝内经、清代澳门地方衙门档案、清代“样式雷”建筑图档开展的不同模式的开发项目
	第二节 档案开发利用的途径和方式	简单/复杂的档案开发利用途径和方式		各类主体对本草纲目、黄帝内经、清代澳门地方衙门档案、清代“样式雷”建筑图档进行的开发实践
	第三节 档案开发利用的步骤	档案的第一次整理、第二次整理		泉州市档案馆对侨批档案实施全方位的开发，开启编、展、研为一体的多元化开发新模式
第八章 少数民族档案开发与利用的途径与方法	第一节 少数民族档案概述	少数民族档案的概念、类型、价值	档案见证民族团结统一	元代西藏官方档案、清代内阁秘本档、纳西东巴古籍
	第二节 少数民族档案开发利用的途径与方法	少数民族档案文字的译注、加工、编史修志	档案助力传承民族文化，促进民族文化繁荣发展	西藏自治区档案馆开发西藏历史档案管理系统软件；中国第一历史档案馆开发满文朱批奏折全文检索数据库；丽江市东巴文化研究院整理翻译多部东巴经作品

续表

章的名称	节的名称	教材内容	思政内容	案例内容
第十章 我国档案开发利用的现状	第一节　我国档案开发利用取得的成效	档案开发利用的方式、条件	坚持理论联系实际，提高解决问题能力	苏州市工商档案管理中心对丝绸档案进行的抢救性开发
	第二节　我国档案开发利用现存的问题	档案开发利用的手段仍需改进、档案馆藏建设仍需加强	弘扬时代精神，提高创新能力，档案改革永远在路上	早期侨批档案与苏州丝绸档案开发遇冷
	第三节　影响我国档案开发利用的因素	社会环境因素、档案部门因素、档案本身诸因素	树立战略、大局意识，档案事业应立足全局，紧随国家发展政策	苏州市工商档案管理中心采用多种开发途径对苏州丝绸档案资源进行深层次的开发与保护
第十一章 我国档案开发利用的发展趋势	第一节　我国档案开发利用的发展契机	社会环境、文化消费、技术支持等方面	把握档案开发利用新形势，抓住新机遇	联合国教科文组织发起世界记忆项目，我国 15 项档案遗产先后入选
	第二节　我国档案开发利用的发展趋势	档案开发利用的主体广泛化、客体多元化		我国四大世界记忆学术中心的建立

教学重点

介绍中国 15 项世界记忆的基本情况，阐明其作为中华优秀传统文化的代表性，课程思政建设为什么以其为案例。世界记忆名录申报的首要标准是真实性，讲究真实完整与可信可读，那么在档案文献鉴辨阶段，如何做到多据原档、孤证不立、谦退却疑是一个重点。世界记忆名录申报的第二个标准是“世界意义”，讲究的是独一无二和不可替代性，那么在档案外形鉴辨阶段，如何鉴辨档案来源、档案载体、书写字体、措辞用语、公私印文也是一大重点。这些标准综合证明所遴选出来的世界记忆是中华优秀传统文化的代表。

讲授中国 15 项世界记忆的开发情况，阐明其传承中华传统优秀文化的独特性，课程的知识教育如何以案例促教学。世界记忆项目的任务在于提高对世界文献遗产的认识并加强保护，实现其普遍和永久的利用，追求的是普遍开发和永久利用，需要从档案的历史、分布价值、开发主体等客观因素到社会/精神/开发主体、途径与方法、效果评估等主观因素对档案文献遗产进行剖析、解读和宣传，从而把握档案开发利用的发展契机，顺应数字化、网络化发展趋势。

研讨中国 15 项世界记忆的推广情况，阐明其弘扬中华优秀传统文化的创新性，课程的理论研究如何以案例促提升。世界记忆项目的目标在于加强保护、普遍利用和提高认识、促进交流，仅依靠档案部门难以实现。相关机构、专业协会、教育和遗产部门、合作伙伴和赞助者、软硬件开发人员、民间社会组织、捐助者等多方协同合作，既增加了档案文献遗产的来源渠道，又丰富了档案文献遗产的开发途径，同时间接拓宽了档案文献遗产的推广领域。中国的 15 项世界记忆中，直接凝聚少数民族文字、文化的就有 4 项，即清代内阁秘本档（满族）、纳西东巴古籍（纳西族）、元代西藏官方档案（藏族）、四部医典（藏族），其他诸如近现代中国苏州丝绸档案、侨批档案也间接蕴含了少数民族文化，就少数民族档案开发与利用而言也是一项复杂工程。

简言之，了解 15 项世界记忆的申报过程，掌握档案开发与利用的专业知识，学会弘扬中华优秀传统文化的一般性方法并向其他领域普及是课程的教学重点，详见图 10－13。

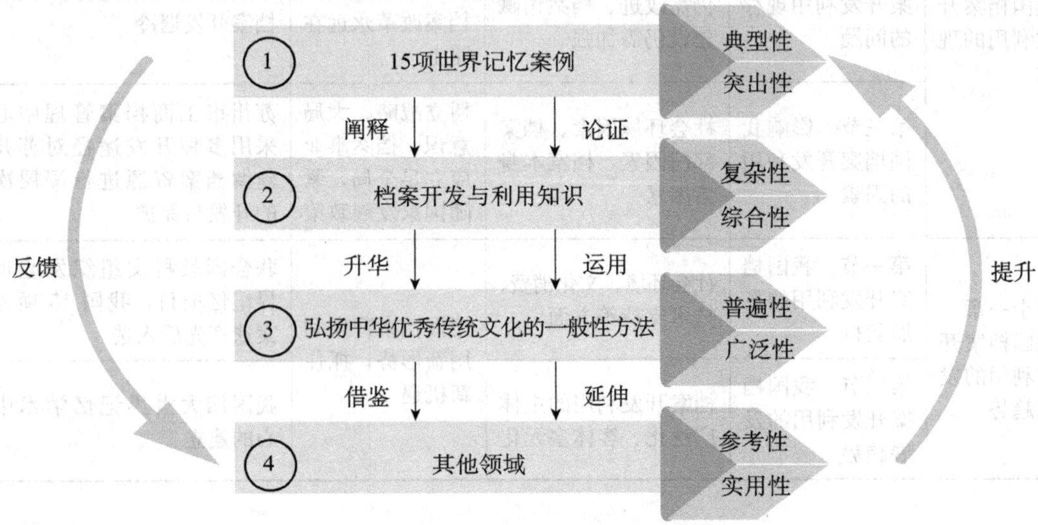

图 10－13　案例运用具体思路图

教学难点

每一项世界记忆的内容都是独一无二的，如何保证用标准的档案开发程序挖掘出档案的独特价值，建设出独一无二的资料库？不管是从文化强国、文化自信、民族共同体建设的宏观层面，还是从少数民族文化传承的中观层面，抑或是从宣传发扬中华文化的微观层面来看，档案的开发利用都有积极意义，影响深远。通过社会主义档案资源开发利用的效能说明社会主义建设一向尊重、重视、发展和培育传统文化、少数民族文化，深刻体现我国社会主义文化建设的大局观与发展观是教学难点之一。

每一项世界记忆的载体也是形式各异的，如何保证用多元的档案开发技术呈现出独树一帜的产品？中国 15 项世界记忆中，纸质载体占据多数，其他载体形式还包括早期的磁性载体、远古的龟甲兽骨、近现代的苏州丝绸。以抖音、快手等短视频平台呈现出某项宏大的世界记忆中精炼、短小、细微的故事、人物、场景，也许在碎片化阅读大行其道的时代能更有效快捷地推广，但教学难点在于指导学生了解、学习、实践数字技术的方法。

每一项世界记忆的知识都是分门别类的，如何保证现有的档案开发利用知识仍能特别适用？中国 15 项世界记忆涉及中国古代建筑科技、中国古代中医中药、中国民间金融往来、中国传统声乐作品等领域，仅以内容来讲，档案学知识或许远远不够。帮助学生协同、合作、共研每一项世界记忆的知识是一个教学难点。

10.4.3　教学手段与方法

第一，案例剖析和归纳总结。清代“样式雷”建筑图档、甲骨文、近现代中国苏州丝绸档案蕴含着关于古建筑、古文字、丝绸业的先进思想，本草纲目、黄帝内经蕴含着关于中医中药学的先进理论。此外，这些档案背后也体现了李时珍在药学领域科学探寻、雷氏家族在建筑领域精益求精的工匠精神。侨批档案、南京大屠杀档案中蕴含着关于家国情怀、勿忘国殇振兴中华的爱国精神等。可以引导学生在对案例进行深度剖析的同时作出适当的归纳，如图 10－14 所示。

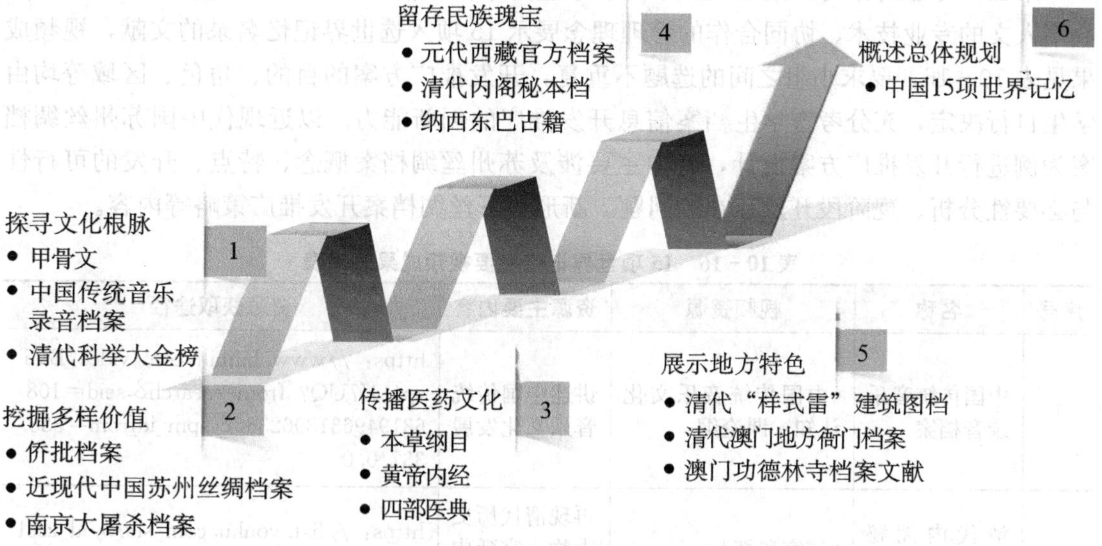

图 10－14　课程思政案例组合主题图

第二，角色带入与实操训练。为学生设定好档案开发角色及基本职责，充分考查学生档案开发利用技能的实际掌握情况。以侨批档案的开发推广为例，设立高校侨批档案推广大使、福建省侨批档案推广大使、广东省侨批档案推广大使、中国侨批档案推广大使以及世界侨批档案推广大使五个角色，每种角色的职责如表 10－15 所示，学生自选角色、自由组队，以期中作业、平时作业的形式汇报，教师综合评估学习效果。

表 10－15　侨批档案开发角色预览表

角色设定	角色职责
高校侨批档案推广大使	深化高校学生对于侨批档案的认识，激发高校学生的创新能力，鼓励高校学生加入侨批档案开发事业
福建省侨批档案推广大使	以大众喜闻乐见的形式，针对福建省档案馆馆藏侨批档案进行开发，结合福建特色，让侨批档案开发成果受到公众喜爱

续表

角色设定	角色职责
广东省侨批档案推广大使	以大众喜闻乐见的形式，针对广东省档案馆馆藏侨批档案进行开发，结合广东特色，让侨批档案开发成果受到公众喜爱
中国侨批档案推广大使	学习其他世界记忆推广的优秀之处，立足于各省市侨批档案资源，实现多方力量的有效整合，促使侨批档案在全国范围内得到有效推广
世界侨批档案推广大使	借助侨批档案入选世界记忆名录的契机，针对海外公众特点，摸清海外公众的喜好与需求，细分海外用户，针对性开发、推广侨批档案，实现侨批档案精品“走出去”

第三，专题讨论与方案征集。学生以小组为单位，借助档案开发与利用的专业知识、数字人文的专业技术、协同合作的管理理念展示 15 项入选世界记忆名录的文献，视频成果见表 10 - 16。要求小组之间的选题不重复，开发推广方案的目的、角色、区域等均由学生自行决定，充分考查学生档案信息开发推广的创新能力。以近现代中国苏州丝绸档案为例进行开发推广方案设计，其中主要涉及苏州丝绸档案概念、特点、开发的可行性与必要性分析、现阶段开发存在的问题、新形势下丝绸档案开发推广策略等内容。

表 10 - 16　15 项世界记忆重要视频成果类举表

序号	名称	视频资源	资源主要内容	资源获取途径
1	中国传统音乐录音档案	《中国传统音乐文化认知》课论纲	讲述中国传统音乐文化发展	https://www.bilibili.com/video/BV1zp411f7UQ?from=search&seid=1086319496318962366&spm_idfrom=333.337.0.0
2	清代内阁秘本档	《清宫秘档》	再现清代历史人物、宫廷内幕和皇家隐私	https://list.youku.com/show/id_zcc16cca6962411de83b1.html
3	纳西东巴古籍	《一书写千年》	再现纳西东巴古籍中所记录的历史文化	https://www.xinpianchang.com/a11294050?from=search_post
		《纳西东巴古籍文献》	简介纳西东巴古籍文献涉及的内容、文字种类等概况	https://v.qq.com/x/page/r05084jx9mi.html
4	清代科举大金榜	《实拍清代金榜，科举考试最高级的成绩榜，全长将近 20 米太震撼了！》	介绍清代科举大金榜的形态及形成原因	https://haokan.baidu.com/v?vid=7247786410973337448
5	清代“样式雷”建筑图档	《〈国家宝藏〉“样式雷”烫样》	讲述“样式雷”烫样的前世今生	https://www.iqiyi.com/adv/w_19s3uikcy9.html

续表

序号	名称	视频资源	资源主要内容	资源获取途径
6	本草纲目	央视纪录片《天工开物——李时珍与〈本草纲目〉2004》	介绍《本草纲目》与李时珍之间的联系	https：//www. bilibili. com/video/av2452042
		《本草纲目》	介绍《本草纲目》的内容、历史地位及当代价值	https：//v. qq. com/x/page/z30164h0b68. html
7	黄帝内经	《黄帝内经》	涉及大量中国历史、医史，大量历史故事和珍贵文物	https：//www. bilibili. com/video/av967971675
8	元代西藏官方档案	《元代西藏历史》	介绍元代西藏历史史实	http：//www. tibetology. ac. cn/2021－11/12/content_41717490. htm
		《7 分钟了解 700 年前的“拼音”——八思巴字》	介绍元代忽必烈推出的一种用以书写各种语言的拼音文字——八思巴字的使用情况	https：//www. bilibili. com/video/BV19K4y1Q7Hs?from＝search&seid＝9259515510044488266&spm_id_from＝333.337.0.0
9	侨批档案-海外华侨银信	《百年跨国两地书》	对侨批的相关重要历史遗迹、档案史料、研究专家、保护者和当事人进行深入采访拍摄，为世人留住比较完整的历史记忆	http：//www. fjtv. net/haibo4/folder1728/tuijian/2021－10－15/3914800. html?_t＝1634307906
10	南京大屠杀档案	《南京大屠杀档案选萃》	讲述南京大屠杀档案中记载的历史真相	https：//v. youku. com/v_show/id_XODQ2NTMyNTAw. html
11	清代澳门地方衙门档案（1693—1886）	《澳门记忆》	展示现存于葡萄牙国家档案馆的清代澳门地方档案真迹及其修复过程	https：//www. bilibili. com/bangumi/media/md28225967/
12	近现代中国苏州丝绸档案	《苏州丝绸档案申遗片》	苏州丝绸档案内容及苏州丝绸档案馆馆藏介绍	https：//v. qq. com/x/page/w0301fjqi0y. html

续表

序号	名称	视频资源	资源主要内容	资源获取途径
13	甲骨文	《甲骨春秋 1》	甲骨文的形成及发展演变历史	https：//www.bilibili.com/video/BV1NJ411d7SM？p=2
14	四部医典	《〈四部医典〉入选〈世界记忆（国际）名录〉！一个视频带你了解这部藏医药巨著》	介绍《四部医典》的形成过程、内容、价值、版本、特色、保藏地等	https：//www.bilibili.com/video/BV1ZN411y78k/
15	澳门功德林寺档案文献（1645—1980）	《澳门功德林寺院档案文献》	介绍澳门功德林寺院发展历史及馆藏档案文献内容、价值等	https：//www.saac.gov.cn/mowcn/cn/c100445/202210/a3cef4736f26424590e19cbcdb8619a6.shtml

10.4.4 教学过程与实施

介绍“联合国教科文组织世界记忆项目中国国家委员会”网站上线和习近平总书记参观侨批文物馆并作出重要批示两个热点事件，引出中国世界记忆及其推广主题，展示五大知识点——我国档案开发利用取得的成效、我国档案开发利用现存的问题影响、我国档案开发利用的因素、我国档案开发利用的发展契机和我国档案开发利用的发展趋势，引导学生思考已有案例的现状、问题及影响因素，比较各类开发方式的差异，从而掌握档案信息资源的基本开发方法，具体安排如表 10 - 17 所示。

10.4.5 教学效果与反馈

笔者就教学设计的详细内容访谈了湘潭大学档案学 2018 级（已学习完该课程）、2019 级（正在学习该课程）、2020 级档案学（尚未学习该课程）各 3 位学生。

访谈发现，9 位学生之前均不甚了解世界记忆相关知识，认为这些案例新颖、有趣，与教材知识点结合较紧密。访谈中重点请学生阐述教学设计的不足，笔者发现学生谈论的意义比较一致，与是否上过该课程没有明显关系，主要体现在以下三方面。

一是希望案例范围更加广泛。学生建议在中国世界记忆内容和推广案例的基础上，尝试适当拓展本省本市档案文献遗产开发案例，例如，湘西少数民族档案的文创产品以及业界的文创开发典型机构，使课堂授课与学生学习联结得更加紧密。

二是希望角色设定更为灵活。以福建省档案馆侨批档案的开发推广为例，各级侨批档案推广大使的角色设定较为单一，考察角度和能力较为局限。学生建议将世界记忆知识植入桥牌、密室逃脱等小游戏，提高学生参与度。

三是希望案例关联更加清晰。例如，学生会问为什么是这些文献入选、湖南省什么类型或主题的档案有可能入选等问题，需要增加世界记忆名录申报成功的台前幕后的故事、正在申报的项目、湖南省档案特色资源等知识。

表 10－17 教学环节及具体内容示意图

传承弘扬中华优秀传统文化——中国的“世界记忆”推广 我国档案开发利用的现状、影响因素及发展趋势（90 分钟）			
第一学时（45 分钟）			
教学意图	**教学内容**	**教学手段**	**教学时长**
1. 引出中国世界记忆推广教学主题	介绍联合国教科文组织的世界记忆项目和中国的世界记忆项目概况 （参见 https：//www. saac. gov. cn/mowcn/cn） 介绍习近平主席参观侨批文物馆（2020 年 10 月 13 日） （参见 https：//www. chinanews. com/gn/shipin/cns/2021/03－24/news883852. shtml）	网站浏览 视频播放 教师讲授	5 分钟
2. 展示课程思路和框架	介绍背景热点 引入课程主题 → 展示课程 框架与基础 → 协调案例、提问、讨论 → 档案信息资源 开发实操的演进	视频/网站 内容总结 图形解读	2 分钟
3. 展示课堂学习知识点	● 档案信息开发利用的含义 ● 我国档案信息开发利用的现状与发展趋势 知识目标：成效＋问题＋因素＋契机＋趋势 技能目标：利用系统全局思维，把握总体开发趋势 价值目标：感受中华传统文化魅力，树立档案专业认同	知识演绎 教师讲授	3 分钟
4. 介绍案例，开展“我是记者”活动	介绍侨批档案的定义、价值、开发利用概况 现场或线上发放侨批档案案例材料 “我是记者”活动：学生现场检索与侨批档案有关的信息，尝试补充侨批档案开发现状或成就	知识阐释 案例导入 材料阅读 现场检索 师生互动	8 分钟

续表

教学意图	教学内容	教学手段	教学时长
5. 界定和理解档案开发利用的概念	● 档案信息资源开发是指档案信息资源开发主体对档案信息资源进行搜寻、发现、研究、确认，然后组织、著录、标引、加工、汇编等的学术行为 ● 档案信息资源利用是档案信息资源开发的延续，是档案信息用户的行为 ● 推荐有助于深入理解档案开发利用概念的扩展资料 闽南与海丝文化（https：//www. icourse163. org/course/QZSFXY-1206682826? tid ＝1461629475） 广东省侨批档案保护管理办法（https：//www. gd. gov. cn/gkmlpt/content/0/146/post_146630. html） 朱令俊．基于数字人文的档案信息资源开发模式构建和实施研究．浙江档案，2018（12）：21－23. 张帆，吴建华．基于档案治理的档案信息资源开发模式转型研究．档案学通讯，2019（6）：18－26. 连志英．数字档案资源社会化开发模式及其培育路径研究．档案学研究，2020（5）：58－64.	知识讲授 资料推荐与简介	3 分钟
6. 观看视频，阐释侨批档案的价值，说明侨批档案开发的重大意义	介绍视频——《习近平·一纸侨批见赤子》 （参见 https：//www. bilibili. com/video/BV1Af4y1x7wS?from＝search&seid＝7080793052417158361&spm_id_from＝333. 337. 0. 0.）	视频播放 内容概况 知识讲授	6 分钟
7. 观摩侨批档案网站课程、数据库、展馆、纪录片、辞典，展示档案信息资源开发成果	UNESCO. 世界记忆在线课程 （参见 https：//www. youtube. com/watch?v＝PLil_SogUSM） 联合国教科文组织世界记忆网站 （参见 https：//www. unesco. org/zh/memory－world） 侨批与金融历史文化展网上展馆 （参见 https：//www. web3di. com/article-948. html） 中央电视台记录频道人文纪录片《海那边》 （参见 https：//tv. cctv. com/2018/10/18/VIDAHDGKnTRXVXIbGa8KGsSI181018. shtml） 全国首本侨批工具书《潮汕侨批辞典》出版 （参见 http：//ysln. ycwb. com/content/2021－11/21/content_40405187. html）	案例扩展 现场检索 PPT 介绍 知识阐述	8 分钟

续表

教学意图	教学内容	教学手段	教学时长
8. 现场提问	以侨批档案为例，大家知道哪些档案开发方式？	师生互动 板书记录 学生答案	8 分钟
9. 用侨批档案开发政策作课堂小结	● 2018 年 1 月 24 日，广东省人民政府颁布《广东省侨批档案保护管理办法》，并于 2018 年 3 月 1 日起施行 ● 2021 年 10 月 13 日，福建省人民政府出台《福建省侨批档案保护与利用办法》，并于 2021 年 12 月 1 日正式施行 ● 以上政策的出台为侨批档案保护、利用、开发等提供了法治保障	政策导引 知识归纳	2 分钟
	第二学时（45 分钟）		
10. 运用案例，阐述档案开发利用的多样化方式，与第一学时学生讨论的板书内容对比分析	● 档案史料和文献汇编 福建省档案馆出版《福建侨批档案目录》《百年跨国两地书：福建侨批档案图志》《福建侨批档案文献汇编》第一辑（全二十五册）等书 ● 档案展览 2013 年 4 月 19 日，由国家档案局、广东省人民政府、福建省人民政府联合举办的“中国侨批·世界记忆工程”国际研讨会在北京人民大会堂河南厅召开，由福建省档案局（馆）、广东省档案局（馆）筹办的“海邦剩馥——中国侨批档案展”在会场外围展出。展览庄重、大气，极具中国文化气息，是我国档案部门举办的首个走进人民大会堂的展览，成为当日国际研讨会的一大亮点 ● 档案纪录片 中央新影集团以侨批档案为主题摄制的纪录片《跨越山海的家书》（分《漂洋过海》《信短路长》《家国情怀》三集）于 2020 年 12 月 29—31 日在中央广播电视总台中文国际频道《国家记忆》栏目播出，受到海内外华人华侨的一致好评	案例分析与归纳 内容理解 知识阐释	4 分钟

续表

<table>
<tr><th>教学意图</th><th>教学内容</th><th>教学手段</th><th>教学时长</th></tr>
<tr><td>11. 观点类举，剖析影响侨批档案开发利用的因素，进而将知识点延伸至影响我国档案开发利用的因素</td><td>利用智慧课堂的“投票选择”功能或现场投票，让学生选择其认为影响侨批档案开发利用的最主要因素，并引导学生阐述原因及可能存在的其他因素
<table><tr><th></th><th>具体内容</th></tr><tr><td>观点一</td><td>由于侨批档案数量多、涉及地域广、馆藏分散等因素，侨批档案的征集与保护工作难度大[1]</td></tr><tr><td>观点二</td><td>侨批档案展览是侨批档案推广的重要形式之一，传统的侨批档案展览以实物、照片为主，由于空间局限性、成本等因素，用户获取信息的渠道相对有限，沉浸式和交互性的体验较差[2]</td></tr><tr><td>观点三</td><td>经费不足及宣传不到位是阻碍侨批档案开发利用的重要因素[3]</td></tr><tr><td>观点四</td><td>侨批档案年代久远，侨批档案自身受到当时纸张质量、存放过程中的温度和湿度等多种因素的影响；异国传递的书信，路途遥远，受存放地点和时间长短等因素的影响；大部分侨批档案流落在民间，民间不少百姓并不知道侨批档案的价值[4]</td></tr></table></td><td>师生互动
知识引导</td><td>6 分钟</td></tr>
<tr><td>12. 教学反馈，简要衔接知识点</td><td>提问：作为未来的档案工作者，你认为可以采用什么方法帮助解决我国档案开发利用面临的问题？
总结：
宏观措施：档案开发利用的模式、原则、政策等
中观措施：档案开发利用的途径、方式等
微观措施：具体的规划、步骤等</td><td>师生互动
知识总结
发散思维</td><td>4 分钟</td></tr>
<tr><td>13. 知识点简介：我国档案开发利用的发展趋势</td><td>我国档案开发利用的发展趋势：
档案开发利用的主体广泛化
档案开发利用的客体多元化
档案开发利用方式的电子化、网络化
信息资源将实现全面共享</td><td>教师讲授
逻辑分析</td><td>3 分钟</td></tr>
</table>

续表

教学意图	教学内容	教学手段	教学时长
14. 解释档案开发利用的主体广泛化	● 案例运用： 台山市新时代文明实践中心与斗山镇新时代文明实践所联合启动《我和我的侨乡》微电影拍摄工作 中山大学资讯管理学院教师学生团队创作的水墨动画片《林氏侨批档案的故事》 ● 案例结论： 档案行政部门、档案管理部门、电视媒体、专家学者、普通大众等均可以成为侨批档案管理保护开发涉及的主体。[5] 侨批档案因保管主体、区域和利用方式的多元化，出现了监管协调困难的情况。福建省档案馆以侨批成功入选世界记忆名录为新起点，逐步探索出一条具有福建特色的侨批档案保护开发和宣传推广路子，建立了“档案部门为主体、多方协作、社会参与、成果共享”的工作机制[6] ● 案例延伸及思考： 以侨批档案为例，思考侨批档案开发主体多元化的利弊 ● 参考资料： 1. 乐苑，赵彦昌．侨批档案汇编及其特色研究．兰台世界，2018（1）：26－30，12. 2. 刘进．地方立法与保护民间记忆遗产：以《广东省侨批档案保护管理办法》为例．五邑大学学报（社会科学版），2021，23（3）：11－15，92. 3. 王英，舒洁．利益相关者视角下潮汕侨批档案的保护研究．档案管理，2020（6）：79－82. 4. 林君雅．侨批档案的校园推广研究．福州：福建师范大学，2020. 5. 燕今伟，孟祥保．文献遗产传播特征及其推广策略研究：基于 362 篇世界记忆工程新闻报道的实证分析．大学图书馆学报，2018，36（3）：65－74.	案例分析及运用 案例归纳及演绎 知识讲授 辩证思维 扩展阅读	6 分钟
15. 解释档案开发利用的客体多元化——多种信息资源并存	案例运用： 汕头大学图书馆地方文献收藏中心共收藏了 3 万多份侨批原件，并于 2012 年 5 月 20 日完成 5 万余条侨批数据的建设任务。收录包括侨批档案 72 299 件、相关资源视频 35 条、侨批资讯 337 条、研究论文 469 篇、研究著作 43 种、研究学位论文 16 篇、侨批故事 177 则、侨批赏析 12 期。除了对本校特藏馆收藏的侨批原件进行数据化保存，汕头大学图书馆还协助侨批博物馆完成了 2 万多份的侨批原件扫描和数据库的建设工作[7]	案例分析 知识讲授	3 分钟
16. 解释档案开发利用的客体多元化——档案利用需求和范围的拓展	案例运用： 福建省与广东省两地的档案部门为了让侨批档案能够走近公众，让普通民众也能感受到侨批档案的魅力与价值，在我国福州、厦门、泉州、广州、潮汕等多地举办档案巡回展览；为了满足海外华侨以及国外友人对侨批档案的了解需求，远赴美国、日本、新加坡、菲律宾、印尼、泰国、马来西亚、柬埔寨、新西兰等多个国家和地区举办侨批档案展览，受到华侨华人的热烈欢迎和充分肯定	案例分析 知识讲授	3 分钟

续表

教学意图	教学内容	教学手段	教学时长
17. 解释档案开发利用方式的电子化、网络化	案例运用： 福建省档案馆建成“百年跨国两地书——福建侨批网上展厅”，利用 VR 全景技术，将线下展览运用互联网技术实现线上无限制观展，提供侨批解读备查工具、侨批专有名词、华人华侨移民情况表、水客批局分布情况等相关资料，方便用户查询	案例分析 知识讲授	3 分钟
18. 解释信息资源将实现全面共享	案例运用： 2018 年 11 月，世界记忆项目福建学术中心在福建省档案馆正式设立，这是我国第三个世界记忆学术中心，负责协助联合国教科文组织世界记忆项目中国国家委员会以及联合国教科文组织世界记忆项目教育和研究分委会的工作，旨在加强对侨批档案文献遗产价值的研究并开发不同形式的档案文献产品，促进世界记忆项目跨国家、跨地区、跨社群的交流推广和利用	案例分析 知识讲授	3 分钟
19. 播放纪录片《百年跨国两地书》，使学生直观感受档案开发利用成果的魅力	介绍纪录片《百年跨国两地书》 （参见 http://www.fjtv.net/haibo4/folder1728/tuijian/2021-10-15/3914800.html?_t=1634307906）	视频播放 知识解释 归纳总结	5 分钟
20. 巧设练习，知识运用	假设你是中国世界记忆海外推广的项目总负责人，你认为我国既有的开发方法有何特色？还可作何改进？	头脑风暴 角色扮演 师生互动	3 分钟
21. 拓展训练，提高能力	以小组为单位，选择清代内阁秘本档、元代西藏官方档案、清代科举大金榜、清代澳门地方衙门档案、本草纲目、黄帝内经这六个世界记忆之一为题，设计一个具体的开发推广方案，在课程后期进行汇报展示	课程作业 课后拓展	2 分钟
	结束		

注：1. 楚艳娜，刘芮．侨批档案的场域式开发和利用模式解读．兰台世界，2020（7）：92-96.

2. 林君雅．侨批档案的校园推广研究．福州：福建师范大学，2020.

3. 郑翰君，张惠萍．侨批档案开发利用初探．兰台世界，2012（29）：73-74.

4. 宫毅敏．传统文化创新视角下侨批档案开发利用与对策研究．山西档案，2019（5）：112-119.

5. 王英，舒洁．利益相关者视角下潮汕侨批档案的保护研究．档案管理，2020（6）：79-82.

6. 树红霞．一纸侨批 满腔家国．福建日报，2021-11-12（6）.

7. 曹亚明．文化创意时代侨批文化遗产的保护与创新．潮学研究，2020（2）：137-147，286-287.

图书在版编目（CIP）数据

档案学专业课程思政 ：主题案例与教学设计/王小云著．-- 北京 ：中国人民大学出版社，2024.7.
（新编 21 世纪档案学系列教材）．-- ISBN 978-7-300-33152-2

Ⅰ．G270

中国国家版本馆 CIP 数据核字第 2024RN2931 号

新编 21 世纪档案学系列教材
档案学专业课程思政：主题案例与教学设计
王小云　著
Dang'anxue Zhuanye Kecheng Sizheng：Zhuti Anli yu Jiaoxue Sheji

出版发行	中国人民大学出版社		
社　　址	北京中关村大街 31 号	**邮政编码**	100080
电　　话	010－62511242（总编室）		010－62511770（质管部）
	010－82501766（邮购部）		010－62514148（门市部）
	010－62515195（发行公司）		010－62515275（盗版举报）
网　　址	http：//www.crup.com.cn		
经　　销	新华书店		
印　　刷	固安县铭成印刷有限公司		
开　　本	787 mm×1092 mm　1/16	**版　　次**	2024 年 7 月第 1 版
印　　张	21.5 插页 1	**印　　次**	2024 年 7 月第 1 次印刷
字　　数	487 000	**定　　价**	49.00 元

中国人民大学出版社　管理分社

教师教学服务说明

中国人民大学出版社管理分社以出版工商管理和公共管理类精品图书为宗旨。为更好地服务一线教师，我们着力建设了一批数字化、立体化的网络教学资源。教师可以通过以下方式获得免费下载教学资源的权限：

★ 在中国人民大学出版社网站 www.crup.com.cn 进行注册，注册后进入“会员中心”，在左侧点击“我的教师认证”，填写相关信息，提交后等待审核。我们将在一个工作日内为您开通相关资源的下载权限。

★ 如您急需教学资源或需要其他帮助，请加入教师 QQ 群或在工作时间与我们联络。

中国人民大学出版社　管理分社

教师 QQ 群：648333426（工商管理）　114970332（财会）　648117133（公共管理）
教师群仅限教师加入，入群请备注（学校＋姓名）

联系电话：010-62515735，62515987，62515782，82501048，62514760

电子邮箱：glcbfs@crup.com.cn

通讯地址：北京市海淀区中关村大街甲 59 号文化大厦 1501 室（100872）

管理书社　　人大社财会　　公共管理与政治学悦读坊